Ich schenk' mir täglich rote Rosen

Für Betsy Bombeck, Andy Bombeck
und Matt Bombeck

Habe ich bei Eurer Erziehung wirklich
so viel vermurkst?

Inhalt

1. Gefalle ich mir eigentlich? 9

2. Die unvollkommene Frau 17

3. Ist frische Luft in Ihrer Ehe? 29

4. Kaufangst 41

5. Abenteuer des Lebens 51

6. Phasen, alles nur Phasen 63

7. Spring aus deinem Tierkreis 77

8. Selbstbewußtsein, Marke Eigenbau 87

9. Das Große Goldene Buch des Jogging 99

10. Wie sage ich meiner besten Freundin, daß ihre Körpersprache schlecht ist? 109

11.	Wie erziehe ich meine Eltern	121
12.	Rutscht mir den Buckel runter	133
13.	Jeder ist sich selbst der Nächste	147
14.	Billiger leben	161
15.	Bring Ordnung in dein Leben	175
16.	Schuld und Schimpfe	187
17.	So könnte es klappen	199
18.	Hurra, ich gefalle mir wieder	211
	Epilog	219

1 Gefalle ich mir eigentlich?

Neulich, auf dem Weg zu Jills Cocktailparty, war ich in Hochstimmung. Ich war so fröhlich, als wäre es mir gelungen, Himbeerwackelpudding in einem Stück aus der Form zu stürzen, oder als hätte ich auf der Damentoilette gerade noch die offene Kabinentür erwischt und nicht bezahlen brauchen. Das erste Mal seit langer Zeit war ich mit meinem Leben ausgesöhnt. Ein schönes Gefühl. Es quälte mich nicht mehr, wie ich aussah. Ich konnte an einem Spiegel vorbeigehen, ohne daß mir beim Blick auf meine Halsfalten einfiel, es sollte mal wieder Suppenhuhn geben. Ich hatte meine häuslichen Probleme im Griff. Ungemachte Betten zum Beispiel riefen bei mir keine Atemnot mehr hervor.

Die Verliebtheit meines Mannes in eine ganz bestimmte Filmschauspielerin, deren Namen ich hier nicht nennen möchte, hatte sich abgekühlt, und ich konnte feststellen, daß er den gleichen verzückten Gesichtsausdruck zur Schau trug, wenn ihm die Suppe heiß serviert wurde.

Alle drei Kinder sprachen mit uns. Unsere vierund-
zwanzigjährige Tochter zeigte sogar unverhohlenes
Interesse daran, wie man ein Bratrohr anstellt.

Allmählich wurde ich sicherer. Ich zog hinter dem
Steuerrad nicht mehr den Bauch ein. Und ich lehnte
es ab, den Qualm meiner rauchenden Freundinnen
zu inhalieren.

Auch der Streß der Kindererziehung ließ nach. Ich
hatte kein schlechtes Gewissen mehr wegen jedes
Schnupfens, den meine Gören bekamen, wegen ihrer
fehlerhaften Zahnstellung oder weil ich meine Tochter nicht als Handarbeitsgenie zur Welt gebracht
hatte.

Ich hörte auf, heimlich Schokolade im Kleiderschrank zu essen, so zu tun, als bedauerte ich Frauen,
die ihre fülligen Busen kaum bändigen können. Auf
meine linkische Weise nahm ich am Leben wieder
teil, ohne vorher eine Briefkastentante befragen zu
müssen.

Mein Mann mochte keine Parties. Er nannte es eine
Krampfaderolympiade, wenn Leute die ganze Nacht
herumstehen, Angelköder in Form von kleinen runden Crackern essen und sich über die Totaloperatio-
nen ihrer Hunde unterhalten. Hätte er über unser
Gesellschaftsleben zu bestimmen, bestünde der Höhepunkt meiner Arbeitswoche darin, daß ich in der
Waschanlage zuschauen darf, wie das Wachs auf den
Wagen aufgetragen wird.

Beim Betreten des Raumes schaute ich mich vergnügt um und entdeckte meine alte Freundin Phyllis. Ich hatte sie eine halbe Ewigkeit nicht mehr gesehen.

»Phyllis!« rief ich. »Menschenskind, endlich trifft man sich mal wieder! Gehst du immer noch dienstags zum Kegeln?«

Phyllis setzte ihr Glas ab ohne zu lächeln. »Kegeln? Das war nur ein Ventil für meine Aggressionen. Es hat mich davon abgehalten, mich unmittelbar meinen realen Problemen zu stellen.«

»Na, hör mal«, lachte ich, »alle neune, die du immer erzielt hast, waren doch wohl nicht schlecht, oder?«

»Schon, aber weißt du noch, welche Angstzustände ich immer bekam, wenn ich den Staubsaugerbeutel ausleerte? Der eigentliche Grund dafür war, daß ich mich in einer Krise befand, mit der ich nicht fertig wurde. Bei Zwillingsgeborenen sehr naheliegend, nicht wahr? Da habe ich angefangen, Selbsthilfebücher zu lesen, um meine Bewußtseinsebene zu heben. Jetzt lese ich eben Candy Summers: STICKEN UND SINNLICHKEIT! Von ihr ist auch ESSENSRESTE UND EROTIK und TRIEBLEBEN UND TEPPICHKLOPFEN, falls du die kennst.«

»STICKEN UND SINNLICHKEIT«? fragte ich und kippte hastig den Inhalt meines Glases herunter.

»Du kannst dich darauf verlassen«, flüsterte sie mir zu. »Du machst nie im Leben mehr einen französischen Gobelinstich. Übrigens: Du gehörst doch bestimmt zum Lesering Lebensbewältigung, oder?« Ich schüttelte den Kopf.

»Da bekommt man einmal im Monat ein Buch über Selbstverwirklichung. DIE ANGST VORM LANDEN, von Erica Alt hast du selbstverständlich gelesen und das neueste Buch von Dr. Dryer: ›HOFFENTLICH IST DIE SEXUELLE REVOLUTION NICHT SCHON VORBEI, WENN ICH EINBERUFEN WERDE‹, nicht wahr?«

»Phyllis«, sagte ich, »was ist bloß aus dir geworden? Früher warst du so himmlisch oberflächlich.«

Diese Bemerkung überhörte sie. »Weil wir gerade bei dem Thema sind: Wieso hast du einen Komplex gegen Begrüßungsküsse?«

»Ich habe überhaupt keinen Komplex.«

»O doch, hast du. Wie du jetzt eben auf mich zukamst, hast du mir die Hand hingestreckt. Du hast Hemmungen.«

»Ich habe keine Hemmungen. Ich wollte niemand küssen, weil ich Roquefort gegessen habe.«

»Wann hast du Erma das letzte Mal gesagt, was du . . .«

Ich sah mich suchend um. »Welcher Erma?«

»Dir, Erma, dir selber.«

»Du weißt, ich spreche nicht gern in meiner Gegenwart mit mir selber. Das ist mir peinlich!«

»Ich habe ja gewußt, daß du deine wahren Gefühle hinter platten Scherzen verstecken würdest. Das sieht dir wieder mal ähnlich. Ein ernsthaftes Thema leichtfertig abtun. Ich verstehe offen gestanden nicht, wie du dasitzen und untätig zuschauen

13

kannst, wie die übrige Welt ihr Inneres erforscht und dabei feststellt, zu welchen Höhen sich der Mensch aufschwingen, aber auch in welch tiefe Verworfenheit er versinken kann.«

»Oh, das war schön. Wo hast du das gelesen?«

»In einer Zeitschrift an der Kasse im Supermarkt. Weißt du, was dein Problem ist?« fragte sie und lehnte sich vertraulich näher. »Sex! Es wird Zeit, daß du dir über deine Gefühle klar wirst. Dich selbst kennenlernst. Die achtziger Jahre haben begonnen, mein Schatz, in denen Sex alles, all unser Tun, beherrscht. Du und dein Mann, ihr habt euch vermutlich ganz einfach satt. Das geht vielen Paaren so. Man hält sich eben nach einer Weile gegenseitig für einen Gebrauchsgegenstand.«

»Also, Phyllis, ich kann gar nicht fassen, daß du das bist, mit der ich rede. Früher hast du dich geschämt, ein Wort wie ›schwanger‹ auszusprechen. Du hast jedem gesagt, du hättest ›was im Rohr‹. Deine Kinder sind in dem Glauben aufgewachsen, man brauche neun Monate, um einen Kuchen zu backen.«

»Tja, das ist jetzt alles anders«, sagte Phyllis. »Jetzt weiß ich, daß Sex das ist, woran man in der Ehe arbeiten muß. Was du nötig hast, ist Clarabelle Sweet.«

»Du meinst, die DIE UNVOLLKOMMENE FRAU geschrieben hat? Von der hab' ich, glaube ich, mal gehört.«

»Gehört ist gut«, kreischte Phyllis. »Ich kenne kein

Buch, das von den Frauen derart begeistert aufgenommen worden ist, seit ›SEX MACHT DICK‹. Das wirst du doch kennen? In dem es heißt, daß der Beischlaf weniger Kalorien verbraucht als ein Frisbee-Wurf? Paß auf: ich leih' dir mein Exemplar, wenn du versprichst, es mir wiederzugeben.«

»Ich brauche keine Hilfestellung durch DIE UNVOLLKOMMENE FRAU.«

»Wann bist du zum letzten Mal mit deinem Mann in die Badewanne gestiegen?«

»Als wir den Hund gebadet haben.«

»Teilst du die sportlichen Interessen deines Mannes? Schaffst du Voraussetzungen für eine romantische Stimmung?«

Kein Zweifel, Phyllis war lütütü. Ich schlängelte mich davon und sah durch den Raum zu dem Vater meiner Kinder hinüber. Für einen Mann im Metall-Zeitalter (Silberhaar und Goldzähne) sah er noch prima aus. Ich beobachtete, wie eine Wasserstoffblondine zu ihm trat und so lebhaft auf ihn einredete, daß ich glaubte, ihr Gesicht würde auseinanderreißen. Als ich mich umdrehte, stellte ich fest, daß Phyllis mir nachschaute. Sie lächelte und rief mir zu: »Glaub mir, DIE UNVOLLKOMMENE FRAU wird dein ganzes Leben umkrempeln.«

Die unvollkommene Frau

 Clarabelle Sweet war andauernd im Fernsehen aufgetreten, wo sie Reklame für ihr Buch, DIE UNVOLLKOMMENE FRAU, machte. Clarabelle hatte langes schwarzes Haar und sagte Sachen wie: »Wenn ein Mann im eigenen Eisschrank Schlagsahne findet, rennt er nicht herum und sucht sich seine zwei Prozent Butterfett anderswo.«

Ich war überzeugt, daß ein Diwanpüppchen in andalusischer Tracht daheim zwischen Seidenkissen auf ihrem Bett saß. Zu diesem Eindruck kam ich, als ich ihren Partner-Quiz gelesen hatte.

Anfangs machte es mich ein bißchen beklommen, daß ich bei einem solchen Quiz durchrasseln würde. Und nach dreißigjähriger Ehe und drei Kindern zu erfahren, daß mein Mann und ich nicht zusammenpaßten, war mir sehr unangenehm. Aber lesen Sie selbst.

Nachträge zum Ja am Altar

Sie und Ihr Mann sind zum ersten Mal seit der Hochzeit allein in einer Blockhütte. Er knabbert an Ihrem Ohr. Was tun Sie?
a) Sie knabbern Ihrerseits an seinem Ohr
                         oder
b) teilen ihm mit, daß kein Brennholz da ist

Ihr Mann kommt mitten am Nachmittag unerwartet nach Hause. Schlüpfen Sie in ein gewagtes Kleidungsstück und machen ihm ein Angebot, dem er nicht widerstehen kann,
                         oder
lassen Sie ihn stehen, nehmen seinen Wagen und fahren zu einer Vorführung von Küchenmaschinen?

Ihr Mann lädt Sie ein, ihn zu einem Kongreß zu begleiten, bei dem Sie nur abends zusammen sind. Bestellen Sie sich einen Babysitter und fahren Sie mit,
                         oder
benutzen Sie die Gelegenheit, daheimzubleiben und das Schlafzimmer zu streichen?

Überprüfen Sie den Führerschein Ihres Mannes. Was hat er dort unter SEX eingetragen?
a) männlich
b) selten

Wenn Ihr Mann nach einem langen, anstrengenden Tag erschöpft und ausgepumpt nach Hause kommt,
a) massieren Sie ihm die Füße mit Nußöl

oder

b) sagen Sie ihm, ihm fehle nichts außer einer sportlichen Betätigung?

Wenn Sie selbst einen schlimmen Tag hinter sich haben und das Bedürfnis nach Zärtlichkeit und Verständnis empfinden,
a) nimmt Ihr Mann Sie in die Arme und sagt Ihnen, daß er Sie liebt

oder

b) liest er die Zeitung und krault Sie zerstreut hinterm Ohr, weil er Sie für den Hund hält?

Ich brauchte die Punkte gar nicht erst zusammenzuzählen. Das Ergebnis lag klar auf der Hand. Ich war die Frau, die zwar am Altar JA gesagt hatte, aber von dem Tage an, an dem sie über eigene Wagenschlüssel verfügte, zu oft NEIN.
Ich verwöhnte meinen Mann nicht, ich befriedigte seine Bedürfnisse nicht. Vielleicht hatte Phyllis doch recht. Vielleicht hatten wir uns gerade zu einer Zeit, in der wir miteinander gut eingefahren waren, miteinander festgefahren?
Wenn ich es mir recht überlegte: Das letzte Mal hatte er im Kino die Arme um mich gelegt, als ich das kleine Plastikauto aus der Crackerpackung verschluckt hatte.

Ich wäre mir idiotisch vorgekommen, wenn ich überall hinter ihm hergezockelt wäre. Wir sind keine besonders überschwenglichen Menschen. Sind es nie gewesen. Wenn er nun aber eines Tages nach 2%igem Butterfett gierte? Wenn Clarabelles Mann tagtäglich aus dem Büro zu Hause anrief, nur um am Telefon anderthalb Minuten lang schwer zu atmen, war es vielleicht doch der Mühe wert?

Am nächsten Morgen rief mein Mann aus dem Badezimmer: »Was soll das denn?«

Ich hatte mit Lippenstift auf den Spiegel geschrieben: 65 MILLIONEN FRAUEN BEGEHREN MEINEN MANN.

»Das ist nur, damit ich immer daran denke, welches Glück ich gehabt habe, dich zu ergattern, Liebling.«

Er musterte den Spiegel und sagte: »Wer war denn die Konkurrenz. Namen bitte.«

»Du brauchst nicht gleich ironisch zu werden. Clarabelle Sweet sagt, wenn Frauen ihre Männer besser behandelten, würden sie nicht fremd gehen.«

»Wer bitte ist diese Clarabelle Sweet und mit wem bitte gehe ich fremd?«

»Clarabelle Sweet wird unsere Ehe retten. Hier ist dein Rasierzeug, dein Frottiertuch, deine Seife und dein Shampoo.«

»Und wo ist meine Plastikente?« fragte er gereizt.

»Dein Kamm, dein Deodorant, ein sauberes Hemd und deine Hose. Warte, ich klapp' dir den Deckel auf.«

»Mach bloß, daß du aus dem Bad kommst!« preßte er durch die zusammengebissenen Zähne.

Wenn ich es mir nachträglich überlege: so wenig Anerkennung für dienstbereite Unterwürfigkeit ist mir noch nie im Leben begegnet.

Als ich versuchte, ihm die Cornflakes mit dem Löffel einzufüttern, verweigerte er das Essen.

Als ich ihm Zahnpasta auf die Zahnbürste auftrug, verließ er unter Protest das Bad.

Als ich ihm ein Streichholz unterm Kinn anzündete, pustete er es aus und knurrte: »Das Rauchen habe ich aufgegeben, falls du dich noch erinnerst.«

Und als ich, seinen Aktenkoffer in der Hand, in der Garageneinfahrt stand, sagte er: »*Das* Parfum kannst du weglassen!«

»Ich ruf' dich dann im Büro an«, raunte ich mit sinnlich-rauher Stimme. »Sieh zu, daß du bald heimkommst.« Als er weg war, nahm ich das Buch DIE UNVOLLKOMMENE FRAU noch einmal zur Hand und vergewisserte mich: ja, genau, Seite 110 stand: Bei Befragung von 10 000 Männern äußerten fast die Hälfte, daß sie ihren Frauen untreu waren und daß sie körperliche Zärtlichkeitsbeweise wünschten oder brauchten.

Die Reihenfolge der von ihnen an der Partnerin am meisten geschätzten Eigenschaften sah so aus:

1. Berücksichtigung der männlichen Bedürfnisse
2. Aufrichtigkeit
3. Zuneigung

4. Intelligenz
5. Selbstvertrauen
6. Sex
7. Sinn für Humor

Es las sich eigentlich mehr wie ein Pfadfinderhandbuch. Gleich nach dem Mittagessen ging ich ans Telefon und rief bei meinen Mann im Büro an. Wie mir schien, mußte ich ewig warten. Schließlich kam seine Sekretärin an den Apparat und sagte, sie würde mich durchstellen.

»Hallo«, sagte ich und versuchte, meiner Stimme etwas Sinnlich-Heiseres zu geben. »Kannst du heute nicht früher nach Hause kommen?«

»Was'n los?« fragte er. »Mußt du zum Zahnarzt?«

»Wenn du früher heimkommst, kannst du alles von mir haben.«

»Bleib mal am Apparat, ich hab' ein Gespräch auf der anderen Leitung...« Dann kam das Besetztzeichen.

Ich hängte ein und kehrte zu Clarabelles Buch zurück. »Reißen Sie Ihren Mann ruckartig aus der gewohnten Lethargie, indem Sie ihm schon in der Tür in gewagter Kostümierung entgegentreten – als Playboy-Bunny, mit tiefem Dekolleté, langen Ohren oder als orientalische Sklavin...«

Kostümierung? Meinte die das ernst? Sogar an Karneval zog ich meinen Kindern nur braune Einkaufstüten über die Köpfe, schnitt Öffnungen für die Augen hinein und trug ihnen auf, jedem Interessierten

23

zu erzählen, ihre Mutter läge frisch operiert im Krankenhaus. Für Kostümierungen hatte ich kein Talent.

Ich durchsuchte sämtliche Schränke. Das einzige, was ich fand, waren Fußballerhosen, ein Fußballerhemd und ein Helm. Darin fühlte ich mich zwar so aufreizend wie eine Braut mit einem Mund voll von Novocain, aber wenn man seine Ehe retten will, darf man vor nichts zurückschrecken.

Als ich den Wagen vorfahren hörte, riß ich die Haustür auf und rief schallend: »Bis jetzt kein Tor!«

Der Mechaniker, der die Waschmaschine reparieren kam, sagte ein paar Minuten lang gar nichts. Er konnte mir nicht einmal in die Augen sehen, starrte auf den Boden und murmelte: »Auf dem Auftragszettel hier heißt es, daß Ihre Trockenschleuder nicht aufheizt.«

Ich räusperte mich. »Stimmt. Kommen Sie herein. Die Trockenschleuder steht neben der Waschmaschine hinter der Klapptür.« Keiner von uns sprach, das einzige Geräusch war das Klirren meiner Schuhnägel auf dem gefliesten Boden. Er arbeitete schweigend, und ich verschwand am anderen Ende des Hauses.

Als ich ihm seinen Scheck gab, nahm er ihn, schüttelte den Kopf und meinte: »Na, hoffentlich gewinnt Ihre Mannschaft, meine Dame.«

Ich zog den Fußballdreß aus und ein Kleid an. Es nützte nichts, sich etwas vorzumachen. Für die Rolle der Superfrau war ich noch nicht reif, das wußte ich jetzt.

Nicht einmal die nötige Atmosphäre verstand ich zu schaffen. Wir aßen unser Dinner zwischen ›Erkennen Sie die Melodie?‹ und ›Familienkrach‹. Die Kinder rasten ein und aus wie durch eine Drehtür. Die einzige Methode, sie dazu zu bringen, ihre Stereo-Anlage leiser zu stellen war die Bemerkung, man verstünde den Text. Dann waren Kleider zusammenzulegen, Einkäufe zu besprechen, Entscheidungen zu treffen, und zu alledem kam natürlich das elektronische Einschlafmittel – die Sportschau. So richtig klar, in was für festgefahrenen Gewohnheiten wir uns befanden, wurde mir, als ich meinem Mann den Nacken einfühlsam massierte und er sagte: »Das kannst du dir sparen – meine Brieftasche liegt auf der Kommode.«

Ich machte mich wieder ans Zusammenlegen von Kleidungsstücken, da schrillte plötzlich der Rauchalarm in unserem Schlafzimmer.

»Wieso hängt dein Nachthemd über dem Lampenschirm?« fragte mein Mann.

»Ich wollte eine gewisse Atmosphäre schaffen.«

»Wofür? Für einen Katastrophenfilm?«

»Es sollte dem Zimmer etwas Intimes, Erotisches geben.«

»Mach das Fenster auf. Wenn es hier drin noch erotischer wird, fall' ich um.«

Es dauerte ungefähr eine Stunde, ehe der Qualm sich verzogen hatte und wir zu Bett gehen konnten.

»Hast du mich heute angerufen, oder hab' ich das geträumt?«

»Doch, ich hab' angerufen.«

»Was wolltest du denn?«

»Dich bitten, früher heimzukommen, dann könntest du alles von mir haben.«

»Du hättest eine Nachricht hinterlassen sollen«, sagte er und kroch gähnend ins Bett.

Ich knipste das Licht im Badezimmer an. Auf dem Spiegel stand noch immer: 65 MILLIONEN FRAUEN BEGEHREN MEINEN MANN. Ich nahm den Deodorantstift und schrieb darunter: WARUM BLOSS?

Es war einfach so: Wir konnten nicht werden, was wir nie gewesen waren. Wir waren zu alt, um uns zu ändern. Außerdem durchliefen wir nach Ansicht der Experten soeben die beste Phase unseres Lebens. Die Kinder waren erwachsen, und ich brauchte mich nicht mehr um verlorene Teddybären, Laufställchen und verknotete Schuhbänder zu kümmern. Auf dem Haus lastete nur eine 9%ige Hypothek von vor der Inflation. Außerdem hatte ich Mayva.

Mayva war meine beste Freundin, die nie Diät hielt, wenn ich zu dick war, mir nie die Wahrheit sagte, auch wenn ich sie darum bat und wenn mir mein Mann einen Gemüsehobel zum Geburtstag schenkte, nie eine blöde Bemerkung machte wie: »Wenigstens trinkt er nicht oder rennt jeder Schürze nach wie andere Männer.«

Als Mayva Clarabelle Sweets Buch auf dem Dielentisch liegen sah, wäre sie beinahe hintenübergekippt. »*Du* liest DIE UNVOLLKOMMENE FRAU? Doch nicht im Ernst? Du kannst doch dein Leben nicht einfach umkrempeln. Übrigens weiß ich, was mit euch los ist. Wie so viele Ehepaare haltet ihr euch krampfhaft an die althergebrachten Vorstellungen von der Ehe, die gar nicht mehr existieren. Einer den anderen bedienen, das macht doch heute kein Mensch mehr. Jetzt gilt: gleiches Recht für beide. Ihr müßt ein Selbstwertgefühl entwickeln. Weißt du überhaupt, wovon ich rede?«

»Ach bitte, nicht noch mehr Bücher, Mayva!«

»Hör doch zu. Pam und Richard McMeal haben eins geschrieben mit dem Titel IST FRISCHE LUFT IN IHRER EHE? Das trifft's genau. Und jetzt beantworte mir mal eine Frage: Wann haben du und Bill das letzte Mal getrennt Urlaub gemacht?«

»Als wir die Kinder bei Mutter lassen konnten!«

»Dann wäre es jetzt Zeit, eine offene, unverhemmte Beziehung miteinander einzugehen. Keiner darf mehr dominieren und keiner sich unterordnen. Alles wird geteilt. Ihr laßt die Jahre hinter euch, in denen ihr die Sklaven euerer Kinder wart, und entwickelt einen Sinn für das Weltgeschehen. Und Gott steh' dir bei, wenn du eines Morgens aufwachst und merkst, daß dein Mann dir entwachsen ist.«

Ich sagte eine Minute lang gar nichts. Dann fragte ich: »Wie kommst du gerade darauf, Mayva?«

»Unwichtig«, sagte sie.

»Nein. Wichtig! Du weißt etwas, was du mir nicht sagst. Was ist es?«

»Als wir uns neulich abends unterhielten und Bill den Dessousartikelmarkt Amerikas erwähnte, hast du gesagt: Etwas Unfeineres als die Werbung für weibliche Hygieneartikel gibt es gar nicht.«

Ich erstarrte: »Kennst du womöglich ein noch unfeineres Produkt?«

»Lies erst mal das Buch der McMeals«, sagte sie. »Ich bring' es dir morgen vorbei. Glaub mir, es wird deinem Leben eine neue Richtung geben.«

Eine Frau, die 26 Packungen Zitronenpudding im Speiseschrank hat, darf sich Vorschlägen für Neuerungen nicht verschließen.

Ist frische Luft in Ihrer Ehe?

Mein Sohn, genannt WEISSER HAI II, hatte eine Gewohnheit, die mich die Wand hoch trieb. Er riß die Türen vom Kühlschrank auf und stand davor, bis die Härchen in seiner Nase zusammenfroren. Nach der Inspektion von Eßwaren verschiedenster Form und Konsistenz im Wert von circa 200 Dollar pflegte er laut zu verkünden: »Es ist nichts zu essen da.«

Früher reagierte ich auf diese Feststellung, als habe man mir den klassischen Fehdehandschuh hingeworfen oder einen Angriff auf meine Tugend unternommen. Jetzt enthielt sie für mich nichts Provozierendes mehr. Ich blieb am Tisch sitzen und las weiter in meinem Buch. »Liest du schon wieder ein Ehehandbuch?« fragte er.

»Was ist daran verkehrt?«

»Nichts«, sagte er und fügte hinzu: »Ich wundere mich nur über eins: Wieso haben Dad und du nie was miteinander gehabt, ehe ihr zum Traualtar gerannt seid?«

»Du bist wohl verrückt?« sagte ich. »Wir haben uns geheiratet, weil wir uns zu wenig kannten, um frei miteinander zu leben.«

Das war eine absurde Bemerkung, wir wußten es beide. In Wahrheit waren sein Vater und ich in dieser Welt »freier Partnerschaften«, »begrenzter Wohngemeinschaften« und »eheähnlicher Verhältnisse« Relikte vergangener Zeiten. Wir hatten den alten Ehevertrag nie in Zahlung gegeben, nie die getroffene Wahl rückgängig gemacht, nie Alternativmöglichkeiten erwogen. In einer Welt, in der sich junge Leute in der Schlange vor der Kinokasse kennenlernen, sich in der Pause verloben und ihre Beziehung zwischen dem Bestellen und dem Verzehr ein und derselben Pizza wieder lösen, mußten wir reichlich drollig wirken.

Ich schlug das Buch der McMeals zu. Es ängstigte mich viel mehr als DER ZUKUNFTSSCHOCK! Es hieß da, daß eine von drei Ehen mit Scheidung endet und 75% aller, die weiterbestehen, fürchterliche Probleme hätten. Und was die Autoren sonst noch schrieben, klang, als sei die Ehe ungefähr so aufregend wie eine Joghurt-Orgie.

Nach dreißig Ehejahren fühlte ich mich wie ein Bruchband: verläßlich, haltbar und hundertprozentig von der Krankenkasse absetzbar.

Waren Eheleute eine aussterbende Gattung? Würde man später von den längstvergangenen Zeiten reden, als Männer und Frauen noch zu je zwei und zwei,

31

unauflöslich aneinandergekettet, die Welt durchstreiften? War es vorstellbar, daß ein zwangloses Miteinander-Wohnen einmal die alleinseligmachende Lebensform sein und die feine Gesellschaft die Ehe ablehnen würde?

Im Geist sah ich bereits meinen Sohn von der Schule heimkommen: das Hemd zerrissen, mit blutenden Schrammen und in seinem Zimmer verschwinden, um keine Auskünfte geben zu müssen.

In die Enge getrieben, würde er dann zugeben, daß er in der Pause gerauft hatte.

»Ja, warum denn?« würde ich fragen.

»Weil der Richard gesagt hat . . . weil er behauptet hat . . . also, er hat gesagt, Dad und du, ihr wärt VERHEIRATET!«

»Und was hast du darauf gesagt?«

»Ich hab' gesagt, daß er eine Flasche ist. Da hat er gesagt, die ganze Schule wüßte es, und wenn ihr es nicht wärt, hättest du doch einen anderen Nachnamen. Stimmt es denn?«

Und wenn ich dann nickte, würde er zornig brüllen: »Warum kannst du nicht mit Dad bloß so zusammenleben wie alle anderen Eltern?«

Und dann würde ich ihm erklären: »Entschuldige, aber dein Vater und ich hatten nicht die Absicht, dich in Verlegenheit zu bringen. Glaubst du denn, es macht uns Spaß, uns heimlich mit gemeinsamem Gepäck in die Hotels zu schleichen? Und den Ehering an einem Band um den Hals zu tragen? Und uns in Gegenwart von Freunden gegenseitig zu necken, damit sie glauben, wir seien nicht verheiratet? Ich bin froh, daß das Versteckspiel zu Ende ist. Ich bin es leid, in getrennten Wagen zur Gruppentherapie für Ehepaare zu fahren!«

Und auf sein Drängen erklärte ich ihm, warum wir es getan hatten. Wir hatten die Ehe ausprobieren wollen, um herauszukriegen, ob dieser Zustand uns nervte oder nicht, und wenn es nicht klappte, still und leise zur Scheidung zu schreiten, um niemanden zu verletzen. Plötzlich fing ich an zu frieren. Der Junge stand schon wieder vor der offenen Doppeltür des Kühlschranks mit Gefrierabteil.

»Was ist denn in der gelben Schachtel?« fragte er und riß den Deckel mit den Zähnen auf.

Zu spät! Er hatte den Film schon im Mund.

Je mehr ich darüber nachdachte: Auch unsere Ehe war nicht im Himmel geschlossen worden. Wir hatten durchaus unsere Meinungsverschiedenheiten. Ein bißchen frische Luft konnte da nichts schaden. Die beiden McMeals rieten Paaren, einander in der Ehe mehr Raum zu lassen. Raum zum Atmen, Raum zur Selbstverwirklichung. Sie forderten, Eheleute sollten voneinander unabhängiger werden.

Weil beispielsweise Football mir zum Hals heraushing, nahm ich das freudig zur Kenntnis. Jahrelang war ich einmal die Woche ins Stadion gepilgert und hatte mich anderthalb Stunden lang dort einer Art Narkose ausgesetzt.

Die Männer werden von Football *high* und erleben emotionale Höhepunkte, das ist bekannt. Ich habe schon bedeutendere emotionelle Höhepunkte erlebt, wenn ich mir ein Stück Apfelbutzen aus den Zähnen stochere.

Ich langweilte mich so tödlich beim Football, daß ich mir eigene Spielchen ausdachte.

Mit Peggy Ronstadt spielte ich eine ganze Football-saison lang *Mode-Alphabet*. Wir mußten abwechselnd modische Trends nennen, nach denen Frauen auf den Tribünen gekleidet waren, und vergaßen dabei weder die *Pfeillinie* noch das *Trapezkleid*. Die erste, der kein Name für einen Stil einfiel, mußte zur Strafe bis zur ersten Halbzeit dem Spiel zusehen.

Das *Würstchen-und-Cola-Spiel* beschäftigte mich ungefähr eine knappe Stunde. Ich rief mit verstellter Stimme dem Verkäufer am Ende der Reihe eine Be-stellung zu. Die Zuschauer reichten Würstchen und Cola die ganze Reihe entlang weiter ohne das Spiel-feld aus den Augen zu lassen, 138 Plätze weit. War das Ende der Reihe erreicht, gaben Sie es in die nächstobere oder -untere weiter. Ich beobachtete, wie viele Reihen Cola und Würstchen durchwander-ten, ehe jemand sie sich schließlich einverleibte.

Und noch etwas spielten Peggy und ich: *Wie sieht das aus?* Wir vereinbarten einen Gewinn von einigen Dollars, und den bekam diejenige, die am treffend-sten wiedergeben konnte, wie die Pausenmusiker auf dem Spielfeld aussahen. Ich habe einmal 8 Dollar gewonnen, weil ich den Tubabläser als Sardelle auf einem Pizza-Feld bezeichnete.

Ich fragte mich, was mein Mann wohl sagen würde, wenn ich an meinem nächsten Sonnabend erklärte, ich ginge nicht mit zum Football. Dann würde sich zeigen, wie fest fundiert unsere Ehe noch war.

Als ich das vor meiner Nachbarin Lynda erwähnte, war sie ganz entsetzt. »Das kann nicht dein Ernst sein! Du hast Gelegenheit, mit deinem Mann zum Football zu gehen, und willst dich drücken?«

»Wieso, was ist daran verkehrt?«

»Ich gäbe alles darum, wenn mein Jim beim Football zuschauen würde. Schließlich gibt es für einen Mann keinen gesünderen Sport auf der Welt als Football. Auf den billigen, unüberdachten Tribünen sitzen, eine Thermosflasche heißen Kaffee zwischen sich, eine Decke über den Knien, das schafft Gemeinsamkeit!«

»Was ist nur aus dir geworden? fragte ich. »Damals, als du Jim per Reklameballon mitteilen mußtest, daß du ihm einen Sohn geboren hattest, bekamst du auch noch Schimpfe dafür!«

»Tja, das war noch eine andere Zeit. Heute steht er jeden Sonnabend auf, füllt die Thermosflasche und rennt ins Stadion. Er redet dauernd von Außenbegrenzung, Linie und Bewegung im hinteren Feld, ja er schwärmt davon.«

»Ich dachte immer, er mag Football nicht?«

»Mag er auch nicht. Er schaut immer nur nach den

35

Pompomgirls. Fünfzig Pompomgirls mit Spaghetti-beinen, Minusbäuchen und aufblasbaren Oberwei-ten. Vorigen Sonnabend, als die Mannschaft einlief, sagte er: ›Komm, wir holen uns jetzt während des Spiels was zu trinken, damit wir in der Pause zurück sind!‹ Ich sage dir, diese Mädels ruinieren den ganzen Sport.«

»Ach, Lynda«, sagte ich, »Football wird keiner je abschaffen können, so wenig wie den Nikolaus oder den Schnupfen. Es wird ihn immer geben, ob wir nun hingehen oder nicht. Und sag mir ja nicht, daß du nicht deinen Ehevertrag gern nachträglich umschrei-ben würdest, wenn du könntest!

Ich habe mir gestern ein paar Kleinigkeiten notiert, die mich in unserer Ehe die Wände hoch treiben. Den Zettel legte ich meinem Mann dann aufs Kopfkissen. Hör sie dir an:

Nimmt die Bezeichnung ›Freizeitanzug‹ zu wört-lich.

Hat mich angelogen und behauptet, Wildleder stam-me von einer bedrohten Tierart, so daß das ökologi-sche Gleichgewicht in Gefahr käme, wenn ich mir den neuen Lederrock kaufte.

Verrät mir nie Bürogeheimnisse, die ihm vertraulich mitgeteilt worden sind und die niemandem zu sagen er geschworen hat.

Erklärt sich bereit, mit mir einkaufen zu gehen, und lehnte dann an der Wand wie ein Wartender in der Krankenhausambulanz.

Hat öffentlich verkündet, meine Oberarme erinnerten ihn an Rollenbutter ...«

»Himmel, das war doch schon vor zehn Jahren«, meinte Lynda.

»Scherze über fette Oberarme verjähren nicht. Und zu allem Überfluß macht er mir meine Fernsehserien mies.« Letzteres bildete jahrelang einen Zankapfel zwischen uns beiden. Eigentlich wußte ich nicht, warum. Ich hatte mir einmal eine solche Serie angesehen. Natürlich war darin alles frei erfunden. Wo auf der Welt sagt ein Mann seiner Frau, solange noch die Lampen brennen, daß er sie liebt? Aber fesselnd fand ich sie doch. Solche Serien hatten sich während der letzten Jahre sehr verändert. Früher war es unschuldiger Kinderkram, bei dem die Heldin ständig Kaffee einschenkt und in drei Wochen eine Schwangerschaft von neun Monaten absolviert. Jetzt aber kam Abtreibung, Trunksucht, Inzest, freie Liebe, Drogen, Homosexualität und frecher Widerspruch gegen Mütter darin vor.

Die Heldin der allerneuesten Fernsehserie hieß Erogenique. Wenn man es mit einem solchen Vornamen im Leben zu nichts bringt, ist man selber schuld.

Ich bemühte mich krampfhaft, mir vorzustellen, was diese Erogenique an ihren sendefreien Tagen tat. Ich malte mir aus, daß wir beide in einer Wohnung in New York wohnten und so verschieden waren wie Tag und Nacht. Abend für Abend käme sie atemlos hereingestürzt und schwatzte mir über ihre neueste

Eroberung etwas vor: ein Mann, der sie in einer knappen Stunde abholen käme, und ob ich nicht ein Schatz sein und ihn hereinlassen wolle. Und jedes Mal verlor sie dann den Gegenstand ihrer Begierde an mich. Es war immer das gleiche. Er stand in der Tür, sprachlos vor solcher Häßlichkeit. Er hätte meine Zimmergenossin haben können (die am ganzen Körper keine unschöne Stelle hatte), doch nein, er wollte mich, die gern ruhig zu Hause saß und an einer Tagesdecke stickte. Wenn er dann den Arm ausstreckte, um mich an sich zu ziehen, wich ich zurück und rief: »Wenn Sie etwas suchen, was auf Fingerdruck funktioniert, kaufen Sie sich einen Mikrowellenherd!«

Wenige Wochen nach meinem Entschluß, frische Luft in meine Ehe zu lassen und dabei Türen und Fenster aufzureißen, saß ich eben wieder vor dem Fernseher, da erschien Lynda in der Tür und sagte: »Ich kann's nicht mehr aushalten. Ich muß dich fragen: Was ist passiert, als du deinem Mann gesagt hast, daß du nicht mit zum Football willst?«

»Er hat gesagt: okay.«

»War das alles?«

»Ja, das war alles. Psst, Erogenique ist gerade dabei, auf der Beerdigung ihres Stiefvaters den Inhaber der Bestattungsfirma zu kompromittieren.«

Auf dem Bildschirm sprach eben Schwester Emma: »Liebe Erogenique, das Schlimme bei dir ist, daß du dich selbst nicht leiden kannst. Du kannst keine

38

Beziehung zu jemand anders eingehen, deine Selbständigkeit hat dich destruktiv gemacht. Du magst die anderen nicht und dich selber auch nicht, weil du so gar nichts Liebenswertes hast. Ich verabscheue und hasse dich.«

»Hast du das gehört?« fragte ich. »Sie hat gar nicht unrecht. Erogenique mag Erogenique nicht, sie ist von ihrem Wert nicht überzeugt.«

»Ja, das wird's sein«, gähnte Lynda. »Alle versuchen einen dazu zu bringen, daß man sich selbst gegenüber ein gutes Gefühl hat. Man darf heutzutage nicht mehr mittelmäßig sein, man muß vollkommen sein. Sie dir das an: Selbst die Werbung ist ganz darauf abgestellt.«

Schweigend sahen wir zu, wie eine Hausfrau namens Mildred in einem Supermarkt interviewt wurde. Der Interviewer fragte Mildred, ob ihr Mann Kartoffeln oder lieber Klöße zum Brathähnchen wollte.

Mildred, die seine Kinder geboren, mit ihm aus dem gleichen Zahnputzbecher getrunken und seine Erkältungen geerbt hatte, sagte ohne mit der Wimper zu zucken: »Kartoffeln. Mein Mann würde Kartoffeln vorziehen.«

Als in der nächsten Szene der Ehemann interviewt wurde, sagte er: »Klöße. Ich würde Klöße vorziehen.«

In der dritten Szene war die Hausfrau sichtlich erschüttert und stotterte: »Das hab' ich nicht gewußt ... von jetzt ab gebe ich ihm immer Klöße.«

39

Ich wandte mich an Lynda. »Du liebe Zeit«, sagte ich mit funkelnden Augen. »Ich glaube, auch Bill würde Klöße vorziehen. Wie ist denn das bei Jim?«

Lynda sah mich müde an. »Wen juckt das schon«, sagte sie. »Ich könnte ihm Rentierfleisch servieren, er hätte es bestimmt schon zu Mittag gegessen. Wenn diese Mildred nur einen Funken Verstand hat, gibt sie ihrem lahmen Heini wirklich Klöße, bis sie ihm zum Hals heraushängen.«

»Worüber bist du denn so wütend?« fragte ich.

»Ich bin wütend, weil ich dasitzen und mir vorbeten lassen muß, wie ich mich abstrapazieren soll, nur um dann Eisentabletten schlucken zu müssen. Wir werden manipuliert, verstehst du. Ich habe jetzt gelesen, welche Fallen dem Konsumenten gestellt werden, in einem Buch, es heißt KAUFANGST...«

4 Kaufangst

 Ich habe offen gestanden noch nie darüber nachgedacht, was mich zum Kaufen motiviert. Ich hielt es bisher mit dem Spruch: Einer muß es schließlich machen. Dabei befolgte ich die Anweisungen: Ich nahm bei Erdnußbutter immer nur die beste, bekämpfte Zahnverfall, verzweifelte über Kratzer in der Wanne und vergrub mein Gesicht in duftender Wäsche, als sei mir Gott im flammenden Dornbusch erschienen.
Ich kenne einige Frauen, die eine Großpackung Abführmittel, drei Pfund rrröstfrischen Kaffee und eine komplette Serie weiblicher Hygieneartikel in ihrer Handtasche bei sich tragen. Das habe ich nie getan.
Aber in einem waren wir uns doch ähnlich. Wir glaubten. Wir glaubten, wenn wir zu den angepriesenen Erzeugnissen überwechselten, würden wir die besten, charmantesten, frischesten, saubersten, schlanksten und schlauesten Frauen in unserem Wohnblock (und die ersten, die ihren Darm zur Pünktlichkeit erzogen hatten.)

Das Einkaufen für die Familie war meine dringlichste Aufgabe.

Im Jahre 1969 ist ein Mann auf dem Mond spazierengegangen. Was bedeutet das schon! Im gleichen Jahre habe ich ein paar Turnschuh gefunden, mit denen mein Sohn hätte höher springen können als bis zum Handballkorb. Eine Anti-Baby-Pille wurde entwickelt, die die ganze Weltbevölkerung verändern würde. Hosianna!

Unsere Regierung war in einen Vertuschungs-Skandal verwickelt. Na, wenn schon. Mir genügte das Wissen, daß mein Bratrohr sich selber reinigte, während ich im Bett lag und las.

Meine Kinder herrschten über meine Einkaufsgewohnheiten, das wußte ich selber. Sie konnten die Reklamestrophen für gewisse Biersorten schon singen, als sie noch keinen Gegenstand mit den Augen fixieren konnten.

Ich erinnere mich, wie ich eines Tages vor der geöffneten Schranktür stand, vor mir elf angebrauchte Pakkungen Frühstücksflocken, vom Honigsüßen Hopserchen über Knisterkorn bis zum Muntermachenden Mus. Die knisterten und knallten nicht mehr.

Ich sagte zu den Kindern, jetzt hätte ich genug, und es würden keine Frühstücksflocken mehr ins Haus geschleppt, ehe wir nicht die vorhandenen aufgegessen hätten. Außerdem rechnete ich rasch im Kopf und kam zu dem Ergebnis, daß eine Packung ›Lustiger Löffel‹ mich insgesamt ungefähr 116,53 $ gekostet hatte. Darin enthalten waren die Kosten für den Zahn, den ich mir an einem Plastikunterseeboot auf dem Boden der Packung ausgebissen hatte, die Antibiotika, die nötig gewesen waren, als ich einen Teil der Flocken dem Hund gegeben hatte, und die Kosten des Verpackens und Transportierens bei drei Umzügen.

Schließlich leerten wir alle Schachteln, sahen uns aber anschließend einer beklemmenden Familienentscheidung gegenüber: Welche Marke sollten wir ab jetzt wählen? Ich persönlich war für *Knisterkorn*, weil es die Verdauung förderte und man als Prämie ein Usambara-Veilchen bekam.

Eines der Kinder wollte *Soggies*, weil man davon rote Zähne bekam.

Ein anderes wollte *Dschungel Dschollies*, weil sie überhaupt keinen Nährwert hatten.

Wir müssen zwanzig Minuten neben dem Regal für Frühstücksflocken verbracht haben, ehe wir uns endlich für *Weizen-Wippchen* entschieden, weil sie »als Imbiß nach der Schule Röntgenaugen verliehen«.

Auch seit die Kinder groß sind, stehen wir noch unter der Diktatur harter Verkaufsmethoden. Ich hatte mich daran gewöhnt, ihnen Weihnachtsgeschenke zu kaufen, die

a) ich nicht aussprechen konnte,

b) von denen ich nicht wußte, wozu man sie braucht, und

c) die Maschinenöl ausschwitzen.

Seit sie größer sind, schreiben meine Kinder nicht mehr: Lieber Weihnachtsmann! Bitte bring mir eine neue Puppe und ein Fahrrad.

Weit davon entfernt! Marktkennerisch bringen sie mir eine Liste, die ihren Wunsch bis auf die Katalognummer genau beschreibt.

Eine RF-60 FMStereo Box. Frag nach Frank. Wenn du bar zahlst, gibt es 5% Rabatt.«

oder: »Einen 273 Thyristorengeregelten Mecablitz 9–90 mit Schwenkfuß als großes Geschenk und in den Nikolaus-Strumpf kannst du noch ein paar Rollen EX 135 und Ektachrome ASA 64–19 stecken.«

Über das Phänomen der Kaufangst hatte ich noch nicht viel nachgedacht. Bis ich eines Abends 12 große Plastiktüten mit Einkäufen aus der Garage hereinschleppte. Mein Mann stöberte darin herum und fragte: »Und was kriegen wir nun zum Abendessen? Den Luftverbesserer? Die Tüte Grillkohle, das Töpfchen Handcreme oder das Lexikon?«

Da platzte mir schließlich der Kragen. Ich knallte die letzte Tüte auf den Tisch und rief: »Das ist also der Dank dafür, daß ich mich für die Bedürfnisse dieser Familie auseinandernehme. Im Supermarkt herrschen die Gesetze der Wildnis, und trotzdem muß ich jede Woche hin. Unerfahrene Anfänger stoßen Einkaufswagen vor sich her, fremde Kinder werfen Gegenstände in meinen Korb, Rabattmarken muß man zusammenhalten, mit Listen jonglieren, Etiketten entziffern, Obst betasten, und das mit dem Lexikon hättest du erleben müssen: 5000 Stück zu 59 Cent, die einem entgegenrufen: ›Nimm mich, nimm mich.‹ Der Band S war in beschränkter Auflage da, deswegen mußte ich sofort zugreifen. Alle wichtigen Wörter sind unter S.«

»Nun mal langsam«, sagte mein Mann. »So wichtig ist das S nun auch nicht.«

»Nicht so wichtig? Willst du, daß die Kinder durchs Leben gehen, ohne etwas von der Bedeutung von Sex, Sabbath, Satire, Skrupel und Status zu wissen? Ganz zu schweigen von S-chlußverkauf?«

»Du fällst aber auch auf jeden Reklametrick herein, dem du irgendwo begegnest.«

Er hatte gut reden. Männer kamen nie so unter Druck durch die Werbung wie Frauen. Ich sah es beim Fernsehen. Da saßen alle Männer nur herum, genossen, was geboten wurde, aßen irgendwelche Getreidepräparate, um ein Sport-As zu werden. Wenn sie mit ihrem Bankberater redeten, hörten alle zu. Sogar die Etiketten in ihren Shorts waren lustig und tanzten. Zugegeben, sie fuhren auch manchmal im Wagen eine steile Bergstraße hinauf, klatschten sich Rasierwasser ins Gesicht oder liefen in einen Hafen ein, doch im großen und ganzen waren es die Frauen, auf denen die Verantwortung für die ganze Familie lastete.

Und jeder fand es selbstverständlich.

Falls die Werbeeinschaltungen dazu dienten, mich selbstzufriedener zu machen, hatten sie kläglich versagt. In meinen Händen verwandelten sich die stabilen Papierhandtücher in Filterpapier. Meine Hustenmedizin war früh um 2 Uhr aufgebraucht. Meine Mülltüten platzten, wenn sie mit Müll in Berührung kamen.

Sonderbar, daß mir das früher nie so aufgefallen war: Ich war verantwortlich dafür, daß ein Shampoo meinem Mann auch tatsächlich gegen Haarausfall schützte. Dafür, daß meine Kinder ein gut ausgewogenes Frühstück bekamen. Ich war schuld, wenn das Fell meines Hundes nicht vorschriftsmäßig glänzte, und ich war es, die genau die richtige Menge Zitronen in alles spritzen mußte, damit es den Meinen nicht den Mund zusammenzog. Gab es im Liebesleben meiner Tochter eine Panne, so war es meine Aufgabe, sie daran zu mahnen, daß strahlend weiße Zähne *ihn* zurückgewinnen würden. Als ich eben über das Ausmaß meiner Verantwortung grübelte, kam im Fernsehen die Werbeeinschaltung: Ein Mann kommt nach zwölfstündigem Arbeitstag zerschlagen, deprimiert und erschossen nach Hause, öffnet die Tür, und 75 Personen springen auf und brüllen: »Happy birthday«. Der Mann umfaßt seine Frau, küßt sie und sagt: »Liebling, was für eine nette Überraschung!«

Sie weicht vor ihm zurück wie vor dem Kadaver eines vor drei Tagen krepierten Hundes und sagt: »Oh, oh, Mundgeruch. Dagegen müssen wir etwas tun. Sofort.«

Man möchte meinen, daß dies dem rauschenden Fest einen gehörigen Dämpfer aufsetzt. Statt dessen sehen wir die beiden im Badezimmer, wo er so lange heftig gurgelt, bis der Mundgeruch nachläßt. In der letzten Szene herrscht ungetrübte Fröhlichkeit. Er darf endlich bei der eigenen Party mitmachen und sie strahlt in dem Bewußtsein, ihren Mann wieder einmal vor sich selbst beschützt zu haben.

Wieso kommt dieser Blödmann nicht selber drauf, daß er einen Atem hat wie ein Kamel? Muß denn die Frau alles machen? Da unterbrach mich mein Mann, der mit einem Sporthemd in der Hand aus dem Schlafzimmer kam. »Liebling«, sagte er und grinste gutmütig, »ich sag' das nicht gern, aber mein Kragen hat einen Schmutzrand.«

Ich blickte auf und keifte: »Wie sich das trifft. Dann paßt er genau zu deinem Hals.«

Ich weiß nicht, warum ich damit herausplatzte, wahrscheinlich ärgerte mich, für das Wohl aller verantwortlich zu sein.

Wie naiv ich doch gewesen war! Ich hätte was merken sollen an dem Abend, an dem ich duschte, mir Parfum in beide Kniekehlen tupfte und dann meinen Mann im Dunklen schnarchen hörte. (Der Fall war in der Geschichte der Kosmetikwerbung nicht vorgesehen.)

Ich verschaffte mir KAUFANGST, um darin nachzulesen, wie wir sonst noch ausgebeutet wurden. Gelinde gesagt – es war eine Offenbarung! Das Einkaufen, hieß es da, sei einer der am wenigsten bekannten Wissenschaftszweige. Fachleute wissen, daß es sehr anstrengend ist, äußerste Konzentration und blitzschnelle Entscheidungen erfordert.

Seit Jahren versuchen Forscher dahinterzukommen, warum Frauen so einkaufen, wie sie es tun. Dabei haben sie herausgefunden, daß sich bei Frauen, die einen Supermarkt betreten, in dem Augenblick etwas verändert, in dem sich ihre Hände um den Griff eines Einkaufswägelchens krümmen.

Ihre Blinzelfrequenz verringert sich auf vierzehnmal pro Minute, das versetzt sie in eine Art Trance, die Vorstufe der Hypnose. Einige erkennen ihre Freundinnen nicht mehr, wenn sie von ihnen angesprochen werden. Sie fahren in weniger als zwanzig Sekunden durch eine Verkaufsreihe und geben dabei durchschnittlich pro Minute 93 Cent aus. Alles in so einem Geschäft ist getestet und in Form und Farbe so abgestimmt, daß es zum Kauf reizt. Dem Käufer bleibt kaum eine Chance. Die wahre Streßsituation kommt dann an der Kasse. Immer angenommen, Sie waren imstande, Kaufimpulse zu unterdrücken und sich strikt an Ihre Liste zu halten: Alles steht in Frage in dem Moment, in dem Sie die Waren aufs Fließband stellen und sie registriert werden. Denn an der Kasse befinden sich: Candy, Kaugummi, Zeitschriften, Sonderposten, Waren zum halben Preis, Luftballons, Pfefferminz, Zigaretten und Kugelschreiber. Jetzt heißt es sich zügeln. Wenn Sie durchhalten, bis das Kassenglöckchen erklingt, wird ihre Blinzelgeschwindigkeit wieder auf fünfundvierzig pro Minute ansteigen, und der Bann ist gebrochen. Sie funktionieren wieder als normaler Mensch.

Als ich das nächste Mal im Supermarkt einkaufte, schaffte ich es in der gleichen brillanten Zeit wie der sagenhafte Nurmi. Beim Ausgang jedoch befiel mich Unbehagen. Dort stand eine Schlange. Eine Frau wühlte in ihrer Handtasche und suchte ihren Ausweis, weil sie mit einem Scheck zahlen wollte.

Ich warf ein Päckchen Rasierklingen in mein Körbchen. Die nächste Frau entdeckte ein Loch in ihrer Zuckertüte, und wir mußten warten, bis ihr der Laufjunge eine andere geholt hatte.

Ich tat noch einen Papierdrachen in mein Körbchen. Noch zwei Kunden vor mir.

Der Mann hatte seinen Karren voller Leerflaschen, die er seit der Erfindung des Glases gehortet haben mußte. Es war seine Schuld, daß ich noch die Lakritzstangen dazulegte.

Die Dame vor mir hatte nur wenige Artikel, aber der Kassenstreifen lief aus und mußte ersetzt werden. Die Gartenleuchte und das Vogelfutter gehen auf ihr Konto.

Endlich war ich dran. Die Kassiererin fing an zu tippen und fragte: »Wollen Sie das Buch mitnehmen oder hier lesen?«

»Mitnehmen«, sagte ich.

Die Kasse klingelte, die Endsumme erschien, und ich tauchte aus meiner Trance auf. Doch da war es zu spät. Unter dem Arm trug ich eine Taschenbuchausgabe von ABENTEUER DES LEBENS.

5 Abenteuer des Lebens

 Die Heldin solcher Bücher ist sich immer gleich: eine Frau, die keine Illusion mehr hat und mit einem Papiertaschentuch in der einen, einem Zellstoffhandtuch in der anderen durchs Leben geht, fest entschlossen, sich allein durchzuschlagen. Immer ist sie groß, hat lange Beine und ›streckt sich wohlig unter der Bettdecke in ihrer ganzen Länge aus‹.
Sie ist so schlank, daß man ihr ›ihre drei prächtigen Kinder nicht glauben will‹.
Sie ist noch nie im Leben glücklich gewesen.
Sie hat total vergessen, daß sie Medizin studiert und den Doktor gemacht hat, bis sie eines Tages frisches Papier ins Besteckfach legt und dabei zufällig ihr Diplom findet.
Sie hat ein schlechtes Gewissen, weil sie ihren Mann mit drei Kindern, Hypothekenraten von 565 Dollar im Monat, einer trächtigen Katze und einem leeren Kühlschrank zurückgelassen hat, muß aber ›mit sich selber ins reine kommen‹ und kann das nur, wenn sie ihr Leben selbst in die Hand nimmt.

Ich in meinem Alter hätte nicht mehr die nötige Spannkraft aufgebracht, nochmals von vorn anzufangen. Ich merkte neuerdings, daß mein Körper nur jeweils eines von beiden konnte: das Mittagessen verdauen *oder* aufrecht sitzen.

Ich wollte nicht verantwortlich sein für den Ölwechsel in meinem Wagen.

Es war mir schnuppe, wohin die Filter des Heizkessels verschwanden. Ich war ohnehin viel zu sehr auf Haushaltsprobleme fixiert (als ich Tom Jones einmal in Las Vegas auftreten sah und alle Zuschauer ihm ihre Hotelzimmerschlüssel huldigend zuwarfen, ließ ich mich hinreißen, ihm auch den meinen zuzuwerfen. Zwei Tage später stellte ich fest, daß ich ihm den Schlüssel zu unserer Tiefkühltruhe zugeworfen hatte.)

Neben den Büchern über Ehefrauen, die es ›allein schaffen wollen‹, standen aufgereiht die Ehehandbücher. Es waren durchweg Reinfälle. So frustriert hatte ich mich noch nie gefühlt seit dem Weihnachtsabend, an dem wir im Wandschrank ein Fahrrad zusammenbastelten – mit zwei fehlenden Unterlegscheiben und der Anleitung auf japanisch.

Wir fragten uns, womit wir denn unsere Zeit vertrödelt hatten, ehe Oswalt Kolle den Sex erfand. Im Anhang eines dieser Bücher war sogar ein Plakat eingeheftet, auf dem BRAVO stand. Man sollte es sich übers Ehebett hängen.

Mich persönlich faszinierten die freiheitlichen Bestrebungen am meisten. Im Grunde war ich eifersüchtig auf die Heldinnen der Bücher, insbesondere auf ihren Lebensgenuß. Wie blaß war doch, damit verglichen, meine Existenz. Meine sämtlichen Freundinnen schienen auf dem Weg zu neuen Abenteuern. Einige waren wieder berufstätig, teils des Geldes wegen, teils aber auch, weil sie Ruhe brauchten. Ein paar besuchten die Schule, die übrigen gestalteten mit Spiegeln und Plüsch das leere häusliche Nest neu.

Und ich? Bei mir herrschte Stagnation. Keiner meiner Jungvögel war schon flügge, und es bestand auch keine Aussicht darauf.

Meine Tochter hielt das rote Licht über dem Bratrohr für eine versteckte Kamera. Von meinen Söhnen führte einer das Leben eines Hamsters, der andere betrachtete Arbeit als eine Modetorheit wie den Hula-Hoop-Reifen oder die Freundschaftsarmbänder. Sie waren alle im schwierigen Alter.

Zu alt für Kindernahrung. Zu jung für den Fußpfleger. Zu alt, um ihnen wegen des Heimkommens Vorschriften zu machen. Zu jung, als daß man hätte einschlafen können, ehe sie daheim waren.

Zu alt, um ihnen noch Ratschläge zu geben, zu jung, als daß sie sie nicht mehr nötig hatten.

Zu alt, um Geschirr zu spülen, zu jung, um schon mit Essen aufzuhören.

Zu alt, um sie bei der Einkommensteuer abzusetzen. Zu jung für die Arbeitslosenrente.

Ich wollte, ich wäre so wie Mayva. Ihr war es total egal, was ihre Kinder taten, Hauptsache, sie hatten dabei saubere Hände.

Es kam mir so vor, als hätte ich mein Leben lang nur immer geschenkt, geliebt und geteilt. Und was hatte ich nun voll all dem Schenken, Lieben und Teilen? Ein Schubfach voller angeschmutzter Strumpfhosen, eine kaputte Stereo-Anlage und jeden Morgen eine nasse Zahnbürste. Ich hatte einen Fotoapparat mit Sand drin, eine Bluse, die an akuter Verschwitzung eingegangen war, einen Schlafsack mit kaputtem Reißverschluß und ein Transistorradio, das ›plötzlich aus war, Mom, wie es aufs Pflaster aufschlug‹.

Andere Frauen meines Alters hatten Kinder, die nicht zwanglos in ihren Schränken ein- und ausgingen wie in einem billigen Warenhaus.

Meine borgten meinen Tennisschläger, meinen Wagen, meine Koffer und mein Mundwasser. Und dann natürlich mein Fernglas. Das Fernglas hatte ich schon beinahe vergessen. Als ich meinen Sohn fragte, was eigentlich aus ihm geworden sei, sagte er: »Das ist in meinem Zimmer.«

»Warum bringst du es dann nicht dorthin zurück, wo du es hergeholt hast?«

»Was willst du denn mit einem kaputten Fernglas?«

Sie trieben mich zum Wahnsinn mit ihrer Unpünktlichkeit, ihrer Schlamperei und ihrem fehlenden Teamgeist im gemeinsamen Haushalt. Außerdem hatten sie den Punkt erreicht, wo sie sich meine

Erwachsenenausdrücke eingeprägt hatten und sie nun gegen mich verwendeten.

»Wirst du heute dein Zimmer saubermachen?« fragte ich.

»Das sehen wir dann.«

»Wenn du bis in die frühen Morgenstunden wegbleibst, mache ich mir immer solche Sorgen.«

»Große Leute sollten sich um die Kleinen keine Sorgen machen. Wir passen schon auf uns auf.«

»Es gefällt mir nicht, und ich dulde es nicht.«

»Komm, komm, doch nicht in dem Ton. Du bist müde und gereizt. Leg dich ein Weilchen hin, und wenn du aufwachst, reden wir weiter.«

Ich hatte bereits Schreckensvisionen: die älteste Mutter Nordamerikas, deren Kinder noch zu Hause lebten. Ich würde 95 sein, wenn meine Tochter sich mein letztes Paar sauberer Stützstrümpfe borgte, meine Söhne sich eine automatische Schwingtür am Eisschrank einbauten. Jeden Muttertag würden sie alle zusammenlegen und mir einen weiteren Stiftzahn kaufen.

Wanda, ja, Wanda hätte alles ganz anders gemacht. Wanda war die Heldin des Buches, das ich gerade las. WANDA GIBT NOTSIGNALE. Das war vielleicht eine Frau! Eines schönes Tages brach sie aus einem Hausfrauennachmittag mit Bilderlotto aus, ging in eine Salatbar für Junggesellen und -gesellinnen, bestellte sich dort Spinatsalat mit Speckstreifchen und lernte binnen drei Minuten einen Mann kennen (er aß grünen Salat mit Bohnensprossen und Mayonnaise) und schlief mit ihm, ehe sie beide ihre Salate verdaut hatten. Schon am nächsten Tag nahm sie eine Stellung als Vizepräsidentin eines Fernsehsenders an und vergrub sich in die Arbeit. Die Begegnung aber mit dem Salatesser (grüner Salat mit Bohnensprossen und Mayonnaise) konnte sie nicht vergessen. Nicht, daß sie es nicht redlich versucht hätte. Sie produzierte eine Dokumentarserie in Griechenland, eine Miniserie in Rußland und studierte abends für ihren Dr. phil. Der Salatmensch (Gr. Sal. mit Bo. Spro. und M.) rief sie täglich an. Doch sie wußte, was sie wollte.

Keine 96 Seiten später heiratete sie ihn, kehrte in einen normalen Alltag zurück und spielte auf der letzten Seite wieder Bilderlotto bei einem Hausfrauennachmittag. Zum ersten Mal seit langer Zeit war sie ganz und gar mit sich zufrieden.

Als ich das letzte Kapitel las, lagen mein Mann und ich am Meer. Ich blickte an mir herunter. Ich hatte meine Krampfadern unter Sand vergraben. Die Fliegen umsummten mich wie verrückt, wegen meines Haarsprays. Neben mir saß mein Mann, gegen die Sonne mit Badetüchern vermummt, und überprüfte seine Kontoauszüge.

Es war nicht unbedingt die Szene in der Brandung aus dem Film »Verdammt in alle Ewigkeit«.

Zwar befriedigte mich, in Wanda und ihresgleichen eine Art Ersatzexistenz zu führen. Wie aber, wenn ich selbst in die nächsthöhere Lebensebene wollte?

Ich besprach das Problem mit meiner Tochter. »Ich weiß nicht recht, wie ich es dir sagen soll, aber irgendwie hinderst du mich daran, einen anderen Gang einzulegen und in die nächste Phase vorzustoßen, um meine wunderbare Persönlichkeit zu entfalten. In einem Jahr ist es eventuell schon zu spät.«

»Was genau willst du damit sagen?«

»Ich glaube, ich will sagen, daß es viele Colleges an fernen Orten gibt, die Gelegenheit geben, mit aufregenden, interessanten Menschen zusammenzukommen. In einer solchen Atmosphäre kann man wachsen und reifen. Die Trennung von der Familie zwingt üblicherweise dazu, sein Leben selbst zu gestalten, den Dingen eine subjektive Rangordnung zu geben und sie ohne Einmischung Dritter durchzuhalten. Du verstehst doch, was ich meine?«

Sie legte mir ihre Hand auf den Arm. »Aber Mom, wenn du gern noch mal zur Schule gegangen wärst, warum hast du es dann nie gesagt? Wir schaffen es doch auch ohne dich. Wir essen einfach viel auswärts.«

»Du hast mich nicht verstanden«, sagte ich und biß mir auf die Lippen. »Das Leben besteht aus Phasen. Da gibt es die Säuglingsphase, die Kindheitsphase, die Teenagerphase, die Ehephase und die Selbstverwirklichungsphase. Jedes Ende einer Phase ist ein bißchen beängstigend, weil es Veränderungen bedeutet und weil Veränderungen Anpassung nach sich ziehen, aber weitergehen muß es ja, verstehst du?«

Sie nickte und ich fühlte mich ermutigt.

»Es ist kein leichter Entschluß, die nächste Phase zu beginnen, aber wenn man immer daran denkt, daß man ja Freunde hat, die zu einem halten, ist es nicht ganz so schlimm, seinen eigenen Weg zu gehen.«

»Aber wenn Dad und du lieber eine eigene Wohnung möchtet, warum habt ihr es nie gesagt? Wir haben doch nicht geahnt, daß wir euch im Wege sind. Der Haushalt hier muß dich ja belastet haben. Was du sagst, ist richtig. Und wenn dir hin und wieder danach zumute ist, wieder herzukommen, sind wir ja immer noch da.«

Ich blieb also eingesperrt mit meiner Anrichte voll schmutziger Gläser, gebrauchten Tempotaschentüchern in Jeanstaschen und den Hühneraugenpflastern, mit denen meine Kinder die Wasserbetten geflickt hatten. Ich machte einen letzten Versuch.

»Du solltest daran denken, dir ein eigenes Leben aufzubauen. Du mußt lernen, daß Strumpfhosen nicht ewig von allein sauber bleiben und daß der Sinn des Lebens in etwas anderem besteht als einer gut zusammengestellten Kräutercreme. Wenn du von zu Hause fortgingest, irgendwo auf ein College, wärst du für dich allein verantwortlich. Du würdest ein ganz neues Selbstgefühl entwickeln, Unabhängigkeit und – Füße. Jawohl. Füße. Draußen in der Welt gibt es eine Menschenart, der du noch nie begegnet bist. Sie heißen Fußgänger.«

»Willst du damit sagen, daß du mich gern los wärst?

Daß ich dir auf die Nerven geh? Daß wir uns trennen sollten?«

»So direkt habe ich es nicht ausgedrückt.«

»Aber so haut es einigermaßen hin, ja?«

»Dein Vater und ich haben dich sehr lieb. Aber es wird Zeit für die nächste Phase.«

»Ich verstehe«, sagte sie. »Wenn das Semester zu Ende ist, sehe ich mich um nach einem College, das ein bißchen weiter weg ist.«

Warum nur ist mir immer so jämmerlich zumute, wenn meine Kinder auf einen meiner Vorschläge, der gut für sie ist, so willig eingehen?

Als ich in der Bibliothek WENDY UND ANDERE PHANTASTISCHE GESCHICHTEN zurückgab, traf ich dort meine Freundin Nancy. Wir sprachen über meinen Alltag und den Wegzug meiner Ältesten. Sie lächelte und meinte: »Man sieht sehr deutlich, was dir fehlt. Du hast deine Midlife-Krise.«

»Das klingt so hochgestochen«, sagte ich.

»Glaub mir«, sagte Nancy, »ich weiß, wie du dich fühlst – verbraucht, unbefriedigt, nicht anerkannt. Du lebst in einer zwielichtigen Zone. Du lebst in Angst. Der Angst, deine Kinder könnten eine Forsetzung von NESTHÄKCHEN UND SEINE KÜKEN schreiben. Angst, du könntest sterben müssen, nachdem du einen sonderbaren und kalorienarmen Salat gegessen hast, der nach nichts schmeckt. Angst, du könntest zu einer Party müssen, bei der Partnertausch stattfindet und keiner Lust hat, dich einzutauschen.«

»Das ist nicht wahr«, sagte ich. »Ich beklage mich vielleicht gelegentlich, aber ich hatte ein erfülltes Leben.«

»Ich habe deinen Terminkalender gesehen«, meinte Nancy. »Er sieht aus wie bei einer Bettlägerigen. Bist du noch nie morgens aufgewacht, hast in den Spiegel geschaut und laut gesagt: Nie werde ich Botschafterin Uganda. Nie werden meine Beine in Stiefel ohne Reißverschluß hineinpassen. Nie werde ich mit Erfolg Schwertfarn züchten oder das Preisausschreiben in Reader's Digest gewinnen.«

»Nancy«, sagte ich, »ich mag ja dies und jenes sein, aber mit mir selber reden tu ich nicht. Und ich lebe auch nicht in Angst vor irgendwas. Ich bin ein völlig ausgeglichener Mensch.«

»Hör zu«, sagte sie, »ich habe da ein Buch, in dem steht nicht nur, welche Krise als nächstes im Leben eintreten wird, sondern auch, wie du damit fertig wirst. Es heißt PHASEN.«

Phasen, alles nur Phasen

Eines ist mein Leben bestimmt gewesen: vollkommen berechenbar. Nach mir konnte man die Uhr stellen. Mit 12 Jahren Pickel im Gesicht. Mit 22 geheiratet. Mit 26 in den Wehen gelegen. Mit 30 die erste Haartönung. Mit 35 beim Bäcker gekaufte Kuchen. Mit 40 Rollkragenpullover.

Ich brauchte kein Buch, um zu wissen, daß die Zwanzigerjahre traumatisch, die Dreißiger illusionsmordend, die Vierziger ruhelos und die Fünfziger ... mein Himmel, nur kümmerliche zwei Seiten hießen ›Resignierend‹ und waren zwischen Rollkragenpullover und Inhaltsverzeichnis eingeklemmt!

Das Werk verlor kein unnötiges Wort (wahrscheinlich war auch keine Zeit mehr zu verlieren!) Es konstatierte, ich lebte in einer Zeit der Angst. Angst vor Unerfülltheit, Angst vor dem, was die Leute von mir dachten, Angst vor Krankheit, Angst vor dem Alter.

Das stimmte nicht. Ich hatte keine Angst vor dem

Alter. Es fiel mir nur immer stärker auf, daß die einzigen, die behaupteten, das Alter sei schön, durchschnittlich 23 waren.

In meinem innersten Herzen wollte ich nicht glauben, daß Shirley Temple schon sauber war. Doch, es gab ein paar Momente der Empfindlichkeit. Als ich meinen Paß erneuern ließ, fragte der Mann hinter dem Schalter laut nach meinem Geburtsdatum. Es heißt, ich hätte ihn an die Wand gedrückt, ihm den Unterarm über die Gurgel gepreßt und gezischt: »Wir wollen uns doch bitte auf die Feststellung beschränken, daß ich irgendwo zwischen Östrogen und Ableben bin.«

In PHASEN stand, ich hätte Angst vor allem, was das Leben mir möglicherweise noch bescherte, Angst vor dem Verlassenwerden, Angst vor dem Alleinbleiben. Die wollten mich wohl verkohlen? Angst davor, jedes Interesse an Sex zu verlieren, Angst vor Phobien.

Ich schlug das Buch mit einem Knall zu. Alles klar: Ich war mit meiner Midlife-Krise zu spät daran. Sie hatte schon ohne mich angefangen. Ich hatte keine einzige Phobie.

Gerade als ich mich so recht darüber freute, kam meine Tochter heim, stürzte ins Zimmer, warf die Wagenschlüssel auf den Tisch und fragte: »Rate mal, wer ein Kind kriegt!«

»Keine Ahnung, du mußt mir daraufhelfen.«

»Bunnys Mutter, Barfy.«

»Doch nicht im Ernst«, lachte ich. »Barfy ist ein Jahr älter als ich und zwanzig Jahre jünger als die Mik-kymaus.«

»Sag ihr das! Sie hält sich für piepsjung. Ich finde sie Klasse! Warum schaffst du dir nicht auch noch ein Baby an? In ein paar Jahren sind wir alle aus dem Hause. Womit willst du uns ersetzen?«

»Ich kriege dann die Masern.«

»Viele Mütter von Freundinnen werden jetzt schwanger. Ein neues Baby soll einen um zehn Jahre jünger machen.«

»Jünger als was?«

Als sie gegangen war, ließ ich mich wie gebrochen in einen Sessel plumpsen. Nie in meinem Leben hatte mich etwas so getroffen. Daß so etwas möglich war! Da hatte ich meine Midlife-Krise, meine Angst, mit der ich nicht gerechnet hatte; die Phobie, ins Guiness-Buch der Rekorde einzugehen, weil ich mit über vierzig noch ein Kind bekam.

Das schaffte ich nicht mehr. Da konnten die noch so sehr predigen, Spätlinge seien ein solcher Gewinn.

Ich war einfach zu erschöpft, um noch mal von vorn anzufangen. Während man mir den Zahnstein entfernte, schlief ich ein. Wenn eine Party länger dauerte als bis 22 Uhr, döste ich vor mich hin. Nach einer ausgiebigen Mahlzeit konnte ich die Beine nicht mehr übereinanderschlagen. Wenn ich wieder früh um 2 Uhr füttern müßte, würde ich Tränensäcke unter die Augen kriegen.

Meine geistigen Fähigkeiten ließen bereits nach. Ich konnte keine Fragen mehr beantworten. Z. B. warum der liebe Gott nicht heiratete, wie ein Fußball von innen aussah und wieso der Lebkuchenmann nicht quiekste, wenn ich ihm mit dem Finger in den Bauch stieß.

Das alles hatte ich einmal gewußt. Mir war nichts mehr neu. Ich hatte drei Regentage lang mit drei windpockenkranken Kindern und einer kaputten Waschmaschine durchgestanden. Ich war beim Aufblasen vom Gummiplanschbecken ohnmächtig geworden. Ich hatte drei Staaten im Wagen durchquert, unter dem Sitz einen Beutel nasser Windeln, im Fond zwei Kinder, die sich um einen Kaugummi voller Fusseln stritten.

Ich hatte mich abgerackert – mit Sportwägelchen im Aufzug, mit Wasserschlachten am Weihwasserbekken, mit Tränenströmen am ersten Schultag.

Wenige Tage darauf traf ich Barfy im Einkaufszentrum. Sie hatte schon den charakteristischen Schwangeren-Gang.

»Barfy!« rief ich teilnehmend und glotzte auf ihren Bauch. »Wie ist denn das passiert?«

»Glaubst du vielleicht, ich trüge es für eine Freundin aus?«

»Entschuldige«, sagte ich, »es war nur der erste Schreck.«

»Ist schon gut. Man fragt mich die blödesten Sachen. Zum Beispiel: Du meine Güte, läufst du denn immer noch mit diesem Baby herum?«

67

»Ich dachte, du nimmst die Pille?«

»Die Pille haben wir alle genommen, Wizard, Corky und Berry. Es gibt da keine Garantie, weißt du. Tagtäglich strengt jemand gegen die Pharma-Industrie einen Schadensersatzprozeß an.«

»Keine Garantie«, sagte ich wie vor den Kopf geschlagen.

»Na, deine Familie ist sicher sehr überrascht.«

»Die ist hingerissen«, sagte sie. »Sie kann es kaum erwarten, daß es da ist. Alle versprechen bereits, das Baby zu wickeln, zu füttern und mit ihm zu spielen, aber ich fürchte, es wird damit gehen wie mit Winnies Baby. Du erinnerst dich doch an Winnie? Ihre Kinder hatten ihr versprochen, daß sie keinen arthritischen Finger würde rühren müssen, wenn das Kind erst geboren wäre. Sie war von Anfang an mißtrauisch, aber weil sie schon 43 war, gab sie schließlich nach. Als es dann da war, rief sie ihre Tochter herein, damit sie es sich anschaute. »Na«, fragte sie, »was hältst du von deinem neuen Pflegling?« Die Tochter besah sich das Baby, zuckte die Achseln und meinte: »Ich hab' mir's anders überlegt, ich möcht' doch lieber einen Hund.«

»Mensch, Barfy, du mußt dir ja total bescheuert vorkommen im Wartezimmer beim Frauenarzt. Zwischen all den jungen Dingern.«

»Das schon, aber seit wir damals unsere Kinder erwarteten, hat sich viel geändert. Die werden heutzutage im Vorbeigehen geboren. Alles ist ›natürlich‹,

und der Ehemann bleibt während der ganzen Entbindung dabei. Weißt du noch, wie das bei uns war?«
»Und ob ich das weiß! Ich bin vor Angst hysterisch geworden und habe um eine Narkose gebeten . . . und das schon bei der ersten Schwangerschaftsberatung.«
»Jetzt ist das eine völlig andere Sportdisziplin«, seufzte Barfy. »Supersaugfähige Wegwerfwindeln, Rückentücher, damit man sie immer bei sich tragen kann, Fertigmilch, mit denen man nicht seine ganze Zeit verplempert – und eine ganz andere, entspannte Atmosphäre.«
»Bedaure, Barfy, aber für mich kommt eine Entbindung ohne Betreuung durch eine Friseuse nicht infrage. Das wäre mir zu primitiv.«
Nachts konnte ich nicht einschlafen. Vor meinem inneren Auge zogen allerlei Bilder auf. Mit 65 eine Windelnadel verschlucken . . . Von meinem Baby im Kinderwagen durch den Zoo gefahren . . . Während der Entbindung ein Nickerchen machen . . . Zum Muttertag einen Herzschrittmacher geschenkt bekommen . . . Mit dem Kind um die Babynahrung raufen . . . Es verdreschen, weil es bunte Männlein auf meinen Seniorenfahrschein gemalt hat . . . Die erste Rentnerin werden, die zu einer Entbindung Altersruhegeld in Anspruch nimmt . . .
Es war einfach so: Ich wollte so alt aussehen, wie ich war, aber nicht so handeln, wie ich aussehen wollte. Außerdem wollte ich alt genug sein, um diesen komplizierten Satz zu begreifen.

Daß in diesem Land ein Kult mit der Jugend getrieben wird, weiß jeder. Die Menschheit opfert vor dem Altar straffer Haut und glänzender Haare. Auf Plakaten werden nur schmalste Taillen gezeigt, und junge Zweitfrauen werden behandelt wie gekrönte Häupter.

Hat man eine Falte, wird sie herausgebügelt. Sackt etwas, wird es geliftet.

Baumelt etwas, wird es gestrafft.

Steht etwas weg, muß es eingezogen werden.

Graues wird gefärbt.

In meinem Freundeskreis tauchten neue Gesichter auf. Gesichter, die wie Masken wirkten. Um ehrlich zu sein, ich hatte schon manchmal auf einem Babypopo mehr Falten gesehen. Ich weiß noch, wie begeistert ich war, als ich eines Tages einen kosmetischen Stift auftrieb, mit dem sich Falten tilgen ließen. Ich benutzte ihn und tilgte damit mein ganzes Gesicht.

In PHASEN wurde einem geraten, dem physischen Alterungsprozeß ohne Panik entgegenzusehen, aber das war nicht so einfach, wenn alle um einen herum betonten, wie alt man aussähe.

Mit meinem Alter söhnte ich mich erst an dem Nachmittag aus, an dem ich halbverschlafen auf dem Sofa lag und mir wieder einmal den alten Film ›Sunset Boulevard‹ ansah, mit Gloria Swanson und William Holden. Ich hatte ihn schon ein dutzendmal gesehen und war immer wieder begeistert. Eben lief die große Szene, in der Bill Holden die alternde Diwa

Norma Desmond verläßt. Ein Satz, den er dabei sprach, riß mich vom Sofa. »Norma«, sagte er, »es ist nicht tragisch, fünfzig zu sein, wenn man dabei nicht versucht, auszusehen wie fünfundzwanzig«.
Fünfzig! Norma Desmond war die ganzen letzten Jahre fünfzig gewesen? Ich hatte sie immer für mindestens 97 gehalten. Schreckensstarr sah ich, wie sie die große Treppe herunterschritt, im Licht der Scheinwerfer, während die Kameras kurbelten. Fünfzig! Die war ja noch ein halbes Kind!
Ich knipste das Licht im Badezimmer an und musterte mich gründlich. Da wurde einem immer erzählt, Altern sei ein allmählicher Prozeß. Das stimmte einfach nicht. Ich ging abends ins Bett und wachte am nächsten Morgen mit sämtlichen Altersleiden auf, die ich in den nächsten zehn Jahren zu erwarten hatte.
Über Nacht entwickelte sich bei mir die SPEISE-KARTENBLINDHEIT. Zuerst dachte ich, es läge am Schummerlicht der Kerzen. Dann, es läge am zu kleinen Druck. Als ich die Speisekarte auf den Fußboden werfen, oder den Ober bitten mußte, damit bis an die Wand zurückzuweichen, ehe ich sie lesen konnte, wurde klar, daß ich eine Brille brauchte.
Als nächstes befiel mich die ANGST VOR MENSCHENANSAMMLUNGEN. Zwar hatte ich mich jahrelang davor gefürchtet, doch hatte mich niemand auf den Moment vorbereitet, in dem ich bei Klassentreffen aufkreuze und einer nach dem anderen zu mir sagt: »Du siehst phantastisch aus.«

Eine Zwanzigjährige begrüßt man mit: »Wie geht's denn?« Eine Dreißigjährige mit: »Was machst du so?« Das ist allgemein bekannt. Ist man aber erst auf dem absteigenden Ast, so lautet die Standardbegrüßungsformel: »Du siehst phantastisch aus«, wobei manchmal noch ein: »Im Ernst« folgt, das als Beruhigung gemeint ist.

Mit VORZEITIGER NOSTALGIE hatte ich gerechnet. Tag für Tag mußte ich mit ansehen, wie meine High School-Jahre im Fernsehen verhöhnt und verspottet wurden. Meine damaligen Kleider wurden wieder modern, die Schlager meiner Jugend wurden leicht imitiert durch den Kakao gezogen. Eine Weile versuchte ich ein ausdrucksloses Gesicht zu machen, wenn jemand Charles Aznavour erwähnte, doch damit täuschte ich niemanden.

Am schwersten gewöhnte ich mich an das PILLEN-SYNDROM. Morgens sah ich auf das Fensterbrett über meiner Spüle und dort stand eine Reihe von Pillen, die mich einsatzfähig machen sollten. Nützen taten sie offenbar nichts, sie standen nur so da, kleine Glasbehälter mit kindersicherem Schraubverschluß. Ich bekam trotzdem immer noch nachts Wadenkrämpfe, wenn ich auf einer Party hohe Absätze getragen hatte.

Mein NACHLASSENDES GEDÄCHTNIS wurde ein klassischer Fall. Ich bekam einen Salz-Spleen. Irgendwann einmal ging mir das Salz aus, und ich nahm mir vor, welches zu kaufen. Ungefähr zwei

Jahre lang kaufte ich jede Woche ein Päckchen Salz, weil ich nicht mehr wußte, ob ich es nun schon gekauft hatte oder nicht. Und wenn ich versuchte, mich an das Alter meines mittleren Kindes zu erinnern, mußte ich immer zum Jahr seiner Geburt zurück und von dort aus weiterzählen. Mein Gedächtnis wurde so schlecht, daß ich sogar Klatsch vergaß, den nicht weiterzusagen ich beim Grabe meiner Großmutter gelobt hatte.

Aber das ärgste Leiden meiner Midlife-Krise bestand darin, daß mir mein Körper den Dienst verweigerte. In meiner Jugend sagt mein Hirn zu meinen Füßen: »Steig in den zweiten Stock, und nimm die Wäsche mit.« Das ging nicht mehr. Die Beine rebellierten, und ich stapelte so viele Sachen am Fuß der Treppe auf, daß ich mir danach fast das Kreuz brach.

Ich habe das Kapitel über die Resignation wohl hundertmal gelesen und wurde dabei jedesmal deprimierter. Das klang ja, als näherte ich mich dem Höhepunkt meiner Senilität.

Es war schon etwa Mitte Juli, da verkündete meine Tochter, sie ginge auf ein College im nördlichen Teil des Staates und sei sehr glücklich darüber.

Mit meinem Friseur, Mr. Steve, sprach ich vertraulich über ihren Entschluß. »Sieht das den Kindern nicht wieder ähnlich? Man widmet ihnen sein Leben, füttert sie, sitzt mit ihnen die ganze Nacht unter einem Zerstäuber, stopft sie voll Vitamine, läßt ihre Zähne regulieren, ihre Haare dauerwellen, sorgt für sie, liebt sie, und kaum sind sie um die Zwanzig, gehen sie auf und davon und lassen einen allein.«

»Ich dachte, das wollten Sie?« sagte er.

»Nein, das wollte ich natürlich nicht. So was gehört zum Midlife-Zyklus. Begreifen Sie doch: Mein ganzes Leben ist vorprogrammiert, und in einem gewissen Alter muß ein anderer Gang eingelegt werden, mit dem es dann in die nächste Phase geht. Ich habe keine Kontrolle darüber.«

»Aber selbstverständlich haben Sie die Kontrolle über Ihr Leben,« sagte Mr. Steve und wirbelte mich in meinem Drehstuhl um meine eigene Achse. »Sagen Sie, unter welchem Tierkreiszeichen sind Sie geboren?«

Ich zuckte die Achseln. »Geburtstag habe ich am 21. Februar.«

»Hmm. Hab' ich mir gedacht,« sagte er. »Das erklärt alles. Vergessen Sie den Unsinn, daß Ihr Leben vorherbestimmt ist. Ich sage Ihnen, Sie haben es in der Hand. Sie brauchen sich nur nach Ihrem Sternbild zu richten. Ich habe da ein Buch, auf das schwöre ich. Es heißt SPRING AUS DEINEM TIERKREIS UND LEBE von Jeanne Vixon. Als ich Sie sah, wußte ich sofort, daß bei Ihnen der Mond in der zweiten Dekade steht. Dadurch kommen zu Ihrer Neptunischen Unerschütterlichkeit geheime Sehnsüchte. Die darauf folgende Dekade gerät unter den Einfluß des ungestümen Mars, und der gewährt Kraft und verläßlichen Beistand.«

»Und was bedeutet das genau?«

»Es bedeutet, daß Sie anfangen müssen, Feuchtigkeitscreme rings um die Augen aufzutragen, meine Liebe.«

Seit ich gelesen habe, daß Eva Braun, Judas Ischariot und Anne Boleyn das gleiche Tierkreiszeichen haben wie ich, nehme ich die Astrologie nicht mehr ganz so ernst. Mr. Steve hatte es sicherlich gut gemeint, doch er konnte nicht wissen, daß ich der geborene Verlierer bin. Nie stand die Sonne in meinem Zeichen. Hinter meinem Rücken taten sich die Planeten gegen mich zusammen. Und mein künftiges Schicksal las sich immer, als hätte es zu lange in der Sonne gebleicht, die es zum Aszendenten hatte.

Vielleicht bin ich nur verbittert, aber mir kommt es immer so vor, als hätten ausschließlich andere Leute günstige Vorzeichen. Deren Horoskope lauten: »Beliebtheit und unermeßlicher Reichtum werden Ihnen zuteil, ganz gleich, was Sie anstellen. Sie können ihnen nicht entrinnen. Für jedes andere Tierkreiszeichen sind Sie von unwiderstehlicher Anziehungskraft. Wehren Sie sich nicht, genießen Sie es.«

Bei mir ist das anders. Da stehen unheilverkündende

Warnungen wie: »Passen Sie auf Ihre Handtasche auf!« – »Ihre Pubertätsakne hat nur vorübergehend nachgelassen, am 15. des Monats wird sie wieder auftreten.« – »Lassen Sie sich nicht entmutigen, wenn die besten Freunde Sie schamlos ausnutzen.« Manchmal dachte ich, wenn Mutter nur ein bißchen länger durchgehalten hätte – sagen wir einen oder anderthalb Monate –, wäre alles anders für mich.

O ja, ich glaubte an die Voraussagen. Ich legte sie nur anders aus, als sie dann eintrafen. Ein paar Beispiele:

Voraussage: Heute bekommen Sie Gelegenheit, Anregerin und Führerin zu sein.

Tatsache: Ich mußte dreißig Viertkläßler durch eine Fleischfabrik führen.

Voraussage: Jemand, von dem Sie sich verlassen glaubten, taucht wieder auf.

Tatsache: Unter dem Ausguß fanden wir eine Küchenschabe.

Voraussage: Ob verheiratet oder ledig – alles wird jetzt eine Energie-Frage.

Tatsache: Wegen Stromsperre fiel stundenlang die Heizung aus.

Voraussage: Ihre Art, sich auszudrücken, ist einmalig. Sie könnten durch Schreiben eine große Befriedigung finden.

Tatsache: Ich schrieb einen Scheck aus – für das Auspumpen der Klärgrube.

Was mir Mr. Steve nicht gesagt hatte, war etwas

anderes: Sich nach seinem Sternbild zu richten ist ein 24-Stunden-Job. Die Tageshoroskope in der Zeitung waren zu kurz, zu dürftig. Ich mußte mir weitere Zeitschriften kaufen, eine für die Ernährungsvorschau, eine für die Sexvorschau, eine für modische Voraussagen, eine für eventuelle Reisen und dann noch eine für Dekorwahl, Farben und Parfums.

Einmal wollte ich meinen Eisschrank abtauen, wagte es aber nicht, weil mein Tierkreiszeichen mich warnte, ich solle die Farbe Grün meiden.

Ich sagte Ausflüge ab, verschob den Fußpfleger, lud keine Jungfrau-Menschen zu meiner Party und mied auf Anraten meines Horoskops einen vollen Monat lang den Umgang mit Geld. (Ohne meine Kreditkarte wäre ich verhungert.) Ich mußte so vieles lernen — über mich. Ich war etwas ganz und gar Faszinierendes. Ich erfuhr, daß unter meinem Zeichen geborene Frauen selbstsicher und dynamisch sind und Spargel lieben. Ich war ein Orangentyp, vertrauensselig, französisch-provinziell, mit unerschöpflicher Energie und schmaler Taille.

Als mir eines Abends auf einer Hausfrauenparty ein Schokoladeplätzchen auf den Teppich fiel, griff ich zu, steckte es in den Mund und sagte: »Fusseln auf Plätzchen haben noch niemandem geschadet.«

Eine Frau, die ich nur als ›Nicky‹ kannte, sah mir tief in die Augen und nickte verständnisvoll. »Nur jemand, der die Fische im ersten Haus hat, würde so etwas äußern.«

Ich fragte, woher sie das wüßte. Sie sagte, bestimmte Merkmale gehörten zu bestimmten Tierkreiszeichen. Ich sei meinem Geburtsdatum nach unter einem ganz besonderen Aszendenten geboren und hätte dadurch ein ganz besonderes Schicksal. Ich sei eine exzellente Hausfrau, hervorragende Köchin und gute Schneiderin. Das war kein Schicksal, das war ein Urteilsspruch.

Irgend etwas konnte da nicht stimmen. Was war zum Beispiel mit »dynamisch, selbstsicher und Spargel lieben?«

»Sie sind auf der aufsteigenden Linie«, sagte sie, »Sonne und Mond stehen in gerader Linie mit den Gezeiten.«

Ich hatte eher den Eindruck, die Flut stände mir entgegen. Eine Köchin? Jeder wußte, daß ich meinen Kindern mit dem Satz zu drohen pflegte: »Wenn du nicht folgst, mußt du *mit* Abendessen ins Bett.« Eine Hausfrau? Mein Weihnachtswunsch war, wie auch Phyllis Diller ihn wiederholt geäußert hat: ein Backofen mit eingebauter Spülmaschine. Eine Schneiderin? Wenn ein Knopf abfiel, hielt ich das für eine Mahnung Gottes, das Hemd sei Sünde.

»Sie sind unter einem herrlichen Zeichen geboren«, schwärmte Nicky. »Sie sind ein gutmütiger Mensch, der nie mehr erwartet als von allem das Schlechteste. Immer bekommen Sie die Gabel mit den verbogenen Zinken, aber Sie beklagen sich nie. Wenn Sie sich einen dreiteiligen Wochenend-Outfit mit Rock *und*

Hose kaufen, brennen Sie sich ein Loch in die Jacke, und es macht Ihnen nichts aus.«

»Warum macht es mir nichts aus?« wollte ich wissen.

»Weil es Ihre Bestimmung ist. Ich kenne sogar eine unter Ihrem Zeichen geborene Frau, die hatte einen Sohn im Ferienlager. Am Elternbesuchstag hatte sie Grippe und war im siebenten Monat schwanger. Trotzdem fuhr sie 300 km über Landstraßen. Sie hatte einen Platten, verfuhr sich zweimal, aber gab nicht auf. Sie schaffte es bis ins Ferienlager, und als die Jungens ihre Eltern vorstellten, sagte ihr Sohn – er war in seiner Beziehung zu den Eltern gerade in einer Aggressionsphase –: ›Meine Mutter hat nicht kommen können.‹ Wissen Sie, was sie da getan hat?«

»Ihn umgebracht?« fragte ich hoffnungsvoll.

»Nur mit den Achseln gezuckt und gesagt: ›Das war vorauszusehen, denn meine Sonne ist im Aszendenten, und ich bin auf dem Scheitelpunkt.‹ – Leuten mit Ihrem Tierkreiszeichen, meine Liebe, liegt die Welt zu Füßen.«

Ich wollte gar nicht, daß mir die Welt zu Füßen liegt, ich wollte nur dynamisch sein. Statt dessen bin ich offensichtlich im Zeichen des tönernen Kolosses geboren und stolpere 52 Wochen jährlich durch meinen Alltag, rubbele Flecken aus meinem Pullover, trage auf Schecks das falsche Datum ein und kann nie und nimmer riskieren, mit einer baumelnden Schultertasche durch eine Abteilung ›Feines Tafelgeschirr‹ zu schlendern.

Welche Zukunft lag nun vor mir? Ich schloß alle Wagentüren sorgsam ab und ließ dann das Schiebedach offen. Ich brach mir einen Zahn an einer weichen Makrone ab. Ich wurde vom Haartrockner meines Sohnes eingesaugt und verrenkte mir dabei die Schulter.

Wenn ich nicht wußte, wer ich war, was meine Psyche und mein Sternzeichen gerade anstellen, dann gefiel ich mir viel besser.

Allmählich verbrachte ich immer mehr Zeit in der Küche. Am Ende war ich wirklich schöpferisch und hatte etwas an meinem persönlichen Image übersehen?

Ich kaufte eine Küchenmaschine und hobelte Gemüse, bis ich umfiel. Ich kaufte einen Mikrowellenherd und mußte hilflos zusehen, wie meines Sohnes Zahnspange sich auflöste, als er sie in einem aufzubackenden Sandwich hatte steckenlassen. Ich verließ die Küche, ehe ich größeren Schaden anrichten konnte.

Ich kaufte eine Nähmaschine, die alles konnte, außer Besuchern die Haustür öffnen. Ich nahm mir vor, mir darauf eine Jacke zu nähen. Alle Abnäher waren verkehrt herum, die Knopflöcher aber ihrer Zeit weit voraus. (Dazu passende Knöpfe wurden noch nicht serienmäßig hergestellt.) Das Futter wuchs jede Nacht, während ich schlief. Es war dreimal heiß gewaschen, aber nie getragen worden.

Als ich eines Nachmittags an den Vorhängen für das

leergewordene Schlafzimmer meiner Tochter stichelte, fiel ein Buch zu Boden; Edith Marishna: WEIT FORT IM FERNEN OSTEN. Auf dem Umschlagbild saß eine Frau im Türkensitz und betrachtete, den beturbanten Kopf in den Nacken gelegt, den Himmel.

Ich wußte, daß transzendentale Meditation für meine Tochter etwas Faszinierendes hatte. Sie hatte mich sogar einmal zum Lunch in den GOLDENEN TEMPEL DER ZUCCHINI ausgeführt, eines der Restaurants mit naturreinen Nahrungsmitteln, wo alles entweder frisch gepreßt oder vor den Augen des Kunden gewachsen war. Wir bestellten organischen Bohnensprossensalat zwischen zwei hydroponischen Tomaten. »Ich glaube, ich werde jetzt mal ungeheuer über die Stränge schlagen«, sagte ich, »und mir noch ein Preiselbeerbier bestellen.« Ein Mann mit Turban erschien an unserem Tisch und hob das Bestellte hoch über den Kopf wie einen Gralskelch. Ich fühlte mich auch wie geheiligt bis zu dem Moment, in dem ich feststellte, daß mein Lunch 1200 Kalorien enthalten hatte.

Meditiert aber hatte ich noch nie. Das heißt doch, einmal, als ich für einen Dior-Schal 30 Dollar bezahlte, befand ich mich in leicht medialem Zustand. Doch so wie die Dame auf dem Titelblatt nicht. Auf der Rückseite des Schutzumschlags hieß es dann, jeder müsse sich einen organisch-betonten Mutterschoß der Stille schaffen, in dem er geistig wachsen und sein Leben neu überdenken könne. »Inneren Frieden«, stand da, »erreicht nur, wer das eigene Ich beherrscht.«

Mein Schicksal lag in meiner Hand, ich konnte mein Ich beherrschen lernen, wenn ich täglich einige Minuten erübrigte, um ein bestimmtes Wort zu wiederholen. Ein solches Wort hieß ein Mantra.

Beim Abendessen blieb die Gabel meines Mannes auf halber Höhe über einer Schüssel grünem Schleim in der Schwebe. »Was ist das denn?« fragte er.

»Passierter Salat. Ich habe die falsche Vorsatzscheibe vor die Küchenmaschine geschraubt. Wenn du ihn mit dem Löffel ißt, geht's leichter.«

»Weißt du eigentlich, wie lange es her ist, seit wir irgend etwas im Stück gegessen haben? Ich kriege überhaupt keine kompakte Nahrung mehr zu Gesicht. Und wenn ich sie schon nicht zu Gesicht kriege, könntest du an dieses Zeug wenigstens ein Etikett machen. Es gibt ein Bundesstaatsgesetz, wonach alle Nahrungsmittel etikettiert sein müssen!«

»Du brauchst mich nicht anzuschreien.«

»Einer muß ja schreien in diesem Haus. Abend für Abend liegt der ganze Tisch voller Schnittmuster, überall tritt man auf Nadeln. Tag und Nacht schwirren Küchenmaschinen. Gespenstisches Zeug kugelt im Kühlschrank herum. Ich werd' hier noch wahnsinnig.«

Während ich so dasaß und mir sein Gemecker anhörte, kam ich zu einer Erkenntnis. Er war *nicht* lang-

85

mütig und freundlich. Er war *nicht* sanft. Er litt *nicht*, ohne zu klagen. Er war auch *nicht* häuslich und hatte *keine* schmale Taille.

UND DABEI LAGEN UNSERE GEBURTSTAGE NUR 48 STUNDEN AUSEINANDER. WIR WAREN UNTER DEM GLEICHEN STERNBILD GEBOREN!

Auf dem Weg ins Bett hob ich das Buch WEIT FORT IM FERNEN OSTEN vom Boden auf und knipste die Nachttischlampe an.

Es war Zeit, aus seinem Tierkreis zu springen und ein bißchen Selbstverwirklichung zu betreiben. Ich würde meinen inneren Frieden schon finden, und wenn ich ein paar Leuten das Genick brechen mußte!

8 Selbstbewußtsein, Marke Eigenbau

Seit Jahren beobachte ich folgendes Phänomen: Eine Mutter braucht sich nur einen Moment hinzusetzen, um ihre Füße auszuruhen, schon wird über ein unsichtbares Netz per Leuchtschrift in die Welt hinausgefunkt: Mutter sitzt! Auf, auf! Scheucht sie hoch!
Sofort klingelt es an der Tür, Kinder stürzen herein, wesentliche Teile ihrer Anatomie, die verletzt sind, mit den Händen umfassend. Der Hund kratzt wie verrückt an irgendeinem Bein. Der Ehemann ruft ungeduldig nach Beistand. Das Telefon klingelt zum fünfzehnten Mal. Ein Topf kocht über. Ein Summer ertönt. Überall im Haus laufen Wasserhähne, und eine Stimme kreischt: »Wart nur, ich sag's Mami.«
Das Phänomen ›Mutter sitzt‹ ist wahrscheinlich einer der Gründe, warum sich das Meditieren bei Müttern nie so recht eingebürgert hat. Und dabei sind sie es doch, die es am nötigsten hätten.
Ich weiß nur eines: Ich bin bestimmt die einzige Frau der Welt, die Frieden und inneres Gleichgewicht

anstrebt und dabei vor lauter Brüllen Krampfadern im Hals entwickelt.

›Inneres Gleichgewicht‹ ist ein Problem für sich. Hatte es nicht geheißen, dazu brauche man ein Mantra, ein ständig wiederholtes Wort, das einen auf die Ebene der Ruhe erhob und einem unbegrenzte Kraft verlieh? Ich rief meine Tochter in der Schule an. »Hast du damals beim Kauf des Buchs WEIT FORT IM FERNEN OSTEN auch gleich ein Mantra bekommen?«

»Klar hab' ich *keines* gekriegt. Und selbst wenn ich's gekriegt hätte, könnte ich nicht erlauben, daß du es benutzt. Die sind nämlich alle ganz persönlich, werden nur einem Menschen anvertraut und sind geheim. Die muß man sich kaufen.«

»Wieviel kostet so was?« fragte ich.

»Kommt drauf an, manchmal ein paar hundert Dollar.«

Ich hatte nicht vor, für ein Wort mehr zu zahlen als für meinen ersten Wagen. Als ich das eines Tages mit meiner Freundin Nathalie im Supermarkt besprach, sagte sie, sie besitze ein Mantra, das so gut wie neu sei. Sie hatte es – so teilte sie mir mit – nur die letzten drei Monate bis zu ihrer Scheidung rezitiert und wolle es mir für 12 Dollar überlassen.

»Was ist denn dran verkehrt?« fragte ich mißtrauisch.

»Nichts. Ich konnte nur mit andauernd gekreuzten Beinen den Haushalt nicht mehr in Ordnung halten.

Glaub mir, es funktioniert. Wann auch immer du dich einer Situation gegenübersiehst, bei der du dich innerlich verkrampfst, setz dich hin, wo du gerade bist, kreuze die Beine, dreh die Handflächen zur Decke, und sag dein Mantra auf, immer wieder.«

Am nächsten Tag betrat ich das Schlafzimmer meines Sohnes und wich vor einem Gestank bis an die Wand zurück. Ich brauchte 20 Minuten, ehe ich die Ursache entdeckte, aber schließlich fand ich sie doch. Unter einem Stapel Wäsche auf dem Stuhl lag eine Tüte für den Hund: ein Hühnerbein und ein Stück Brust, die er ihm von seinem Geburtstagsessen mitgebracht hatte. Sein Geburtstag war vor zwei Wochen.

Ich kam mir idiotisch vor, setzte mich aber mit gekreuzten Beinen auf sein Bett, drehte die Handflächen zur Decke und fing an, mein Wort zu murmeln. Da ging der Summer der Waschmaschine, und statt hinunterzulaufen und dem letzten Spülwasser einen Weichmacher zuzusetzen, wiederholte ich mein Wort.

Danach fühlte ich mich richtig erfrischt und gönnte mir – zum erstenmal seit langem – ein komplettes Frühstück mit Orangensaft, Toast und Kaffee.

Irgendwann später stellte ich fest, daß eines der Kinder den Telefonhörer nicht wieder aufgelegt hatte. Statt nun die Telefonschnur durchzubeißen, setzte ich mich im Türkensitz auf den Boden, meditierte und genehmigte mir anschließend ein Plätzchen und ein Glas Milch.

Am gleichen Tage merkte ich, als ich in mein Auto steigen wollte, daß jemand die Wagentür offengelassen hatte und die Batterie leer war. Ich ging in die Hocke, zitierte mein Mantra und erhob mich neugestärkt. Meine wiedergefundene Gelassenheit belohnte ich mit einem Stück Bananentorte. Als mein Mann heimkam, aß ich gerade eine Schüssel Kartoffelchips und trank kalorienarme Cola. »Sag mal, naschst du nicht ein bißchen viel herum in letzter Zeit?«

»Laß nur«, sagte ich, »ich habe mich vielleicht ein bißchen mehr gehenlassen als sonst, aber wenn schon . . .«

»Wenn du dich noch mehr gehenläßt, gehst du durch keine Tür mehr.«

»Sag was du willst, ich hab' jedenfalls meinen inneren Frieden.«

»Hoffentlich kannst du über all den Seelenfrieden noch deine Kleider anziehen«.

»Was du dir so einbildest! Wie viele Frauen kennst du denn, denen noch die Sachen passen, die sie als Jungverheiratete trugen?«

(Es stimmte, erst heute morgen hatte ich mein Umstandsmieder anprobiert, und es war mir glatt über die Hüften heruntergerutscht.)

Sogar die Jungen merkten, daß ich zunahm. Das Zusammenwirken von Daheimbleiben, vielem Alleinsein und völliger Entspanntheit verwandelte mich in eine Art Schlauchboot.

Als eines Nachmittags mein Sohn hereinplatzte, sagte er: »'tschuldige, Mom, ich wußte nicht, daß du meditierst.«

»Ich meditiere nicht.«

»Warum sitzt du dann mit gekreuzten Beinen auf der Couch?«

»Ich sitze nicht mit gekreuzten Beinen. Das sind meine Hüften.«

Als ich abends unter der Dusche hervortrat, betrachtete ich mein Spiegelbild. Das Soufflé meiner Jugend war zusammengefallen. Oh, diese Edith Marishna und ihre ›zusätzlichen Kräfte‹.«

Als ich wieder im Lotossitz saß, drängte sich mir eine brutale Erkenntnis auf: Nur noch ein Naturereignis würde mich wieder auf die Beine bringen.

Das war entmutigend. Kaum hatte ich meinen Kopf einigermaßen beisammen, ging mein Körper in die Binsen. Unfair, so etwas. Mein Leben lang hatte ich Diät gehalten. Es langweilte mich, darüber zu reden, langweilte mich, daran zu denken, ich hatte auch keine Lust mehr, meine nächste Mahlzeit zu planen.

Während ich so dasaß und den Bauch einzog und beobachtete, daß sich trotzdem nichts rührte, formte sich in meinem Geiste die zwölfte Weltreligion.

Eine Religion, gegründet im 20. Jahrhundert auf der Grundlage von vier unerfreulichen Wahrheiten.

Blusen, lässig über Hosen getragen, täuschen niemand.

Der Satz: ›Passend für alle Größen‹ ist unvollständig.

Nach dem Genuß von Schlagsahne geht das Leben zwar weiter – aber gewichtiger.

Einen Kaftan stärken löst kein Problem.

Die Anhänger meiner neuen Religion würden sich vielleicht *Fett*ischisten nennen. Zu ihnen gehören würde jede Frau, die hungrig schlafen gegangen ist und deren Lebensziel genügend weite Strumpfhosen sind.

Andachts- oder Bußtag wäre natürlich der Montag – was denn sonst?

Das tägliche Gebet würde lauten: Twig-gy . . . Twig-gy . . . Twig-gy.

Schon sah ich, umgrollt von Donner, umzuckt von Blitzen, die sechs Gebote für Fettischisten in Flammenschrift auf einem Salatkopf erscheinen.

Du sollst Braten- und Holländische Sauce nicht als Getränk ansehen.

Du sollst für Schokolade nicht töten.

Du sollst Kindern nicht die Bonbons stehlen, die sie an Wohnungstüren zusammengebettelt haben.

Du sollst keine anderen Spiegel neben meinem Spezialspiegel haben.

Du sollst Magerquark nicht unnützlich im Munde führen.

Du sollst nicht begehren deines nächsten Nachtisch.

Wenn wir uns zusammentaten, würden wir zahlenmäßig die Shintoisten, Konfuzianer, Hindus, ja sogar Moslems übertreffen. Unsere Anhänger würden sich die Erde untertan machen und das Wort verbreiten. Das Wort: *Hungern.* Einmal jährlich würden wir vielleicht sogar ein Opfer darbringen und ein großes gemischtes Eis mit Sahne von einer Felsklippe werfen. An diesem Tage würden wir ohnehin alle fasten. Wir würden unseren Glauben von den Angelegenheiten des Staates getrennt halten und uns nur dann in diese einmischen, wenn künstlicher Süßstoff verboten wurde.

Eben machten meine Anhänger mich auf zwei farbigen Glasfenstern unsterblich, da unterbrach mein Mann meine Meditation und riß mich in die Gegenwart zurück.

»Wieviel wiegst du denn eigentlich jetzt?«

Ich erstarrte. »Es gibt drei Dinge, die man eine Frau nicht fragen darf: ihr Alter, ihr Gewicht und das Datum der Zeitungen, mit denen sie den Küchenschrank ausgelegt hat.«

»Wenn du mich fragst, verbringst du zu viel Zeit mit deinem Beten und Essen. Du solltest mehr ausgehen – und dir ein bißchen Bewegung machen.«

Ich hatte es gewußt. Jetzt wartete ich nur noch darauf, wann er sein Steckenpferd besteigen würde, das Joggen. Es gibt auf der Welt keinen schlimmeren Prediger in der Wüste als einen Mann, der seit acht Jahren joggt. Der ruht nicht, bis seine Familie im Dunklen herumjagt, verfolgt von bissigen Hunden und Wagen ohne Nummernschilder. Die Joggers waren sich alle gleich, rasten jeden Morgen am Haus vorbei wie beim Einlauf der Olympioniken ins Stadion, und in all den Monaten, in denen sie am Haus vorbeikeuchten und -pusteten, schweißgebadet und mit krampfhaft sich hebender und senkender Brust, hatte ich keinen davon auch nur einmal lächeln sehen.

Nein, wenn ich schon Gewicht verlieren sollte, dann auf meine Art. Evelyn hatte eine neue Diät; sie hatte im Bridgeclub davon erzählt. Es schien für alle, die Diät halten mußten, ein regelrechter Knüller. Ich glaube, sie hatte den Titel erwähnt, er lautete ungefähr: »Nagt etwas an dir, oder ist es umgekehrt?« Evelyn war berufsmäßiger Diäthalter. Sie hatte noch keine Diät ausgelassen. Im Lauf ihres Lebens hatte sie 3000 Pfund verloren. Das meiste davon an Hals und Büste.

In ihrer Küche standen lauter Bücher mit faszinierenden Titels im Fach, alles Bestseller, z. B. DAS NEUROSEN-KOCHBUCH!

Die Neigung zu Paranoia wird man niemals los. Zweihundert Seiten neue, kalorienarme Gerichte für Gruppentherapie-Picknicks sowie kleine Imbisse gegen postnatale Depressionen.

HABEN SIE SCHON MAL EINE FETTE SPRINGMAUS GESEHEN? Ein provozierender Titel für ein Buch, in dem es hieß, daß Sex schlank macht, weil man dabei 31955 Kalorien pro Jahr verbraucht.

Durch tägliches Küssen (jedesmal neun Kalorien) und zwei amouröse Episoden pro Woche (je 212 Kalorien) wäre es durchaus im Bereich des Möglichen 9 Pfund jährlich abzunehmen.

DAS MEXIKANISCHE SCHNELLPROGRAMM ZUM ABNEHMEN

Es war leicht zu befolgen. Man reiste nach Mexiko, trank ein Glas Wasser und aß einen Kopfsalat. Bequeme Schuhe zum Hin- und Herwandern anziehen!

Es gab noch Dutzende anderer, von DR. WITHERALLS SPEISEEISDIÄT bis zu WIE ÜBERSTEHE ICH DEN BESUCH VON MUTTI MIT 1000 KALORIEN TÄGLICH!

Ich nahm als erstes NAGT ETWAS AN DIR ODER IST ES UMGEKEHRT zur Hand. »Klappt das mit dieser Diät?« fragte ich Evelyn.

Sie runzelte die Stirn. »Ist das nicht die von Dr. Barnhiser, bei der es heißt: wenn du so hungrig wirst, daß du es nicht mehr aushältst, steig in deinen Wagen und fahr herum, bis du auf ein Hindernis stößt?«

»Nein, ich glaube nicht,« sagte ich, »es ist die, bei der die Emotionen diktieren, *was* man ißt.«

»Ach ja, jetzt weiß ich es wieder«, sagte sie. »Ich hab' dabei fünf Pfund und drei Freundinnen verloren. Hör mal, wenn es dir ernst ist mit dem Abnehmen, komm doch zu den Treffen von ADUMUZ.«

»Adumuz?« fragte ich vorsichtig.

»Ja, die Abkürzung für *Abnehmen durch Unappetitliche Mahlzeiten und Zwang.*«

»Ist das eine Art Gruppentherapie?«

»Genau«, sagte Evelyn. »Einmal die Woche gehst du zu einer öffentlichen Versammlung, dort fällst du vor der Gruppe auf die Knie und bekennst deine Kaloriensünden. Die Gruppenleiterin wendet sich entweder angewidert von dir ab, oder sie belohnt dich mit einem Leber-Trank. Hast du zugenommen, mußt du eine Woche lang eine Kegelkugel um den Hals tragen.«

»Klingt ganz vernünftig«, sagte ich. »Vielleicht gehe ich wirklich hin.«

ADAMUZ tagte wenige Häuserblocks von mir einmal die Woche. Ich machte mich dort mit einer Gruppe von Mitgliedern bekannt, die sich im Korridor aufhielten, Entwässerungspillen in den Mund steckten und ihren Schmuck abnahmen, ehe sie zum Wiegen gingen.

Nach einem jugendfreien Film ›Geburt eines Éclairs‹ begann unsere Leiterin – sie hieß Frances – mit der Diskussion. Thema: das vielverleumdete Grundnahrungsmittel der ADUMUZ-Diät: Leber.

»Damit diese Diät zum Tragen kommen kann«, sagte sie, »muß jeder von uns mindestens ein Pfund Leber wöchentlich zu sich nehmen.« Wie wir sie maskierten, war ihr gleich.

Schon früh im Leben hatte ich mit mir selbst ein Abkommen getroffen. Ich wollte niemals etwas essen, was sich

a) beim Kochen bewegte

b) den Hund aufregte

c) sich aufblähte, wenn meine Zähne es berührten. Es war mir gleich, ob ich bei der ADUMUZ-Diät verhungerte; aber etwas zu essen, bei dem man sich entschuldigen muß, wenn es auf den Boden fällt, brachte ich nicht über mich.

Drei Wochen lang machte ich beim ADUMUZ-Programm mit. In dieser Zeit stellte ich mit Leber so ungefähr alles an, außer ihr ein Kleid überzuziehen. Das Ergebnis war gleich Null.

Außerdem hatte ich nur anderthalb Pfund abgenommen, und das wahrscheinlich infolge seltenerer Gänge zum Eisschrank. (Die waren mühsamer, seit mir die Kegelkugel auf den großen Zeh gefallen war.)

Es lag klar auf der Hand, auf welche Weise ich abnehmen konnte. Ich mußte mit Meditieren aufhören. Das war schade, denn ich genoß es sehr, in Streß-Situationen mit gekreuzten Beinen dazusitzen und allem Klingeln, Summen, Schreien, Drohen der Familien-Mafia, die Mütter zum Aufspringen bringen will, die Stirn zu bieten.

Mit aufrichtigem Bedauern suchte ich meine Freundin Donna auf, um mich zu erkundigen, ob sie nicht für 8 Dollar mein Mantra kaufen wollte.

Als ich sie verließ, saß sie mit gekreuzten Beinen auf dem Boden, die Handflächen zur Decke gekehrt, den Kopf in den Nacken gelegt. Sie betete halblaut: Paulnewman, Paulnewman, Paulnewman . . .«

Ich ging rasch, eh ich es mir anders überlegen konnte.

Das Große Goldene Buch des Jogging

Jim Fixits Beine waren das erste, was ich morgens, und das letzte, was ich abends sah.

Sie waren auf dem Schutzumschlag seines Bestsellers DAS GROSSE GOLDENE BUCH DES JOGGING. Die letzten zwei Jahre war mein Mann ein getreuer Jünger des St. James Fixit gewesen. Er aß Jims Frühstücksflocken, machte Jims Warmlaufübungen, befolgte sein Programm in jedem Punkt, lief, wann immer es möglich war, Jimmys Rennen mit und stellte sich gelegentlich, wenn er glaubte, keiner sähe es, vor dem Spiegel so in Positur wie auf dem Titelbild des Buches.

Brütete er nicht gerade über diesem Werk, so lag es griffbereit auf dem Nachttisch neben unserem Ehebett, gleich neben der muskelentspannenden Einreibesalbe.

Mein Mann war sich über meine Einstellung zu körperlicher Fitneß durchaus klar. Ich hasse Skifahren und ähnliche Sportarten, bei denen der Krankenwagen schon am Fuß des Abhangs wartet. Als Golf-spielerin mit Rechtsdrall fühlte ich mich beim Spielen sehr einsam. Und mir war schon vor langer Zeit klargeworden, daß der liebe Gott mir, hätte er mich als Tennisspielerin programmiert, weniger Beine und mehr Raum zur Unterbringung des Tennisballs mitgegeben hätte.

Trotzdem wußte ich, es war nur mehr eine Zeitfrage, bis er davon anfing, daß mein innerer Friede mir äußeres Fett angemästet hätte, und versuchen würde, mich zum Joggen zu bekehren.

So waren Jogger eben. In keiner anderen Sportart gibt es so viele Apostel und Bekehrer. Sie sprechen von nichts anderem. Die Kinder der Jogger hocken in kleinen Gruppen beieinander und tuscheln: »Sag doch mal, wer hat dir von Jogging erzählt, deine Mami oder dein Papi? Oder hast du's von den Straßenkindern?«

Kam eine Gruppe von vier zusammen, eröffnete einer die Unterhaltung mit: »Wo waren Sie und was taten Sie gerade, als Sie hörten, daß Bill Rogers den Boston Marathon gewonnen hat. Ich weiß noch, ich wusch mir gerade die Haare, als die Nachricht im Radio kam.«

Als ich eines Abends mit einem Freund meines Mannes tanzte, flüsterte er mir zu: »Selbstverständlich könnte ich am Wochenende mit Ihnen joggen, aber hätten Sie dann am nächsten Morgen noch Achtung vor mir?«

101

Sie gaben an mit den Blasen, die sie sich gelaufen hatten, mit ihren gezerrten Achillesfersen, ihren Knorpelprellungen, Schleimbeutelentzündungen, Muskelrissen und Rückenschmerzen. Ihre Geschichten waren so, daß man bedauerte, den Zweiten Weltkrieg verpaßt zu haben.

Jeden Morgen beobachtete ich die Jogger aus meinem Küchenfenster. Sie sahen aus wie ein organisierter Todesmarsch, wenn sie mit ihren schweißnassen, schmerzverzerrten Gesichtern vorüberkeuchten und -wankten. Es kam mir nie auch nur der leiseste Wunsch, mitzumachen. Als ich eines Abends ins Bett kroch, warf ich versehentlich mein Kräuterbier um, es floß über Jim Fixits Buch. Entsetzt griff mein Mann danach und wischte den Schutzumschlag mit dem Pyjamaärmel trocken.

Ich war darauf gefaßt, daß jetzt die übliche Predigt käme, der Sermon über das Thema »Du wärst ein anderer Mensch, wenn du um halb sechs Uhr früh aufstehen und 15 km laufen würdest.« Aber mein Mann schwieg bedeutungsvoll.

Ich belohnte meine Frustrationen weiterhin mit Essen, und er lief weiter täglich und prahlte mit seinem Jogger-Ellbogen (den hatte er sich an der Kreuzung an einem Stoppschild angehauen). Eines Morgens, nach dem Laufen, fragte er strahlend: »Rate mal, wen ich im Park habe laufen sehn.«

Noch ehe ich antworten konnte, kam es: »Louise Cremshaw. Erinnerst du dich noch an sie?«

Louise Cremshaw! Wir pflegten ihr überallhin zu folgen, wenn wir Schatten haben wollten. »Klar erinnere ich mich an Louise«, sagte ich. »Sie war die einzige in unserer Klasse, die zur Abschlußfeier die Ärmel ihres Kleides weiter machen lassen mußte.«

»Jetzt nicht mehr«, sagte er und griff nach der Pakkung von Jim Fixits Frühstücksflocken. »Die läuft jetzt und ist einfach eine Wucht.«

Damit hatte er es geschafft. »Meinetwegen«, sagte ich und warf das Handtuch (ein Geschirrhandtuch übrigens). »Du hast gewonnen. Du hast die Schranke des gesunden Menschenverstandes bei mir niedergerissen. Du hast mich überzeugt. Ich werde anfangen zu joggen. Jetzt sag mir nur noch, welche Kapitel im GROSSEN GOLDENEN BUCH DES JOGGING ich als erstes lesen muß.«

»Ach, es gibt da eine Menge Bücher, die du lesen könntest«, wich er aus. »VERINNERLICHTES LAUFEN von Tad Victor. Das ist der, der auch VERINNERLICHTES KEGELN, VERINNERLICHTES ROLLSCHUHLAUFEN und VERINNERLICHTES GOLF geschrieben hat.«

»Wieso darf ich denn das GROSSE GOLDENE BUCH DES JOGGINGS nicht lesen?«

»Warte ab, bis es dir damit ernst ist. Außerdem mußt du erst gehen lernen, ehe du joggen kannst.«

In VERINNERLICHTES LAUFEN hieß es, ich hätte zwei Menschen in mir (mein Bauch sah ja tatsächlich so aus). Der äußere Mensch sei ganz instinktiv auf

Wettbewerbsdenken eingestellt. Der innere Mensch aber brauche Bestätigung. Ich müsse lernen, mich zu konzentrieren, und dabei alle Zweifel an der eigenen Person und ihren Fähigkeiten ablegen.

Es hätten, hieß es weiter, bereits eine Menge Sportler die Verinnerlichungstheorie praktiziert, deren Leitsatz lautet: In deinem Inneren ist ein besseres Ich, als du bisher geglaubt hast.

Ich las von Skifahrern, die dieser Theorie anhingen und die Hubbel auf der Piste nicht als etwas Feindliches, sondern etwas Freundliches ansahen. Sie fuhren darüber und sagten, »danke, Hubbel«.

Ich las von Keglern, die den Ball in die Rinne besorgten und dann sagten, »Danke, Rinne, daß du da warst.« Von Golfspielern, die zwar keine Pokale gewannen, aber dankbar waren, wenn der Ball nicht gerade mitten auf der Schnellstraße landete.

Zwischen den Zeilen aber stand, daß ich erst mal psychisch aufgebaut werden müsse, um mit dem Zu-Fuß-Gehen anzufangen.

Hatte ich einen Kiesel im Schuh, sagte ich: »Danke, lieber Stein, daß du mir beinah die Zehe vom Fuß getrennt hast.«

Als mich ein Wagen mit dem Aufkleber: WER SUCHT, DER FINDET fast in den Graben schubste, sagte ich: »Danke, lieber Wagen, daß du mich nicht auf den Kühler gehoben hast, um jedermann zu zeigen, WAS du heute gefunden hast.«

Als ich in unsere Garage einbog, sagte mein Mann: »Ich dachte, du willst das Zu-Fuß-Gehen üben?«

104

»Bin ja zu Fuß gegangen«, keuchte ich, »bis ich keine Hundekuchen mehr hatte, um mir die Köter vom Leibe zu halten.«

Jetzt, fand er, sei ich reif für Jim Fixit's Buch. Abends brachte er es an den Eßtisch und legte es behutsam vor mich hin wie ein Heiligtum. Dem Anlaß entsprechend beugte ich die Knie und sprach ein kurzes Gebet.

Das Großartige beim Joggen ist seine rein sportliche Natur. Man ist allein mit seinen ausgefransten Turnschuhen, kurzer Hose, ein Stück einsamer Rennstrecke vor sich. Das war schön.

Es hätte tadellos geklappt, wären Laufhosen mit Gummiverstärkung über Bauch und Hüften im Handel gewesen. Aber meine Beine vom Knie aufwärts konnte ich nun wirklich nicht zeigen. Ich kaufte daher einen Trainingsanzug aus rosa Samt für 65 Dollar.

Mit den Schuhen war es kniffliger. Es gab 147 Modelle, alle zwischen 40 und 80 Dollar. Ich wählte ein Paar ohne jegliche Fußstütze, aber mit rosa Schnürsenkeln genau im Ton meines rosa Samtanzugs (tolles Glück gehabt, was?) Meine Handtasche paßte auch einigermaßen dazu.

Aber der Schlager war und blieb das Stück einsame Rennstrecke. Die Straße vor meinem Haus kam selbstverständlich nicht in Frage, weil dort alle Jogger vor Hunden und Wagen flüchteten.

Mein Mann riet mir, ein Trainingstagebuch anzulegen, welche Entfernungen ich in welcher Zeit zurücklegte, und war gern erbötig, mich zum Radfahrweg am Kanal zu bringen.

Ich hatte scharfes, anhaltendes Seitenstechen, erinnerte mich aber, bei Mr. Fixit irgendwo gelesen zu haben: »An Seitenstechen ist noch keiner gestorben«, und atmete tief, wobei ich noch Zeit für ein hastig gemurmeltes »danke, liebes Seitenstechen« fand.

»Hast du was gesagt?« fragte mein Mann.

Ich sagte ihm, ich hätte Seitenstechen, aber das würde sicherlich vergehen, wenn ich es als Freund ansähe. Er meinte, was mich zwickte, sei wohl eher die Sonnenbrille, die ich mir an den Hosenbund gehängt hätte, und der Schmerz würde beim Aussteigen vergehen. Wir parkten den Wagen, und ich sah mir den Radfahrweg an. Ich hatte schon einsamere Rennstrecken gesehen.

»Was sind das alles für Leute?« fragte ich.

»Das sind die Rollschuhläufer, Radler, Skateboardfahrer, Drachensteiger und Jogger.« Die Jogger fielen einem sofort ins Auge. Sie standen in einer Duftwolke von Einreibsalbe, bückten und streckten sich abwechselnd und sprachen fließend joggerisch über Euphorie, Milchsäureaustausch, Punktsystem und Anaerobische Übungen. Es unterschied sie etwas von allen anderen, was ich nicht sofort erkannte. Dann dämmerte es mir: keiner von ihnen war schwerer als 80 Pfund. Ich kam mir vor wie ein Meilenstein an einer Prozessionsstraße.

Einige Stunden später schleppte ich mich in Ednas Küche, wo sie gerade Geschirr wusch. »Was ist denn los?« fragte sie.

»Ich weiß nicht genau. Entweder bin ich euphorisch und *high*, oder ich brüte eine Grippe aus. Kann ich bitte die Reste von den Pommes frites haben?«

»Ich dachte, du mußt auf dein Gewicht achten?«

»Ja, aber ich horte Kohlehydrate. Ich sage dir, Edna, ich habe es satt, zufrieden mit mir zu sein. Der sogenannte innere Seelenfrieden kann nur eines: mir Appetit machen. Du meinst, warum ich dir das so offen sage? Mein Inneres liegt eben vor euch wie ein offenes Buch.«

»Stimmt gar nicht«, sagte Edna, und stellte die gespülten Teller auf zum Abtropfen. »Du bist äußerst konservativ und behältst dein Privatleben für dich. Du gibst dir größte Mühe, nie etwas über dich zu verraten. Dadurch haben die, dir helfen wollen, es sehr schwer.«

»Wer behauptet das?«

»Das erkenne ich an der Art, wie du immer mit dem ganzen Körper zur Tür zeigst und deine Knie und Füße steif hältst.«

»Edna, mein ganzer Körper ist steif, weil ich von Kopf bis Fuß mit Vaseline beschmiert bin und an Morton's Zeh leide.«

»Was ist Morton's Zeh?«

»Das ist Joggerlatein. Es bedeutet, daß meine zweite Zehe länger ist als meine große, daß sie entzündlich gerötet ist und jeden Moment abfallen kann.«

»Hat dir nie jemand gesagt, daß du eine schlechte Körpersprache sprichst?«

»Schlechte Körpersprache? Willst du mich aufheitern?«

»Nein, ich meine es ernst. Wenn ich eine Frau sehe, die so sitzt wie du, weiß ich sofort, das ist eine Frau mit sexuellen Hemmungen, defensiv, introvertiert und neuen Ideen nicht zugänglich.«

»Und das alles weißt du, wenn du mich nur anschaust?«

»Aber ja doch. Ich kann dir auch sagen, daß Bello«, sie zeigte auf ihren Hund, »unerfüllt und unruhig is und Angst und Frust abreagiert.«

Ich schüttelte ungläubig den Kopf. »Das ist ja wirklich toll. Wie hast du denn das herausgekriegt?«

»Er hat eben auf deinen Schuh gepinkelt.«

Ich ging nach Hause, hinkte ins Schlafzimmer und nahm mein Jogger-Tagebuch zur Hand. Auf Seite 1 schrieb ich das Datum und darunter: »Erma begann mit dem Training und beließ es dann bei der alten Kondition.« Dann schlug ich es zu.

Dicht daneben lag Jim Fixit's Buch auf dem Nachttisch. Ich betrachtete mir den Einband, stellte mich vor den Spiegel und hielt meine Beine so wie er. Meine Schuhe zu 40 Dollar waren bespritzt von Dreck und Bello. Die rosa Senkel hingen trübselig herab, und auf meinen schönen rosa Samthosen waren Ölspritzer.

Ich zog die Hosenbeine hoch:

Meine Beine sahen *nicht* aus wie die von Mr. Fixit.

Wie sage ich meiner besten Freundin, daß ihre Körpersprache schlecht ist?

Vermutlich war es purer Zufall, daß einer von den Jungen, die einem die Einkäufe zum Wagen tragen, auf mein Nummernschild wies und sagte: »Versteh' ich nich'. TZE 403, was heißt'n das?«
»Das ist mein Kennzeichen«, sagte ich.
»Das weiß ich auch, aber das gibt doch kein' Sinn.«
»Soll es das denn?«
»Klar. Sie sind der einzige Fahrer, den ich kenn', der nich' was Gescheites auf dem Nummernschild hat. Irgendwas Ulkiges, mein' ich.«
Ich sah die Reihe der parkenden Wagen hinauf und hinunter. Sie waren alle witzig. *E-Z-Duz it*, *I. M. Cute*, *Say Aaah*, *Paid 4*, *2 Close Call me* und *I drink*.
»Meine Mutter hat sich g'rad neue Schilder besorgt«, sagt er. »Sie hat jetzt 28-36-42. Ich weiß, was Sie denken, aber die guten Zahlen war'n alle schon wech.« Er knallte den Kofferdeckel zu. »Sie ha'm ja nicht mal einen Aufkleber für irgendwas. Das ist aber selten.«

Auf dem Heimweg nahm ich jeden mir begegnenden Wagen aufs Korn. Der Junge hatte recht. Beim ersten Blick schon wußte man, für wen der Fahrer stimmte, wen er zu wählen gedachte, welches religiöse Bekenntnis er hatte, man kannte sein College, seinen Club, seine Devise und sein Motto.

Möglicherweise hatte Edna recht. Vielleicht schirmte ich meine Privatsphäre zu stark nach außen ab. Wenn ich es bedachte, hatte ich ja nicht mal C-B-Funk, um mich mit anderen Fahrern zu unterhalten. Nie gab ich Häusern oder Blockhütten pfiffige Namen wie Gästeheim Tautropfen, nie hatte ich meine Initialen in Gold um den Hals getragen, nirgends mein Monogramm, weder auf Blusen, noch auf Frotteetüchern oder auf dem Briefpapier. Ich war grundsätzlich gegen Namensschilder. Einmal, als mir eine Frau ein gummiertes Schild »Hallo! Ich heiße Erma« auf den linken Busen pappte, beugte ich mich ganz nah zu ihr und fragte: »Und wie nennen wir den anderen?«

Ich hatte ferner keinen Anrufbeantworter, von dessen Band es tönte: »Hallo-hallo. Wie nett, daß Sie angerufen haben. Am Ende des Summtons sagen Sie mir, woher Sie sind, dann rufe ich zurück und sage Ihnen, wo es liegt.«

Wenn dann der Summton endete, erlitt ich gewöhnlich einen Herzstillstand bei der Anstrengung, meinen Namen zu nennen und meine Telefonnummer von meinem Apparat abzulesen. Einmal rief ich meine Mutter an und buchstabierte meinen Nachnamen. Einmal fand ich einen Zettel, ich solle jemand zurückrufen und wählte. Eine ölige Stimme sagte schwer atmend: »Ich hab's ja gewußt, Süße, daß du zurückrufen wirst. Ich bin nur eben mal weg, um deinen Lieblingswein zu besorgen. Der Schlüssel liegt an der üblichen Stelle. Nach dem Summton sag mir bitte, um wieviel Uhr du hier sein kannst.«

Kein Mensch war mehr ein Geheimnis. Die T-Shirt-Mode war ausgeufert. An einem einzigen Tag begegneten mir drei Anträge, vier Deklarationen, zwei obszöne Einladungen und ein so schlimmes Wort, daß ich den Wagen anhielt und dem Mädchen eine Decke umlegte.

Eines Tages war Mutter bei mir, als wir bei Rotlicht halten mußten und eine kräftig gebaute Blondine vor uns die Straße querte. Ihre Jeans waren so eng, daß ihre Hüftknochen vorstanden wie die Handtuchhalter. Auf ihrem T-Shirt stand in großen, ins Auge fallenden Buchstaben: DIESE FLÄCHE IST ZU VERMIETEN.

Eine Minute lang sagte keiner von uns ein Wort. Dann meinte Mutter: »Das nenne ich Werbung an hervorstechender Stelle.«

Nun, auch ich konnte keß sein, wenn ich wollte. Eben jetzt mußten meine Autokennzeichen erneuert werden. Diesmal würde ich mir ganz was Tolles aussuchen. »Mit wieviel Buchstaben müssen wir auskommen?« fragte mein Mann.

»Mit sechs«, sagte ich.

»Mensch, die Wucht«, sagte mein Sohn. »Wie wär's denn mit OBACHT!«

»Kinder«, sagte ich, »ich möchte bitte kein Schild, bei dem mich die Leute mit 150 überholen, nur um zu sehen, welcher Spinner denn da am Steuer sitzt. Ich denke mehr an ein Nummernschild, das mir ein Image gibt, eine Art Identifikation, die sich nur auf mich bezieht.«

»›Hauskuli‹ hat wohl zuviel Buchstaben, was?« fragte mein Sohn.

Wir müssen an die zwei Stunden dagesessen haben, ehe wir alle Kombinationen mit 6 Buchstaben durchprobiert hatten. Schließlich sagte ich: »Ich hab's. Wie wäre es mit Vit B 12? Was meint ihr?«

»Damit hättest du ein Problem gelöst: die Kinder werden sich nie wieder deinen Wagen borgen«, sagte mein Mann.

Die personenbezogenen Nummernschilder waren ein Schritt in die richtige Richtung, kein Mysterium zu bleiben. Weniger gern wollte ich, daß die Leute mich von Kopf bis Fuß ›deuteten‹. Das war dem Buch nach zu urteilen, das mir Edna geliehen hatte (KÖRPERSPRACHE SPRICHT JEDER) gar nicht schwer.

Frauen, die bei Kälte die Beine übereinanderschlagen, zeigen dadurch an, daß sie Beachtung wollen. Bei Hitze jedoch war es reine Angabe.

Ärzte, die mit dem Bleistift klopfen, wollen sich dadurch die beruhigende Gewißheit verschaffen, daß sie ihn nicht während einer Untersuchung verloren haben.

Männer, die auf Geschäftsreisen in fremden Städten den Ehering ablegen, deuten dadurch an, daß sie lebensüberdrüssig sind.

Frauen, die Sprechmuscheln zuhalten, während der Teilnehmer am anderen Ende spricht, hören etwas, was sie nicht hören sollten.

Zähne, die in die Hand eines Zahnarztes geschlagen werden, drücken entschiedene Feindseligkeit aus.

Aber selbstverständlich hatte die Sache ihre zwei Seiten. Wenn ich die Körpersprache lernte, würde ich deuten können, was andere dachten, ohne daß sie ein Wort äußerten. Ein ganzes Kapitel im Buch behandelte die fast unmerklichen Zeichen, die Männer und Frauen einander machen, wenn sie zu einander streben.

Für dieses Thema konnte ich nicht einmal mehr mein Gedächtnis heranziehen. Es war zu lange her. Ich hätte keine Chance mehr erkannt, auch wenn ich mit der Nase darauf stieß.

KÖRPERSPRACHE SPRICHT JEDER machte mich zu einer Autorität. Ich glaubte jede leise Andeutung übersetzen zu können, die das andere Geschlecht auf mich abfeuerte. Auszuprobieren, ob es auch stimmte, hatte ich keine Gelegenheit. Bis Mayva und ich beim Einkaufen zusammen einen Happen essen gingen.

An einem Tisch unweit von uns saßen zwei Herren, die uns Blicke zuwarfen.

»Schau ja nicht hin«, sagte ich, ohne die Lippen zu bewegen. »Ich sage dir, einer Frau, die Lippenstift benutzt hat, heben die Männer in Gedanken den Rock zwanzig Zentimeter in die Höhe . . .«

Mayva wühlte in ihrer Handtasche. »Ja, hab' ich denn noch welchen drauf?«

»Wenn du ihnen in die Augen schaust und ihre Pupillen erweitern sich, bist du dran!«

»Weißt du noch mehr so tolle Sachen?«

»Ja. Daß sich beim Flirten die Tränensäcke glätten, das Doppelkinn strafft, die Schultern gerade richten und man den Bauch einzieht, ohne es zu wissen. Und wenn man die Brille aufsetzt, sieht man intelligenter aus als sonst.«

Mayva stieß einen spitzen Schrei aus. »Was hab' ich gesagt? Schnell. Einer von den beiden kommt auf uns zu.«

»Hast du vielleicht die Beine übereinandergeschlagen?« flüsterte ich.« Das ist eine Aufforderung. Oder die Jacke aufgeknöpft? Oder bist dir mit der Zungenspitze über die Lippen gefahren? Sag bloß noch, daß du dir mit der Zungenspitze über die Lippen gefahren bist?«

»Jedenfalls nicht bewußt!« sagte Mayva.

»Dann schau auf deinen Teller. Wir wollen versuchen, unsere Körpersignale rückgängig zu machen.«

Ein Schatten kam an unserem Tisch vorbei und verschwand. Mayva sah mich verächtlich an. »Die

115

Körpersprache von dem, der eben vorkam, hab' ich verstanden. Sie lautet: ›Reg dich ab, ich will nur auf die To.‹«

Manchmal konnte einem Mayva wirklich den Nerv töten. Sie konnte davon halten, was sie wollte, ich war weiterhin der Ansicht, Körpersprache zu verstehen, sei ein echtes Plus. Insbesondere was die Körpersprache von Lehrkräften betrifft. Junge, Junge, diese Sprache brauchte ich. Zwei meiner Kinder gingen noch in die High School, und ohne Dolmetscher war ich offen gestanden verratzt.

Mir ist unklar, was eigentlich im Schulwesen passiert ist, aber im Lauf der letzten Jahre fiel es mir immer schwerer, die Lehrkräfte zu begreifen. Ich verstand neuerdings kaum noch ein Wort von dem, was sie zu mir sagten. Der Elternsprechtag letztes Jahr war ein echter Alptraum.

Kaum saß ich neben dem Pult, da putzte Mrs. Vucci ihre Brille und sprach: »Nun wollen wir uns ansehen, wie die Beurteilungen von Bruces Lehrkräften lauten. Dem Bericht von Tutor Weems zufolge ist Begabungspotential vorhanden, die Ansätze für korrigierendes Feedback aber sind in jeder Hinsicht unterentwickelt. Somit haben wir deutlich ein Kind vor uns, dem der Zugang zur sozialen Interaktion fehlt.«

Ich nickte stumm.

»Mrs. Wormstead sagt, daß er durch curriculare Variationen nicht stärker motiviert wird. Da sie auf jeden Fall verhindern will, daß er in einem hermetischen System stagniert, versucht sie seine Eigensteuerung zu stimulieren. Mrs. Rensler schreibt hier, er habe Probleme mit den erforderlichen Modifikationen des Lernverhaltens. Man versucht es jetzt mit einem modularflexiblen Stundenplan, was hoffentlich zu Ergebnissen führt.

Ich persönlich finde, wir sollten dieses Phänomen einer ernsten Prüfung unterziehen«, fuhr sie fort, »es ist schwer zu sagen, was für seine Apathie ausschlaggebend ist, aber ehe die Polarisierung der Leistungsebenen eintritt, werden wir Bruce dahingehend beraten, daß er sein Potential aktivieren und greifbare Lernziele erreichen kann.«

Ich hatte kein Wort verstanden.

»Haben Sie irgendwelche Fragen?« fragte sie in mein Schweigen hinein.

Ich schüttelte den Kopf. Sie würde die Fragen, ich die Antworten nicht verstanden haben. Wir ergänzten uns großartig.

Bei der Körpersprache blieb mir wenigstens noch eine letzte Chance. In ein paar Wochen war wieder Elternsprechtag, da wollte ich vorbereitet sein.

Um halb acht war ich bestellt. Ich kam zu früh. Als ich den Kopf ins Zimmer streckte, sagte Mrs. Lutz, ohne von ihrem Katheder aufzublicken »Ich weiß, man fürchtet sich immer ein bißchen vor diesen Sitzungen, hab' ich recht?«

»Woran merken Sie das?« sagte ich und lächelte.

»An der Art, wie Sie zögern, voll in die Tür zu treten,

und sich vorsichtig ins Zimmer zu schleichen versuchen.«

Ich setzte mich auf den Rand des Stuhls. Sie blickte über ihre Halbgläser und meinte: »Sie brauchen sich nicht zu verkrampfen, lehnen Sie sich an, und seien Sie gemütlich.«

»Ich bin gemütlich«, sagte ich rasch.

»Kein Mensch ist gemütlich, der auf der Stuhlkante sitzt. Machen Sie sich keine Sorgen, so schlimm ist es nun auch wieder nicht.«

»Ich glaube ja gar nicht, daß es schlimm ist.«

»Doch, doch«, verbesserte sie. »Ich sehe es an der Art, wie Sie die Füße um die Stuhlbeine schlingen.« Hier lief offensichtlich etwas verkehrt! Nicht sie sollte *meine* Körpersprache deuten, sondern ich *ihre*. Aber ich konnte es nicht ändern. Je mehr sie redete, desto schwerer fiel es mir, meinen Körper vom Reden abzuhalten. Als sie den Aufsatz meines Sohnes »Anatomie eines Rülpsers« herauszog, sank ich in Embryostellung in mich zusammen und ließ den Kopf hängen. Als sie mir mitteilte, daß er nicht nur vorschriftswidrig vor der Schule geparkt, sondern auch noch zu den Aufsichtsbeamten gesagt hatte, er halte dies für den Lieferanteneingang, machte ich mir eine Halskette aus ihren Büroklammern und kaute meine Nägel blutig.

Als sie mir endlich mitteilte, die Tests zeigten deutlich, daß der künftige Beruf meines Sohnes der eines Schafhirten sei, hatte ich sämtliche Vokabeln der Körpersprache aufgebraucht.

Es war sinnlos, sich etwas vorzumachen. Sie fragte mich, ob mein Sohn und ich eine enge Bindung zueinander hätten. Das schon, sagte ich nervös, aber nur infolge früher Eheschließung. Sie sagte, das meine sie nicht, und versuche nur klarzustellen, welche Eltern-Kind-Beziehung hier vorliege.

Da brach es aus mir heraus. Ich sagte ihr, keines meiner Kinder verstünde eine Mutter in meinem Alter. Sie sprächen zwar mit mir, hörten aber nie zu. Außerdem hätten sie nie Zeit. Ich sagte schon gar nichts mehr, ich bekäme ohnehin nur eine Standpauke. Nie nähmen sie meine Partei. An allem und jedem war ich schuld. Nie ließen sie mich Verantwortung übernehmen für etwas, das ich schon selber konnte. Sie kritisierten immer nur. Ich beugte mich etwas vor. ». . . und wissen Sie, was ich glaube, sie spionieren mir nach, Mrs. Lutz«, sagte ich heftig, »sie behandeln mich wie eine Erwachsene!«

Sie schlug die Akte meines Sohnes zu und lehnte sich zurück.

»Sie sind nicht die einzige Mutter, die Probleme hat, weil ihre Kinder sie nicht verstehen«, sagte sie. »Es gibt jetzt ein umfassendes Nachschlagewerk mit dem Titel: WIE ERZIEHE ICH MEINE ELTERN. Ich weiß nicht, ob Sie Ihre Kinder dazu bringen können, es zu lesen, doch wenigstens Sie selbst bekämen dadurch mehr Verständnis, *warum* sie all das tun und sagen.«

Ich wollte aufstehen und gehen.

»Vergessen Sie Ihre Füße nicht«, mahnte Mrs. Lutz und nickte in Richtung meiner Beine, die immer noch um die Stuhlbeine geschlungen waren. »Das könnte man sonst als übertriebene Körpersprache deuten.«

Ich lächelte leicht blasiert. »Auch ich verstehe mich ein bißchen auf Körpersprache«, verkündete ich nicht ohne Stolz. »Während Sie mich beobachteten, habe ich in Wirklichkeit Sie beobachtet. Ich bin zu dem Schluß gekommen, daß Sie eine ausgezeichnete Lehrkraft sind, ausgeglichen, jeder Situation gewachsen, und daß Sie noch lange hier bleiben werden.«

»Stimmt nicht«, sagte sie und erhob sich schwerfällig von ihrem Sessel. »Ich bin im achten Monat und trete nächste Woche meinen Mutterschutzurlaub an.«

Manche Körper täuschen eben sehr.

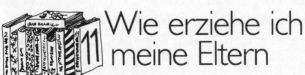 Wie erziehe ich meine Eltern

Das Schlimme bei meinen Kindern ist, sie lesen zu viele kluge Bücher über Elternpsychologie. Sie haben immer geglaubt, alles Nötige zu wissen, und kannten dabei nicht einmal mich. Sie verbesserten meine Ausdrucksweise in Gegenwart meiner Freundinnen. Sie fanden meine Kleider zu jugendlich, sie frotzelten mich wegen meiner kurzen Haare und gaben sich nie Mühe, meine Probleme auch nur zur Kenntnis zu nehmen.

Und davon hatte ich weiß Gott genug. Ich war nicht beliebt, ich gehörte nicht zu der Gruppe, die *in* ist. Die In-Gruppe meiner Nachbarschaft bestand aus Frauen in meinem Alter, die wieder ins Berufsleben zurückgekehrt waren. Jeden Morgen blickte ich ihnen durchs Fenster nach, wenn sie zu ihren Wagen stöckelten, nach der neuesten Mode gekleidet, auf hohen Absätzen, einen Tag auf Teppichböden vor sich.

In meiner Phantasie sah ich sie, wie sie Telefonhörer

abhoben, die nicht klebten, in einem schicken Lokal mit grünenden Zimmerpflanzen zu Mittag aßen und sich mit Wesen unterhielten, die mehr zu antworten wußten als nur das immer gleiche ›Mensch, Klasse‹.

Der Höhepunkt *meiner* Woche war die Einladung zu einer Modevorführung, bei der ich fünf bis sechs Mini-Fläschchen Parfum klaute, die aber nur fünf bis sechs Minuten wirkten. Dann war der Alkohol verdunstet.

Die Freundinnen, die ich gern mochte, fanden nicht den Beifall meiner Kinder. Ivonne gefiel ihnen nicht, weil sie geschieden war und mit dem Zahnarzt ausging, der ihnen früher die Zähne reguliert hatte. Sie fanden, sie habe einen schlechten Einfluß auf mich.

Gloria mochten sie nicht, weil sie kein eigenes Zuhause zu haben schien: Sie kam immer zur Essenszeit und hing bei uns herum, während wir bei Tisch saßen. Judy mochten sie nicht, weil sie nie bei sich aufräumte und in angeschmuddelten Kleidern, mit fettigen Haaren daherschlampte. (Sie behaupteten, sie noch nie sauber und ordentlich erlebt zu haben, und das sei ein schlechtes Beispiel für mich.)

Manchmal wußte ich wahrhaftig nicht, was die Gören von mir erwarteten. Brauchte ich sie, waren sie nicht zu Hause. Waren sie zu Hause, trieben sie mich mit ihrer neuesten Methode der Elternpsychologie auf die Palme. Ich merkte immer gleich, wenn sie neue Methoden an mir ausprobierten. Dann nämlich genoß ich ihre ungeteilte Aufmerksamkeit. Und sie probierten jede aus, die ihnen in den Weg kam: aktives Zuhören, Effizienz-Training und transaktionelle Analyse.

Es überraschte mich daher nicht, das von Mrs. Lutz erwähnte Handbuch WIE ERZIEHE ICH MEINE ELTERN unter einem Stoß Zeitschriften im Badezimmer zu entdecken.

Auf dem Titelblatt sah man einen Teenager verlogen lächeln. Er ließ soeben die Zeitung sinken und betrachtete aufmerksam, was seine Mutter ihm zeigte.

Rasch durchblätterte ich das Kapitel: *Wie sage ich nein zu meinen Eltern.* Das WIE wußte ich ja. Nur leider nicht das WARUM! Da fiel mein Blick auf eine Überschrift: »Das Mittel-Syndrom bei Eltern. Welche Stellung innerhalb der Familie nehmen Sie ein?«

Das war es, genau! Ein Mittel-Kind war ich nicht gewesen, aber ein Mittel-Elternteil war ich und damit weder das älteste, noch das jüngste Familienmitglied. Ich stak in der Zwielichtregion, in der einer nie etwas zum erstenmal tut, nie etwas wirklich Originelles sagt, nie etwas Neues zum Anziehen bekommt, nie reizende, allgemein belachte Aussprüche tut.

Schon meine Stellung innerhalb der Familienkutsche bestätigte es. Als Jungverheiratete schmiegte ich mich so eng an meinen Mann, daß es aussah, als sei er allein am Steuer. Als das erste Baby kam, zog

124

ich ganz hinüber an die Tür, damit das Baby zwischen uns Platz hatte. Als wir dann zwei Kinder hatten, hing ich chronisch über die Rücklehne, um ganz sicherzugehen, daß keines auf den Boden gerutscht war, und traf überall mit dem Po voraus ein. Vom dritten Kind an gab ich den Beifahrersitz vollkommen auf und wurde zum festen Bestandteil der Rücksitze, damit jedes Kind sein eigenes Fenster zum Hinausschauen hatte.

Als die Car-Pools zu einem Teil meines Lebens wurden, kehrte ich zwar nach vorne zurück, aber als Dauerchauffeur. Nie mehr sprach jemand mit mir oder nahm sonst irgendwie von mir Notiz.

Als die Kinder dann selber anfingen zu fahren, wanderte ich zurück auf den Beifahrersitz. Und in letzter Zeit wurde ich wieder in den Fond abgeschoben – sofern für mich überhaupt ein Sitzplatz vorgesehen war.

Ich war jetzt auf heißer Spur, das wußte ich, fieberhaft blätterte ich weiter bis zu dem Kapitel *Selbständigwerden*. Dort hieß es, erst wenn wir allein zu stehen imstande seien, allein, ohne uns auf die Kinder zu stützen, hätten wir das Alter des Erwachsenseins erreicht.

Verwirrend blieb die Geschichte trotzdem. Ich wußte nämlich nicht, was ich wollte. Manchmal wollte ich nur eines: allein sein. Zum Beispiel, wenn Freundinnen zu Besuch kamen. Damals, als Ivonne vorbeikam, um mir über Elaines Totaloperation zu berichten. Ehe sie ins Detail gehen konnte, pflanzte sich mein Jüngster zwischen unsere Kaffeetassen und äußerte: »Hündinnen werden nach so einer Operation immer fett. Hoffentlich kommt die arme Elaine drum herum.«

Bei anderen Gelegenheiten wiederum wünschte ich, gebraucht zu werden, anderen eine Stütze zu sein.

Ich schlug das Buch zu. Dieser Tag war für all so etwas ungeeignet. Draußen in der Küche standen 35 angebrauchte Gläser auf der Spüle. Und ich besaß gar keine 35 Gläser.

Seit zwei Jahren ging die Haustür nicht mehr zu. In der Einfahrt standen sechs Wagen. Nur einer davon war fahrbereit.

Das Backpulver, das ich in den Kühlschrank gestellt hatte, damit er weniger roch, war zur Hälfte aufgegessen. An der Backofentür sah man schwarze Fußabdrücke.

Der Hund sah zu fett aus.

Außerdem hieß es Abschied nehmen von dem reinen, natürlichen Kräutershampoo, das ohne Verschluß im Waschtisch lag und in den Abfluß sickerte. Abschied nehmen auch von der Verandaleuchte, deren Birnen alle sechs Wochen erneuert werden mußten. Und von den verschimmelten Frottiertüchern, leeren Eiswürfeltabletts und allen Etiketten, auf denen stand: für lauwarme Handwäsche, und dem Frühstücksfleisch, das sich zu trockenen Locken ringelte, weil keiner es je wieder einpackte.

Meine sämtlichen Freundinnen hatten die Abhängigkeit von ihren Kindern hinter sich, sie waren auf Kreuzfahrt um die Welt. Ich wußte es genau, weil kein Tag verging, an dem mir nicht eine von ihnen schrieb.

Und ich? Ich sortierte immer noch Socken, fischte Krümel aus dem Trinkwasserkrug im Kühlschrank und spielte am Muttertag die Hocherfreute über einen Käsehobel. Als nun eines Tages mein älterer Sohn seine Brille suchte, um mein Portemonnaie besser finden zu können, und der jüngere mein Autoradio auf einen Rock-Sender einstellte, wußte ich mit einem Schlag, was ich zu tun hatte.

Ich nahm ihn beiseite und sagte: »Hör mal, für ein Kind, das eigentlich gar keine Eltern gewollt hat, hast du doch Glück gehabt. Ich weiß, ich habe auch viel verkehrt gemacht . . .«

»Wenn es wegen dem Cashmere-Pullover ist, den du hast in der Wäsche so eingehen lassen, vergiß es«, sagte er.

»Nein, es ist wegen des mangelnden Kontaktes zwischen uns. Wir können kaum je ein Gespräch führen, ohne uns gegenseitig anzubrüllen.«

»Nicht doch, Mom«, sagte er. »Jetzt sind doch die besten Jahre deines Lebens.«

Ich fing an zu weinen. »So was sagen Kinder immer. Worauf ich hinauswill: Warum kannst du mich nicht als das akzeptieren was ich *bin*, warum muß ich perfekt sein? Nie darf ich etwas, was alle anderen

127

Mütter dürfen. Jetzt wird es Zeit, daß ich mich losrei-
ße und der Mensch werde, als der ich angelegt bin.
Ich finde, du solltest ausziehen und dir eine eigene
Wohnung nehmen.«

Als ich ihn stehenließ, murmelte er: »Was habe ich
nur falsch gemacht?«

Als am nächsten Abend Gloria zum Abendessen
angelatscht kam und sich auf den nächsten Stuhl
fallen ließ, machte ich ihr Mitteilung von meinem
Ultimatum.

»Du bist eine vorbildliche Mutter«, sagte sie. »Hoffentlich bist du bei TEENAGER-APARTMENT versichert.«

»Was ist denn das?«

»Das ist eine neuartige Police für die Eltern junger
Leute, die ausziehen und sich eine eigene Wohnung
nehmen. Die Prämien sind extrem hoch, aber sie
decken den Verlust an Möbeln bis zu 5000 Dollar,
Kraftfahrzeugschäden beim Wegtransport von Haus-
eigentum und das Auffüllen des Kühlschranks.«

»Ist das dein Ernst?«

»Mein voller Ernst. Du hast ein schlechtes Gedächtnis«, sagte sie. »Hast du vergessen wie es war, als
deine Tochter ins College reiste? Das einzige, was sie
zurückließ, war ein Echo.«

Mein Sohn muß meine Befürchtungen gekannt haben, denn als er ein paar Wochen später sagte: »Ich
hab' 'ne Wohnung«, fügte er unaufgefordert hinzu:
»Mach dir keinen Kummer, sie ist möbliert.«

Meine Erleichterung dauerte nur so lange, bis wir sie besichtigt hatten. Ich habe schon Aufwachräume in Kliniken gesehen, die üppiger möbliert waren.

»Brauchst du eine Bratpfanne?«

»Wozu?« zwitscherte er. »Ich ess' ja nur einmal am Tag zu Hause.«

Ein Instinkt sagte ihm stets rechtzeitig, wann es bei uns Braten gab. Er landete wie nach Radar. Gelegentlich rief er an solchen Abenden aus dem Nebenzimmer: »Brauchst du das hier?«

»Was ist es denn?«

»Der Fernseher.«

»Selbstverständlich brauchen wir den.«

»Du kriegst dafür auch die grüne Lampe wieder.«

»Hör mal, hier ist kein Tauschmarkt.«

Zum Schluß hatte er alles – die Knüpfteppiche, die Mutter mir gemacht hatte, die Teller, die er für eine Party geborgt und nie zurückgebracht hatte, die Schreibmaschine, den Ventilator fürs Fenster, den großen Kochtopf für Spaghetti, die Badetücher, den Vierradantrieb, das Fahrrad, »das bloß dasteht und eines Tages gestohlen wird, dann siehst du es nie wieder«.

Es tat weh, daß wir keinen Pfennig Teenager-Apartment-Versicherung hatten, um unseren Verlust zu lindern.

Als er weggezogen war, wurde dann alles etwas leichter, wir hatten nur noch ein Kind in der High-School, aber wie in einer eigenen Wohnung war es trotzdem nicht.

129

Gloria war zufällig an dem Nachmittag bei mir, als er so böse auf mich wurde, weil kein Benzin in meinem Wagen war.

»Warum läßt du dir das alles gefallen?« fragte Gloria.

»Weil es leichter ist, als zu streiten. Außerdem würde er mich nicht anbrüllen, wenn er mich nicht lieb hätte.«

»Selbstachtung ist bei dir ein Fremdwort, was?«

»Ich habe natürlich davon gehört. Du willst mir doch nicht einreden, ich hätte keine?«

»Wenn du welche hättest, solltest du sie gelinde gesagt mehr anwenden! Du hast eben den Sprachfehler, nicht NEIN sagen zu können. Und weißt du, warum?«

Ich schüttelte den Kopf, aber mit schlechtem Gewissen. »Weil du total unsicher bist. Du willst geliebt werden und riskierst nicht, dir einen Menschen zu entfremden.«

»Da irrst du dich«, lachte ich.

»Schön. Dann tu mir den Gefallen, geh ins Wohnzimmer und sage laut: Dies ist mein Haus. Schließlich und endlich bin ich auch wer. Ich werde jetzt ab sofort selbstbewußter.«

Eine Sekunde lang überlegte ich. Dann fand ich, ich müßte Gloria zeigen, was eine Harke ist. Ich ging ins Wohnzimmer, in dem mein Mann und mein Sohn vor dem Fernseher saßen.

»Dies ist mein Haus. Schließlich und endlich bin ich auch wer. Ab sofort werde ich selbstbewußter.«

130

Mein Mann sah auf. »Ich kann nicht Lippenlesen, was murmelst du da? Sprich lauter!«

Ich räusperte mich und fing noch mal an: »Dies ist mein Haus. Schließlich bin ich auch wer. Ich werde ab sofort selbstbewußter werden.«

»Junge«, sagte mein Mann ungeduldig, »dreh mal den Ton leiser. Deine Mutter versucht etwas zu sagen. Aber beeil dich. Die schießen jeden Moment ein Tor.«

»Dies ist mein Haus. Ich bin auch wer. Ab jetzt werde ich selbstbewußter, wenn es euch recht . . .«

Rutscht mir den Buckel runter

 Es verging kein Morgen, an dem nicht mein Mann bei Tisch gesessen und mir die ganze Zeitung laut vorgelesen hätte. Und wenn er las, erwartete er, daß jeder Mensch in einem Radius von 100 km aufhörte mit dem, was er gerade tat, und ihm zuhörte.

Er las mir die Leitartikel vor, das Wetter an der Westküste, was die Briefkastentante der Frau riet, deren Ehemann sich immer im Wandschrank anzog, die Sportberichte und den Ausgang des Bridgeturniers, ja sogar was in den Sprechblasen der Peanuts stand.

Es war glasklar, was er damit unterstellte: daß ich die Zeitung nicht selber zu lesen imstande war.

Eines Tages fing er an, mir eine Geschichte von einem Hund vorzulesen, der nach fünf Jahren wieder heimgefunden hatte.

»Hör dir das an«, sagte er. »Ein Spaniel in Butte, Montana . . .«

»Ja, ich hab's gelesen«, sagte ich.

». . . fand nach fünf Jahren wieder heim, als die Familie auf Urlaub in . . .«

». . . den Everglades war und sich dort verirrte«, unterbrach ich ihn. Es war, als spräche man mit einem Kugelschreiber.

»Während seiner Abwesenheit«, fuhr er fort, »hatte er zwei Jahre lang ehrenvoll beim Militär gedient, ein Kind vor dem Ertrinken gerettet und . . .«

». . . eine Drogenrazzia erfolgreich durchgeführt.« Diesmal sah er auf. »Hast du den Hund gekannt?«

»Ich hab' dir doch schon gesagt: ich hab' es bereits gelesen.«

»Das konntest du doch gleich sagen.«

In Gedanken malte ich mir aus, wie ich eines Tages mit der Schere hinüberlangen, die Geschichte, die er gerade las, ausschneiden und durch das Loch lugend äußern würde: »Ich habe auch mal lesen gelernt.« Selbstbewußtsein hatte ich eben nie viel. Ja, eigentlich war ich immer noch überzeugt, so etwas sei angeboren. Entweder man bekam es mit . . . oder nicht.

Wenn eine Verkäuferin mir in die Umkleidekabine folgen wollte, mußte ich immer den Drang unterdrücken, mich zu ihr umzudrehen und zu sagen: »Der letzte, der mich im Unterkleid sah, ist blind geworden.«

Aber ich tat es dann doch nicht.

Ich hatte auch immer Lust, mich zu meiner Friseuse zu wenden und zu sagen: »Wenn ich Haare von der

135

Konsistenz und Form eines eisernen Helmes hätte, wäre ich Wikinger.«

Aber ich tat es dann doch nicht.

Am heftigsten aber wünschte ich mir, eines Tages zu Mildred Harkshorn sagen zu können: Mildred, du kannst mir mit deinen immens begabten Kindern, die alles früher und besser tun als alle anderen, auf den Hut steigen. Übrigens habe ich irgendwo gelesen, daß zwischen superklugen Kindern und neurotischen Müttern ein Zusammenhang nicht ausgeschlossen ist.«

Aber ich tat es dann doch nicht.

Mildred war meine Nachbarin jenseits der Hecke, sie lebte dort mit ihrem Mann Leland und ihren zwei Kindern, Dwight David und Mirakel. Mirakel war ein Mädchen. Beide Kinder waren eine eindringliche Warnung, lieber Junggeselle zu bleiben.

Ich hatte Mildred wirklich gern. Unsere Kinder waren miteinander aufgewachsen. Sie hatte ihre erst verhältnismäßig spät im Leben bekommen und schien der Ansicht, daß sie nach so langer Wartezeit nichts anderes sein dürften als perfekt.

Das bestimmte ihr ganzes Leben.

Mit neun Monaten waren sie sauber.

Meine Kinder bekamen Rückfälle, wenn ich in ihrer Gegenwart meine Topfpflanzen sprühte.

Ihre waren mit einem Jahr bereits von der Flasche entwöhnt.

Meine arbeiteten pro Woche ein Dutzend Schnuller auf, indem sie sie zerbissen.

Dwight David und Mirakel bekamen Preise bei Musikwettbewerben, beim Football und Stipendien bei »Jugend forscht.«

Meine bekamen ein Freilos für einen Hamburger und einen Becher Malzmilch, weil sie beim Altpapiersammeln 50 Pfund zusammenbrachten.

Nie konnte ich vom Schulparkplatz wegfahren, ohne daß Mildred ans Fenster klopfte und begeistert hervorstieß: »Dein Sohn wird dir ja von den entsetzlich schweren Prüfungsaufgaben erzählt haben, oder?«

Mein Sohn hatte noch nie einen vollständigen Satz zu mir gesagt.

»Ich habe Dwight David gedroht, wenn er die Prüfung verhaut, kann er nicht Captain des Baseball Teams werden. Es ist mir egal, daß er einstimmig von seinen Teamkameraden gewählt worden ist. Prüfungsaufgaben gehen vor. Übrigens . . . interessiert sich dein Sohn nicht auch für Baseball?«

Mein Sohn interessierte sich nicht einmal für den Mülleimer, wenn wir ihm fürs Hinausbringen nicht einen Scheck ausschrieben.

Naheliegend, daß man zur Schnecke wird neben einer Mutter, deren Kinder nie lügen, nie mit vollem Mund sprechen und die Dankesbriefchen schreiben, wenn sie beim Spielen in unserem Garten einen Schluck aus dem Wasserschlauch genommen haben.

Wenn ich mich jemals behaupten wollte, mußte ich mit Mildred anfangen. Eines Tages war sie gerade an ihrem Briefkasten und rief mir zu: »Hallo, da drüben? Wie geht's denn deiner Tochter im College?«

Ich lächelte und ging zu ihr hinüber. »Prima, danke.«

»Wie war doch der ulkige Spitzname, den man ihr gegeben hat?«

»Waschi.«

»Ah, ich habe wieder einen Brief von Mirakel bekommen«, sagte sie. »Wir stehen uns so prima. Sie schreibt mir jeden Tag. Aber das tut deine Tochter sicher auch.«

»Sie hat sich vermutlich die Hausbibel auf den Fuß fallen lassen und kann daher nicht so oft zur Post gehen, wie sie möchte«, sagte ich.

»Ja, vermutlich«, meinte sie lächelnd. »Es gibt junge Menschen, die haben überhaupt kein Bedürfnis nach Familienkontakt. Sie nehmen das College zum Anlaß, alle Bindungen zu zerreißen und sich ein ganz neues, eigenes Leben aufzubauen.«

Ich war wieder in die Falle gegangen und brachte es nicht fertig, ihr Contra zu geben. Was lief da nur bei mir verkehrt? Warum konnte ich nie frei heraussagen, was ich dachte?

Als ich ins Haus ging, sah ich Helen, die eben aus dem Büro heimkehrte. »Hallo, da drüben!« rief sie. »Hast du heute schon von deinem College-Kind gehört?«

Ein zweites Mal ließ ich mich nicht aufs Kreuz legen. »Gewiß, gewiß«, log ich. »Sie schreibt mir täglich.«

»Sie hängt also immer noch an den Schürzenbändern?« fragte Helen kopfschüttelnd. »Mach dir keinen Kummer deswegen. Nach einer Weile wird sie geistig reifen und sich besser dort anpassen. Es dauert eben seine Zeit, bis man ein eigener Mensch ist und nicht mehr Mamas Liebling.« Wie ich es auch machte, es war verkehrt. Was meine Kinder machten, war auch immer falsch. Wieso eigentlich waren meine Kinder vergeßlich, andere Kinder »hatten Wichtigeres im Kopf«. Meine waren fett, andere Kinder waren ›robust‹. Meine waren ›Spinner‹, die anderen ›nonkonformistisch‹. Meine waren faul, andere waren ›profunde Denker‹. Meine fielen durch, anderer Leute Kinder wurden ›Opfer einer schlechten Lehrkraft‹.

Eines Abends saß ich vor einer Show im Fernsehen. Mein Mann fand, ich sei müde und müsse ins Bett, damit ich morgen früh nicht kratzbürstig sei. Sprach's und knipste das Licht aus.

Während ich mit weit aufgerissenen Augen im Dämmern hockte und auf den Bildschirm glotzte, wurde in der Talkshow eben der Autor des Buches RUTSCH MIR DEN BUCKEL RUNTER vorgestellt, ein gewisser Dr. Emitz.

Ich war keine Sekunde im Zweifel, daß dieser Mensch ausschließlich zu mir sprach. Er sagte, Selbstbewußtsein sei kein Luxus, sondern ein unabdingbares Recht. Man brauche deshalb kein schlechtes Gewissen zu haben. Man brauche es nicht zu rechtfertigen. Man brauche nicht einmal einen

139

Grund dafür anzugeben. Man brauche es einfach nur zu entwickeln.

Er sagte, man solle seine Meinung offen heraus sagen, ohne dabei emotional oder aggressiv zu werden. Es sei am besten, sich eine Liste von Dingen zusammenzustellen, die einem auf die Nerven gehen. Anschließend könne man sich dann überlegen, wie man sie abstellt. Er versprach, man sei dann in kürzester Zeit eine selbständige Persönlichkeit.

Ich knipste das Licht wieder an und machte mir eine Liste von allem, was mir auf die Nerven ging und was ich anders haben wollte:

Künftig werde ich nicht mehr am Frühstückstisch sitzen und mir die Zeitung vorlesen lassen.

Raucher, die mir ihren Qualm ins Gesicht blasen, werden binnen kürzester Zeit – binnen Sekunden, um genau zu sein – erfahren, wie gesundheitsschädlich Rauchen sein kann.

Ich werde unverhohlen gähnen, wenn mir jemand sexuelle Details seines Ehelebens anvertrauen will.

Ich werde nicht mehr am Telefon warten, bis Lynda wiederkommt und von mir Beifall über das schöne A-a ihres Sohnes hören will.

Ich werde mir nicht an allen Türen Krankheiten zusammensammeln, deren Namen ich nicht aussprechen kann.

Ich werde mich nicht mehr darüber aufregen, daß meine Schwiegermutter mich bei meinem Mädchennamen nennt. Wenn ich nach Weihnachten etwas im

Laden umtauschen möchte, werde ich nicht mehr
Schwarz tragen und behaupten, der Empfänger sei
verstorben.

Wenn mich die Schule wieder rufen läßt, werde ich
mein Kind so lange für unschuldig halten, bis mir
bewiesen wird, daß es schuldig ist.

Wie Dr. Emitz ausführte: Man muß Selbstbewußtsein allmählich aufbauen. So etwas klappt nicht am
ersten Tag, es genügt, wenn jeglicher Tag seine eigene Plage hat. Ich fing an dem Abend damit an, an dem
wir ins Restaurant essen gingen. Ich bestellte mir
mein Steak wie immer gut durchgebraten. Als es
dann serviert wurde, glaubte ich darin noch den
Herzschlag zu hören.

Erst spielte ich mit dem Gedanken, zu tun als sei es
ein Schinken, dann legte ich sanft, aber nachdrücklich die Gabel hin und sagte: »Bitte schicken Sie das
noch mal in die Küche zurück, und lassen Sie es
etwas länger braten.«

»Dann kann man es doch nicht mehr essen«, murrte
der Ober.

»In diesem Fall esse ich es auch nicht mehr«, sagte
ich entschlossen.

Ein wohliges Gefühl, dieses Selbstbewußtsein. Je
länger ich es übte, desto wohliger wurde mir.

Ich verlangte von meinem Fleischer, er möge das
Fleisch aus der rosa Beleuchtung nehmen und mir
sein Filet bei Tageslicht zeigen.

Als Mayva ›ganz ehrlich‹ von mir wissen wollte, wie

ich ihre neue Pagenfrisur fände, sagte ich ihr offen, das sei kein Page, sondern ein Zimmerkellner.

Einige Wochen später rief mich Mildred an und erzählte mir, ihr Dwight David habe in der Formel der Relativitätstheorie seines Professors einen Fehler gefunden und ihn vor 50 Mitstudenten blamiert. Ich setzte zu einer Rede an, brachte aber kein Wort heraus.

»Es ist kaum zu glauben, daß ein Zwanzigjähriger schlauer sein kann, als ein berühmter Professor mit all seinen Titeln, was? Ich schwöre dir, ich habe keine Ahnung, woher der Junge das hat.«

»Mildred«, sagte ich und räusperte mich.

»Erinnerst du dich, wie froh du warst, als dein Sohn auch nur seinen Seh-Test bestand?«

»Mildred!« rief ich laut. »Ich habe eben in einem wissenschaftlichen Artikel gelesen, daß möglicherweise ein Zusammenhang besteht zwischen der Brillanz eines Kindes und neurotischem Verhalten der Mutter zur Zeit seiner Geburt.«

Danach traf ich Mildred nur noch selten. Wenn ja, war sie immer in Gedanken, oder es fiel ihr gerade etwas ein, was sie vergessen hatte, und sie schlug eine andere Richtung ein.

Um es genau zu sagen, je bestimmter ich wurde, desto weniger Verkehr hatte ich mit anderen Menschen, einschließlich meiner eigenen Mutter, der ich eine Zungentransplantation angedroht hatte, wenn sie nicht aufhörte, mich vor meinen Kindern schlecht zu machen. Sei's drum. Ich bewunderte mich wegen meiner schrankenlosen Offenheit. Endlich hatte ich gelernt, mir selbst eine Freundin zu sein. Wenn ich es recht überdachte, war ich sogar meine einzige Freundin.

Ich führte mich überallhin aus. Ins Kino. In den Zoo. Ich fuhr mich auf lange Touren über Land. Ich aß mit mir in intimer Einsamkeit zu Abend und verdrehte mir den Kopf mit Blumen und Pralinen. Ich wußte, diese Beziehung wuchs mir allmählich über den Kopf, aber irgendwie war es stärker als ich. Wir standen uns so wundervoll. Ich wußte genau, wann ich mit mir reden und wann ich schweigen mußte. Ich wußte, wann ich schlechter Laune war und mich allein lassen mußte. Ich lobte mich, wenn ich eine Sache gut gemacht hatte, und verwöhnte mich uferlos. Ich konnte mir nichts abschlagen, weil ich ein so wundervoller Mensch war. Die Leute fingen schon an zu reden und verbreiteten Gerüchte über mein außereheliches Verhältnis mit mir selbst. Das war mir gleichgültig. Mein Gefühl für mich war tief und echt. (Ich glaube, ich habe mir sogar gesagt, ich hätte gern ein Kind von mir.)

Ungefähr vier Monate lang war ich meine beste Freundin gewesen, da fielen mir einige Kleinigkeiten an mir auf, die ich anfangs nicht bemerkt hatte. Wenn ich lachte, schnarchte ich wie der Motor eines Chevrolet Baujahr 1936. Nachts im Bett machte ich mich wahnsinnig, weil ich dauernd die Kissen umdrehte, um »eine kühle Stelle« zu finden. Und wenn ich diskutierte, lächelte ich. Jeder weiß doch, wie widerwärtig es ist, mit jemand zu diskutieren, der dabei lächelt.

Und nicht nur das. Einige meiner einstigen schlechten Angewohnheiten traten wieder auf. Erst vor wenigen Tagen hatte ich mich an der Schnellkasse von jemand überholen lassen, der zwölf Posten gekauft hatte, und ich hatte nicht protestiert. Ich hatte nicht gelernt, mein Leben zu beherrschen, ich hatte nur eine vorübergehende Anwandlung von Unabhängigkeit gehabt. Ich sagte mir, wenn ich mich wahrhaft liebte, könne ich tun, was ich wollte.

Jeden Abend vor dem Schlafgehen tat ich das, was Doktor Emitz einem riet. Ich stellte mich vor den Spiegel und sagte: »Ich liebe dich.« Mein Mann rief dann jedesmal dazwischen: »Das sagst du jetzt, aber wirst du morgen früh noch Achtung vor dir haben?«

Als ich mich eines Morgen um eine Tasse Kaffee bat und mir erwiderte: »Geh und hol sie dir selber«, kam Mayva dazu und fragte: »Hältst du schon wieder Selbstgespräche?«

»Wieso *wieder*?«

»Du tust es schon seit Monaten. Du gehst nicht mehr aus. Du lädst niemanden mehr ein. Du hast keine Freundinnen. Niemand ruft dich an. Du rennst immer nur im Haus herum und murmelst: ›Ich bin okay, was man von euch anderen nicht unbedingt behaupten kann‹. Und dabei ist kein Mensch in der Nähe.«

»Mayva«, seufzte ich, »in den letzten Monaten habe ich so viel über mich erfahren. Durch Selbstanalyse und psychologisches Einfühlungsvermögen habe ich entdeckt, daß ich im Grunde ein langweiliger Mensch bin.« Sie versuchte, mir in die Rede zu fallen. »Ich meine es ernst. Neulich abends habe ich mir eine amüsante Geschichte erzählt, über die ich schon hundertmal gelacht habe und habe mich mittendrin unterbrochen und gefragt: ›Was gibt's im Fernsehen?‹«

Mayva legte ihre Hand auf die meine. »Wenn man immerzu über sich nachdenkt, wird man sich natürlich langweilig. Das nennt man ›Auch-ich-und-nur-ich-Syndrom‹. Begreifst du denn nicht: Nach sich selbst Ausschau halten, das ist wie Reste von gestern. Es war mal *in*, und jetzt ist es *out*. Kein Mensch macht das mehr. Heutzutage heißt das Stichwort: Einsatz. Jeder setzt sich heute für irgend etwas ein. Hör dich doch mal um, wenn du in Gesellschaft bist. Jeder hat ein Anliegen, ein Vorhaben, ein Ziel, etwas, woran er glaubt und für das er kämpft. Heute heißt es: sich einbeziehen lassen!«

»Du willst mich nur veräppeln«, sagte ich. »Wenn sich die Dinge so verändert hätten, wüßte ich es.«

»Du hast zu isoliert gelebt«, sagte Mayva, »darum hast du es nicht so mitgekriegt. Du mußt aus dem Haus und wieder am Leben teilnehmen, Leute sprechen, ausgehen, etwas unternehmen. Schau, wenn deine beste Freundin es dir nicht sagt, wer soll es

145

denn sonst tun: du bist ichbezogen und eigenbrötle-
risch.«

Ich schaute in den Spiegel und wartete, daß meine
allerbeste Freundin der letzten Monate sich dazu
äußerte.

Da wurde mir blitzartig klar: so sehr liebte ich mich
nun auch nicht!

Ich fehlte mir sehr. Als ich noch meine beste Freundin war, brauchte ich mich nie umzuziehen, auszugehen oder einen ganzen Abend lang dazusitzen und jemand zuzuhören.
Ich brauchte tagtäglich nur aufzustehen und meine Gefühlstemperatur zu messen. Liebte ich mich heute mehr als gestern? Beherrschte ich tatsächlich mein Leben? Brachte ich es über mich, weitere vier Wochen die kleine Handwäsche ungewaschen liegen zu lassen? Von dieser Phase, die Fachleute als Auchich-und-erst-mal-ich bezeichnen, hatte ich schon gehört. In sie geriet, wer zu viele Lebensbewältigungsbücher las und davon mit der Zeit ulkig geworden war. Sollte auch ich vielleicht zu ichbetont geworden sein? Zu sehr auf mich konzentriert?
Falls dem so war, mußte ich intensiver am Tagesgeschehen teilnehmen. Bestimmt ließ sich für mich ein Anliegen finden, das mir zusagte. Das beste Mittel war, eine Party zu geben. Ich würde mir einige

Dutzend Freunde einladen und im Lauf des Abends würde ein Projekt, eine gute Sache auftauchen, die mein Interesse weckte. Darauf – und von mir weg – konnte ich dann meine Kräfte lenken.

Beim Aufstellen der Gästeliste mußte ich an die gute alte Zeit denken, als man einfach ein paar Freunde einlud, circa 100 Kilo Nahrungsmittel auf den Tisch knallte, Alkohol bereitstellte und das Weitere abwartete. Das war alles anders geworden.

Wenn wir John einluden, mußten wir noch drei weitere Raucher einladen, mit denen er sich gegen den Rest der Gäste zu einer Schutz- und Trutzgemeinschaft zusammentun konnte.

Stella trank nur Wodka. Zwölf der Eingeladenen »derzeit nur Weißwein«, die übrigen schwenkten scheinheilig ein Glas Selterswasser mit einem Schuß Zitrone darin. Acht waren Vegetarier, drei aßen nichts, das aus dem Meer stammte, weil das nicht mehr sauber war, und fünfzehn mußten Diät halten.

Lois trank acht Glas Wasser zu ihrer Diät und brauchte zwischen sich und dem Badezimmer stets eine freie Rennstrecke. Mary Ellen mußte immer noch ihre Essensportionen auf der Briefwaage wiegen. Elaine rannte sofort hinaus und testete ihren Zuckergehalt, wenn sie ein halbes Kohlehydrat gegessen hatte, und Jerry brachte sich ihr eigenes Gebräu aus Seetang, Olivenöl, Ziegenmilch und Melone mit – in einem Plastikbehälter, den sie im Kühlschrank deponierte.

149

Ich konnte keinen Jogger neben einen Trauerkloß setzen, keinen Kernkraftbefürworter neben einen Umweltschützer, keinen Verfechter eingeschränkten Waffenverkaufs neben einen passionierten Jäger, keine freiwillig Kinderlose neben eine stillende Mutter.

Es mußte einen einfacheren Weg geben, das Weltgeschehen wieder in den Griff zu bekommen und für mich ein Betätigungsfeld zu finden.

Als ich Mary im Pelzmantel hereinkommen sah, versuchte ich, mich zwischen sie und Liz zu werfen, schaffte es aber erst, als Liz schon sehr laut geäußert hatte: »Mein Wunschtraum wäre mal, ein Tier auf einer Party erscheinen zu sehen, mit einem Cape, das aus Mary gemacht ist.«

Ich lotste sie zu George, der gerade mit Stan über Geschäfte redete. Ich machte Stan schnell mit Lois bekannt, die überlaut mit Doug über unverheiratet zusammenlebende Paare stritt. Lois schubste ich in eine Gruppe Abtreibungsbefürworter, merkte zu spät, daß sie ja katholisch ist, und zerrte sie dann zu Stella. Stella ist Feministin und diskutierte eben mit erhobener Stimme mit Sonja, die ihrerseits äußerte, sie sei mit ihrer Rolle als Hausfrau durchaus zufrieden und wieso Stella denn das nicht akzeptieren könne.

Neben mir tauchte Liz auf, nickte in Richtung George und sagte: »Nur ein Volltrottel kann etwas gegen das Sterilisieren von Tieren haben!«

Gleichzeitig beklagte sich Sonja, sie habe Atembe-schwerden und könne sich unmöglich mit einem Raucher unterhalten, also machte ich sie mit Mary Ellen bekannt. Doug sagte, auf dieser Party sei kein einziger Leser der New York Times, dafür aber eine Frau, die glaubte, Vasektomie sei eine Operation gegen Krampfadern. Ob es denn hier keinen gäbe, der etwas über den Marvin-Beschluß wüßte?

Als alle bei Tisch saßen, warf ich einen ängstlichen Blick in die Runde. Also wie war das: Ich hatte die Verfechterin der sanften Geburt neben dem Geistli-chen sitzen, den Anti-Wehrpflicht-Apostel neben der, die Marihuana freigeben wollte, den Jogger ne-ben der Umweltschützerin, den Gewaltlosen neben der Frau, die kein Fernsehen hatte, den Chauvinisten neben der Anti-Feministin und den Vorkämpfer für Gratistoiletten neben – na, wem schon, neben Lois natürlich, die bereits ihr siebentes Glas Wasser trank, sich aber vom interessanten Gesprächsthema ihres Tischherrn nicht losreißen konnte.

Nur etwas hatte ich vergessen: meinen Mann, den Linkshänder, ans untere Tischende zu setzen. Zum Glück sind Linkshänder Pazifisten.

Die Unterhaltung hörte sich an wie beim Turmbau zu Babel. Hie und da tauchten Wörter und Sätze aus dem Redegebrodel auf. ›Neues Konzept‹, ›Produktivi-tät ist die Grundlage allen Seins‹, ›Positive Inter-aktion‹ und ›Sexuelle Freiheit‹. Mayva hatte recht. Ich brauchte Anregung durch ein Anliegen, damit ich

151

mich an einer solchen Unterhaltung beteiligen konnte.

Als ich mich danach gerade mit Emily unterhielt, ob man nicht ein paar Stunden pro Woche freiwillig bei der Aktion »Rettet die Wale!« mitarbeiten solle, zerrte mich Stella zum Sofa und sagte: »Ich habe mit dir zu reden.«

Sie lehnte sich in die Kissen und fragte: »Wann endlich unternimmst du etwas, um aus dem Quatsch hier herauszukommen?«

»Aber ich bin doch die Gastgeberin«, sagte ich bescheiden.

»Ich meine nicht die Party. Ich meine die ganze hausbackene Wirtschaft.«

Stella gefiel mir. Ich wußte auch, daß sie nie wegen eines »trockenen, windigen Tages, an dem man die Decken lüften konnte« aus dem Häuschen geriet.

Ihre Aussteuerwäsche hatte sich in der Waschmaschine, ihre Ehe noch in der gleichen Woche vor dem Scheidungsrichter aufgelöst. Sie nahm es als Omen.

Wie auch meine Nachbarin Helen hatte Stella den Übergang vom Bügelzimmer zum Sitzungszimmer spielend geschafft.

»Du hast ja auch einen Bombenerfolg«, lächelte ich sie an. »Ich bin richtig stolz auf dich.«

»Den Bombenerfolg könntest du auch haben«, sagte sie. »Es ist ein Spiel, das die Männer seit Jahren spielen. Hast du schon AUF DER SUCHE NACH DINGSDA von Robby Winter gelesen?«

»Stella«, sagte ich, »mit diesem Kram bin ich eben fertig. Das hat nicht funktioniert.«

»Woher weißt du, daß das nichts für dich ist? Sicher war es dir mit dem Ausbrechen aus der Herde nicht ernst. Man braucht dich ja nur anzuschauen ...«

»Wieso, was ist denn mit mir?« fragte ich.

»Mein Gott, du trägst noch einen BH. Das tut doch kein Mensch mehr.«

»Stimmt gar nicht. Ich kenne viele Frauen, die noch BHs tragen.«

»Unter einem durchsichtigen Pullover? Nun mal im Ernst, Kleines, komm irgendwann nächste Woche zu mir ins Büro, wir gehen zusammen essen, und dann können wir uns ausführlicher unterhalten. Außerdem sollst du dir mal ansehen, wo ich arbeite.«

Stella arbeitete im 27. Stock eines jener Bürohäuser, die aussehen, als warteten sie auf einen Countdown. Eine Sekretärin führte mich in ihr Büro.

Ich hatte schon in Wohnungen gewohnt, die kleiner waren. Ein gigantischer Schreibtisch. Ein Telefon mit fünf Knöpfen. Eine Bücherwand mit zwei gekreuzten afrikanischen Speeren hinter ihrem Schreibtisch.

»Ich wußte ja gar nicht, daß du in Afrika warst«, sagte ich.

»War ich auch nicht, Schätzchen« sagte sie und schob ihre Gläser (von der Größe einer Schutzbrille) auf die Stirn. »Das sind alles Attrappen.«

»Seit wann trägst du eine Brille?«

»Tu ich gar nicht. Komm, stell dich nicht an wie
Alice im Wunderland. Ich hab' dir schon gesagt, all so
etwas findest du in dem Buch von Robby Winter.
Man muß erfolgreich aussehen und das Spiel mit-
spielen. Meine Bräune stammt von einer Sonnen-
bank. Meine Kunden sollen glauben, ich könnte mir
leisten, in Florida zu überwintern. Ich schwitze nie,
weil ich mich immer ganz leicht anziehe und das
ganze Jahr den Thermostat auf 19 Grad einstelle.
Kaffee?«
Ich nickte. Ihre Sekretärin brachte eine Tasse und
stellte sie vor mich hin.
»Trinkst du denn keinen?«
Sie schüttelte den Kopf. »Harndrang ist ein Zeichen
von Schwäche. Das kann ich mir nicht leisten. Hier
lernt man alle Tricks, Schätzchen. Der Stuhl, in dem
du sitzt, ist nur ein Drittel so groß wie meiner und
ganz weich gepolstert, damit du tiefer sitzt wie ich.
Das gibt mir Überlegenheit. Die Bücherwand ist aus
Pappe. Die Schreibtischgarnitur hat mir nicht etwa
jemand geschenkt. Die Plakette habe ich vorige Woche selber gravieren lassen, damit's aussieht, als hätte ich das Ding als Ehrengabe bekommen.«
»Willst du damit sagen, daß alles Attrappe ist – selbst
dein Aktenkoffer?«
»Innen riecht der nach Geflügelsalat«, sagte sie achselzuckend. »Wie kann man nur so naiv sein«, schalt
sie. »Wir müssen uns gegen den Konkurrenzdruck
der Männerwelt behaupten, das ist eine ernste Sache.
Das heißt – nicht immer . . .«

»An was denkst du?« fragte ich und beugte mich vor.

»Mir ist nur was eingefallen. Die Betriebsfeier neulich abends, die war recht aufschlußreich. Kay hat Mark heimfahren müssen.«

»Wer ist Mark?«

»Du hast ihn gesehen, als du kamst, der kleine rothaarige Sekretär von Miß Hamstein aus der Forschungs- und Entwicklungsabteilung.«

»Hatte er zu viel getrunken?«

»Kay hat mir erzählt, er sei mit einer Cadillac-Kühlerfigur in der Hand herumgerannt und hätte gebrüllt: ›Hat hier jemand einen Krügerrand verloren?‹«

»Ist er verheiratet?«

»Selbstverständlich ist er das. Der sollte überhaupt zu Hause bleiben bei seinen Kindern. Der braucht gar nicht zu arbeiten. Seine Frau hat eine gute Stellung. Aber bei ihm geht's ums männliche Selbstbewußtsein.«

»Ich finde, Betriebsfeiern sollten gesetzlich verboten werden. Was für einen Sinn sollen die haben?«

»Kay meint, es sei doch etwas Nettes, aber ich weiß auch nicht so recht. Die Frauen werden Bestien, wenn sie ein bis zwei Drinks intus haben. Stell dir vor, die Juniorchefinnen haben all die fleißigen jungen Sekretäre unter Alkohol gesetzt, den sie doch nicht gewöhnt sind. Sogar Cecil Frampton ist überall in der Etage herumgetanzt wie in einer Disco. Na ja, er hat ja eine ganz nette Figur. Unter den Freizeitanzügen sieht man es nicht so. Gegen Ende des Abends hat er Mrs. Hathcook – halt dich fest! – mit GLORIA angeredet. Und Debbie hat sich auch jemanden geangelt. Die ist durch die Ehe keineswegs aus dem Verkehr gezogen.«

»Was ist denn dabei?«

»Das will ich dir sagen. Sie ist mit dem neuen Büroboten durchgegangen. Dabei könnte sie seine Mutter sein. Es ist erschütternd, wenn eine Frau in ihren Jahren sich noch so vergißt. Für ihn mag es ja den Weg aus der Poststelle bedeuten, aber . . . na ja!« Wir schwiegen. Sie wühlte in ihrer Handtasche nach dem Lippenstift.

»Ich habe auch eine schwere Woche hinter mir«, sagte ich. »Ich hab' die Reste im Kühlschrank nach Farben geordnet.«

Das mußte man Stella lassen: Sie hatte die Kurve gekriegt, und zwar mit Eleganz. Doch sie war eine Ausnahme. Die meisten anderen meiner Freundinnen verfügten nicht über einen so tollen Rahmen. Die eine arbeitete in der Cafeteria einer Schule, eine andere verteilte gratis Würstchenproben im Supermarkt, wieder eine andere makelte Grundstücke, und Kathy war Mädchen für alles in einer Firma für Wärmedämmung.

Kathy sah ich selten. Sie lebte nach Stundenplan. Sogar ihre Kopfschmerzen waren genau eingeteilt. Sie verließ das Haus um sieben Uhr früh, kam um halb fünf wieder und ließ nie die Sonne über dem unaufgeräumten Haushalt untergehen.

Kathy hatte sich sehr verändert. Als ich sie kennenlernte, war sie, was die Organisation betraf, wahrscheinlich die allerschlechteste Hausfrau der Welt. Immer gingen ihr die wichtigsten Haushaltsartikel aus: Fleisch, Milch, Zahnpasta. Ihr Benzinstandsanzeiger stand immer auf Null, und sie kriegte ihre Kinder nie dann, wenn sie fällig waren. Sie war der einzige Fall einer 12monatigen Schwangerschaft in der Geschichte der Gynäkologie. Ihre Rückkehr in die Arbeitswelt überraschte uns. Es passierte eines Nachmittags, als sie vom Kieferchirurgen heimkam. Sie besprach das Problem mit ihrem Mann. Beide fanden, bei seinem Gehalt könne er unmöglich zwei Unterbißregulierungen finanzieren.

Wir telefonierten gelegentlich. (Sie meldete sich immer mit ›Brunwilder's Wärmedämmung & Co. Kathy am Apparat‹.) Bei ihr gewesen war ich jedoch seit ihrer Rückkehr ins Berufsleben nicht mehr. Ihr jetziges Haus kannte ich nicht.

Gleich an der Innenseite der Haustür war ein großer Spiegel, und daran stak ein Schild FÜR GERADE ZÄHNE MUSS MAN OPFER BRINGEN.

Das ganze Dekor war im Memorandum-Stil gehalten. Vor lauter daranklebenden Anweisungen sah man kaum noch den Kühlschrank.

1) Alles mal herhören: Wenn man auf dem Bodenbelag nur noch in Synkopen gehen kann, weil er so klebt, muß er gewischt werden.

2) Es gibt keine blauen Nahrungsmittel. Wenn et-

was im Kühlschrank blau aussieht, bedeutet das Lebensgefahr.

3) Tischdecken gilt nicht als Kindesmißhandlung.

4) Wer eine ganze Dose Thunfisch Pikant als Imbiß zu sich nimmt, muß die finanziellen Konsequenzen tragen.

5) Angestellte Heizung und offenstehende Kühlschranktür vertragen sich nicht.

6) Wer ein Glas aus einem der Schlafzimmer in die Küche trägt, handelt gemäß dem Sprichwort: Ein kleiner Schritt für den einzelnen ist oft ein großer Schritt für die gesamte Menschheit.

7) Heute ist ein neuer Tag. Werft irgend etwas von dem weg, was noch auf dem Küchentisch steht.

8) Was der Hund macht, ist Familienangelegenheit und geht alle an. Putz es auch dann weg, wenn du es nicht siehst.

Das war keineswegs alles. In der Waschküche hingen weitere Anweisungen.

1) Du stehst in der Waschküche.

2) Hier wäscht, trocknet und bügelt man Kleider.

3) Kleine Wäsche, die länger als zehn Jahre herumliegt, wird verkauft.

4) Spaghetti in der Waschmaschine lassen sich bis zum Urheber zurückverfolgen.

5) Braune Pünktchen auf Wäschestücken, die nach naßem Stinktier riechen, bitte *sofort* behandeln.

6) Socken bitte immer zu Paaren treiben. Farbe, Art und Größe sind unwesentlich.

7) Turnkleidung bitte nicht ausschütteln, sonst geht der Rauchalarm los. Bitte gleich in die Waschmaschine.

8) Wenn es im Raum zu kühl ist und ihr euch aufwärmen wollt, bitte NICHT das Bügeleisen auf ›Baumwolle‹ stellen.

9) Ein einzelnes Paar Jeans heißt im Waschmaschinendeutsch: BITTE SPARTASTE.

10) Kleidungsstücke haben keine Füße, können weder hüpfen noch wandern. Man muß sie eigenhändig in die jeweiligen Schlafzimmer tragen.

Im Badezimmer stand:

1) In diesem Bad sind die Handtücher gelb. Wiederhole: gelb. Nehmen sie irgendeine andere Farbe an, sofort in den nächsten Wäschekorb werfen.

2) Ein Wort zur Schwerkraft. Eine umgefallene Shampoo-Flasche ohne Verschluß wird sich nach und nach in den Abfluß ergießen. Nur weil darin ca. 35 Pfund Haare sind, brauchen sie trotzdem nicht mit Shampoo gewaschen zu werden.

3) Toilette spülen ist ein Kinderspiel. Ein fester Fingerdruck auf den Hebel genügt. Wenn das Wasser länger läuft als 15 Stunden, leicht am Hebel rütteln.

4) Haartrockner, die eingestellt in einem Schrank weiterlaufen, haben ihren Zweck verfehlt.

5) Die Verwaltung wäre dankbar, wenn Handtücher gespart würden. Also bitte nicht mehr als eines für die Haare, eins für den rechten, eins für den linken Arm und eins für den Körper.

6) Das Geheimnis, wohin Seife verschwindet, ist gelöst. Eine im Jahr 1903 gemachte Entdeckung hat es enthüllt: Seife löst sich im Wasser auf.

7) Achtung, Achtung! Länger als fünf Minuten duschen verursacht Akne!

Nach dem Besuch bei Stella und Kathy war es doppelt deprimierend, nach Hause zu müssen. Meine eigene Umwelt trug nicht das Gepräge des Erfolges. Mein Fleisch taute immer zu lange auf. Ein ganzer Berg ›Handwäsche‹ türmte sich in der Waschküche. In den Staub auf dem Teewagen hatte jemand geschrieben: »Top Modell Lea, Tel. 555-3049.« Ich kann mich nicht mehr erinnern, wann neben dem Telefon ein Bleistift gelegen hat.

Wieso setzte ich nicht mehr Stolz in meine Arbeit? Einen Haushalt gut zu führen war, richtig betrachtet, ebenso schöpferisch, ebenso vital, ebenso professionell wie das, was Frauen außer Haus vollbrachten. Außerdem war es einer der wenigen Jobs, bei dem man Harndrang haben durfte, ohne an Autorität zu verlieren.

Was das zusätzliche Geld betraf, so konnte ich selbstverständlich meinen Haushalt auch auf Geschäftsbasis führen. Ich konnte sogar Tausende von Dollars sparen, indem ich auf Fertiggerichte verzichtete, Rabattmarken klebte, an der Selbstbedienung tankte und den Hund selber trimmte.

Ob es ein Buch darüber gab, wie man einen Haushalt effizienter und sparsamer führte?

 Billiger leben

Die Buchhandlung quoll über von Büchern über das Sparen. Ich fand es nur ein bißchen sonderbar, daß sie auf einem Tisch unter dem Plakat MODERNE UTOPIEN UND PHANTASTISCHE GESCHICHTEN auslagen.

An der Spitze der Bestseller hielt sich DAS HUHN UND SEINE ZUBEREITUNG (Für Geschiedene und Picknicker). Als nächstes in der Reihe kam OPERATIONEN IM HAUS MIT UTENSILIEN AUS DEM NÄHKORB DURCHFÜHREN, und danach gleich mein Lieblingsbuch WIE BAUE ICH MIR EIN SOMMERHAUS AUS ABFÄLLEN VOM NÄCHSTEN HOLZPLATZ.

Zu sehr spezialisieren wollte ich mich nicht. Ich brauchte ein ganz allgemein gehaltenes Buch, wie man Geld spart, indem man vielerlei im Haushalt selber macht. Die Buchhändlerin empfahl mir eins, das sich gut verkaufte. Es hieß BILLIGER LEBEN.

Das Buch kostete 23,95 Dollar, aber es versprach,

wenn man auch nur die Ratschläge des ersten Kapitels befolgte, hätte man diese Investition binnen einer Woche wieder herausgewirtschaftet.

Im ersten Kapitel stand, wenn ich Gratisprobenbons einschickte, könnte ich glatt zwanzig Dollar einsparen. Das war falsch. Ich sparte ganze dreißig in der ersten Woche, indem ich aus jeder Zeitschrift und Zeitung, die ich finden konnte, die Gratisprobenbons herausschnitt und einschickte.

Ich bekam eine Packung Katzennahrung . . . einen Eimer Chemikalien als Zusatz zum Wasser des Swimmingpools . . . einen Karton Säuglingsnahrung und einen riesigen Rabatt auf Kalbsleber. Das Dumme war nur, daß wir weder Katze noch Swimmingpool noch Baby hatten und keiner von uns Leber ausstehen konnte.

Auch das mit den doppelten Rabattmarken klang sehr einleuchtend. Wenn ich an einem auf einen Feiertag folgenden Mittwoch morgens zwischen 7.30 und 8.45 Uhr einkaufen ging und unter den ersten zehn Kunden war, die das Sonderangebot des Tages kauften und bis auf zwei Minuten genau angeben konnte, wenn der Kassenstreifen auslief, bekam ich die doppelte Menge Rabattmarken. Damit würde ich, wenn das Büchlein voll war, einen Rabatt von 10 Cent auf ein Glas Eistee bekommen, der mir Nierenschmerzen verursachte.

Ich leckte und klebte, bis sich meine Familie beklagte, gegen diesen Leimgeruch käme mein Mundwasser nicht mehr auf.

Ich bemühte mich, die Reste von gestern schöpferisch zu gestalten. Ich versteckte alles unter einem Käseüberzug und streute reichlich Petersilie darüber, um den Geschmack zu verdecken.

Einige der Vorschläge waren nicht durchführbar, etwa der berühmte: Gehen Sie nie einkaufen, solange Sie hungrig sind. Dann wäre ich ja zu verkaufsoffenen Zeiten nie in ein Geschäft gekommen.

Billigere Fleischsorten so hochzustilisieren, daß sie nach exotischen Köstlichkeiten aussahen, gab ich bald wieder auf. (Die wie ein polynesisches Floß zusammengebundenen Hühnerhälse auf einem ›Meer‹ von blaugefärbtem Reis konnten mich nicht begeistern.)

Ich ging rasch zu Kapitel 2 über und erfuhr, daß ich für Pfennigbeträge in meinem eigenen Heim ein Fitneß-Center schaffen könne. Für meinen Körper mußte ja wirklich etwas geschehen. Ich hatte ihn schamlos vernachlässigt. Das einzige Gerät, was ich besaß, war das Telefon, das jedesmal klingelte, wenn ich in einer heißen Badewanne saß.

Im Shopping Center beschloß ich, ein paar Dollars in einen der modernen Expander zu investieren, die man an die Türklinke hängt.

Fünfzehn Minuten täglich – so hieß es in der Gebrauchsanweisung –, mehr sei nicht nötig, um mehrere Zentimeter Umfang abzubauen. Es war früher Nachmittag, als ich anfing, alle Tränklein und Mixturen zur Wiederherstellung meiner Jugendlichkeit bereitzustellen.

Als erstes trennte ich, um meinem Haar Glanz zu geben, drei Eier, schlug die Eigelb mit dem Saft und der abgeriebenen Schale einer Zitrone schaumig und massierte sie mir ins Haar. Obenauf setzte ich ein Häubchen aus steifgeschlagenem Eiweiß.

Als nächstes zerkleinerte ich zwei Bündel Pfefferminzblätter, mischte sie mit Körperlotion und trug sie auf Gesicht und den ganzen Körper auf.

Dann warf ich mir ein Handtuch um die Schultern, öffnete die Kühlschranktür und holte eine Schüssel reife Avocados heraus, über die ich Olivenöl gegossen hatte. Dort hinein bohrte ich meine Fingerspitzen, um feste Nägel zu bekommen. Als letztes, ehe ich mich flach auf den Boden legte, drückte ich mir eine Gurkenscheibe auf jedes Auge, um die Haut zu straffen.

Dann befestigte ich den Expander an der Türklinke, hing meine Handgelenke in die Schlingen und zog. Beim Versuch, die Arme längsseits meines Körpers zu bringen, spürte ich, wie meine pfefferminzbedeckten Beine mir bis über die Taille hochgezogen wurden.

Ich muß meine Beine fünf bis zehn Minuten lang gehoben und gesenkt haben, da spürte ich einen Schmerz – wie er nur durch eine gegen meinen Schädel geknallte Tür hervorgerufen sein konnte.

»Jemand zu Hause?« fragte mein Mann. Bei einer solchen Frage sah er mich immer an.

Ich versuchte mich aufzusetzen, aber dabei rutschte mir die eine Gurkenscheibe ins Handtuch.

»Ich wollte eben nachsehen, ob bei dir alles in Ordnung ist«, sagte er, »aber das kann ich mir jetzt selber beantworten.«

»Du verstehst nicht«, sagte ich, »ich habe eben fünfzig, wenn nicht sogar sechzig Dollar für den Schönheitssalon oder ein teures Fitneß-Center gespart. Ich nutze die Geheimnisse der Sterne.«

»Schau mich nicht an«, sagte er. »Ich erzähl' keiner Menschenseele, was ich eben gesehen habe. Gibt es Abendessen? Oder bist du das selber?«

Ich stand auf, hielt mühsam das Handtuch an mich gepreßt und strebte zur Dusche. »Das ist nun der Dank dafür, daß ich dir Geld sparen will. Ich arbeite mir die Finger blutig, ich knappse und knausere und mache alles selber, nur um größere Ausgaben zu vermeiden, und so dankst du mir?«

»Ich weiß«, sagte er. »Ich fand die Flöße aus Hühnerhälsen charmant. Ich meine nur, wenn du mir wirklich helfen und Geld sparen willst, könntest du beim Wagen anfangen.«

»Was soll ich denn mit dem Wagen tun?«

»Als erstes könntest du mal lernen, wie man selber tankt!«

Er wußte nicht, was er verlangte. Er sprach mit einer Frau, die jedesmal, wenn sie die Scheinwerfer einschalten wollte, versehentlich die Motorhaube öffnete. Mit einer Frau, die seit Jahren mit einem auf Lippenstifthöhe verstellten Rückspiegel fuhr. Mit einer Frau, die eines Tages von der Tankstelle wegfahren wollte, als ein Mann energisch an ihr Fenster klopfte. Als ich heftig auf die Bremse stieg, sagte er: »Ma'am, da ist Ihr Tankdeckel, den haben die vergessen draufzuschrauben.«

»Vielen Dank«, sagte ich und ließ ihn in meine Handtasche gleiten.

»Ja, wollen Sie ihn denn nicht auf Ihren Tank schrauben?«

»Angenommen, ich wollte«, fragte ich behutsam, »wohin müßte er denn da?«

Ich konnte mich gar nicht mehr erinnern, wann ich das letztemal getankt hatte. Mein Mann erledigte das auf dem Weg zur oder von der Arbeit. In Gedanken rechnete ich mit etwa 15 Minuten – rein und wieder raus. In der Meinung, ich sei auf der richtigen Fahrspur, überholte ich dreißig, vierzig Wagen vor mir und bog unmittelbar vor einem VW-Kabrio ein. Ich hielt. Der Fahrer sprang aus seinem Vehikel und klopfte an meine Windschutzscheibe.

»Wofür, glauben Sie, stehen wir hier an? Für ein Schrottwagenrennen?«

Einen solchen Gesichtsausdruck hatte ich bisher nur im Kino gesehen und mir geschworen, ihn nie wieder zu vergessen: als Rod Steiger den Pontius Pilatus spielte und Jesus von Nazareth verurteilte.

»Keine Angst«, lächelte ich, »ich brauche nicht den ganzen Service, ich bin Selbsttanker.«

Daraufhin drohte er, er würde Kleinholz aus mir machen. Also nahm ich meinen Platz am Ende der

167

Schlange ein und spielte mit anderen Wartenden das Kühlerspiel. (Jeder warf einen Vierteldollar in einen Topf. Der, dessen Kühler als erstes kochte, bekam das ganze Geld.)

Als ich ein paar Stunden später die Zapfsäule erreichte, stand dort ein Knilch mit einer Liste und fragte: »Wann waren Sie bestellt? Oder sind Sie Stammkunde?«

»Stammkunde wofür?« fragte ich.

»Für unser Benzin.«

»Wollen Sie mich verkohlen?«

»Nein. Wir nehmen nur eine gewisse Anzahl von Voranmeldungen täglich an. Das Benzin ist knapp, verstehen Sie.«

»Ich sage Ihnen was: Wenn Sie meinen Tank vollmachen, schenke ich Ihnen ein komplettes Frühstücksgeschirr, Dessertteller, Brotbrettchen, Tasse und Untertasse mit dem beliebten Ährenmuster.«

Er ließ die Liste sinken und bohrte sich mit einem Streichholzheftchen zwischen den Zähnen.

»Moment noch: Wenn Sie 40 Liter einfüllen, gebe ich Ihnen eine Styropor-Kühltasche und einen Satz Gläser mit den Porträts der Baseballhelden der vierziger Jahre – inklusive Autogramm.«

Als er sich kopfschüttelnd entfernte, schrie ich ihm nach: »Und wie wär's mit einer Regenkapuze im handlichen Reiseetui und Luftballons für Ihre Kinder?«

Zum Glück hatte ich gerade noch genügend Sprit,

um heimzukommen. Ich hatte drei Stunden für nichts und wieder nichts vertan. Es war unglaublich. Es gab keine Ordnung mehr auf der Welt. Früher lautete der Fahrplan: Donnerstags die Kosmetikerin, alle sechs Monate zum Zahnarzt, einmal jährlich zum Gynäkologen, alle drei Monate zum pädagogischen Berater meines Sohnes, alle fünf Wochen die Avon-Vertreterin, jeden Mittwoch den Mülleimer heraus, alle drei Stunden zum Supermarkt. Und jetzt? Jetzt war ich gezwungen, jeden ungeraden Tag alle zwei Wochen um halb vier nachmittags an der Tankstelle zu tanken, Öl zu wechseln, Reifendruck zu messen, außer wenn der Monat fünf Wochen hatte.

Kein Wunder, daß mein Mann mir den Wagen zum Warten überließ, diese Art des Wartens war ja tatsächlich eine Vollbeschäftigung.

Viele meiner Freundinnen sprachen vom Energie-Engpaß und wie stark er in ihr Leben eingriffe. Am intensivsten wirkte sich das Problem der Energiekrise bei der Frage aus, wie weit man heuer im Urlaub reisen konnte. Laut BILLIGER LEBEN gab es auch dafür die Lösung: einen wunderschönen Urlaub zu Hause.

Man stelle sich das doch nur vor: nicht 138 verschiedene, lebenswichtige Dinge abbestellen bzw. abstellen. Den Nachbarn keine Anweisungen hinterlassen müssen. Kein Gedränge der Familie im Wagen beim Start zum Moskito-See oder nach Knöchelbruchhausen in Texas oder sonstwo!

Kein verknurrter Ehemann, der nur 15 km am Tag schafft. Keine verknurrten Kinder, die sich gegenseitig mit den Knien im Wege sind. Keine verknurrte Mutter, die nichts vor sich sieht als eine Tasche voller Kleingeld für den Waschautomaten des Campingplatzes.

Mein Mann zeigte sich sehr mißtrauisch gegen derartige Daheimferien. Mein Sohn war schlicht sauer. Ich sagte zu ihm: »Wie wär's denn mal mit einem Urlaub in fabelhaftem Klima, mit zwei Kochherden, gutem Essen, einem Einzelzimmer für jeden, Fernsehmöglichkeit, Toilette innerhalb des Hauses? Ganz in der Nähe von Schwimm- und Einkaufsmöglichkeiten und deinen sämtlichen guten Bekannten?«

»Nö, klingt zu sehr nach zu Hause«, murrte er.

»Wir wollen es als eine Art Disneyland sehen«, meinte ich fröhlich. »Die Küche ist Abenteuerland, die Waschküche Frontland, die Garage Zukunftsland, das Badezimmer Hauptverkehrsstraße und das Schlafzimmer Traumallee. Außerdem ...«, setzte ich noch hinzu, »könnten wir eine Menge kleinerer Touren machen und unseren Staat erforschen. Und uns zum erstenmal alle gegenseitig kennenlernen, ganz entspannt, statt immer nur in gestreßten Situationen aufeinanderzuprallen. Und denk immer an das viele Geld, das wir auf diese Weise sparen.«

Am ersten Ferientag hatte ich für meinen Mann eine Liste mit ein paar Kleinigkeiten, die im Haushalt zu erledigen waren, die er immer wieder aufgeschoben hatte.

Dazu gehörten das Düngen, Rollen, Ansäen und Schneiden des Rasens, das Befestigen der Fernsehantenne auf dem Dach, der Außenanstrich des Hauses. Ferner sollte er einen Luftbefeuchter am Boden des Wandschranks in der Diele installieren, zwei Schlafzimmer tapezieren, eine undichte Stelle hinter der Waschmaschine verkitten und – falls er dazu kam – die Küchenschränke abbeizen und in einem helleren Farbton streichen, damit es in der Küche nicht immer so dunkel war.

Am Morgen des zweiten Tages riefen Mona und Dick Spooner mit ihren zwei kleinen Söhnen Ricky und Richie aus Montana an. Sie waren eben durch die Stadt gekommen, und Mona war eingefallen, daß sie ihre alte Freundin seit Kindergartentagen nicht mehr gesehen hatte. Als ich fragte, wer diese alte Freundin sei, sagte sie: »Du.« Da mußte ich sie natürlich einladen, einige Tage bei mir zu wohnen.

Sie luden die Schmutzwäsche von 5 Jahren, 15 Koffer und eine Kühltasche aus, aus der es auf meine frischgebohnerten Böden triefte.

Während der folgenden drei Tage lernten wir die Spooners gründlich kennen.

Die Jungen fingen eben erst an zu sprechen, und waren noch nicht bis zu den vier schönsten Worten unserer Sprache vorgedrungen: MACH DIE TÜR ZU!

Wir entdeckten, daß Richie einen Ball 146 Stunden hintereinander gegen das Haus ballern konnte. Ricky wäre bei einer Gurgel-Olympiade in die Endrunde gekommen. Monas einzige geistige Beschäftigung bestand darin, in einem Baby-Doll-Pyjama vor dem Fernseher zu sitzen und die dümmsten Fragen der Ratespiele zu beantworten, wobei sie sich zu Dick umdrehte und fragte: »Stimmt doch, Schatz, oder?«

Ricky trank aus keinem Glas, das nicht desinfiziert war, wie in den Motels.

Richie warf gern Kieselsteine in die Toilette, weil es dann so schön blubberte.

Mona war allergisch gegen Haushaltspflichten und ließ mich die ganze Wäsche waschen, weil sie von elektrischem Kram keine Ahnung hatte.

Ricky füllte einen Kissenbezug mit all unseren Nippsachen (Muscheln vom Strand, Aschenbecher, Glasuntersätze und dergleichen) und stopfte ihn unter den Ersatzreifen ihres Kombiwagens, so daß wir nicht wußten, wie wir sie ohne eine Familienszene wiederkriegen sollten.

Die Spooners blieben vierzehn Tage, und damit war unser Urlaub so ziemlich zu Ende.

Einschließlich kleinerer Ausflüge, Lokalbesuche und zusätzlicher Lebensmittel sowie einer Rechnung über 80 Dollar beim Installateur, der die Blubber-Maschine wieder in Ordnung brachte, kostete uns ihr Besuch 450 Dollar. Nach der Erfahrung mit den Spooners verlor BILLIGER LEBEN für mich irgendwie an Vertrauenswürdigkeit. Ich hatte keine Lust mehr, Kleider aus zweiter Hand oder auf Flohmärkten und anderen billigen Gelegenheiten zu kaufen.

Wen erschütterte es, wenn ich die mexikanischen Saucen-Näpfchen aus dem Drive-In aufhob, oder mir mit Buntstift die Krampfadern anmalte, damit jeder glaubte, ich trüge Stützstrümpfe? Niemand!

Als Mutter nachmittags zu Besuch kam, sah sie das Buch im Bad auf dem Toilettentisch liegen.

»Wem gehört denn BILLIGER LEBEN?« fragte sie, als sie wieder in die Küche trat.

»Niemand mehr«, sagte ich. »Die Zeit der anonymen Artikel im Diskontmarkt ist bei mir vorbei. Ich befinde mich im Moment zwischen zwei Phasen der Weiterentwicklung.«

»Wenn du mich fragst, hat dir nie etwas gefehlt außer ein bißchen Organisation. Du rennst immer in letzter Minute in neun verschiedene Richtungen gleichzeitig wie ein Huhn mit abgehacktem Kopf. Du verstehst nicht, Entscheidungen zu treffen.«

»Ich schaff' es schon!«

»Wie denn? Warst du schon je bei etwas pünktlich? Nie!« beantwortete sie ihre Frage gleich selbst.

»Du würdest die Nationalhymne nicht erkennen, wenn du sie hörtest. Du hast noch nie von etwas die erste Runde gesehen, nie ein erstes Rennen, einen ersten Akt, die Eröffnung von etwas. Nie! Und sieh dir dieses Haus an! In jedem Zimmer Kaffeetassen,

Stapel von Zeitschriften, unter allen Möbeln Schuhe und mitten im Wohnzimmer ein Hundenapf . . .«

»Das ist eine Konfekt-Schale!«

»So, na jedenfalls frißt der Hund gerade etwas daraus. Hast du die kleine Broschüre über die Abendkurse an der High School nicht bekommen? Sie hieß so ähnlich wie BRING ORDNUNG IN DEIN LEBEN. Die müßtest du mal lesen. Du hast weiß Gott Nachhilfe nötig. Wann hast du das letztemal die Notizzettel an der Eisschranktür durchgesehen und weggeworfen?«

»Mutter! Ich wäre dir dankbar, wenn du nicht herkämst und die Art kritisiertest, wie ich meinen Haushalt führe! Wenn du es unbedingt wissen willst: Ich sehe jedesmal, wenn ich heimkomme die Botschaften an der Kühlschranktür durch und werfe sie dann weg.«

Sie trat näher an den Kühlschrank heran und löste ein vergilbtes Stück Pappdeckel davon ab. »Hast du das übersehen? Du sollst deinen Wagen zur Überholung bringen. Und hier steht, daß sie dir den Tank füllen und einen Satz Rührschüsseln schenken, wenn du den Gutschein vor dem 30. Juni 1959 einlöst.«

 Zum Abendkurs BRING ORDNUNG IN DEIN LEBEN kam ich etwas zu spät. Ich konnte aber nichts dafür. Erst war der Braten innen noch gefroren, als ich ihn ins Rohr schob, und dann gab es im ganzen Haus keine Uhr, deren Zeitangabe zu den anderen paßte, und an den Kreuzungen erwischte ich zweimal Rotlicht.

Zum Glück fand der Kurs in der Nähe statt. Ich glitt in einen Klappsitz unweit der Tür und sah mich um. Es waren ungefähr ein Dutzend Erwachsene, die da zusammengekommen waren, um Ordnung in ihr Leben zu bringen. Die Frau auf der anderen Seite des Mittelgangs lächelte und flüsterte mir zu: »Ich heiße Ruth.« Sie hatte zwei verschiedene Socken an.

Ein Mann hinter mir fragte, ob er meinen Bleistift borgen dürfte. Ein anderer Mann verließ mit einer Entschuldigung den Raum: Er habe die Scheinwerfer brennen lassen.

Es war vollkommen klar, daß ich nicht hierher gehörte. Das waren doch lauter Hoffnungslose, die ohne irgendeine Reihenfolge, ein System mit ihrem Leben nicht mehr zurechtkamen.

Ich wühlte in meiner Handtasche und mußte schließlich versuchen, ohne Brille zu lesen, was die Lehrerin, Mrs. Sonntag, an die Tafel geschrieben hatte. Es war ein Quiz-Fragebogen, wie systematisch wir denn nun wirklich seien. Die eine Reihe Fragen war für die Männer, die andere für die Frauen. Pro Antwort gab es zwischen einem und zwölf Punkte.

1. Sind Wachskerzen in Ihrem Haus ein Hauch Romantik oder die hauptsächliche Lichtquelle, weil Sie vergessen haben, die Stromrechnung zu zahlen?

2. Leben Sie immer noch aus Packkisten, obwohl Ihr Umzug (Zutreffendes bitte ankreuzen) fünf Jahre (□), zehn Jahre (□), fünfzehn Jahre (□) zurückliegt?

3. Haben Sie die Weihnachtskarten, die Sie im Januar zum halben Preis gekauft haben, jederzeit griffbereit?

4. Hat eingehende Post bei Ihnen einen festen Platz auf dem Schreibtisch, oder benutzen Sie sie als Schäufelchen beim Auffegen des Küchenbodens?

5. Räumen Sie nach jeder Einkaufsfahrt die Lebensmittel in die Schränke ein, oder benutzen Sie sie gleich vom Wagen aus?

6. Verlegen Sie oft Dinge des täglichen Gebrauchs wie Schlüssel, Handtaschen, Brille, Kinder?

7. Vergessen Sie wichtige Daten wie Geburtstage, Termine beim Zahnarzt, Tollwutimpfungen für den Hund oder Weihnachten?

8. Können Sie eine Schranktür öffnen, ohne sich dabei zu verletzen?

9. Wäre es Ihnen peinlich, wenn Gäste ohne Ihre Begleitung im Haus herumwanderten?

10. Erledigen Sie das Notwendige an einem bestimmten Tag, oder überlegen Sie immer: Was haben wir denn heute für einen Tag?

Ich beugte mich zu Ruth hinüber und borgte mir ihre Brille (sie war mit einer Büroklammer notdürftig repariert) und beantwortete die Fragen so gut ich konnte. Meine Punktzahl war kläglich. Doch das bewies gar nichts. Ich konnte mich schon irgendwie durchmogeln. Schließlich war ich fünfzehn Jahre lang Schriftstellerin gewesen und hatte keinen Redaktionsschluß versäumt. Diese strenge Schule hatte selbstverständlich auch mein Privatleben stark beeinträchtigt. Kein Wunder, daß an meiner Tür das Schild hing: HAUS AUSSER BETRIEB.

Mrs. Sonntag sagte, nächste Woche sollten wir einmal versuchen, uns ein bestimmtes Gebiet unserer täglichen Haushaltspflichten vorzunehmen und es durchzuorganisieren. Mit anderen Worten: Ordnung sei das halbe Leben. Ruth und ich gingen zusammen weg, sie wollte mich bis zu meinem Parkplatz mitnehmen (Auch sie war zu spät gekommen und hatte ihren Wagen irgendwo im Halteverbot stehen, dort, wo es hieß: ›Wagen werden kostenpflichtig abgeschleppt‹). Wir sprachen über unsere Schwächen. »Das Schlimmste bei mir ist, ich bin Perfektionist«, sagte Ruth. »Haben Sie einen Kleiderbügel mit?«

»Wozu denn?«

»Ich habe meine Schlüssel im Wagen eingesperrt. Ich bin ein Mensch, der sich nicht mit Mittelmäßigem zufriedengibt«, erklärte sie, nahm die Halskette ab und machte daraus eine Schlinge, um den Türknopf hochzuziehen. »Achtung. Jetzt! Ich hab' ihn«, triumphierte sie. »Wissen Sie, früher habe ich sogar die Windeln gebügelt. Der einzige Grund, warum ich in diesen Kurs gehe, ist der: Ich muß lernen, Kompromisse zu schließen. Sonst werde ich noch wahnsinnig. Und was ist Ihr Problem?«

»Meine Mutter«, sagte ich. »Sie meint, ich müsse systematischer werden. Sie selbst ist so systematisch, daß sie ihre nächsten Kopfschmerzen vorausplant.«

Ruth nickte. »Den Typ kenne ich.«

»Bei ihr stehen die Gewürze in alphabetischer Reihenfolge. Nach jedesmaligen Gebrauch des Herdes putzt sie die Spritzer ab. Und sie räumt jedes Jahr ihren Kleiderschrank um: von Winter auf Sommer und umgekehrt.«

»Im Ernst?«

»Ja, im Ernst. Ich habe meine Mutter noch nie im Sommer mit Wildlederhandtasche gesehen. Außerdem hortet sie Schachteln. Ich habe Schals von ihr in Briefpapierkartons geschenkt bekommen, eine Bluse in einem Schuhkarton und einmal zum Geburtstag einen Anhänger in einer Schachtel mit der Aufschrift: Fieberthermometer. Zu Weihnachten kriege ich von Mutter jedesmal etwas in einer Tiffany-Schachtel. Dabei hat Mutter nie einen Fuß zu Tiffany hineingesetzt. – Saubere Schächtelchen, sauber gestapelt, in sauberen Schränkchen«, schwärmte ich weiter, »Schachteln, um Kuchen darin zu transportieren, lebende Hamster, Wäsche und Proviant für Picknicks. Versandschachteln, Aufbewahrschachteln, Schachteln, um das Feuer im Kamin in Schwung zu bringen, Schachteln für schlafende Hunde, für Fotos, für Andenken. Schachteln zum Kramen an einem Regentag. Schachteln für Überschuhe neben der Tür. Schachteln, um die gebackenen Bohnen hineinzustellen, damit sie im Kofferraum nicht überschwappen. Schachteln, um ein Geburtstagsgeschenk für ein Kind darin zu verpacken, Schachteln in allen Größen . . .«

»Also dann«, sagte Ruth, »es hat mich gefreut, Sie kennenzulernen. Ich seh' Sie dann nächste Woche beim Kurs.«

»Vielleicht«, sagte ich zurückhaltend.

»Das Wichtigste beim Organisieren«, meinte Ruth lächelnd, »ist der Terminkalender, den man immer bei sich hat.« Sie zog ein grünes, ledergebundenes Büchlein mit dem Aufdruck *Kalender* heraus und blätterte das Datum auf. »Wollen mal sehen«, sagte sie. »Nächsten Dienstag, das wäre der 16., und der Kurs beginnt um sieben Uhr. Wie ich schon sagte: Ich bin Perfektionist.« Damit schlug sie das Büchlein zu. In goldener Prägung stand darauf: 1964.

Beim zweiten Kursabend von BRING ORDNUNG IN DEIN LEBEN hielt ich Ausschau nach Ruth, doch sie erschien nicht. Das war schade, denn diesmal ging es um etwas, was mir lange unbegreiflich geblieben war: darum, wie man sich den häuslichen Papierkram erleichtern kann.

Zwar verfügte ich über einen Schreibtisch, doch der war total verkramt, und die geschäftliche und private Korrespondenz geriet mir immer durcheinander. Mein Scheckbuch war seit Jahren nicht auf gleich gebracht worden.

Mrs. Sonntags Ratschläge waren fabelhaft. Sie sagte, es gäbe da ein Blatt, das genau in mein Scheckbuch hineinpaßte, und auf dem könne ich jeden Scheck eintragen, mit Datum, Schecknummer und auf wen er ausgestellt war, samt dem Betrag.

Ich muß sagen, das hätte doch schon vor Jahren jemand einfallen können. Es machte die Sache wirklich wesentlich leichter.

Mrs. Sonntag gab uns sogar Hausaufgaben. In der kommenden Woche sollten wir *einen* unserer Schränke ausräumen. »Greifen Sie rücksichtslos durch«, mahnte sie. »Werfen Sie alles weg, was Sie nicht benutzen. Wir haben alle die Neigung, Dinge aufzuheben, die wir nicht brauchen und trotzdem nicht wegwerfen wollen. Tun Sie es!«

Noch während sie sprach, wußte ich, was ich zu tun hatte: den Schrank meines Mannes auszuräumen, dieses Sammelsurium aller vier Jahreszeiten. Jedes-

181

mal, wenn ich die Tür aufmachte, kam ich mir vor wie in der berühmten Zeitmaschine. Sein erstes Paar langer Hosen. Die Knickerbocker, die er zur Erstkommunion bekam. Der doppelreihige dunkle Anzug, in dem er Abitur gemacht hatte. Die Nehru-Tunika. Alles war noch da. Außerdem seine Schlittschuhe, Kegelkugeln, Drachen, Aufsatzhefte, alte Zeugnisse, Straßenkarten und fünfzehn Jahrgänge der Lehrerzeitschrift.

Mit seinen Sachen war er komisch. Ein einziges Mal wollte ich ihm den Koffer packen, als er auf Urlaub fuhr, aber da wurde er kratzbürstig und behauptete, das könne nur er selber. Sein Gepäck wog dann ca. 1000 Kilo. Er hatte für jede nur vorstellbare Gelegenheit gesorgt. Sollte er den Friedensnobelpreis bekommen – er hatte den entsprechenden Anzug bei sich. Sollte er im Gefängnis landen – er hatte den nötigen Anzug bei sich. Er konnte ein Torpedoboot durch einen Sturm steuern, hatte Tauschartikel für Mulis und deren Führer im fernsten Dschungel bei sich. Er führte die nötige Ausrüstung mit für Schnorcheln, Diskothekbesuche, Safaris, Tee-Einladungen bei Hof, Bummel- und Freizeitbekleidung und außerdem solche, die man statt eines Trinkgelds hinterlassen kann.

Beim Durchforsten seiner Sachen befolgte ich drei Grundregeln aufs I-Tüpfelchen genau

a) Habe ich es kürzlich getragen oder benutzt?

b) Werde ich es je wieder tragen oder benutzen?

c) Hat es irgendwelchen Erinnerungswert für mich?

Da es sich um seinen Schrank handelte, war die Entscheidung relativ leicht.

Mit einem befreiten Gefühl rief ich den Verein an, der ehemalige Streuner beschäftigt und abgelegte Kleider abholt. Ein Lastwagen fuhr vor, und ich winkte dem Ausgemisteten fröhlich nach.

Der Augenblick, in dem mein Mann entdeckte, was ich getan hatte, ließ sich zeitlich genau bestimmen. Man hörte ihn bis in den Nachbarstaat. »Was hast du mit meinen Sachen gemacht?«

»Ich habe aufgeräumt«, erklärte ich stolz.

Fassungslos schüttelte er den Kopf. »Doch nicht meine Hosen mit den Taschen? Doch nicht meinen Glückspullover, den ich bei Kriegsende anhatte? Doch nicht meine abgelatschten Tennisschuhe?«

Er hätte sich nicht so anzustellen brauchen. Keine Woche später war der Lastwagen mit dem Schrankinhalt wieder da, samt Begleitbrief, in dem es hieß: »Wir sind bedürftig, aber noch nicht völlig abgebrannt.«

Ein paar Kursabende von BRING ORDNUNG IN DEIN LEBEN ließ ich aus, aber als ich wieder hinging, traf ich Ruth.

»Wo sind Sie denn gewesen?« fragte ich.

»Ich sagte Ihnen ja schon, ich bin Perfektionist«, antwortete sie. »Ich bin damals nach dem ersten Abend heimgegangen und habe angefangen, allen nackten Puppen meiner Tochter Kleidchen zu nä-

183

hen. Das hat länger gedauert, als ich dachte. Und Sie? Haben Sie inzwischen Ihr Leben umgestellt?«

Das konnte ich ihr bestätigen. Mein Brattopf für den Weihnachtsputer war jetzt in ein so hohes Fach weggeräumt, daß man Nasenbluten bekam, wenn man ihn holen wollte. An jeder Tür des Hauses waren Haken angebracht, Fächer in jedem noch verfügbaren Eckchen der Schränke, und ich war eine solche Musterhausfrau geworden, daß ich jedesmal nach dem Reinigen der Toiletten sterilisierte Papierstreifen über die Brillen legte. Ich wagte mich sogar vor bis ins Schlafzimmer meines Sohnes.

»Wie lange waren Sie denn schon nicht mehr drin?«

»Seit 1976. Damals hatte er die Grippe.«

»Und wie alt ist er jetzt?«

»Abiturient.«

»Dann wird er wohl kommendes Jahr auf irgendein College gehen.«

»Wahrscheinlich nicht. Wir haben noch nicht darüber gesprochen. Ich muß ehrlich sagen, daß ich mit meinem Sohn auf keinem sehr vertrauten Fuß stehe. Er ist das letzte meiner Kinder, das noch zu Hause ist, und wir scheinen aus verschiedenen Welten zu stammen. Irgendwann habe ich bei ihm versagt.«

»Du meine Güte! Wenn Sie an seiner Zimmertür Haken anbringen und über seinem Wäschekorb einen Basketballreifen, was will er denn noch? Socken, die zueinander passen?«

»Er will gar nichts, das ist es ja. Wahrscheinlich ist es

meine Schuld, daß er nicht öfter zu Hause ist. Wenn er da ist, schreie ich ihn ja doch nur an. Ich beklage mich, weil ich auf Schritt und Tritt hinter ihm her-räumen muß.«

»Wieso? Was ist denn daran falsch?«

»Ich schreie ihn an, weil er zu spät kommt. Ich schreie ihn an, weil er den Wagen demoliert hat. Ich schreie ihn an, weil er sich keinen Job sucht. Ich schreie ihn an, weil er schlechte Noten heim-bringt.«

»Und wenn schon. Haben Sie nicht allen Grund?«

»Sie verstehen mich nicht, Ruth.«

»Doch, ich verstehe Sie sehr gut«, sagte sie. »Sie leiden an einem Schuldkomplex. Sie fragen sich, wie man Ihrer gedenken wird, wenn Sie einmal nicht mehr sind, nicht wahr? Mit einem aufrechten Grab-stein mit den eingemeißelten Worten: ›Eine Mutter, die genügend liebte, um auch mal zu schimpfen‹ oder mit einem flachliegenden, wie einer Fußmatte, mit der Inschrift WILLKOMMEN, damit nur ja jeder drauftreten kann? Gewöhnen Sie sich Ihre Schuld-komplexe ab, meine Liebe, und fangen Sie ein Eigen-leben an. Es wird Zeit. Machen Sie es wie ich. Vor zwei Jahren dämmerte es mir plötzlich. Ich hatte eben ein Buch ausgelesen, das hieß: SCHULD UND SCHIMPFE. Eines Morgens machte mein Sohn das Frühstück, und das Eigelb zerlief ihm. Da rief er: »Mom, das Ei hier kannst *du* essen«, und schlug sich ein neues in die Pfanne. Das war der Moment! Ich faßte einen Beschluß. Ich sagte laut: Von heute ab werde ich nie wieder ein Spiegelei mit zerlaufenem Eigelb essen.«

»Eine wunderschöne Geschichte«, sagte ich.

»Es könnte Ihre Geschichte sein. Alles verändert sich. Wir brauchen kein schlechtes Gewissen mehr zu haben, nur weil etwas so oder anders sein sollte. Holen Sie sich das Buch, lesen Sie es! Es hat Spaß gemacht, wirklich! Bei Ihnen weiß ich es ja nicht, aber ich persönlich habe viel profitiert bei diesem Kurs. Von jetzt an werde ich Ordnung halten in meinem Leben, immer erst nachdenken, ehe ich spreche, planen, ehe ich handele und handeln, ehe ich es wieder aufschieben kann. Ich glaube, jetzt weiß ich wie. Auf bald, Edna.«

»Mein Name ist Erma«, sagte ich.

Schuld und Schimpfe

Ruth hatte das eine Wort ausgesprochen, das ich äußerst ungern hörte und mit dem ich mich äußerst ungern beschäftigte: Schuld. Was sie nicht wußte: Ich bin der Champion für schlechtes Gewissen. Bei einer Schuldkomplex-Olympiade gewänne ich mühelos den Zehnkampf. Die einzelnen Disziplinen sind die folgenden:

1. Zehn Runden das Telefon läuten lassen, wenn Mutter anruft. Ich weiß instinktiv, daß sie es ist, und lasse läuten, bis ich eine Tasse Kaffee und einen Kalender am Apparat bereitgestellt habe.

2. Weitsprung über den Küchentisch. Wann immer sich jemand nach etwas Fehlendem umschaut, seien es Salz, Pfeffer, Senf, Ketchup, die Zuckerdose, springe ich auf wie eine Gazelle und bringe es in einem Tempo, als hätte ich Sprungfedern in den Knien.

3. Das Dreißigminutenschläfchen. Wenn ich plötzlich einen Schlüssel im Schloß höre, springe ich auf, klatsche mir kaltes Wasser ins Gesicht, wanke in die

Küche und beschäftigte mich dort hektisch. Falls meinem Mann auffällt, daß ich das Muster des Sofakissens auf der Wange trage, lüge ich: »Das ist ein Ekzem.«

4. Das große Resteessen. Gelegentlich stopfe ich am Tisch, statt die Reste von den Tellern in den Abfalleimer zu kratzen, diese in Erma hinein.

5. Der Sonntagabend-Sprint, weil am Montag früh ein Aufsatz abgeliefert werden muß. Mein Kind hat die Aufgabe zwar schon vor Wochen bekommen, aber immer wieder aufgeschoben, und nun glaube ich mich verpflichtet, mir einschlägige Fachliteratur zur »Geschichte des Bindfadens« borgen zu müssen – von einer Frau, die am anderen Ende der Stadt in einer Straße wohnt, die nach Abzweigen von der Stadtautobahn dreimal ihren Namen ändert.

6. Der Hürdenlauf um neue Vorhänge. Sechs Jahre warte ich jetzt. Sechs Jahre lang habe ich sie opfern müssen, für Trommelstunden, des Jungen, für ein Zehngangfahrrad, für eine Wurzelbehandlung, ein Ferienlager zum Abspecken, eine Konzertgitarre und zwei Gürtelreifen.

7. Hindernislauf mit jungem Hund. Trotz wiederholter Proteste gegen einen jungen Hund habe ich mich schließlich doch überreden lassen. Nun habe ich ein gänzlich neues Wohngefühl. Ich lebe im Land der tausend Seen, habe echte Hundehaar-Teppiche und eine bellende Türklingel.

8. Der Speerwurf durchs Herz. Wer immer als erstes

abends heimkommt, schaut mir ins Gesicht und fragt: »Ist jemand zu Hause?« Und wenn ich dann sage: »Ja, ich«, bekomme ich zur Antwort: »Nein, ich meine *jemand*.«

9. Das un-mütterliche Foto-Mäppchen. Mir wird jedesmal schlecht, wenn jemand eine Art Brieftasche herauszieht, die sich in die Länge bleckt wie eine Zunge und 187 Fotos von Kindern enthält. Ich wühle dann in meiner Handtasche, finde einen halben Kaugummi, einen Parkschein, und eine Stoffprobe, zu der passend ich etwas besorgen muß und murmele dann die lahme Entschuldigung: »Die Fotos von meinen Kindern habe ich nicht bei mir – sie sind in der Reinigung.«

10. Der 1500-m-Langlauf. Wo immer ich mich befinde, bekomme ich einen Anruf meiner Kinder, dann werfe ich meine Bridgekarten auf den Tisch, laufe ich den Mittelgang hinunter, unterbreche ich mein Spiel, höre ich auf zu essen, verstumme mitten im Satz und spurte nach Hause, nur um aus dem Munde meiner Kinder die wundervolle Lobpreisung zu hören: »Na, bloß gut, daß du zu Hause bist, ich hab' nämlich meine Schlüssel vergessen.«

Ich bin seit langem darauf gekommen, daß die Sache mit der Schuld etwa so ist wie mit Müttern: Jeder Mensch hat mindestens *eine*. Er reicht sie der nächsten Generation weiter wie die berühmte Fackel. Wenn man es sich recht überlegt – die Mütter weinen in althergebrachter Weise, wenn man heiratet, wenn aber ein Kind zur Welt gekommen ist, lächeln sie schadenfroh, als wollten sie sagen: »Warte nur, du kriegst schon noch dein Fett . . .« Ich hatte keine einzige Freundin, die nicht zu hören bekommen hatte, daß ihre Mutter ihretwegen 36 Stunden in den Wehen gelegen hätte, daß ihre Schwangerschaftsstreifen in der Sonne nie braun wurden und daß ihr Erscheinen auf dieser Welt mit einer Wirtschaftskrise zusammenfiel, »was sicher nur Zufall sei, aber man könne ja nie wissen . . .«

Als ich 25 wurde, hatte ich bereits eine Liste von Dingen beieinander, die ich mein Leben lang bereuen würde. Sie hätte eine ganze Wand bedeckt.

»Wenn du das Kind brüllen läßt und dir dabei weiter die Nägel polierst, wirst du es dein Leben lang bereuen.« »Wenn du nicht sofort aufstehst, ein Anti-Grippe-Mittel nimmst und zur Schule fährst, wo Andy bei der Erntedankfeier das Weizenkorn spielt, wirst du es dein Leben lang bereuen.«

»Wenn du nicht die fetten Saucen wegläßt und dich eisern auf Quark umstellst, wirst du es dein Leben lang bereuen.«

»Wenn du deinen Mann nicht auf dem Angelausflug an den Verschütt-See begleitest, wo die Hütte nur einen Holzofen hat, die Lufttemperatur 35, die Wassertemperatur des Sees (voller Blutegel) 10 Grad beträgt, und so tust, als amüsiertest du dich köstlich, wirst du es dein Leben lang bereuen.«

Wenn ich beim Zahnarzt angesagt war, hatte ich ein schlechtes Gewissen. Wenn ich schläfrig war und früh zu Bett ging, hatte ich ein schlechtes Gewissen. Wenn uns die Zahnpasta ausging, hatte ich ein schlechtes Gewissen. Wenn jemand mich nach der Zeit fragte und meine Uhr war stehengeblieben, hatte ich ein schlechtes Gewissen.

Beim Waschmaschinenmechaniker, der für 42 Dollar ein Windelhöschen aus dem Abflußschlauch entfernte, entschuldigte ich mich dafür, daß mein Kind noch nicht sauber war.

Ich entschuldigte mich beim Babysitter, daß der Fernsehempfang so schlecht sei und ich keine frische Zitrone für die Cola hatte.

Ich entschuldigte mich sogar bei einem Telefonbeantworter, der mich bat, am nächsten Tag zur Bürozeit nochmals anzurufen.

Aber die ärgste aller im Namen des seelischen Gleichgewichts begangenen Sünden war doch die einer Mutter, die morgens nicht rechtzeitig aufstand, um der Familie das Frühstück zu machen. Es war unvorstellbar ... es war un-amerikanisch ... es war schlechterdings gewissenlos. Ich habe mir schon manchmal gedacht: Wenn es Lehrfilme für Bräute gäbe, könnte einer so manche von der Eheschließung abhalten: der, in dem die Mutter am Morgen ihre Familie startklar macht.

Ein Musterbeispiel für Schuldgefühle!

Ich bekam die Vorwürfe, wenn die Milch zu heiß, das

Brot noch gefroren und der Küchenfußboden für die nackten Füße meiner Lieben zu kalt war.

Ich war schuld, daß sie ihre Hausaufgaben nicht fertiggemacht hatten, weil ich ihnen um 1 Uhr nachts das Licht abgedreht und verlangt hatte, daß sie schlafen gingen. Ich nahm auf mich, daß ihre Turnsachen noch nicht trocken waren, weil ich sie die ganze Nacht in der Waschmaschine gelassen hatte, statt mir den Wecker zu stellen und sie in die Trockenschleuder zu stecken.

Hatte eine Gabel verbogene Zinken, ich bekam den Krach. Selbstverständlich war ich es schuld, wenn das Entschuldigungsschreiben nach einer Krankheit nicht fertig war, ehe die Kinder aus der Tür mußten.

Zwang ich sie, ihre Betten zu machen, so blieb ihnen dadurch keine Zeit mehr, auf die Toilette zu gehen, und dann ging das Kopfweh, das sie den ganzen Tag hatten, auch zu meinen Lasten.

Trödelten sie und verpaßten den Schulbus, mußte ich sie zur Strafe zum Unterricht fahren und später wieder abholen. Waren sie erst einmal draußen, so besichtigte ich, was auf ihren Tellern liegengeblieben war. Aß ich es, verletzte ich die Diätregeln und war rückfällig. Warf ich es weg, war ich eine Verschwenderin und eine schlechte Hausfrau.

Ich war eine bequeme Zielscheibe, das wußte jeder. Ich konnte kein Gespräch führen, ohne daß mich jemand fragte: »Haben Sie dafür tatsächlich den vollen Listenpreis gezahlt?« – »Haben Sie das Kind volle neun Monate ausgetragen?« – »Wollen Sie im Ernst behaupten, vier volle Jahre auf dem College gewesen zu sein, ohne je richtig Bridgespielen zu lernen?« – »Sie haben nicht stillen können? – Wie tragisch!«

Mit dreißig wußte ich immerhin schon so viel über Schuldgefühle, daß ich davon ein bißchen an andere delegieren konnte. Schließlich muß man seinen Kindern ja mit gutem Beispiel vorangehen.

Da ich von jeher kläglich versage, wenn ich längere Ansprachen halten oder auch nur mit erhobener Stimme sprechen soll, hielt ich mich an die stumme Methode, um Schuldgefühle bei anderen hervorzurufen. Diese Spielart wird stark unterschätzt, sie ist sehr wirkungsvoll.

Ich beginne mit der altehrwürden, unwiderstehlichen klassischen Variante: dem Seufzer.

Wann immer eines der Kinder sein Glas zu voll gießt, sitze ich stumm da und schaue drein, als sei mir eben mein Lieblingspapagei gestorben. Dann atme ich ganz langsam tief ein (bei so was darf man nicht hudeln!), so tief, daß der Atem in meiner Kehle steckt, dann lasse ich ihn langsam wieder heraus.

Macht man das langsam und gefühlvoll, wird auch dem Begriffsstutzigen klar, daß er sich gewaltig zu schämen hat.

Eine andere Lieblingsnummer von mir ist die Pantomime mit knappen Dialog. Sie ist etwas dramatischer, tut aber auch ihre Wirkung. Wenn mir einer meiner Söhne mitteilt, daß er justament am Muttertag mit einer befreundeten Familie picknicken fährt, richte ich mich sehr gerade auf (das ist wichtig, denn es beweist Mut) und lächle ihm schwach, aber tapfer zu. Dann hole ich ohne weitere Kommentare ein Stück schwarzen Stoff und drapiere damit seinen leerbleibenden Stuhl am Eßtisch. (Zu diesem Zeitpunkt sollte ihm bereits so mies sein, daß er schon die Absage formuliert.) Jetzt ist alles bereit für den großen Knüller. Ich lächle schmerzlich und entringe mir mit versagender Stimme: »Also dann amüsier dich gut, Junge.«

Mein größter Hit aber war die Do-it-yourself-Nummer. Wenn ich meinen Mann oder eines der Kinder bitte, den Abfalleimer bis zur Gehsteigkante mitzunehmen und sie nicht sofort reagieren, patsche ich in Pantoffeln selbst hinaus (vorzugsweise wenn Schnee liegt) in einem Mantel, der nicht paßt, ohne Mütze und Handschuhe und zerre den Eimer zentimeterweise klirrend die Einfahrt hinunter, eine Hand fest in die Seite gestemmt.

Bei dieser Operation kommt es darauf an, wenig zu sagen, eine Leidensmiene zu zeigen, gewaltig zu zerren und gelegentlich einer Nachbarin zuzurufen: »Haben Sie ein Glück! Ihre Familie hat Sie lieb.«

Eines Nachmittags verkündete ich Mann und Sohn, daß die Fernsehantenne mal wieder davongeflogen sei. Keiner rührte sich. Ich stöberte lautstark in der Garage nach einer Leiter, schleppte sie hinüber ans Haus und erstieg langsam das Dach. Ich mußte fast

195

eine dreiviertel Stunde droben warten, ehe mir jemand folgte.

Das bestätigte meinen Verdacht. Ruth hatte also doch recht. Es wurde höchste Zeit, daß ich das Buch SCHULD UND SCHIMPFE las. Es war zwar zwei Jahre alt, meiner Situation aber immer noch zwanzig Jahre voraus. Der Autor, ein gewisser Jim Preach, ermahnte alle Erwachsenen, ihre Traditionswerte über Bord zu werfen. Die zwischenmenschlichen Beziehungen seien im Umbruch. Die Zeiten, in denen die Familie eine verschworene Gemeinschaft war, seien zu Ende. Nie habe dabei das Individuum Spielraum zur Entfaltung gehabt. Niemand brauche ein schlechtes Gewissen zu haben, nur weil das endlich vorbei sei.

Schon wurde mir besser. Allein die Gewißheit, nicht mehr verantwortlich zu sein, wenn mein Sohn schmutzige Unterhosen trug – im Fall, daß ihm ein Unfall zustieß –, ließ mich aufatmen.

Außerdem schrieb Jim, eine Menge Schuldgefühle entsprängen der Tatsache, daß man für sich und andere die Ziele zu hoch stecke. Man mag ja manchmal anderer Meinung sein, meinte der Autor, doch man kann sich trotzdem um gegenseitiges Verstehen bemühen.

»Sind Sie uneins mit Ihren Kindern, zwingen Sie sie nicht, sich ihres Tuns zu schämen, und schämen Sie sich selbst nicht, anderer Meinung zu sein. Halten Sie gewisse Kommunikationswege offen, und bewahren Sie Kontakt.«

Leichter gesagt als getan. Kinder und Eltern lebten in getrennten Welten. Ich konnte mich weder an die neue Moral noch an den sogenannten Zukunftsschock gewöhnen. Wie sollte eine Frau, die einst bitter bereut hatte, durch das Tragen von Lackschuhen Begierden im Herzen eines Knaben geweckt zu haben, in einem Haus leben können, in dem ihre Kinder die Sendung »Die fliegende Nonne« im Fernsehen sahen und glaubten, damit ihrer Osterpflicht genügt zu haben.

Was wir Eltern anfangs für eine Kommunikationslücke gehalten hatten, war zum kulturellen Abgrund geworden, der täglich breiter wurde.

Noch während wir Eltern unseren Kindern ein Loch in den Bauch redeten, sie hätten sich für Abiturgeschenke schriftlich zu bedanken, beschlossen sie bei dieser Feierlichkeit gar nicht mehr anwesend zu sein.

Noch während wir Eltern sie aus den Betten aufrüttelten und ihnen auftrugen, das Gras kurz zu halten – rauchten sie es.

Eines Nachmittags ging ich ans Telefon, weil es geklingelt hatte. Am Apparat war ein Mädchen und wollte meinen Sohn sprechen. Zu meiner Zeit riefen Mädchen einen Jungen nur an, wenn sie ihm die Hausaufgaben durchsagen mußten oder um ihn zu einer Quadrille aufzufordern.

Um mein Mißfallen über die neuen Sitten auszudrücken, holte ich ganz langsam tief Luft, und wollte meine Seufzernummer abziehen. Mein Sohn sah mich scharf an. Und da lächelte ich, wenn auch mein Gesicht dabei blau anlief.

So könnte es klappen

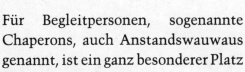Für Begleitpersonen, sogenannte Chaperons, auch Anstandswauwaus genannt, ist ein ganz besonderer Platz im Himmel reserviert, wo die Sonne ewig scheint, Krampfadern verschwinden und die Bar niemals schließt. Ein paar Jahre lang hatte ich in selbstgewähltem Exil von sämtlichen Schulfeiern gelebt, hauptsächlich deshalb, weil ich der Meinung war, ich hätte meine Strafzeit längst abgebüßt. Ich war ins Ferienlager gefahren und hatte halbrohes Huhn gegessen, gekocht über einer durchlöcherten Blechdose, ich hatte eine Gruppe Erstkläßler durch eine Schokoladenfabrik geführt und ganze Sommer lang auf harten Bänken gesessen, um die ›Giants‹ gegen die ›Dust Devils‹ 87:34 siegen zu sehen.

Als die Studienberaterin der Oberklasse, eine gewisse Mrs. Bitterly, mich als Begleitperson für den Collegeball anforderte, sagte ich daher instinktiv zunächst einmal ab.

Dann holte ich mein altbewährtes Benimmbuch heraus und schlug nach, was man als Anstandswauwau zu tun hatte. Es hieß da: »Die Anwesenheit einer erwachsenen Person bewahrt unsere Jugend vor möglichen Dummheiten und rettet sie in Situationen, aus denen sich zu befreien ihr noch die nötige Reife fehlt.«

Das klang gar nicht so übel. Schließlich gab es wirklich keinen besseren Weg, die heutige Jugend begreifen zu lernen, als einen Abend mit ihr zu verbringen.

Diese Art von Logik füllt die Irrenanstalten!

Zunächst einmal teilte mein Sohn mir mit, auf diesen Ball ginge er nicht. Es sei viel zu teuer, sich einen Smoking zu leihen, außerdem wäre ein solcher Abend stinklangweilig, und im übrigen habe noch kein Mädchen ihn dazu aufgefordert.

Am folgenden Mittwoch berief Mrs. Bitterly die Chaperonen oder Begleitpersonen zu sich, um uns zu eröffnen, was uns erwartete.

»Sollte eine von Ihnen Schwierigkeiten beim Hören haben« sagte sie, »soll sie es bitte sofort melden.«

Eine Frau sagte: »Ich höre ausgezeichnet.«

»Dann sind Sie entschuldigt und können gehen«, entschied sie. »Wir suchen Personen, deren Hörfähigkeit bereits beeinträchtigt ist. Möglicherweise treten nach diesem Abend mit Musik bei manchen Appetitlosigkeit, Brechreiz, Unfruchtbarkeit auf. Die unter Ihnen, die geübte Lippenleser sind, werden keinerlei Schwierigkeiten haben. Noch etwas: Dieses Jahr lassen wir das Stempeln der Hände weg. Früher haben wir jedem Ballbesucher einen Stempel auf die Hand gedrückt. Wenn er dann hinausging und wieder hereinkam, sah man den Stempel unter einer Leuchtstofflampe. Aber voriges Jahr bekam Mrs. Miller Ärger mit ein paar älteren Rowdies, die sich uneingeladen dazugedrängt hatten und den Eintrittsstempel auf die Zunge tätowiert trugen. Mit denen wollte sie sich lieber nicht anlegen.

Ich kann es nicht oft genug betonen: Machen Sie Ihre ganze Autorität geltend. Wenn Sie auf dem Parkplatz drei Maskierte mit Brechstange sehen, die Wagen auseinandernehmen, drohen Sie ihnen bitte mit etwas Eindrucksvollerem als ›Ihr werdet wohl wissen, daß ihr euch nach so etwas nicht mehr um den Robert-Frost-Lyrikpreis bewerben könnt.‹ Und ehe Sie irgend etwas weitermelden oder auffliegen lassen, vergewissern Sie sich bitte, um was genau es sich handelt. Vor zwei Jahren hat eine Lehrkraft das Überfallkommando, zwei Streifenwagen und einen Geistlichen für einen Jungen alarmiert, nur weil der zwei Pfefferminzbonbons gegen schlechten Mundgeruch genommen hatte.

Selbstverständlich können Sie tanzen, wenn Sie wollen, aber vergessen Sie nicht, daß derzeit im Disco-Stil getanzt wird, und wenn Sie keinen Schlachtplan für den Rückzug ausgearbeitet haben, könnten Sie zu Schaden kommen.

Noch ein Wort zum Schluß: Woran merken Sie, daß

der Ball zu Ende ist? Erstens werden Ihnen die Ohren klingeln, nachdem die Kapelle längst weg ist, und Ihre Augen aufhören von den vielen Anti-Akne-Wässern zu brennen. Zweitens wird Ihr Wagen als einziger noch auf dem Parkplatz stehen. Das heißt, wenn Sie Glück haben.«

Ich persönlich fand eigentlich, daß Mrs. Bitterly etwas zu schwarz malte. Bis auf die Kleinigkeit, daß ich noch zwei Tage nach dem Ball dauernd den Hörer abhob, obwohl das Telefon gar nicht geklingelt hatte, überstand ich es gut. Die Kinder schienen sich auch amüsiert zu haben.

Vielleicht war es mein Erfolg auf der Tanzerei, der mir den nötigen Mut gab: Ich fragte meinen Sohn, wie er sich seine Zukunft vorstellte.

»Ich hab' mich schon mal orientiert«, sagte er. Auf seinem Schreibtisch lagen die Kataloge sämtlicher denkbaren Colleges, alle mit mir unbekannten Namen. In einigen blätterte ich: Diablo-Karateschule, Elektronik und Stereoinstallation, College für Transzendentales Kegeln.

»Kommen die denn ernstlich für dich in Frage?«

»Ich habe schon viele streichen müssen«, sagte er. »Besonders die hinter dem Eisernen Vorhang. Deren Football-Mannschaften sind unter jeder Kritik.«

»Weißt du, wir könnten uns doch eine Art Urlaub daraus machen, du, dein Vater und ich, und uns einige ansehen.«

Urlaub? Ich habe auf der Intensiv-Station schon angenehmere Tage verbracht.

Das erste College war »out«, weil es bis zum Skigebiet 30 km waren.

Das zweite war »out«, weil das dortige Footballteam voriges Jahr sechs Spiele hintereinander verloren hatte.

Das dritte war »out«, weil dort nach einem System benotet wurde.

Das vierte, das wir besichtigten, fand er himmlisch. Die Räume glichen Zellen mit schimmligen Wänden. Ein Mädchen im Bademantel führte ihren Hund auf dem Korridor spazieren. Irgendwo briet jemand verbotenerweise Würstchen.

»Wieviel Waschmaschinen haben Sie?« fragte ich.

Im ganzen Zimmer wurde es mäuschenstill.

»Wann ist Sperrstunde, zu der man abends zu Hause sein muß?«

Diesmal wurde es im ganzen College mäuschenstill.

»Wo ist Ihre Hausmutter?«

Da wurde es im ganzen Bundesstaat totenstill.

Nein, nein, es war kein schuldbewußtes Schweigen. Sie lachten sich innerlich krumm und schief.

Über die zwischenmenschlichen Beziehungen konnte ich ebenfalls nur den Kopf schütteln. »Schlafnachbar« hatte einen ganz anderen Beiklang als früher »Freund« oder »Kamerad« oder – wie ein Freund meiner Tochter den ledigen Vater auf einer Geburtsurkunde bezeichnete – »Bezugstyp.«

Ich erinnere mich an die Hochzeit der Tochter von

Bekannten. Die Braut trug nach altem abergläubischem Brauch etwas Altes, etwas Geborgtes, etwas Blaues: ein paar alter Jeans. Sie hatte ihren Mann kennengelernt, als er mit ihrer Freundin zusammenlebte. Ich weiß noch, daß die Orgel ein Kirchenlied spielte, das mir wehmütig vertraut war. Erst konnte ich es nicht recht einordnen. Während die beiden das Jawort sprachen, fiel es mir ein: »Noch sind die Tage der Rosen . . .«

Als ich das nächste Mal in die Leihbücherei ging, fragte ich nach einem modernen Benimmbuch, und die Bibliothekarin empfahl mir das zeitgemäße Werk: SO ODER SO KÖNNTE ES KLAPPEN.

Beim Überfliegen des Inhaltsverzeichnisses stellte ich fest, daß sich einiges geändert hatte seit den Tagen, als Amy Vanderbilt empfahl, bis zur öffentlichen Bekanntgabe einer Verlobung beim Händedruck die Handschuhe anzubehalten.

Ein Kapitel beschäftigte sich mit dem Rendezvous: Wie lange darf ein junger Mann, der sich vollständig anzieht, ein Mädchen warten lassen?

Hochzeiten: Was tun, wenn der Bräutigam noch verheiratet ist?

Gast und Gastgeber: Bei welchen Anlässen trägt man die Schuhe an den Füßen, bei welchen in der Hand.

Körperpflege: Die sechs großen Anlässe im Leben, zu denen man sich die Unterschenkel rasiert.

Logierbesuch: Wie erklärt man seiner 65jährigen Mutter, die den Boyfriend auf einen ausziehbaren

Fernsehsessel betten will, was eine »feste Beziehung« ist.

Stellung suchen und andere Widrigkeiten.

Personen miteinander bekannt machen: Wie erklärt man der Lehrerin der vierten Grundschulklasse, daß man zwei Sorten Söhne im gleichen Alter hat, die durch Scheidung zusammengehören.

Selbstverständlich sind die Kinder heutzutage anders als früher. Die meisten sind während der Werbeeinschaltungen beim Spätkrimi gezeugt, nach allen nur denkbaren Regeln neuer Erziehungssysteme behandelt, groß geworden während weltweiter gesellschaftlicher Umbrüche, gefüttert mit einer Kost aus Sex, Gewalt, Realismus und Unabhängigkeit.

Wer hätte es für möglich gehalten, daß ich mit meinem Sohn, einem Oberschüler, im Kino sitzen könnte und er sich, wenn der Sex auf der Leinwand atembeklemmend wurde, zu mir neigen und sagen würde: »Mom, hol dir draußen noch etwas Popcorn, ja?«

Das hatte früher ich gesagt, wenn er fragte, welcher von den sieben Zwergen denn nun mit Schneewittchen verheiratet sei.

Wer hätte es für möglich gehalten, daß einem die Kinder nach 25 Jahren Vitaminen, Spritzen und regelmäßiger ärztlicher Kontrollen vorwerfen würden, man habe sie mit gebleichtem Mehl, Rohrzucker, Butterfett und schädlichen Zusätzen vergiftet? Daß sie im Kreis um uns herumsitzen und in allen Einzelheiten schildern, wie Würstchen hergestellt werden?

Als ich das Buch diagonal gelesen hatte, gewöhnte ich mir eine ganz neue Art und Weise an. Wann immer mein Sohn mir schockierende Mitteilungen machte, reagierte ich darauf mit »Im Ernst?« oder »Haut schon hin«, oder »Mensch, Spitze.«

Nichts konnte mich mehr erschüttern. Erzählte er mir einen besonders ekelerregenden Film, rief ich aus: »Nix wie hin!« Legte er eine Platte mit einer Lautstärke von 97 Dezibel auf, überschrie ich den Lärm: »Kannst du das nicht ein bißchen mehr aufdrehen, ich hör' den Text so gern.«

Erzählte er mir, er habe heute die Schule geschwänzt, atmete ich tief ein und sagte: »Da bist du sicher nicht der einzige.«

Schließlich, eines schönen Tages, teilte er mir mit, daß er nicht gedenke, sich einen Sommerjob zu suchen. Er brauche Zeit, sich über seine Gefühle klarzuwerden und herauszufinden, woher er komme. Da verwandelte ich mich vor seinen Augen in einen sogenannten Erziehungsberechtigten.

»Woher du kommst, weiß ich zwar nicht«, rief ich laut. »Aber wohin du gehst. Nämlich nicht an die gleiche Stelle wie vorigen Sommer – wo du beim ersten Mittagsdämmern aufgestanden bist. Wann immer ich deine Laken ausschüttelte – da warst du! Jedesmal, wenn ich am Fernseher vorbeiging – da warst du! Jedesmal, wenn ich dem Lichtstrahl aus der Kühlschranktür folgte, warst du am anderen Ende. – Damit du klarsiehst, mein lieber Peter Pan – du suchst dir dieses Jahr einen Job! Sag es mal ganz langsam vor dich hin, laß es auf der Zunge zergehen, dann gewöhnst du dich leichter daran: Job. J – o – b. Ein altmodischer Ausdruck des Establishments. Er bedeutet, stolz auf sich sein können, etwas schaffen, sich ins Zeug legen, einen Grund haben, morgens aufzustehen und abends müde genug sein, um herrlich zu schlafen.

Für jemand, der den Materialismus verteufelt, benötigst du eine ganze Menge Materielles. Für jemand, der gegen Umweltverschmutzung wettert, wirfst du ganz schön viel Papier auf die Straße. Für jemand, der Pazifist ist, verstehst du es prima, Familienfehden anzuzetteln. Also lupfe morgen mal deinen Hintern, und such dir einen Job!«

Mein Sohn schwieg eine volle Minute lang. Dann lächelte er und schüttelte den Kopf. Schließlich ließ er hören: »Reden kannst du, das muß man dir lassen!«

»Was soll das nun wieder für eine kesse Bemerkung sein?«

»Ich meine, bis jetzt hast du mich immer nur angeschaut und stirnrunzelnd geseufzt. Ich hab' nie gewußt, was genau du dir dabei denkst. Mir war nur mies.«

»Und jetzt ist dir nicht mehr mies?«

»Doch, aber jetzt weiß ich, warum. Vorher wußte ich es nie.«

»Dann hat Jim Preach wohl doch recht.«

»Ackerst du immer noch in diesen vielen Lebenshilfen herum?«

»Du brauchst nicht die Nase darüber zu rümpfen. Ich beiß' mich schon noch durch.«

»Weißt du, was dich nervt«, sagte mein Sohn. »Daß du dir viel zuviel Mühe gibst. Du willst es immer schaffen. Der alte Quatsch. Als ich jünger war, glaubte ich auch immer, ich müsse es unbedingt schaffen. Muß man gar nicht. Nur nicht anstrengen. Einfach entspannen und ganz langsam kommen lassen. Das Leben nehmen, wie es ist. Das Wichtigste, woran du immer denken mußt: Sei einfach ganz du selber.«

Ein paar Stunden später drängte er sich an mir vorbei in die Küche. Er trug die Tennis-Shorts seines Vaters, ein T-Shirt aus dem Fundbüro seiner Schule und hatte den Tennisschläger seines Bruders in der Hand. Er griff nach meinen Autoschlüsseln, die auf dem Küchentisch lagen, schob sie ein und zwinkerte zum Abschied mit einem Auge: »Denk dran, was ich gesagt habe: sei ganz du selber.«

Hurra, ich gefalle mir wieder

 Es war nun volle drei Monate her, seit ich das erstemal das Lebenshilfebuch zur Hand genommen hatte.
Viele Bekannte hörten ganz allmählich auf, welche zu lesen. Ich aber wußte, wenn ich sie mir abgewöhnen wollte, mußte es mit einem Ruck geschehen. Danach mußte ich eben zusehen, wie ich weiterkam.
Leicht war es nicht. Mich umgaben Leser von Leitfäden zur Lebensbewältigung, die darauf brannten, mir ihre Konvolute noch zusätzlich aufzudrängen. Eines Abends kam dann der erste große Test für mich.
Wir gingen auf eine Cocktailparty bei Jill. Mein Mann haßt Cocktailparties. Er sagt, die Leute tränken immer zuviel, und eine Unterhaltung mit ihnen sei wie ein Stopp an der Verkehrsampel: Ein rotes Auge blinzelt einem zu, und fünf Sekunden später prescht alles auf und davon.
Ich aber wandelte wie auf Wolken. Zur Fastenzeit wollte sich meine Tochter das Fernsehen abgewöh-

nen. Mein ältester Sohn hatte sich den Bart abrasiert und sah nicht mehr aus wie eine Gedenkmünze für Abraham Lincoln. Heute war von unserem jüngeren Sohn aus dem College ein Brief eingetroffen. (Er schrieb Mom mit zwei o, aber schließlich war er erst im ersten Semester.)

Die ganze Familie freute sich, daß ich nicht mehr an mir arbeitete, um ein besserer Mensch zu werden, sondern zu meinen alten Untugenden zurückgekehrt war. Ich liebte nicht nur meinen Nächsten wie mich selbst, sondern sogar noch mehr, war völlig unsicher in meinem Job und hatte keinen blassen Dunst, was ich fühlte und wenn ja, warum.

Naturgemäß waren nach Absetzen der Selbsthilfebücher gewisse Entzugserscheinungen bei mir aufgetreten. Aber das hatte ich vorher gewußt. Eines Tages zahlte ich eben an der Kasse im Supermarkt, da fiel mir gleich neben dem Packtisch eine Schlagzeile ins Auge. »ES IST ELF UHR. WISSEN SIE, WO IHRE ÄNGSTE SIND?«

Mir wurden die Hände naß, die Kehle trocken, und instinktiv wühlte ich in der Handtasche nach meiner Brille. Mein Mann kam gerade noch rechtzeitig dazu, führte mich zum Ausgang und sagte: »Du brauchst einen Drink.«

Es war sonderbar, jetzt mitten in Jills Wohnzimmer zu stehen. Ich mußte daran denken, daß hier alles begonnen hatte.

Eine Stimme an meinem Ellbogen unterbrach meine Gedanken.

»Hallo, wie wär's mit einem Cocktail?«

Es war Phyllis.

»Aber gewiß doch«, lächelte ich.

»Und dazu eine Käsestange?«

»Ja, gern.«

»Und wie wär's mit dem Buch »Wie bewältigen Sie Ihr Biofeedback bei Vollmond?«

»Adieu, Phyllis!«

»He, warte«, rief sie. »Sogar der Papst ist für Biorhythmus.«

»Mir egal, ob es im Moment der große Schlager ist. Mir kommen keine weiteren Selbsthilfebücher ins Haus.« »Während du dastehst und redest«, sagte Phyllis, »werden deine Frustrationen, Spannungen und inneren Konflikte zu spezifischen Geschehnissen innerhalb deines Körpers umgesetzt.«

»Ich muß dich leider verlassen, Phyllis, und es wird sehr blöd aussehen, wenn du dastehst und Selbstgespräche hältst.«

»Verhüte Gott, daß dein Biorhythmus unsynchron wird, so was kommt nämlich vor. Vielleicht ist gerade heute einer deiner kritischen Tage, und da besteht immerhin die Möglichkeit, daß dir was ganz Dummes in die Quere kommt.«

»Eben dem sage ich ja gerade adieu.«

»Wieso bist du denn so sauer?« bohrte Phyllis weiter.

»Weil mein Leben aus dem Lot gekommen ist, seit du mich auf DIE UNVOLLKOMMENE FRAU angesetzt hast.«

»Dann stimmt es also: Du hast Eheprobleme.«

Rita, die unser Gespräch mit angehört hatte, warf ein: »Hör mal, Schatz, Dan und ich schwören auf den Nahkampf-Club in Massage Village, ca. 70 km nördlich von hier. Ein wundervolles, ganz neues Partnererlebnis. Und Garderobe und so kannst du vergessen, wenn du weißt, was ich meine.«

»Nein, wirklich, Rita, unsere Ehe geht prima. Die Kinder sind alle außer Haus und . . .«

»Wenn ich dich richtig verstehe, hast du das Trauma des leeren Nests«, meinte Natalie. »Manche schaffen den Übergang mühelos. Aber gerade du mußt sehr aufpassen. Du bist der mütterliche Typ. Das haben wir doch immer schon gewußt. Dich haben deine Kinder vollständig ausgefüllt. Und die ulkigen Kuchen, die du ihnen immer zum Geburtstag gebakken hast . . . und die Rolle Stoff, aus der du sie alle gleich angezogen hast, wie Tapeten . . . und an deinem Haus hing, so lange ich denken kann, immer das Schild: JUNGE KATZEN GRATIS ABZUGEBEN! Hast du das Buch gelesen DAS NEST DER TRÄNEN. MEIN KIND LEHNT MICH AB, WAS TUN?«

»Natalie, hör zu: Ich fühle mich nicht abgelehnt. In meinem Alter muß man schließlich damit rechnen . . .«

»Hör sie dir an«, sagte Marcia. »In ihrem Alter . . . wenn ich so was schon höre! Ich habe ein Plätzchenblech, das älter ist als du. Sei doch nicht so verunsichert. Du bist doch noch ganz ansehnlich. Was du

215

brauchst, ist AUSSEHEN WIE EIN FILMSTAR FÜRS HALBE GELD, dann ist die Sache geritzt.«

Ich nahm das Buch WIE BEWÄLTIGEN SIE IHREN BIOFEEDBACK BEI VOLLMOND in die Hand und betastete den Umschlag. Ich fühlte, wie mir der Schweiß ausbrach. Meine Hände zitterten. Würde ich es aushalten, das alles noch einmal durchzumachen? Hatte sich meine Erhebung in eine höhere Bewußtseinsebene nicht anfangs so unmerklich vollzogen, daß ich mir eingeredet hatte, jederzeit aufhören zu können, wenn ich wollte?

Hatte ich nicht gelogen bei der Zahl von Selbsthilfebüchern, die ich pro Tag las?

Hatte ich nicht Ausreden gebraucht, um am Frühstückstisch noch schnell ein paar Seiten aus WIE WERDE ICH REICH UNTER EINER DEMOKRATISCHEN REGIERUNG zu lesen, ehe ich mich an meine Tagesarbeit begab?

War es nicht ein schlimmer Tag gewesen, als mein Mann ICH UNTERDRÜCKE DEN URSCHREI in meiner Strumpfschublade fand?

War es nicht ein gräßlicher Abend gewesen, als ich mich beim Lesen übernommen hatte, am Eßtisch aus PERVERSIONEN ALS HOBBY zitierte und meine Familie sich meiner schämte?

Und das alles wollte ich noch einmal durchmachen?

Ich reichte Phyllis das Buch zurück. »Vielen Dank. Ich meine, nein danke. Von jetzt ab will ich ganz ich selber sein.«

»Mach keine Witze«, sagte Marcia. »Ohne fremde Hilfe?«

»Jawohl. Genau.«

»Damit schwimmst du aber gegen den Strom«, meinte Natalie. »Kein Mensch ist heutzutage ›ganz er selber‹. Das genügt nicht mehr. Jeder befindet sich in irgendeinem Übergangsstadium.«

»Du bist durchschaut, geh in dich und schäme dich«, zischte Phyllis. »Das ist freilich leicht, einfach dasitzen und geschehen lassen. Aber dabei fehlt das Wesentliche! Wie kannst du glücklich sein, wenn du nicht unzufrieden bist?«

In einem Punkt hatte Natalie recht. Ich gehörte nicht mehr so recht dazu. Man gab Farben-Parties, alle Nachbarinnen gingen hin, ließen sich analysieren und die Farben nennen, in die sie sich kleiden, mit denen sie ihre Wohnungen dekorieren sollten. Ich wurde nicht eingeladen. Im Rathaus fand eine Diskussion darüber statt, wie man eine Jam-Session übersteht, indem man rezeptfreie Beruhigungsmittel schluckt. Ich wurde nicht eingeladen. Phyllis gab sogar eine Party für alle Hunde, die unter dem Tierkreiszeichen der Zwillinge geboren waren. Mein Hund war der einzige Zwilling des Häuserblocks, der nicht eingeladen wurde.

Ich sah keine meiner Bekannten wieder, bis ich eines Tages in der Bücherabteilung aufsah und Phyllis erblickte.

Sie hielt ein Buch in der Hand. Es hieß ICH SCHENK

MIR TÄGLICH ROTE ROSEN. Sie schien überrascht, mich zu sehen.

»Na, wie geht's denn so, Madame Musterhaft? Wirst du noch immer allein mit deinen Angstschüben fertig, ja? Bekämpfst deine Geburts-Traumata und behandelst deine Neurosen aus dem Medizinschränkchen?«

»Mir geht es ausgezeichnet«, sagte ich lächelnd.

»Dann ist es sicher reine Zeitverschwendung, wenn ich dich darauf aufmerksam mache, daß dieses neue Buch die scharfsinnigsten Einblicke in das Unbewußte vermittelt? Daß es lehrt, wie der Mensch durch gewissenhafte Selbstanalyse Zufriedenheit erlangt – ohne viele inneren Konflikte und diesen ganzen mythologischen Kram? Es empfiehlt und fördert ein völlig neues Lebenskonzept.«

»Anders ausgedrückt: Sei ganz du selber. Stimmt's?«
Phyllis sah mich erstaunt an. »Stimmt genau. Hast du es gelesen?«

Ich lächelte ihr zu. »Meine liebe Phyllis«, sagte ich. »Ich habe es geschrieben.«

Epilog

Das Streben nach Glück. Unsere Vorfahren haben nicht gewußt, was sie uns antaten, als sie die Unabhängigkeitserklärung verfaßten! Leben und Freiheit sind Nebensächlichkeiten verglichen mit dem Streben nach Glück. Dem vorliegenden Buch habe ich ein Jahr lang nachgelebt und nicht gewußt, wie todunglücklich ich eigentlich bin, ehe ich nicht untersucht hatte, warum ich denn glücklich bin. Zugegeben, ich war gelangweilt, deprimiert, neurotisch, verhemmt und unbefriedigt, aber ich dachte immer: Na ja, niemand ist vollkommen. In diesem letzten Jahr aber habe ich die Midlife-Krise überstanden, meinen inneren Frieden gefunden, äußerlich schwabbelndes Fett bekämpft, meine Phantasien durchleuchtet, meine Kaufmotivationen geprüft, meine Ehe seziert, meine Sternzeichen astrologisch bestimmt und bin meine beste und einzige Freundin gewesen. Ich habe Ordnung in mein Leben gebracht, meditiert, meine Schuldgefühle abgebaut, mich der neuen Moral ange-

paßt und so manche Stunde des Tages damit vertan, mich zu verstehen, zu deuten, zu lieben. Wissen Sie, was? Ich finde mich stinklangweilig. Wenn es nach mir ginge, hörte ich nie wieder ein Wort über mich.

Ich bin auf mich auch gar nicht mehr neugierig. Ich empfinde kein Bedürfnis mehr, ein besserer Mensch zu werden. Ich habe nicht einmal mehr die nötige Geduld, herauszuklamüsern, was ich empfinde.

Wenn ich Wörter wie *Input*, *Konzept* und *Feedback* nie mehr im Leben höre, ist es mir nur zu recht. Und wenn ich noch einmal *Gemeinschaftserfahrung* oder *Lebensphase* sage, verdorrt mir hoffentlich die Zunge. Nach einem Jahr der Lektüre von 62 Selbsthilfebüchern und Artikeln bin ich auf etwas sehr Interessantes gekommen. Man findet das Glück gar nicht. Das Glück findet einen. Ist jemand verheiratet, hält man ihn für glücklicher als die anderen, die es nicht sind. Kann jemand sich sein Leben einrichten, wie es ihm paßt, und hat er die nötigen Mittel dazu, hält man ihn für glücklicher als andere. Liebt jemand und wird wiedergeliebt, hält man ihn für glücklicher als andere. Finanzielle Sicherheit hilft natürlich auch, glücklicher zu machen.

Aber ich habe noch etwas entdeckt. Es ist nicht mehr gestattet, deprimiert zu sein, so wenig wie man altern darf. Schon jetzt fragen manche, was aus all den alten Leuten geworden ist. Sie sind in den Untergrund gegangen, weil wir in einer Zeit leben, in der man aus Synthetik gemacht sein muß: pflegeleicht und faltenfrei.

Wenn deine Hände so jung aussehen wie die deiner verheirateten Tochter, wird dich sofort eine Werbefirma engagieren. Wenn du siebzig bist und noch ein paar Steppschritte beherrschst, wird man dich in einer Show auftreten lassen. Wenn du den Bürgerkrieg erlebt hast und noch ein Fähnchen schwenken kannst, wird man dir begeistert huldigen.

Aber das Syndrom »Seid gefälligst alle glücklich« ist auch schlimm. Wie habe ich die Tage der Verzweiflung genossen, an denen ich in himmlischem Selbstmitleid badete, ja fast darin ertrank. Die schwarzen Tage des Unglücks, an denen mich kein Mensch anerkannte, ich überarbeitet und unterbezahlt war und Schrunden an den Fersen hatte, weil ich im Winter nie Socken trug. Ich kriegte es von allen Seiten! Mein Haar hatte keine Naturwelle. Der Heißwasserboiler rostete. Die besten Freunde meines Mannes wurden alle befördert. Mein Kind ließ eine Schreibmaschine fallen, die der Schule gehörte. Jemand fragte, ob mein Jüngster mein Enkel sei. An dem Morgen, als ich Fahrdienst hatte, war die Wagentür zugefroren.

Vielleicht wußte ich wegen solcher Tage die anderen um so mehr zu schätzen, an denen mein Frauenarzt mir mitteilte, ich hätte nur eine Grippe, und der Trockenschleuder nur eine Sicherung für 15 Cent fehlte. Dieses Buch will nicht alle Anleitungen zur Selbsthilfe abwerten. Es will nur aufzeigen, wie absurd es ist, 12 Dollar 95 für ein Kochbuch auszugeben, das einem beibringen will, wie man Geld spart. Es will beweisen, wie albern es ist, ein Buch über Schuldkomplexe zu lesen, das einem droht: »Wenn du das nicht liest, wirst du es Zeit deines Lebens bereuen.« Es nimmt nur diejenigen Bücher aufs Korn, die einem 362 Seiten lang einreden: »Hören Sie auf keine Ratschläge. Nehmen Sie Ihr Leben selbst in die Hand.«

Nach Lektüre von 62 Büchern und Artikeln über den Umgang mit mir selbst ist mir klargeworden, daß ihnen allen etwas fehlt, nämlich Humor. Ich kann nicht glauben, daß Menschen in den Spiegel ihres Tuns und Lassens blicken und dabei ernst bleiben können.

In Gail Sheehy's *Neue Wege wagen* steht ein Absatz, in dem für mich all das zusammengefaßt ist, was wir beim Streben nach dem Glück falsch machen.

»Es sollte eine Belohnung für diejenigen geben, die begreifen, was ›genug‹ eigentlich bedeutet. Gut genug. Erfolgreich genug. Schlank genug. Reich genug. Sozial verantwortungsbewußt genug. Hat man Selbstachtung, hat man genug, und hat man genug, hat man auch Selbstachtung.«

ICH SCHENK' MIR TÄGLICH ROTE ROSEN verwirklicht ein paar meiner Wunschträume. Ich wollte immer eine Autorität sein, ganz gleich, auf welchem Gebiet. Jahrelang habe ich zuschauen müssen, wie Ratgeber, Briefkastentanten und Schönheitsköniginnen die Probleme des Lebens in den Griff bekamen.

223

Nach einjähriger Forschungsarbeit wurde mir klar: Dieses ist das einzige Fachbuch, das zu schreiben ich genügend Erfahrung hatte. Meine Mutter hat mir in ihrer grenzenlosen Weisheit noch einen wichtigen Satz mitgegeben. Nach monatelanger Selbsterforschung, nach Besserungsstreben und der Jagd nach dem Glück sagte sie: »Ich werde froh sein, wenn du erst in die Wechseljahre kommst. Das wird dich von deinen Problemen ablenken.«

Vier Hände und ein Herz voll Liebe

Inhaltsverzeichnis

Vorwort 231

So, so, Sie wollen Mutter werden? 236

Die Fernseh-Mütter 243

Wenn Vater Mutter spielt 248

Letzte Anstellung: Mutter 259

Die Muter aller anderen 264

Nesthäkchens erster Schultag 267

Schnuller-Pioniere 272

Wer ist schwerer aufzuziehen: ein Junge
oder ein Mädchen? 275

Hochzeitslauf in 3 Stunden, 43 Minuten
und 16 Sekunden 279

Haariges 285

Sharon, die vollkommene Mutter 290

Vom Amateur zum Profi: Louise und Estelle 293

Mein Ferienjob (von Laura Parsons, 11) 301

Die fünf größten amerikanischen Schrift-
stellerinnen (die zufällig Mütter sind!) 304

Die Spezialmutter 315

Ginny 318

Do you speak Deütsch? 324

Dottie: Gleiches Recht für alle 327

Chaos-Kids 331

Brooke und ihr Musterknabe 335
Für Krisen geboren 340
Cora: Was lange währt . . . 344
Stiefmütter mit schlechtem Ruf 349
Auf der Suche nach der »echten Mutter« 360
Fünf klassische Mütter-Ansprachen 365
Sarah, die Kinderlose 375
Das Vorbild 381
Wem es zu heiß wird,
der schalte den Herd aus . . . 388
Zum kleinen Hund gehört
ein kleiner Herr – oder? 392
Treva und die andere Großmutter 395
Ein anonymer Brief 402
Frühstück am Muttertag 405
Niemand zu Hause? 407
Mutters Verfehlungen 411
Ach, nehmt ihr sie doch mal zu euch . . . 414
Weihnachtsstimmung – und was sie kostet 423
Mary, das Einhorn 428
Wenn die Zeit kommt . . . 435
Erma 441
Epilog 446

Vorwort

Ich gehöre zu den Glücklichen, welche die Mutterrolle bereits mit gewissen Berufserfahrungen übernahmen.

Ich besaß drei Jahre lang einen Yorkshire-Terrier. Mit zehn Monaten blieben meine Kinder »bei Fuß«. Mit einem Jahr konnten sie ein Frisbee aus der Luft mit den Zähnen auffangen.

Mit fünfzehn Monaten, nachdem ich sie wochenlang mit der Nase hineingestupst und dann vor die Tür gesetzt hatte, waren sie sauber und machten nur noch auf Papier.

Manche Frauen waren vom Glück nicht so begünstigt und auch weniger realistisch. Sie betrachteten das Mutterdasein aus sicherer Entfernung.

Auf einem »Baby-Shower«, dem Fest, bei dem man Geschenke für das künftige Kind bringt, sagte eine werdende Mutter neulich abends empört: »Habt ihr schon diese Geschichte in der Zeitung gelesen, daß eine Frau eines ihrer Kinder auf der Toilette eines Waschsalons vergessen hat? So etwas nennt sich nun Mutter! Unglaublich ist so etwas! Was kann das schon für eine Mutter sein, die . . .«

Was kann das schon für eine Mutter sein, die . . .

Dieser Satz ist mir bestens vertraut. Vor zehn Jahren, als ich noch keine drei Kinder hatte, benutzte ich ihn selbst – mit genau der richtigen Mischung aus Vorwurf und Entsetzen.

Mittlerweile sind mir sieben Mütter bekannt, die eben das versucht haben.

Mutter – das war von alters her ein Begriff, gleichbedeutend mit Liebe, Hingabe und Aufopferung. An Müttern war immer etwas Mystisches, Ehrfurchtheischendes. Sie waren Vorbilder, unfehlbar, tugendhaft, ohne Furcht und Tadel und unbefleckt von der Erbsünde, unfähig zu gemischten Gefühlen.

Gleich nach der Entbindung verläßt jede junge Mutter mühsam ihr Bett und erklimmt unbeholfen das für sie bereitstehende Podest.

Einige passen sich dem erhabenen Image mühelos an. Sie lernen die einschlägigen Schmeicheleien zu schätzen und sonnen sich am Muttertag in den Huldigungen der in hellen Scharen Herbeiströmenden.

Einige jedoch können die Höhe nicht vertragen, springen ab und werden nie wieder gesehen.

Die meisten Mütter aber versuchen einfach herauszukriegen, was von ihnen erwartet wird und wie sie es vor aller Augen tun können. Mutterschaft ist der zweitälteste Beruf der Welt. Er fragt nicht nach Alter, Körpergröße, religiösen Bindungen, nach Gesundheitszustand, politischer Überzeugung, Nationalität, Moral, Rasse, Familienstand, Wirtschaftslage, Geneigtheit oder vorheriger Erfahrung.

Es ist der größte Einarbeitungs-Job, den es heutzutage gibt. Muttersein aber »ist nicht für alle Größen passend«, ist keine Gußform, die alle umschließt, und bedeutet durchaus nicht·das gleiche für alle.

Einige Mütter klatschen Beifall, wenn ihr Kind verdaut. Andere regen sich erst auf, wenn die Tochter ein Verhältnis anfängt. Einige Mütter haben derartige Schuldkomplexe, daß sei keinen Kaugummi in den Mund stecken können ohne den Wunsch, ihn zu teilen. Andere Mütter denken sich nichts dabei, ihrem Kind zu sagen, das ganze Säckchen Nikolaus-Plätzchen sei voller Ameisen – um sie dann selbst zu essen.

Manche Mütter weinen, wenn ihre dreißigjährige Tochter fortzieht, und folgen ihr in die neue Wohnung. Andere Mütter verkaufen das Bett ihres zwölfjährigen Sohnes, wenn er auf einem längeren Pfadfindertreffen ist.

Mir war nie so recht wohl, wenn ich Artikel las, die mich als Krankenschwester, Chauffeuse, Köchin, Haushälterin, Bankmanagerin, Beraterin, Philosophin, Gouvernante, Lehrerin und Gastgeberin priesen. Offenbar las ich solche Artikel immer dann, wenn ich den ganzen Vormittag gestrickt, den ganzen Nachmittag im Bett gelegen, zum Abendessen eine fertige Pizza gekauft hatte und um halb elf unter Kopfschmerzen litt.

Lange Zeit hatte ich Angst davor, über diesen Kontrast zu lachen, denn es konnte ja sein, daß niemand mitlachte.

Um die Antwort auf die Frage vorwegzunehmen,

welche der vielen in diesem Buch beschriebenen Mütter ich denn selbst sei, sage ich es Ihnen gleich: In mir ist ein bißchen von allen. Roses Humor, Janets Frust, Marys Unwissenheit – ach ja, und Coras Angst.

Sie sind alle miteinander in jeder Hinsicht »wirklich«. Es sind keine namenlosen, gesichtslosen Stereotypen, die einmal im Jahr auf Glückwunschkarten erscheinen – mit ein paar wohlgesetzten Zeilen Text darunter, der ihre guten Eigenschaften deutlich macht –, sondern Frauen, denen man die Spielkarten für ein ganzes Leben zugeteilt hat und die jede davon ausspielen, so gut sie können, eine nach der anderen. Keine Mutter ist immer nur gut oder nur schlecht, nur fröhlich oder nur ernst, immer nur verzeihend und niemals wütend. In ihren Adern kreist das ewige Einerseits-Andererseits.

Dieses Buch erscheint zu spät für Judy, eine junge Mutter Anfang Zwanzig, die ich vor einigen Jahren durch einen kurzen Briefwechsel kennenlernte. Judy saß in einem Gefängnis des Südens. Sie hatte das fürchterlichste aller Verbrechen begangen: sie hatte ihr Kind umgebracht. Von allem abgeschnitten, unfähig, sich mitzuteilen, lebte sie in Einzelhaft und in ihrer ganz privaten Hölle und las dort ein paar meiner früheren Bücher. Als sie sie mehrmals gelesen hatte, schrieb sie mir: »Wenn ich gewußt hätte, daß Mütter über solche Dinge lachen können, wäre ich vermutlich nicht da, wo ich heute bin.«

Sicher ist nur, daß es unter Ihnen wohl kaum

jemanden gibt, der nicht zu irgendeinem Zeitpunkt seines Lebens Antwort auf die Frage gefor-
dert hätte: »Was kann das schon für eine Mutter
sein, die . . .«

Der Satz ist alt, aus Naivität entstanden, aus Miß-
billigung geboren und großspurig dahergeredet.
Erst wenn man selber Mutter ist, wandelt sich das
Urteil ganz langsam und wird zu Verständnis und
Erbarmen.

Möge keine von Ihnen, die Sie dieses Buch lesen,
über eine der geschilderten Mütter den Stab brechen, ehe sie nicht eine Weile in ihrer Haut
gesteckt hat.

Erma Bombeck

So, so, Sie wollen Mutter werden?

Eine der lautesten Klagen bei der Mutterrolle betrifft das fehlende Training.

Man beginnt diese Rolle ausgestattet mit nichts als der Telefonnummer eines Windeldienstes, einer Polaroid-Kamera, einem roten Telefon zum Kinderarzt und einer totalen Ahnungslosigkeit, die nicht länger als fünfzehn Minuten anhält. Ich habe immer gefunden, daß man vor der Geburt viel zuviel Zeit hat und sie damit verbringt, zu lernen, wie man während der Entbindung mit dem Ehemann gleichzeitig ein- und ausatmet. (Als ich mein Baby bekam, kriegte man ein Spritze in die Hüfte und wachte erst wieder richtig auf, wenn das Gör mit der Schule anfing.) Dafür hat man zu wenig Zeit zum Bemuttern, wenn das Baby erst da ist.

Muttersein ist eine Kunst. Es ist töricht, eine Mutter für zwanzig Jahre mit einem Kind in die Arena zu schicken und zu erwarten, daß sie die Oberhand behält. Das Kind ist auf allen Gebieten im Vorteil. Es ist klein. Es ist lieb. Es kann die Tränenschleusen bei Bedarf öffnen wie einen Wasserhahn.

Schon immer hat es Schulen für Kinder gegeben. Dort verbringen sie neun bis sechzehn Jahre ihres

Lebens zusammen mit anderen Kindern, die mit ihnen die Erfahrung teilen, ein Kind zu sein und damit fertig zu werden. Sie leben in einer akademischen Atmosphäre, in der sie lernen, wie man Eltern manipuliert, um von ihnen zu kriegen, was man will. Die Kinder verbünden sich zu einer Interessengemeinschaft und koordinieren ihre Ideen: wie man den Wagen kriegt, wie man ein höheres Taschengeld herausschindet und wie man daheimbleibt, wenn die Eltern in Urlaub fahren. Ihr Einfluß ist in der ganzen Welt spürbar. Ohne auch nur einen Pfennig beizusteuern, besitzen sie mehr Eisbuden, mehr Spielplätze, mehr Amüsierparks und Sportplätze, als jede andere Gruppe es je zuwege bringt.

Nirgends zahlen sie den vollen Eintrittspreis.

Wie sie es nur schaffen?

Sie sind schlau. Sie sind gebildet.

Manche Leute glauben, Mütter sollten sich zu einer Gewerkschaft zusammenschließen. Ich glaube, daß Ausbildung die Lösung ist: Wenn wir erst wissen, *was* man tun kann und *wie* man es macht, können wir überleben.

Vorläufig bleibt das ein Traum. Eines Tages aber wird es eine Schule für junge Mütter geben, die den Beruf auf eine wissenschaftliche Ebene heben wird. Was hätte ich zum Beispiel für eine Schule gegeben, deren Vorlesungsverzeichnis so aussieht:

Kreatives Nörgeln

Lernen Sie von einschlägigen Fachkräften, wie man Blickkontakt durch eine Badezimmertür herstellt, einen Studenten zum Weinen bringt und ein Kind so weit bekommt, einem einen Scheck dafür auszuschreiben, daß man es zur Welt gebracht hat. Mehr als 1000 Anlässe, ein Kind auf Lebenszeit unglücklich zu machen, werden garantiert. Das übliche »Sitz gerade oder du kriegst einen Buckel« und »Dein Aquarium hat eben Feuer gefangen« sind langweilig und haben einen Bart. Kreatives Nörgeln verschafft Ihnen Beachtung.
Ein Übungskind wird gestellt.

Seminar für Sparer

Keine Frau darf sich Mutter nennen, ehe sie nicht gelernt hat, wie man spart und hortet. Hamstern und Beiseiteschaffen ist nicht − wie früher angenommen − ein angeborenes Talent. Es ist erlernbar. Finden Sie heraus, wo man dreißig Pfund Paketgummis von Brot- und Plätzchenpackungen aufheben kann, alte Malbücher aus der Volksschule und Stiefel mit einem Loch in der Kappe. Lernen Sie, wie man dadurch für jede Gelegenheit einen Vorrat an Geschenkpackungen hat, daß man sie anderen Menschen aus der Hand reißt, ehe diese das Geschenk ausgepackt haben. Lernen Sie, warum sich Kleiderbügel in dunklen Schränken vermehren, und beobachten Sie sie bei der Fortpflanzung.

Nur für Erwachsene!

Kapitalanlage und deren Rückerstattung durch Ihre Kinder

Es wird freimütig darüber diskutiert, wie man Kinder zu der Überzeugung bekehrt, daß sie einem etwas schulden. Täglich lassen sich Mütter Gelegenheiten, schlechtes Gewissen bei den Kindern zu erzeugen, durch die Finger rinnen, ohne es zu bemerken. Ein Kind, dem aufgetragen wurde: »Ruf gleich an, wenn du angekommen bist«, und das das nicht tut, kann man jahrelang dafür büßen lassen. Finden Sie heraus, *wie*.
Besondere Aufmerksamkeit wird dem Muttertag gewidmet und dem Kind, das einmal einen 40-Dollar-Angorapulli einem Mädchen schenkte, das es erst zwei Wochen kannte, während das Mütterlein einen Karton Badeseife in Form von Seepferdchen bekam.
Begrenzte Teilnehmerzahl.

Vollkommenheit. Wie man sie erreicht und seine Kinder überzeugt, daß man sie erreicht hat

Die Kunst, niemals einen Fehler zu machen, ist für die Beherrschung der Mutterrolle von entscheidender Bedeutung. Um erfolgreich wirken und sich den Respekt verschaffen zu können, den eine Mutter braucht, um ihr Amt auszuüben, muß sie ihre Kinder glauben machen, daß sie
– nie etwas mit Sex zu tun hatte,

– nie eine falsche Entscheidung getroffen hat,
– nie der eigenen Mutter auch nur eine Sekunde lang Sorgen gemacht hat,
– nie ein Kind war.

Zugelassen zu diesem Lehrgang sind nur diejenigen, die schon den Kurs »Geheimnis des Madonnengesichts« belegt hatten.

Rechte der Mütter

Lernen Sie Ihre Rechte kennen! Wird von Ihnen verlangt, Wäsche zu transportieren, die länger als sechzig Tage in der Waschküche gelegen hat?

Sind Sie berechtigt, eine Schlafzimmertür mit dem Schraubenzieher zu öffnen, oder gilt das als unbefugtes Eindringen?

Dürfen Sie ein Kind an der Autobahn aussetzen, das 1000 km lang Papis Fahrersitz von hinten mit den Füßen traktiert hat?

Werden Sie wegen böswilligen Verlassens angeklagt, wenn Sie umziehen und Ihrem erwachsenen Sohn nicht mitteilen, wohin?

Ein Forum juristischer Fachkräfte wird sich mit der Frage befassen, wieweit die Anleihe von 600 Dollar von einem zwei Monate alten Baby für die Eltern verbindlich ist, falls keine Zeugen anwesend waren.

Die Geschichte des Argwohns und seine Auswirkungen auf die Wechseljahre

Auf allgemeinen Wunsch nehmen wir diesen Kurs für ältere Mütter nochmals ins Programm auf.
Woran merkt man, ob ein Kind die Wahrheit sagt, wenn seine Nase nicht mehr wächst?
Folgende Beispielfälle für Argwohn werden diskutiert:
Hat Marlene tatsächlich eine Bibel auf ihren Fuß fallen lassen, und war es ihr dadurch unmöglich, den Brief an die Eltern zur Post zu bringen?
Sind tatsächlich 20 Dollar aus Ihrem Portemonnaie gefallen, und Ihr Sohn hat sie gefunden und behalten, weil er nicht wußte, wem sie gehören?
Lag Ihr Sohn tatsächlich im Bett und sah im Fernsehen *Hamlet*, als er Lärm hörte und beim Aufstehen feststellte, daß 200 Unbekannte im Haus eine Party abhielten und Daddys Bier austranken?
Ärztliche Untersuchung vor Kursbeginn ist unerläßlich.

Drohungen und Versprechungen

Vier amüsante Kursabende über abschreckende Drohungen und leere Versprechungen und wie man die Kinder für den Rest ihres Lebens damit ängstigt.
Dankschreiben von Teilnehmerinnen nach Abschluß des Kurses. Eine Mutter, die ihre Tochter gewarnt hatte, wenn sie mit Streichhölzern spielte, würde sie nachts ins Bett machen, wußte

zu berichten, daß das Kind sich erst mit fünfunddreißig getraute, das Backrohr anzuzünden.
Eilt sehr! Teilnehmerzahl begrenzt!

Bekanntmachung:
Schuldgefühle, ein Geschenk fürs Leben

Dieser Kurs fällt aus, bis ein neuer Kursleiter gefunden ist. Dr. Volland gab an, seine Mutter finde, er habe keine Veranlassung, andere Leute zu unterrichten, solange er sich so wenig um seine eigene Mutter kümmere.

Die Fernseh-Mütter

Zusammen hatten sie 22 Kinder, 6 Ehemänner und 3 Dienstmädchen. Zwei Jahrzehnte hindurch, die ganzen fünfziger und sechziger Jahre waren sie für alle Mütter im ganzen Land richtungweisende Vorbilder.

Donna aus der *Donna Reed Show*
Harriet aus *Ozzie and Harriet*
Barbara aus *Leave It to Beaver*
Shirley aus *Die Partridge-Familie*
Marjorie aus *Make Room for Daddy*
Jane aus *Vater ist der Beste*
Florence aus *The Brady Bunch*

Beim Hausputz sahen sie besser aus als die meisten von uns am Hochzeitstag.

Sie bekamen nie Wut, nahmen nie zu, gaben nie mehr Geld aus, als ihre Männer verdienten, oder aber sie gaben den Zuschauern Grund zu der Annahme, sie lebten selbständig und im Zölibat.

Nie schrubbten sie eine Toilettenschüssel, hatten nie Küchenschaben im Haus, und niemand erfuhr je, was sie eigentlich die ganze Zeit taten, nachdem ihre Familien morgens das Haus verlassen hatten. Jede Woche wurde man in einer weiteren Fernsehfolge Zeuge eines Wunders. Sieben von sieben Frauen erreichten – nachdem sie ihr Kind bekommen hatten – wieder ihre frühere schlanke Figur. Die Tugend, die ihnen allen gemeinsam war, hieß Geduld. Keine Situation war so traumatisch, daß sie sie nicht mit Milch und Plätzchen hätten kurieren können. Es gab kein Problem, das nicht in 24 Minuten hätte gelöst werden können (plus zwei Minuten Werbeeinschaltungen und zwei Minuten für Vorspann und Absage).

Ich habe mich oft gefragt, was in der Fernsehfolge losgewesen wäre, hätte eines ihrer Kinder auf der Schultoilette einen Mitschüler gegen den Handtuchspender geknallt und ihn um sein Taschengeld erleichtert. Dabei steht bei mir eisern fest:

Donna hätte eine Familienkonferenz einberufen,

Barbara wäre ihrem Ward bis an die Tür entgegengegangen und hätte nur gesagt: »Das Essen ist fertig.«

Shirley hätte ihrem Sprößling für eine Woche seine Bongo-Trommeln weggenommen,

Marjorie hätte ihren Nagellack gewechselt,

Harriet hätte ihren Ozzie nach Eis geschickt,

Jane hätte den Beklauten zum Essen eingeladen,

und Florence hätte ihren hauseigenen, altmodischen Lebkuchen gebacken.

Es war das Zeitalter der Gottesfurcht, der Mutterschaft, der Nationalfahne und des Apfelkuchens. Man brauchte nur eine Schürze vorzubinden, und schon war man eine Mutter.

Niemand konnte das besser als die hauptberufli-

244

chen Mütter. Ich gehörte zu den noch nicht ganz leistungskonformen hauptberuflichen Müttern.

Ich trug den ganzen Tag im Hause keine Strumpfhose und kannte auch niemanden, der es tat.

Meine Kinder waren von der Sorte, mit denen zu spielen die hauptamtlichen Mütter ihren Gören verboten, weil sie sonst in irgendeinen Schlamassel gerieten.

Ich bügelte nie die Schlafanzüge meines Mannes.

Wenn ich die Hand hob, um meinen Kindern das Haar aus den Augen zu streichen, zuckten sie zurück und riefen nach ihrem Rechtsanwalt.

Wir wußten alle, daß hauptamtliche Mütter zu gut waren, um wahr zu sein. (Ich gab einmal damit an, ich hätte einem Zuckerkranken das Leben dadurch gerettet, daß ich mich zwischen ihn und den Fernsehschirm warf, auf dem eine viel zu süße Mami erschien.) Du liebe Zeit, wie gern hätte ich selbst zu der Sorte gehört!

Über Jane habe ich mir mal eine ganze Geschichte zusammenphantasiert:

Sie hatte einen dieser entzückenden Tage, an denen alles schiefläuft und an denen man eigentlich im Bett bleiben sollte. Betty hatte sich ihren Pulli, den sie erst Weihnachten bekommen hatte, ausgeborgt und ihn total verschwitzt. Unter Buds Matratze, zwischen der Sprungfederauflage und dem Schoner, fand sie einen Kalender mit Aktfotos, und Kathy sprach schon seit drei Tagen kein Wort mit ihr. Ihre Mutter meinte, ihr raten zu müssen: »Du solltest wirklich etwas strenger mit deinen Kindern sein.« Die Bank rief an und sagte, sie habe einen Scheck ausgeschrieben, nach dessen Einlösung ihr Konto überzogen sei.

Die chemische Reinigung rief an, um ihr mitzuteilen, daß von Jims Lieblingsjacke alle aufgebügelten Flicken abgegangen seien.

Irgendwer hatte mit einer Sprühdose obszöne Sprüche an ihren Gartenzaun geschrieben.

Meine Phantasiegeschichte endete damit, daß Jane mitten in dem ganzen Chaos stand und ein grobes Wort ausstieß, ehe sie zusammenbrach. Irgendwie tat mir das wohl.

Wie auch immer diese Fernsehmütter sonst waren, es gelang ihnen, deutlich zu machen, daß sie etwas Bedeutendes taten. Sie waren der Mittelpunkt der Familie und hielten das Ganze zusammen. Und das schafften sie in nur dreißig Minuten pro Woche.

Es waren die anderen, die nicht so perfekten Mütter, die Ende der sechziger Jahre gewisse Dinge zur Debatte stellten. Sie hatten etwas gegen die langen Arbeitstage. Gegen das Fehlen von Sozialleistungen. Gegen das Hol-und-Bring-Syndrom. Sie hatten etwas gegen die Frage: »Na, was hast du denn den ganzen Tag gemacht?« und etwas dagegen, daß die Antwort dann auf taube Ohren stieß.

War die Unzufriedenheit am Anfang wie eine leichte Bewegung des Wassers, so schlug sie während der siebziger Jahre immer höhere Wellen. In den achtziger Jahren waren die Dissidenten bereits eine Macht, mit der man sich auseinandersetzen mußte, da inzwischen 52 Prozent aller Mütter Stellungen angenommen hatten.

Was mag aus den Fernsehmüttern geworden sein? Aus Donna, Barbara, Shirley, Harriet, Marjorie, Jane und Florence? Sie wurden von einer Woge der Realität überspült und verschwanden.

Hie und da ist die eine oder andere bei Wiederholungssendungen am Nachmittag noch einmal zu sehen. Um diese Zeit sind kaum Mütter zu Hause, die in die Glotze schauen könnten. Meist sind es Schlüsselkinder, die vor dem Bildschirm Pizza essen und sich gewiß fragen, wer das denn da ist — diese Dinosaurier in Schürzen, die durchs Leben wandeln, weise lächeln und Milch eingießen.

Ironischerweise vermisse ich sie, trotz ihrer fürchterlichen Vollkommenheit, die einen auf die Palme treibt. Außerdem beneide ich sie ein kleines bißchen, denn sie schienen mir so ausgefüllt.

Ich frage mich, warum. Vielleicht, weil sie so gut dafür bezahlt wurden, eine Mutter zu sein, und weil ihre Saison nur 26 Wochen dauerte? Oder vielleicht, weil sie die Gören nur für dreißig Minuten pro Woche hatten und sie anschließend wieder dorthin zurückschicken konnten, wo sie herkamen?

Vielleicht auch, weil sie bei schwierigen Szenen einen kleinen Applaus bekamen.

Oder vielleicht — nur sehr vielleicht —, weil sie sich in den Stunden zwischen dem Wegfahren der Familie am Morgen und deren Rückkehr am Abend nicht dem wirklichen Leben stellen mußten. Diese vortrefflichen Mütter...

Ausblenden · Ende der Sendung · Ende der Ära ...

Wenn Vater Mutter spielt

Am 15. Oktober 1979 wurde Frank Rutledge Mutter von Adam (14), Caroline (12) und Teddy (6) und dadurch die erste Mutter des Villenvorortes Rochester mit einem Schnurrbart.

Die neue Rolle war die Folge eines Gesprächs, das sechs Monate vorher stattgefunden hatte. Bei dieser Gelegenheit hatte Frank gestanden, er fühle sich in seiner Arbeit in der Werbefirma total unbefriedigt. Er habe sie mehr als satt, diese Cornflakes-Packungen, die Step tanzten, und diese Termiten in Ballettröckchen. Was er sich wünschte, war, einfach zu Hause zu bleiben und an seinem Roman weiterzuschreiben.

Ann, seine Frau, war ganz begeistert von seinem Entschluß. Sie hatte die sexuelle Revolution verpaßt, war für die Frauenbewegung zu spät dran, hatte ihre Selbstachtung den Kindern geopfert und lehnte es ab, mit ihrer Midlife-Crisis anzufangen, ehe sie nicht zehn Pfund abgenommen hatte. Die Vorstellung, irgendwohin zu gehen, wo sie nicht bei Tisch allen das Fleisch kleinschneiden mußte, reizte sie ungemein.

Die beiden kamen überein, es mal ein Jahr zu

versuchen. Ann wollte arbeiten gehen und Büro-
einrichtungen verkaufen, und Frank würde zu
Hause bleiben und schreiben. Es schien eine einfa-
che Sache zu sein. Schließlich hatte ja auch der
Präsident der Vereinigten Staaten jahrelang zu
Hause gearbeitet. Dennoch gab es da einige bemer-
kenswerte Unterschiede.

1. Der Präsident der Vereinigten Staaten wurde
beim Telefonieren auf höchster Ebene, das dem
Lauf der Geschichte eine andere Richtung geben
konnte, nie durch eine Stimme gestört, die rief:
»Es ist kein Klopapier mehr da!«

2. Durch das Weiße Haus trotteten keine Kammer-
jäger und besprühten ihm die Füße mit Insekten-
vertilgungsmittel.

3. Die First Lady rief nie aus ihrem Büro im Zen-
trum an, um ihm folgende Anweisungen durchzu-
geben: »Geh in die Garage und kipp den Rasenmä-
her auf den Rücken, gleich unter dem rechten
Mähmesser ist eine Seriennummer eingestanzt.
Die schreib dir auf und gib sie der Reparaturwerk-
statt, damit wir nicht wieder so dumm dastehen,
wenn die Rasenschneiderei anfängt.«

Am 22. November, nachdem er einen Monat lang
Hamster wieder eingefangen und tagelang nichts
anderes gehört hatte als »Uiii, das sag ich aber«, riß
Frank das leere Blatt aus der Schreibmaschine und
faßte einen zweiten Entschluß. Nämlich den, das
Schreiben des Romans auf später zu vertagen. Statt
dessen wollte er ein Tagebuch über seine Erfahrungen als Hausmann verfassen.

Das würde sich verkaufen, soviel wußte er. Er konnte ja keine Buchhandlung betreten, ohne daß ihm ganze Regale voller Haushalts-Schnurren ins Auge fielen. Auf den Schutzumschlägen sah man verstörte Frauen, denen der Hund in die Fersen kniff. Und schließlich: Wie viele Männer hatten denn die Erfahrungen, die er eben jetzt machte? Es würde ein humorvolles Buch werden. Er wollte es nennen: »Frank und frei als Mutter«. (Gott, war der Titel himmlisch!)

Es darf nicht unerwähnt bleiben, daß am 22. November 1979 in Rochester im Staat New York der kälteste Winter der Geschichte einsetzte. Innerhalb von 6 Monaten fielen fast drei Meter Schnee.

Anfangs fand Frank den Schnee herrlich. An der Schreibmaschine sitzend, rief er eines der Kinder, die an seiner Tür vorbeitrabten, zu sich und erklärte geduldig, daß sich keine zwei Schneeflokken genau glichen. Er bestand sogar darauf, daß sie das Muster der Eisblumen auf den gefrorenen Scheiben nachzeichneten.

Am 3. Dezember wurde die Schule infolge »höherer Gewalt« geschlossen.

Die folgenden zehn Tage lastete auf Frank die Verantwortung dafür, daß sich drei Kinder nicht gegenseitig umbrachten. Er stellte fest, daß er kein Wort sagte, sondern ruhig zusah, wie Teddy sich einen Knopf tief in die Nase steckte. Auch als Caroline seinen Trauschein bunt ausmalte, sah er zu und konnte nur murmeln: »Nicht über'n Rand.«

Er beobachtete stumpfsinnig, wie der Lüster über dem Eßtisch ins Zittern geriet, weil Adam sein Bett als Trampolin benutzte. Das Haus war voll nasser Sachen, die überall trockneten, und roch wie ein nasses Meerschweinchen in der Brunft.

Am 30. Dezember 1979 hatte Frank nur drei Eintragungen in sein Tagebuch gekritzelt:

1. Es gibt keinen Gott.

2. Niedliche Anekdote über Teddy: Er kann nicht Spaghetti sagen. Nennt sie Gasphetti. Daran muß man noch arbeiten.

3. Ann hat mir zu Weihnachten eine Müllpresse geschenkt. (Das war durchgestrichen und mit einer Fußnote versehen: Nicht humoristisch genug!)

Danach gab es nur noch wenige Eintragungen.

15. Januar 1980: Daß man in Villenvororten einsam sei, ist eine Legende. Teddy hat nur Halbtagsunterricht und zieht sich zwischen 8 Uhr früh und Schlafengehen achtmal um. Er hat für alles ein passendes Kostüm, auch wenn er im Fernsehen Tao-Tao ansieht oder seiner Schwester in den Nachtisch spuckt. Ich bin seit vorigen Oktober nicht mehr allein im Badezimmer gewesen.

17. Januar: Ich muß noch viel lernen. Beverly, unsere Nachbarin, war hier und trank Kaffee, als ich anfing, den Tisch abzudecken und die Essensreste in den Mülleimer zu kratzen.

Sie sagte, daß man nichts gleich wegwerfen soll. Irgendwo stehe, daß man Abfälle erst dann vergraben soll, wenn die Zeit dafür reif ist. Und dafür muß man sie eine volle Woche aufheben.

26. Januar: Hab den neuen Leberpudding aus *Haus*

und Garten versucht. (Zubereitungszeit 16 Minuten, Rezept für sechs Personen.) Habe das ganze Wirtschaftsgeld für Pilze, Porree, Brie und Cabernet Sauvignon auf den Kopf gehauen. Ann hatte den Pudding schon zu Mittag in der Stadt gegessen. Carolines Lehrerin hat angerufen. Ich bin jetzt Aufsicht für den Aufenthaltsraum.

1. Februar: *Haus und Garten* hat gelogen. Das Rezept reicht für sechzehn Personen acht Tage lang. Beverly hat es auch gemacht, aber sie hat Lauch, Brie, Pilze und Leber weggelassen.

27. Februar: Ich fürchte, ich werde langsam verrückt. Jeden Tag werfe ich ungefähr ein Dutzend Paar Socken in die Waschtrommel, und sobald die Maschine abgestellt wird, ist von jedem Paar nur noch ein Socken übrig. Adam, Caroline und Teddy ärgern sich wegen der fehlenden Socken und wollen wissen, wo sie hingekommen sind. Ich habe gesagt, sie seien in den Himmel geflogen. Ich hasse meinen Job.

Im März und April machte Frank keine einzige Eintragung in sein Tagebuch. Im März starb das Haus. Es war kein schöner Tod. Genau an dem Abend, an dem Teddy sich mit Virusgrippe ins Bett legte, gab der Wäschetrockner den Geist auf, nachdem er drei Garnituren Bettwäsche ausgekotzt hatte. Zwei Tage später segnete die Waschmaschine das Zeitliche, gefolgt vom Heißwasserboiler, dem Staubsauger und dem Dampfbügeleisen. Die Autobatterie lief gerade an dem Tag leer, als Frank acht Volksschulkinder in den Zoo führte.

Dadurch kam er zu spät nach Hause, um noch *Das Krankenhaus am Rande der Stadt* zu sehen. Abgesehen davon merkte niemand, was er tat. Es war auch allen ganz egal. Eines Abends kam Ann mit drei Gästen zum Abendessen hereingeplatzt. Sie merkte nicht einmal, daß er sich die Gabel mit den verbogenen Zinken nahm.

Im April sollte eigentlich der Frühling in Rochester Einzug halten, aber er konnte wegen der Schneemassen nicht landen. Frank hatte nichts mehr, für das es sich lohnte zu leben. Keine Weiße Woche, keine Sonne zum Braunbrennen. Außerdem wurde er fett. Und die Kinder machten ihn ganz zappelig.

Eines Abends, als Ann eine ganze Woche nicht mit den Kindern gegessen hatte und sie beim Insbettgehen waren, sagte sie: »Hab ich dir schon erzählt, daß ich befördert worden bin und daß ich wahrscheinlich eine Erfolgsneurose habe?«

»Eine Neurose treibt sieben Krankheiten aus«, murmelte Frank.

»Ist was?« fragte sie.

»Nichts, was soll sein?« erwiderte Frank. »Alles ist tadellos. Ich kriege niemanden, der mir hilft, für Teddys Zeichenstunde vor Ostern Eier auszublasen. Ich komm am Telefon immer nur bis ›Wollen Sie mit mir sechs Eier aussaugen‹, da wird schon eingehängt. Adam ist der einzige Vierzehnjährige in ganz Nordamerika, der keinen Alligator auf dem Hemd hat, und du kommst so müde heim, daß du jeden Abend im Sessel einschläfst. Wir reden nie mehr miteinander!«

»Um was geht's denn?« fragte Ann müde. »Willst du das Haus renovieren?«

»Das fehlte noch!« sagte Frank. »Wirf mir ein paar neue Sofakissen her, und ich gehe.«

»Hör mal, warum läßt du dir nicht eine neue Frisur machen?«

Er kaute an einem Fingernagel. »Ich versuche, mir die Haare wachsen zu lassen. Hab ich dir doch gesagt.«

»Ich verstehe«, sagte Ann. »Komm, wir machen Urlaub, nur wir beide allein.«

17. Mai: Die Reise ging total daneben. Statt allein zu reisen, trafen wir ein Ehepaar aus Anns Büro. Sie und Phyllis redeten die ganze Nacht übers Geschäft. Jack war kinderlos. Er redete nur über Sport, seinen Job und sein Boot. Wir hatten nichts gemeinsam. Außerdem hatte ich Heimweh nach den Kindern und kürzte unseren Aufenthalt ab, um rechtzeitig zu Hause zu sein, wenn Caroline ihre Trommelparade hat. Sie hat den Stab nur einmal fallen lassen.

26. Mai: Mein Gott, wie ich mich langweile! Habe endlich den Christbaumschmuck weggeräumt. Beverly hat beschlossen, sich Frischzellen einsetzen zu lassen. Ich wollte, ich könnte etwas Einschneidendes unternehmen, um mein Aussehen zu ändern. Ich hab keinen Appetit und bin dauernd müde. Morgens ist mir ziemlich mies, und wenn ich es nicht besser wüßte, müßte ich annehmen ... Mein Himmel, was sag ich da?

29. Mai: Die Schule ist jetzt für den ganzen Som-

mer aus. Beverly hat mir von einem wundervollen Ferienlager erzählt. Es liegt draußen auf dem Land und hat frische Luft und massenhaft Sportmöglichkeiten, um sich körperlich in Form zu bringen. Es dauert nur zwei Wochen, aber es hilft allen Teilnehmern, mit Gleichaltrigen zurechtzukommen und selbst etwas zu tun, statt nur bei Wettspielen zuzuschauen und den ganzen Nachmittag Popcorn zu knabbern.

Ich würde gern mitmachen, aber wer bleibt bei den Kindern?

24. August: Ich kann es kaum erwarten, daß Ann heimkommt und ich ihr über Reflexologie berichten kann. Eine Frau in dem Frisiersalon, in dem ich mir die Haare schneiden lasse, hat gesagt, daß ich meine Nebenhöhlen reinigen kann, indem ich die Unterseite meines großen Zehs reibe. Sie hat gesagt, daß jedes Organ in meinem Körper sich auf einen entsprechenden Punkt auf der Fußsohle projiziert.

25. August: Ann sagt, es sei normal, wenn einer dauernd dasitzt und mit seinen Füßen spielt. Wir haben eben keine Beziehung mehr zueinander. Was ich tue, ist für sie ohne jede Bedeutung.

Eines Abends, spät im November, knipste Frank die Küchenleuchte aus und ging langsam hinüber an den Eßtisch, wo Ann saß und Schecks für eingegangene Rechnungen ausstellte.

»Du bist blöd«, sagte sie in scharfem Ton. »Warum stellst du zum Geschirrwaschen nicht die Gören an?«

»Weil ich neulich abend ein angebackenes Gasphetti auf meinem Teller gefunden habe.«

»Na, wenn schon, da hat eben jemand nicht aufgepaßt.«

»Ann, wir benutzen die Teller jeden Abend und haben drei Wochen lang keine Gasphetti gegessen.«

»Du mußt eben lernen, dich durchzusetzen.«

»Ann«, sagte Frank nach langer Pause. »Schreib mir auch einen Scheck aus.«

»Wofür?«

»Für mich.«

»Frank, wozu brauchst du einen Scheck? Wenn du etwas haben willst, nimm es dir doch vom Haushaltsgeld.«

»Ich möchte das Gefühl haben, daß ich etwas wert bin.«

»Hör mal, das ist doch nicht dein Ernst«, sagte Ann und legte den Taschenrechner hin.

»Ist dir klar, daß ich vorige Woche einen Tag lang keine menschliche Stimme gehört habe? Überall, wo ich anrief, antwortete ein Band: in der Bank, in deinem Büro, in der Schule, und einmal war ich falsch verbunden. Wenn man sich früher mal verwählt hat, antwortete ein lebendes Wesen.«

»Du bist einfach übermüdet, Frank. Du solltest dich zwischendurch manchmal hinlegen.«

»Ich koche Essen, und irgendwer ißt es. Ich mache Betten, und irgendwer zerknautscht sie wieder. Ich scheure Böden, und irgendwer latscht mit Dreckstiefeln drüber. Es hört nie auf.«

»Ja, aber darin besteht doch nun mal der Job«, sagte Ann.

»Das ist kein Job«, sagte Frank. »Ich weiß noch, wie ich früher von der Arbeit heimkam und die Kinder sagten: ›Hallo, Dad!‹ Weißt du, was sie jetzt sagen? Sie kommen rein, schauen mir ins Gesicht und fragen: ›Jemand zu Hause?‹ *Ich bin doch da, verdammt noch mal! Ich bin doch auch wer!* Sie sehen mich gar nicht mehr als Person.«

Sie schüttelte den Kopf. »Schau dich um, Frank. Du hast ein schönes Heim, einen Garten, drei Kinder, kannst den ganzen Tag tun, was du willst. Du hast deinen eigenen Wagen, genügend Haushaltsgeräte, um einen Laden damit zu eröffnen, eine Frau die dich erhält und anderthalb Pfund Kreditkarten. Ich gebe auf! Ich weiß nicht, was ihr Männer immer wollt!«

Letzte Anstellung: Mutter

Connie hielt über dem Vordruck, mit dem sie sich um den Job bewerben wollte, plötzlich inne und rieb sich die Augen. Sie war müde. Sie hätte eben nicht so lange aufbleiben und das Ende der Schönheitskonkurrenz um den Titel der Miss Amerika anschauen sollen, aber es tat ihr nicht leid. Wie oft hat man schon Gelegenheit, dabeizusein, wenn Geschichte gemacht wird. Eine Miss Amerika, die nur 1,60 m groß war. Man stelle sich das vor! Es gab wirklich einen Gott.

Als sie sich wieder an das Ausfüllen des Formulars machte, sah sie, daß die Druckerschwärze auf beide Finger abgefärbt hatte. Sie hatte eben ihren Lidschatten verschmiert und sah vermutlich aus wie ein Waschbär.

All dies war Connie neu. Jeden Tag Strumpfhosen, die Tasche, die zu etwas paßte, die Creme, die sie gegen die Falten um die Augen herum auftrug in dem Bemühen, die von zwei Teenagern verursachten Schäden zu löschen, und natürlich auch ihre Diät: eine Scheidung und 700 Kalorien am Tag.

Letzte Anstellung! Connie konnte sich kaum daran erinnern.

Alter? Irgendwo zwischen Östrogen und Ableben.
Familienstand? Sie spuckte auf die Finger und versuchte, das Schwarze abzukriegen.

Connie war von Geburt an verheiratet gewesen. Sie und Martin hatten die Treuegelübde gleich nach dem Abitur getauscht. Sie taten alles genau nach Vorschrift. Kauften das Haus, bekamen die zwei geplanten Kinder, fuhren zu ermäßigten Sommerpreisen nach Florida und sparten zwei Jahre auf eine Gefriertruhe.

Sie war nicht glücklich, aber auch nicht unglücklich.

Und eines Tages, als sie eine Freundin zum Flughafen brachte, hörte sie zufällig eine Frau von ihrem eben verstorbenen Mann sprechen. Diese Frau sagte: »Das Haus ist so still. Keiner, mit dem man reden kann, keiner, der alles repariert, keiner, dessen Gegenwart man im Schlaf spürt ... keiner am Eßtisch, der das mit einem teilt, was man gekocht hat, und keiner, durch den man spürt, daß man lebt.«

Connie erstarrte.

Die Frau hatte eben ihr Leben mit Martin geschildert.

Nach der Scheidung versuchte sie es mit verschiedenen Jobs, die sich im eigenen Heim durchführen ließen: Babysitten für Bekannte, Haushüten für Nachbarn und Verkauf von Kosmetika per Telefon. (Ein dummer Witz so was! Sie konnte nicht einmal ein Schinkenbrot essen, solange sie Lip-Gloss aufgelegt hatte!)

Was sie brauchte, war eine Ganztagsstellung. Und

nach drei Monaten Klinkenputzen in einem Büro nach dem anderen machte sie eine bedeutungsvolle Entdeckung: Sie war für nichts tauglich und hatte kein Lebensziel.

Ein Lebensziel! Sie wünschte sich so sehr, eins zu haben, außer bei Hitze die Beine übereinanderschlagen zu können. Die Miss Arkansas gestern abend, die hatte eins, ein ganz großes. Sie wollte für den Weltfrieden arbeiten und in der ganzen Welt den Hunger ausrotten. Gerade wollte sie das hinschreiben, da hielt sie inne. Es klang vielleicht doch zu hochtrabend.

Connie atmete tief ein und überlas noch einmal ihr Resumee. Es hätte einen chronisch Schlaflosen eingeschläfert.

»Miss Sawyer läßt bitten«, sagte die Vorzimmerdame. Miss Sawyer sah aus wie alle Chefinnen in Personalabteilungen, die Connie im Lauf der letzten Monate kennengelernt hatte: Ihr Make-up war tadellos, ihr Haar sah aus wie ein ungemachtes Bett, und sie war zwölf, keinen Tag älter.

»Sie haben ja keine akademische Ausbildung«, sagte Miss Sawyer.

Connie räusperte sich. »Ich wollte ein paar Abendkurse belegen, konnte aber nie einen Parkplatz finden.«

»Ihre Erfahrungen sind nicht sehr umfassend«, stellte sie fest. »Haben Sie Computer-Vorkenntnisse?«

»Ich habe gleich nach der Schule geheiratet«, erwiderte Connie.

Miss Sawyer schüttelte den Kopf. »Ich fürchte, Sie

sind für keine unserer Abteilungen geeignet, aber wir werden Ihre Bewerbung im Auge behalten und Sie anrufen, wenn sich etwas ergibt.«

Sie griff nach dem Hörer (ihr persönlicher Trick) und deutete dadurch an, daß die Besprechung beendet sei.

Connie saß auf dem Parkplatz, den Kopf über das Steuerrad geneigt. Sie war zu wütend, um zu weinen. Für nichts geeignet. Und wer behauptete das? Ein Kind, das ihren eigenen Kindern nicht unähnlich war, behauptete das. Sie hätte zu diesem Teenager hinter dem Schreibtisch gern gesagt: Dich kenne ich. Und du kennst mich. Hab ich dich nicht auf dem Arm getragen, dich gestillt und dir den Hintern gepudert? Hab ich dich nicht gefüttert und zu deinen Geburtstagspartys Luftschlangen aufgehängt? Ich bin zu deinen Schüleraufführungen gegangen, habe dich fotografiert und am lautesten geklatscht. Ich hab deine Naturkunde-Ausstellungen besucht und bin stundenlang darin herumgestiefelt, während du erklärt hast, daß schimmeliges Brot Krebs heilen kann.

Ich habe dir beim Klavierspielen zugehört, habe dich vernünftig ernährt und dafür gesorgt, daß das Wirtschaftsgeld stimmte. Ich habe nähen gelernt und Haare schneiden. Ich habe an einem einzigen Tag tausend Entscheidungen getroffen, dich beraten, dich gesund erhalten und dir Geborgenheit geschenkt. Ich habe zugehört, was du erzähltest, mit dir gelacht, wenn du lachtest, mit dir geweint, wenn du weintest. Jetzt hängt mein

Leben in der Schwebe, und jetzt fragst du mich, wofür ich qualifiziert bin?

Zornig stieg Connie aus dem Wagen und ging zurück in das Büro. Dort stellte sie sich vor Miss Ungemachtes Bett.

»Haben Sie etwas vergessen?« fragte Miss Sawyer kalt.

»Ich habe vergessen, Ihnen zu erzählen, daß man mir heute morgen bei einer Befragung vorgeworfen hat, ich sei zu still. Und zwei Stunden später bei einer anderen, daß meine Augenbrauen eine negative Einstellung verraten. Dort wollte man auch wissen, ob ich unter Streß eine gute Autofahrerin sei. Man hat mir mitgeteilt, wenn ich den Bus-Führerschein machte und von und zum Flughafen fahren könne oder wenn ich Konfektionsgröße 9 hätte, könne ich Wagen vermieten. Vor einer Stunde hat ein Mädchen in der Reihe vor mir, deren I.Q. identisch war mit ihrem Brustumfang, den Job gekriegt. Jetzt will ich Ihnen mal sagen, wer ich bin, Miss Sawyer, und wofür ich qualifiziert bin: Ich bin eine Fünfunddreißigjährige, die 17 Jahre lang den Beruf der Ehefrau und Mutter ausgeübt hat, und zwar ausgezeichnet. Wenn Sie mir freundlicherweise zwei weitere Formulare holen, werde ich darauf gern meine Talente und Vorkenntnisse aufführen!«

Die Mutter aller anderen

Die Mutter aller anderen. Sie hat keinen Namen. Im Telefonbuch steht sie nicht. Aber es gibt sie im Kopf jedes Kindes, das jemals versucht hat, seinen Willen durchzusetzen, als allerletzten Ausweg.

Die Mutter aller anderen entstammt den Seiten der griechischen Mythologie − sie ist geheimnisvoll, rätselhaft und von Legenden umrankt.

Sie ist der Wunschtraum jedes Kindes.

Herkömmliche Mutter: »Wenn du den Wagen nicht um elf heimbringst, kriegst du ihn den ganzen Monat nicht mehr.«

Die Mutter aller anderen: »Komm heim, wann immer dir danach ist.«

Herkömmliche Mutter: »Wenn ich dich diesen Bikini überhaupt anziehen lasse, dann nur unter einem Mantel.«

Die Mutter aller anderen: »Ja, zieh ihn nur an. Man ist nur einmal jung.«

Herkömmliche Mutter: »Du gehst in den Ferienkurs und damit basta.«

Die Mutter aller anderen: »Ich laß Harold ein Floß bauen und damit den Ohio hinunterschippern. Dabei lernt er schließlich auch was.«

Einige wenige Mütter haben den Versuch unternommen, herauszukriegen, wo denn diese geheimnisumwitterte Mutter wohnt und welche Ausbildung ihr zu ihrer Sachkenntnis bei der Kinderaufzucht verholfen hat. Sie wollten es genau wissen. Alles, was sie an Informationen erhalten konnten, trugen sie zusammen, und heraus kam folgendes: Soweit nachprüfbar, ist *die Mutter aller anderen* eine Kreuzung aus Belle Watling und Peter Pan. Sie liebt Schlangen als Haustiere, gemischtes Eis *vor* dem Essen und ungemachte Betten. Sie trägt *nie* Handschuhe an kalten Tagen und ist nie daheim. Sie geht niemals zum Zahnarzt, findet Hausaufgaben widerlich, räumt ihre Einkäufe nie in den Schrank, schläft morgens lange, raucht und tritt die Kippen mit dem Absatz in den Teppich. Sie ißt Cremehütchen zum Frühstück, trinkt Milch grundsätzlich aus der Packung, trägt, wenn sie in die Kirche geht, Turnschuhe, weil sie so schön bequem sind, wäscht nie ihren Wagen und besitzt keinen Regenschirm.

Die Mutter aller anderen ist sehr viel unterwegs, scheint sogar an verschiedenen Stellen gleichzeitig sein zu können. Wenn man meint, sie sei aus der Gegend weggezogen, taucht sie wieder auf. Sie urteilt rasch und hat mehr Entscheidungen getroffen als der Oberste Bundesgerichtshof in den letzten 200 Jahren. Sie hat nur ein Kind, das ein »wahrer Schatz« von einer Freundin für sie auf die Welt gebracht hat. Sie hat noch nie das Wort *Nein* benutzt.

Erschiene diese *Mutter aller anderen* bei einer Elternversammlung und gäbe sich zu erkennen – sie würde gelyncht.

Von Zeit zu Zeit wird die Existenz der *Mutter aller anderen* bezweifelt. Bei ihr handelt es sich vermutlich um ein Produkt von Wunschdenken. Gibt es sie wirklich?

O ja, Virginia, es gibt sie tatsächlich. Sie lebt im Herzen der Kinder in aller Welt, die glauben möchten, daß ein Erwachsener ihre Partei ergreift. Jemand, der sich daran erinnert, wie gern man irgendwann im Leben zu einer Gruppe gehören möchte, die das Verbotene nur deshalb tut, weil es verboten ist!

Daß man sie nie gesehen hat, beweist nicht, daß es sie nicht gibt. Gibt es nicht auch die Ungeheuer, die man in bösen Träumen sieht, und die Tiger, die in der Dunkelheit aufs Bett kriechen und verschwinden, wenn Licht gemacht wird?

Die *Mutter aller anderen* ist ganz real und ein paar Jahre lang eine fürchterliche Gegnerin für alle Mütter. Und eines Tages verschwindet sie. An ihre Stellen treten 90 Pfund (mehr oder minder) Rebellion und Unabhängigkeitsstreben, die sich auf Wortgefechte einlassen und selber sagen, was früher die *Mutter aller anderen* für sie gesagt hat.

Das nennt man Pubertät. Und in dieser Zeit gibt es nichts, was einen nicht mit Sehnsucht an die *Mutter aller anderen* denken läßt. Denn eigentlich war sie gar nicht so schlimm.

Nesthäkchens erster Schultag

Was Dina sagte:
»Also, Mike, ich weiß gar nicht, wovor du Angst hast. Mutter ist doch da, wenn du heimkommst. Du meine Güte, du darfst in einem so niedlichen kleinen gelben Bus fahren und hast deine eigene Frühstückstüte und deinen Namen auf dem Pullover. Was soll schon schiefgehen?
Du bist doch jetzt ein großer Junge und mußt dich auch so benehmen, und du lernst so viele neue Freunde kennen. Jetzt marsch, hinaus mit dir, und setz dich auf den Randstein, und stell dich nicht an wie ein kleines Kind. Wovor fürchtest du dich denn?«

Was Mike nicht sagte:
Ich weiß überhaupt nichts.
Ich hab neue Unterhosen, einen neuen Pulli, einen wackligen Zahn, und ich hab vorige Nacht nicht geschlafen.
Ich mach mir Sorgen.
Und wenn nun der Bus beim Anfahren ruckelt, wenn ich eingestiegen bin, und ich verlier das Gleichgewicht und zerreiß mir die Hose und alle lachen?

Und wenn ich nun mal Pipi muß, ehe wir in der Schule angekommen sind?

Und wenn eine Glocke läutet und alle gehen rein und ein Mann brüllt: ›In welche Klasse gehörst denn du?‹ und ich weiß es nicht?

Und wenn mir das Schuhband aufgeht und jemand sagt: ›Dein Schnürsenkel ist offen, und jetzt schauen wir mal alle zu, wie du ihn wieder zubindest‹?

Und wenn ich zu klein bin für die Tabletts in der Cafeteria und ich reich nicht rauf, und der Deckel von meiner Thermoskanne, wo meine Suppe drin ist, ist zu fest zugeschraubt, und wenn ich ihn aufmachen will, geht er kaputt?

Und wenn aber mein wackliger Zahn rausfällt, während wir alle mit gesenktem Kopf dasitzen und ganz still sein sollen? Und was ist, wenn die Lehrerin zur Klasse sagt, wir sollen alle verschwinden gehen, und ich muß nicht?

Und wenn mir heiß wird, und ich zieh die Strickjacke aus und jemand klaut sie?

Und wenn ich auf mein Namensschild Wasser spritze und mein Name geht ab, und keiner weiß mehr, wer ich bin? Wenn sie uns zum Spielen rausschicken und alle Schaukeln sind schon besetzt? Was mach ich dann?

Und wenn der Wind geht und mir alle wichtigen Papiere aus der Hand weht, die ich heimbringen soll?

Was ist, wenn die meinen Nachnamen falsch aussprechen und alle lachen?

Und wenn die Lehrerin die D's ganz anders macht, als die Mami mir beigebracht hat?

Wenn aber die Lehrerin alle auf ihre Plätze schickt, und ich bleib übrig?
Wenn aber die Fenster im Bus beschlagen sind, und ich weiß nicht, wo ich bin und wann meine Haltestelle kommt?
Und wenn ich vielleicht den ganzen Tag keinen einzigen Freund finde?
Ich hab Angst.

Was Mike statt dessen sagte:
»Wiedasehn.«

Was Dina nicht sagte:
Wie kann ich diesen Winzling in die Welt hinausschicken, ehe die Nabelschnur abgeheilt ist? Wo bleiben die Erleichterung und die Freude, die ich empfinden soll? Wenn ich doch bloß nicht so widerlich zu ihm gewesen wäre den ganzen Sommer. ›Verschwinde, geh draußen spielen! Komm, schlaf endlich. Wann wirst du endlich erwachsen?‹ Ich glaube, ich habe alles verkehrt gemacht. Ich hab zu viel geredet und zu wenig gesagt. Ich werde die Chance nicht noch einmal kriegen. Ab jetzt übernehmen andere.
Jetzt bin ich dran. Meine Entschuldigung für alles und jedes ist eben in den Schulbus gestiegen. Meine Entschuldigung dafür, daß ich keine Diät halte, keine Ganztagsstellung annehme, das Haus nicht gründlich saubermache, die Polstermöbel nicht neu beziehen lasse, nicht noch einmal zur Schule gehe, keine Ordnung in meinen Alltag bringe und das Backrohr nicht reinige.

Das Ende einer Ära ist da. Was mach ich nun die nächsten zwanzig Jahre?

Diese Wände haben mich die letzten paar Jahre so sicher umschlossen. Ich mußte nie jemand was beweisen. Jetzt fühle ich mich so ausgesetzt.

Was ist, wenn ich mich um einen Job bewerbe, und keiner will mich?

Wenn mein einziges Talent darin besteht, Brotpudding mit Vanillesauce zu machen?

Wenn ich mir und anderen nur eingeredet habe, ich hätte ein Buch bereits fix und fertig im Kopf, und das würde ich jetzt schreiben?

Wenn ich nun von der Vergangenheit nicht loskomme?

Es ist erst 8 Uhr 15 morgens.

Ich habe Angst.

Schnuller-Pioniere

Eines Abends unterhielt sich eine Gruppe Mütter über die zehn wichtigsten Punkte, die zur Verbesserung ihrer Lebensqualität beigetragen hatten. Die meistgenannten waren – naheliegenderweise – Penicillin, Fluor, elektrischer Strom, das Auto, ganz zu schweigen von der Pille, Plastikgegenstände aller Art und 30 m lange Telefonschnüre.

Was andere Frauen sagen, ist mir egal. Für mich steht an erster Stelle der Schnuller. Wie viele Frauen wären heute nicht mehr unter uns, gäbe es nicht den kleinen Nuckel aus Plastik oder Gummi, den man dem Baby in den Mund steckt, wenn es brüllt.

Heutzutage gehört so ein Schnuller genauso in ein Babygesicht wie etwa die Nase, aber vor dreißig Jahren sah man im Schnuller eine Mutterkrücke, die der Welt laut und deutlich verkündete: »Ohne schaff ich's nicht.«

Ich war eine Verfechterin des sogenannten heimlichen Schnullers. Das war übrigens auch die Mehrzahl meiner Freundinnen. Ohne Wissen unserer Mütter besaßen wir dreißig, vierzig dieser kleinen Sauger, strategisch so im Haus verteilt, daß man

ein Gebrüll in weniger als dreißig Sekunden verstummen lassen konnte. Flaschen wurden sterilisiert, Kinderzimmer desinfiziert und die Bakterien einzeln bekämpft, doch wo sich der Schnuller herumgetrieben hatte, schien nie jemand etwas auszumachen.

Wir fanden ihn unter Betten, in Sofakissen vergraben, im Aschbecher, im Mülleimer. Kein Kind erkrankte je an Schnulleritis. Ich hielt den Schnuller vor meiner Mutter geheim, solange ich konnte. Doch eines Tages kam sie überraschend zu Besuch und verlangte zu wissen: »Was ist denn das?«

»Das ist ein Schnuller.«

»Du weißt hoffentlich, daß, wenn du den weiterhin benutzt, die Kleine als Vierjährige Raffzähne und lebenslang eine vorgeschobene Schnute haben wird.«

»Und du, Mutter, weißt nicht, daß sie ohne den Schnuller den Tag vielleicht gar nicht mehr erlebt, an dem sie vier wird!«

Wir amerikanische Pioniere des Schnullers haben ihm wieder das Ansehen verschafft, das er verdient. Denn schließlich und endlich: Welche Macht der Welt hat die Kraft zu heilen, Tränen zu trocknen, Schmerzen zu stillen, das Leben zu erhalten, den Frieden wiederherzustellen? Der Schnuller ist das Zaubermittel, das den Müttern überall auf der Welt ermöglicht, zu schlafen und vielleicht . . . zu träumen.

Wer ist schwerer aufzuziehen:
ein Junge oder ein Mädchen?

Wenn Sie gern in ein Hornissennest stechen, fragen Sie eine Mutter: »Wer ist schwerer aufzuziehen: ein Junge oder ein Mädchen?«
Die Antwort wird davon abhängen, ob diese Mutter mehr Jungen oder Mädchen aufzuziehen hat.
Ich habe beides gehabt und will deshalb dem Streit ein für allemal ein Ende machen. Mädchen!
Mit Jungen weiß man immer, woran man ist, nämlich in der Bahn eines Tornados. Es ist alles inbegriffen: die vielen Fliegen über ihrem Abfalleimer, der Hamster, der versucht, in reinere Luft zu entkommen, und die Schlafzimmer, die da eingerichtet sind im Stil ›Frühes Autobahnklo‹.
Bei Mädchen sieht äußerlich alles fabelhaft aus. Aber nehmen Sie sich in acht vor den Schubladen, die sich nicht aufziehen lassen. Sie enthalten die schmutzige Wäsche von drei Monaten, getragene Strumpfhosen und Gummibänder mit Haarbüscheln drin. Sie tun gut daran, stutzig zu werden, wenn Sie in das Schlafzimmer einer Tochter kommen, um ihr Bett zu machen, und alle ihre Puppen haben einen angstvoll-ungläubigen Blick in den Augen.

Einmal hat mir eine Mutter geschrieben und mir beigepflichtet. Sie schrieb: »Ich habe drei Jungens geboren. Beim vierten Versuch bekam ich endlich ein Mädel. Anfangs tat die Kleine all das Niedliche, nach dem ich mich gesehnt hatte. Sie spielte die Kokette, schlug beim Lachen beide Händchen vors Gesicht und klimperte mit den Wimpern wie einer der Muppets.

Dann wurde sie vierzehn Monate alt und überfiel uns wie ein Orkan. Als sie merkte, daß mir vor Entsetzen nicht mehr die Haare zu Berge standen, wenn sie das Treppengeländer herunterrutschte, fing sie an zu streunen. Ich zog ihr ganz süße Sachen an und ging das Frühstücksgeschirr spülen. Ich hatte noch kein Glas sauber, hatte sie schon wieder alles ausgezogen, die Tür aufgeschlossen und wanderte nackt in der Nachbarschaft umher. Als eines Tages jemand von der chemischen Reinigung etwas abzugeben hatte, sagte er: ›Du meine Güte, in Kleidern habe ich Stacy kaum erkannt!‹ Als sie älter wurde, öffnete sie mit einem Dosenöffner den Kopf ihres Bruders, weil er ihr die Puppen weggenommen hatte, und sagte dem Direktor ihrer Schule glatt ins Gesicht, er sei ein Macho. Jetzt bin ich wieder schwanger. Ich schlafe jede Nacht mit einem Fußball unterm Kopfkissen, um einen Jungen zu kriegen.«

Eine andere Mutter, die ich kannte, sagte: »Jungens sind so aufrichtig. Brüllt man die Treppe rauf: ›Was ist da oben für ein Krach?‹, bekommt man die ehrliche Antwort: ›Joey hat eben die Katze in den

Müllschlucker geworfen. Mann, war das 'ne Wucht!‹

Wenn meine Tochter oben mit Puppen spielt und ich hinaufrufe: ›Was macht ihr Mädels denn?‹ antwortet sie honigsüß: ›Gar nichts‹, und ich muß selber raufgehen, um festzustellen, daß sie aus dem Badesalz und meiner 12-Dollar-Dose Feuchtigkeitscreme Plätzchen backt.

Ein Kinderpsychologe hat mir geraten, es ›nicht zu bemerken‹, wenn sie ihr Lieblingskleid vier Monate hintereinander trägt. Aber wie macht man das, wenn es ein langes Kleid mit heruntergetretenem Volant und Löchern im Ellbogen ist und sie dazu die Papierkrone einer Restaurantkette aufhat? Wie verhält man sich, wenn es im Supermarkt plötzlich aus dem Lautsprecher tönt: ›Achtung! An alle Kunden! In der Abteilung Frischgemüse wurde ein kleines Mädchen aufgefunden, es trägt ein langes, rosa Schleppkleid, eine Florschürze, Glitzerschuhe und hat eine Papierkrone auf dem Kopf.‹

Kürzlich wurde unser drittes Kind geboren. Wieder ein Mädchen. Ich bat die Schwestern, mich gleich an der Entbindungsstation vorbei zur Geriatrie zu fahren. Ich setze mich zur Ruhe. Es wird ohnehin die erste Ruhe sein, die ich in den letzten sechs Jahren hatte.«

Ob die Mütter es glauben wollen oder nicht: Sie sind natürlich *doch* eifersüchtig auf ihre Töchter. Sie erkennen bei ihnen jeden weiblichen Trick deshalb so deutlich, weil sie ihn selbst angewandt haben. Und es funktioniert heute wie damals, als man ihn selber benutzte. »Papi, *du* glaubst mir, daß ein Baum vors Auto rutschen kann, nicht?«

Mädchen reifen schneller als Jungen, sie kosten mehr, bis sie erwachsen sind, und die Statistiken beweisen, daß der alte Spruch, wonach Mädels nicht mit Geld und Zinsen umgehen können, Legende ist. Mädchen geben noch vor Einsetzen der Pubertät mehr aus als Jungen und folgen dem einmal eingeschlagenen Weg, bis sie sterben oder auf einen unangenehmen Kreditmanager stoßen; je nachdem was zuerst eintritt.

Ein männlicher Säugling wird mit geschlossener Faust geboren. Ein weiblicher hat von dem Augenblick an, wo er zur Welt kommt, die linke Hand so verkrampft, als müßte er eine American-Express-Kreditkarte halten.

Wann immer ein Mädel ein Schild sieht: »Totalausverkauf wegen Geschäftsausgabe«, läuft ihm das Wasser im Mund zusammen, seine Handflächen werden feucht, und die Hirnanhangdrüse sagt: »Geh! Geh!«

Beim Knaben ist das völlig anders. Er hat eine Drüse, die reicht vom rechten Arm bis unter die Brieftasche. Sie heißt »billig«.

Mädchen können Türen lauter zuknallen, länger betteln, nach Bedarf die Tränendrüsen an- und abstellen wie einen Wasserhahn, und von ihnen stammt der Satz: »Ja, hast du denn kein Vertrauen zu mir?«

Soviel über das berühmte:
Rosig wie die Apfelblüten
sollen kleine Mädchen sein ...

Hochzeitslauf
in 3 Stunden, 43 Minuten und 16 Sekunden

Es war der Augenblick, um den jede Mutter der siebziger Jahre betete. Das Telefon klingelte, und eine Stimme sagte: »Weißt du was, Mam? Barry und ich heiraten!« (Halleluja!)

Heiraten! Ihre Freundin Sophie hatte einen Sohn, der hatte zwar kurze Haare, aber verheiratet war er nicht. Eine andere Freundin, Eileen, konnte eine Tochter vorweisen, die wartend stehenblieb, bis ihr jemand die Autotür öffnete. Aber verheiratet, tja, verheiratet war auch sie nicht.

Heiraten! Für Donna war es die Erfüllung eines Wunschtraums. Man brauchte sich das nur einmal vorzustellen: Schon bald würde ihre Kleine unbezahlte Rechnungen haben, ungeplante Babys, Rückfragen seitens der Bank und ein Fertighaus ohne Komfort. Alles, was sich eine Mutter für ihr Kind wünscht.

Nein, nicht nur das! Donna wäre die erste Schwiegermutter in ihrem Bridgeclub. Sie konnte es erst nicht recht glauben, nachdem die beiden schon zwei Jahre zusammenlebten.

Doch dann kamen Donna Bedenken. Handelte es sich vielleicht um eine weitere Zufallsbindung?

Ihre Gedanken jagten zurück zu einer Wiese, auf der ein Wohnwagen stand, bemalt mit Schlangen. Musik vom Band, Biosaft aus Pappbechern. Gäste, die den Rasen rauchten.

Als könnte sie Muttergedanken lesen, sagte Lynn dann später: »Mach dir keine Sorgen, Mom. Es wird eine ganz traditionelle Feier.«

Donna stiegen Tränen in die Augen. Eine richtige Hochzeit! Gefüllte Pilze. Smoking. Ein Streichquartett. Silbergeschirr. Spitz zulaufende Kerzen. Barry Manilow. Anstecksträuße bis zum Nabel.

Der Brautvater war nicht ganz so begeistert. »Wer ist Barry?« wollte er wissen.

»Das hab ich vergessen zu fragen.«

»Was wissen wir über ihn?«

»Was ist da viel zu wissen? Er ist der Mann, der unsere Tochter heiraten wird.« (Halleluja!)

»Der hat vielleicht Nerven. Die zwei leben doch seit Jahren miteinander.«

Ein paar Wochen später kam die Einladung. Sie hatte die Form eines Joggingschuhs.

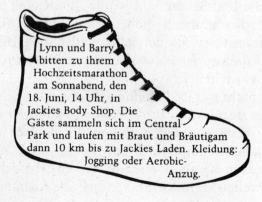

Lynn und Barry bitten zu ihrem Hochzeitsmarathon am Sonnabend, den 18. Juni, 14 Uhr, in Jackies Body Shop. Die Gäste sammeln sich im Central Park und laufen mit Braut und Bräutigam dann 10 km bis zu Jackies Laden. Kleidung: Jogging oder Aerobic-Anzug.

Donna und Mel betrachteten die Einladung schweigend. Sie waren wie vor den Kopf geschlagen. Mel ergriff zuerst das Wort. »Das ist keine Einladung zu einer Trauung. Das ist die Eröffnung eines Sportzentrums. Da gehen wir nicht hin.«

Instinktiv wurde Donna widerspenstig. »Du vielleicht nicht. Aber wenn meine einzige Tochter zum ersten Mal heiratet (Halleluja!), möchte ich dabeisein. Morgen geht die Brautmutter sich ein Kleid zur Hochzeit kaufen, mit oder ohne den Brautvater.«

Am nächsten Tag sah sich Donna im Spiegel der Ankleidekabine: enge rote Hose (die förmlich glühte von den Bemühungen einer runden Million Zellulitis-Fettaschen, die ins Freie drängten), darüber ein pinkfarbenes ärmelloses Trikot, das nicht über die Hüften herunterging. Ein dazu passendes Stirnband, ebenfalls in Pink, versuchte ihre Stirn davon abzuhalten, ihr in die Augen zu fallen. Sie betrachtete die Beinwärmer und betete, daß sie keine Hitzewallungen bekam. Sie steckte den Kopf durch den Kabinenvorhang und sagte zu der Verkäuferin: »Ich hab's mir überlegt, ich glaube, so was hier trägt die Mutter vom Bräutigam. Ich denke, ich nehme den blauen Trainingsanzug. Man verheiratet (Halleluja!) schließlich nur einmal seine Tochter.«

Ihre letzte Station war ein Sportzentrum, wo ein junger Mann ihr Laufschuhe anpaßte. Als sie in das Röntgengerät lugte, um zu sehen, wo die neuen Schuhe zu eng anlagen, fragte sie: »Übrigens, junger Mann, wieviel ist das, 10 Kilometer?«

»Genau 6,2 Meilen«, sagte er.

Auf dem Heimweg lächelte sie in sich hinein und dachte: Er wird mich falsch verstanden haben, vielleicht meinte er Kilohertz oder so was.

Mel wußte genau, daß er bockig war, doch er verzieh der Tochter ihre Eigenmächtigkeit und Lebensweise nicht so leicht wie Donna. Ungefähr um 20 Uhr 30 am 18. Juli lugte er durch die Jalousien, wie er es schon den ganzen Abend alle fünf Minuten getan hatte, und erblickte Donna, die eben einem Taxi entstieg.

Sie hinkte unübersehbar und hielt eine Hand fest auf den Rücken gepreßt.

»Wo warst du denn?« fragte er.

»Ach, Mel, du hättest unbedingt dabeisein sollen. Es war einfach herrlich. Ich bin mit allen anderen im Park gestartet, hab drei Hunde abwehren müssen, zwei Blasen verpflastert und schließlich einen Motorradfahrer angehalten, der mußte direkt an Jackies Body Shop vorbei und hat mich mitgenommen.

Deine Tochter hat wunderschön ausgesehen. Die beiden standen vor einer Spiegelwand und gelobten, einander immer so zu lieben wie heute, sich fit zu erhalten und sich durch die Gnade Gottes mit 2,42 für Boston zu qualifizieren.

Die Bräutigam-Mutter trug ein T-Shirt, auf dem stand JOGGER MACHEN ES BESSER, und der Geistliche hatte Leukoplast auf den Brustwarzen, weil ihn das Hemd beim Laufen immer so scheuerte. Ich habe eine Menge gesunde Sachen gegessen und

viele Leute kennengelernt. Zum Beispiel eine Frau, die mir erzählt hat, ihre Tochter sei hoch in den Lüften über Omaha am Fallschirm hängend getraut worden und hätte den Schirm nachher auch selbst zusammenlegen müssen. Nächsten Dienstag essen wir miteinander.

Ehe sie abreisten, hat Lynn mich noch einmal beiseite genommen und mir gesagt, wenn sie pro Woche 45 bis 60 Kilometer läuft, bleibt der Eisprung aus, und deshalb könne ich nicht gleich Enkelkinder erwarten. Sie hat gesagt, es sei die erste inhaltsreiche Unterhaltung gewesen, die wir in unserem ganzen Leben miteinander geführt haben.

Barry ist gebaut wie das UN-Gebäude und verkauft im Warenhaus Klimaanlagen. Oh, ich war die einzige mit einer Handtasche. Ich glaube, das war ein Faux-pas, aber Mel, unsere Tochter, ist – verheiratet!« (Halleluja!)

Haariges

Ungefähr alle hundert Jahre verlagert sich die Erde und beginnt einen neuen Zyklus. Die Steinzeit, die Eiszeit und die Gletscherperiode habe ich versäumt, aber die Haarzeit habe ich größtenteils miterlebt.

Sie war zugleich eine der besten und eine der schlimmsten Perioden.

Wie die meisten Mütter, widmete ich mein Leben der Haarlänge meines Sohnes. Wenn er zum Frühstück herunterkam und sagte: »Guten Morgen«, antwortete ich stereotyp: »Laß dir die Haare schneiden. Ein Ei oder zwei?«

Wenn wir nebeneinander in der Kirche standen und uns der Geistliche aufforderte, »einander das Zeichen des Friedens zu entbieten«, wandte ich mich ihm zu, lächelte fromm und sagte: »Du mußt zum Haareschneiden, du Trottel.«

Es war das einzige Thema, über das wir jemals sprachen. Wir stritten uns über Friseure und die Abstände zwischen den einzelnen Haarschnitten. Wir stritten über den Preis für Shampoo, den begrenzten Vorrat an Heißwasser, darüber, daß die Abwassergrube bereits überliefe und daß wir ihn nie am Altar abliefern könnten, wenn er unbedingt aussehen wollte wie ein zweiter Walter Matthau.

Manchmal kam er heim und wollte mir einreden, der Friseur habe ihm die Haare à la Timothy Leary geschnitten.

»Für mich sieht es eher aus wie ein King-Kong-Schnitt.«

»Wie ist denn ein King-Kong-Schnitt?«

»Leicht getrimmt an Händen und Fußknöcheln.«

»Dir kann man's aber auch nie recht machen«, rief er aus.

»Versuch's doch erst mal«, rief ich zurück.

Ich hielt mich immer für gerecht. So erklärte ich ihm denn: »Haare dürfen so lang, so schäbig, so fettig sein, wie sie wollen. Man kann sie sich zum Zopf geflochten fünfmal um den Kopf wickeln oder als Pferdeschweif bis zum Steißbein baumeln lassen – wenn es sich dabei um anderer Leute Sohn handelt.«

Je länger ich redete, desto länger wurde sein Haar und desto kritischer unsere Beziehung zueinander. Zwölf Jahre lang habe ich sein Haar keinen Moment in Ruhe gelassen, nie eine Gelegenheit versäumt, darauf herumzuharfen, wie sehr er mich als Sohn enttäuscht hätte.

Dann kam er eines Tages in die Küche und fragte: »Wann gibt's Essen?«

Ich erwiderte automatisch: »Du hast eben noch Zeit, dir die Haar schneiden zu lassen. Es ist erst halb sieben.«

»Okay«, sagte er.

Ich fiel beinahe in Ohnmacht.

Als er wiederkam, war sein Haar sauber getrimmt, die Ohren lagen frei. Wir lächelten uns verlegen an. Wie Fremde, die miteinander verabredet sind, ohne sich zu kennen.

»Was hast du denn so gemacht heute?« fragte ich.

»Ach, nichts Besonderes«, stotterte er. »Und du?«

Mir wurde klar, daß ein Großteil unseres Kontakts aus vertraulichen Bemerkungen bestanden hatte, etwa:

»Wie lange brauchst du eigentlich, um diesen Mop sauberzukriegen?« oder »Wie finanzierst du zur Zeit deinen Shampoo-Bedarf?« oder »Wußtest du, daß der Hunnenkönig Attila die gleiche Frisur hatte wie du?«

Wir hatten einander nichts zu sagen. Sein Haar war das einzige gewesen, was uns verband, das einzige Gesprächsthema, die einzige gemeinsame Basis.

Plötzlich erinnerte ich mich an die schönen Zeiten von einst. Damals, als wir ihn auf einer Ferienreise von Gary, Indiana, bis Salt Lake City, Utah, mit seiner Frisur aufzogen. Ach, wie war die Zeit im Flug vergangen!

Selbstverständlich versuchte ich es mit neuen Methoden der Kommunikation, zum Beispiel: »Du lebst wie ein Schwein«, »Niemand ist zu groß, um sich zu bücken ... nach einem Handtuch«, und »Verdirb dir doch mit diesem Zeug nicht den Appetit.« Aber es war nicht mehr wie früher.

Wir hatten die wundervolle Feindseligkeit einge-büßt, die zwischen Eltern und Kindern herrschen muß.

Eines Tages kam er wieder einmal aus der Schule,

und meine Augen leuchteten auf. »Was hast du da für eine widerliche Haaransammlung um Mund und Kinn?«

»Ich laß mir einen Bart stehen«, sagte er.

»Damit setzt du dich aber nicht an meinen Eßtisch! Ich kann und will nicht glauben, daß dies dasselbe Kinn ist, von dem ich stundenlang Haferschleim und Spucke gewischt habe. Warum tust du deiner Mutter das an?«

»Ich werde ihn mir stutzen lassen.«

»Ha! Zeige mir einen Mann mit Bart, und ich werde dir sagen, was er zu Mittag gegessen hat. Schon jetzt riecht er nach Pizza!«

»Alle bedeutenden Männer dieser Welt hatten Bärte, zum Beispiel Moses, Christus und Burt Reynolds.«

»Du vergißt König Heinrich VIII., Lenin und Satanas! Ich sag dir ehrlich: Du siehst aus wie einer der Sieben Zwerge!«

»Ich hab's ja geahnt. Nie begreifst du was«, sagte er und knallte die Tür zu.

Der Bart wird uns mindestens bis über die Weihnachtsferien beschäftigen.

Sharon, die vollkommene Mutter

Alle sagten, Sharon sei eine phantastische Mutter.
Ihre Nachbarinnen sagten es.
Sie malte die Innenseite der Mülltonne mit Email-
farbe an, zog ihr eigenes Gemüse, mähte jede
Woche selbst den Rasen, machte aus Stoffresten
Wintermäntel für die ganze Familie, spendete Blut
und fand Zeit, jeder Bekannten eine Geburtstags-
torte zu backen.
Ihre Mutter sagte es.
Sharon fuhr sie zum Arzt, wenn sie hinbestellt
war, ordnete die Kleider ihrer Kinder nach Farben
und legte sie in beschriftete Schubladen, wusch die
Backfolie ab und benutzte sie ein zweites Mal,
plante Familienzusammenkünfte, schrieb an ihren
Kongreßabgeordneten, schnitt allen die Haare und
wußte ihre Mitgliedsnummer bei der Kranken-
kasse auswendig.
Die Lehrerin ihrer Kinder sagte es.
Sie half ihren Kindern jeden Abend bei den Haus-
aufgaben, trug, wenn es regnete, für ihren Sohn die
Zeitungen aus, packte Lunchkörbe mit nahrhaften
Sandwiches und malte kleine Gesichter auf das
Butterbrotpapier, war Aufsichtsperson im Pausen-

290

zimmer der Schule, gehörte zu den fünf Fahrbereitschaften und blies einmal ganz allein für einen Kotillon der 7. Klasse 234 Luftballons auf.

Ihr Ehemann sagte es.

Sharon putzte den Wagen, wenn es geregnet hatte, hob das Frostschutzmittel von einem Jahr zum anderen auf, zahlte sämtliche Rechnungen, hielt Ordnung im privaten Terminkalender, sprühte den Garten gegen Ungeziefer, legte im Sommer den Gartenschlauch immer wieder um, drehte die Kinder nachts auf den Rücken, damit ganz sicher keines auf dem Gesicht schlief, und fand einmal heraus, daß sich die Steuer geirrt hatte und ihnen noch 12 Dollar schuldete.

Ihre beste Freundin sagte es.

Sharon konstruierte ein Bettgestell aus den Holzabfällen, die vom Patio übrig waren, häkelte zur Weihnachtszeit einen wollenen Nikolaus für die Ersatztoilettenpapierrolle, wusch alles Obst, ehe ihre Kinder es aßen, lernte Harfe spielen, erhielt den Boston-Farn ein volles Jahr am Leben, und wenn die Damen miteinander essen gingen, behielt sie immer im Kopf, wieviel jede zu zahlen hatte.

Ihr Geistlicher sagte es.

Sharon fand Zeit, alle unanständigen Bücher zu lesen und eine Kampagne gegen sie einzuleiten. Beim Abendgottesdienst spielte sie Gitarre. Sie korrespondierte mit einer armen Familie in Guatemala – auf spanisch. Sie stellte ein Kochbuch zusammen, um Geld für eine neue Kaffeemaschine in der Sakristei zusammenzukriegen. Sie sammelte an den Türen für alle Gesundheitsorganisationen.

Sharon war eine jener Frauen die man als geborene Organisatoren bezeichnen kann. Sie plante eine Party für den Geburtstag ihres Hundes, machte ihren Kindern phantasievolle Faschingskostüme aus alten Tragtüten, und wenn mal jemandem der Schnürsenkel riß, hielten ihre Knoten am besten. Sie zog Setzlinge in leeren Toilettenpapierrollen und isolierte das Haus mit leeren Eierkartons, die jeder andere wegwarf.

Sharons Tagesprogramm hätte jede andere Frau in die Knie gezwungen. Brauchte man 25 Frauen als Anstandsdamen für eine Party? Gebt Sharon die Liste. Brauchte man eine Mutter, die in der Schulbibliothek alles auf Dezimalsystem umstellt? Ruft Sharon an. Brauchte man jemand, der ein Stadtteilfest, einen Flohmarkt oder ein Schulfest organisiert? Holt Sharon.

Sharon war die Super-Mutter schlechthin.

Ihr Gynäkologe sagte es.

Ihr Fleischer sagte es.

Ihr Tennispartner sagte es.

Ihre Kinder — ihre Kinder sagten es nie.

Aber sie gingen oft hinüber zu Ricks Mutter, die immer zu Hause war, Plätzchen direkt aus der Packung aß und mit ihnen Poker spielte.

Vom Amateur zum Profi:
Louise und Estelle

Was außer heißer Hühnerbrühe und Vitamin C in der amerikanischen Zivilisation am meisten überschätzt werde – fand Louise –, sei das Frühstück mit den eigenen Kindern.

Was denn so großartig daran sei, mit zwei mürrischen Gören zu Tisch zu sitzen, die sich um fünfzehn noch ungeöffnete Packungen Frühstücksflokken stritten?

Einmal im Jahr ließ sie sich erweichen. Sie nannte es das »Weihnachtsfrühstück mit Mami«, mit allerlei kleinen Geschenken und Lutschern. Den Rest des Jahres machte Louise alle Anstrengungen, ihren Kindern aus dem Weg zu gehen.

Sie hatte früh herausgefunden, daß sie nicht so war wie alle anderen Mütter. Daß es ihr widerlich war, mit den Zähnen Knoten aus Schuhbändern zu lösen, auf die das Kind den ganzen Tag gepinkelt hatte. Daß es sie halbtot langweilte, herumzusitzen und »Hotels an der Hauptstraße« zu kaufen und mit Spielgeld zu bezahlen. Daß es sie nicht befriedigte, mit einer Handtasche voll gebrauchter Tempotaschentücher herumzulaufen, die ihr Kind ihr zum Wegwerfen gegeben hatte.

Mit der Hausarbeit hatte sie es auch nicht sehr. Und mit den Frauen, die darüber sprachen, ebensowenig. Sie lehnte es ab, sich davon aus dem Sessel reißen zu lassen, daß irgend jemand ein Spezialmittel zum Entfernen von Spaghettiflecken aus Plastikdecken erfunden hatte. Als eines Tages das Kränzchen über Heloises 87 Verwendungsmöglichkeiten für Nylonnetze sprach, schnauzte Louise plötzlich: »Warum machen wir nicht einfach Schmetterlingsnetze daraus, werfen sie über uns und melden uns in einer Anstalt?«

Ihr Lebensziel war es, eine Frau zu engagieren, die kam und auf ihre Kinder aufpaßte, während sie zur Arbeit ging.

Ihr Mann wollte davon nichts hören. »Was hättest du denn für einen Grund?« beharrte er.

»Ich langweile mich«, sagte Louise.

»Das ist nicht der wahre Grund«, sagte er. »Das ist ein Symptom. Du solltest dir etwas zu tun machen.«

Vielleicht hätte er es lieber gesehen, daß sie log wie Elsie Waggoner, die behauptete, sie habe sich eine Halbtagsstellung nur deswegen gesucht, weil sie eine Garderobe für die Barbie- und Ken-Puppen ihrer Tochter kaufen müsse.

In ihrer Verzweiflung tat Louise das Nächstbeste: Sie wurde karitativ tätig.

Es dauerte nicht lange, da war ringsum bekannt, daß Louise »einfach alles« machte. Sie übernahm den Vorsitz bei was auch immer. Sie rettete Tiere, von deren Existenz sie noch nie gehört hatte, sie sammelte Geld für die Bekämpfung von Krankhei-

ten, die sie nicht einmal aussprechen konnte, und durchsaß Sitzungen, bei denen als einzige Entscheidung nur herauskam, wo die nächste Sitzung stattfinden sollte.

Anno 1973 hielt sie den Rekord: Sie hatte mehr Stunden im Jahr freiwillige Hilfe geleistet als jede andere Frau der Gemeinde.

Sie hatte noch einen anderen Rekord inne – den aber inoffiziell. Louise stellte mehr Babysitter im Jahr ein und warf sie wieder hinaus als jede andere Frau in der Geschichte der Frauenbefreiung.

Louise verlangte eine Frau, die ihren Kindern vorlas und mit ihnen Spiele spielte, wenn sie sich langweilten.

Sie verlangte eine Frau, die einfach da war und den Tag mit ihnen verbrachte.

Sie verlangte eine Frau, die ihnen Plätzchen backte, ihre zerbrochenen Spielsachen reparierte, sie auf ein aufgeschürftes Knie küßte und Heile-Heile-Segen machte.

Sie verlangte eine Mary Poppins, die am Regenschirm hängend herumflog – und das für einen Dollar die Stunde.

Eine Aufstellung der Frauen, die für Louise Concell gearbeitet haben, würde ein Buch füllen.

Da gab es Mrs. Crandel. Sie war süchtig nach Musicals, und zwischen 12 und 2 Uhr mittags hörte die Welt außerhalb des Fernsehers für sie auf zu existieren.

Da gab es Mrs. Sanchez, die Eiswürfel aus Gin herstellte und der man erst auf die Sprünge kam, als sich eines der Kinder einen Limostand einrichtete und alle Kinder der Nachbarschaft drei Mahlzeiten hintereinander verschliefen.

Die Studentin Carol blieb nur eine Woche, weil da die Kinder so grauenhafte Schlager sangen, daß Louises sämtliche Zähne stumpf wurden.

Im Herbst 1979 erlagen Louise und ihr Mann der Versuchung: Louise suchte und fand einen bezahlten Job, der alle ihre Kräfte und ihre gesamte Zeit beanspruchen würde. Sie wurde nämlich zur Chefin des Tinkerbell-Kinderfürsorge-Centers gewählt. Louise war im siebenten Himmel. Dort würde sie mehr Verantwortung übernehmen, als sie je gehabt hatte, und zum ersten Mal den eigenen Wert auf einem Preisschild bestätigt sehen. Sie begann ernstlich nach einer erstklassigen Ersatzmutter zu suchen.

Dabei stieß sie auf Estelle. Estelle schien fast zu gut, um wahr zu sein. Sie war jung, hatte selbst zwei Kinder und wußte genau, wie man sie beschäftigt, ernährt und durch liebevolle Festigkeit zum Gehorsam anhält. Außerdem konnte sie Auto fahren. Estelle war zwei Jahre lang Alleinerziehende gewesen und hatte außerdem einer Reihe von öffentlichen und privaten Organisationen angehört, das Alphabet einmal herauf und herunter. Im Moment war sie Mitglied eines PSSF (Programm für Sozialbewußtsein Schwarzer Frauen) und tagte jeden Mittwoch im Gemeindesaal. Sie ließ ihre Kinder in einem Kindergarten im Nachbarhaus und nahm an einem langen Tisch Platz. Es galt »Handwerkliches« auszuüben.

Das heutige Projekt war ganz einfach. Dabei brauchte sie nur eine Zigarrenkiste anzumalen und trocknen zu lassen. Dann Stücke Makkaroni in Leim zu tauchen und obendrauf zu legen. Wenn alles bedeckt war, bestreute sie das Ganze mit Pailletten und – voilá – ein Schmuckkasten.

Das Dumme war nur, sie besaß keinen Schmuck. Estelle spielte gedankenvoll mit den Makkaroni und überdachte ihr Leben. Was war eigentlich bei den zwei Jahren PSSF herausgekommen? Ein Macramé-Topf. Ein gehäkelter mexikanischer Hut, der über eine Flasche Tabasco-Sauce paßte, das Bild eines englischen Landhauses als Kronenkorken und ein Sparschwein aus einer Plastikflasche, die einmal Wäschebleiche enthalten hatte. Und jetzt das Teigwarenexperiment.

Über sich selbst böse, packte sie die Tüte Makkaroni, nahm sie mit nach Hause, kochte sie und schwor sich, einen Job zu suchen.

Estelle liebte ihre Kinder und wollte nicht, daß sie unter ihrer Unrast litten. Über das Tinkerbell-Kinderfürsorge-Center hatte sie viel Gutes gehört.

»Haben Sie besondere Fragen, die uns betreffen?« fragte Louise Concell. »Schließlich bin ich dazu da, sie zu beantworten.«

»Beschäftigen Sie die Kinder richtig?« wollte Estelle wissen. »Ich meine, ich möchte kein Heim, wo sie den ganzen Tag nur schlafengelegt werden.«

»Ich glaube, sie werden unser Beschäftigungsprogramm einfach fabelhaft finden«, sagte Louise.

»Was ist mit den Lehrkräften? Meine Kinder waren noch nie länger von mir getrennt.«

»Die lieben sie wie ihre eigenen Kinder, das dürfen
Sie mir glauben«, meinte Louise lächelnd.

»Ich will jemand bei meinen Kindern haben, der es
nicht nur als Job betrachtet, sondern wirklich gern
mit ihnen zusammen ist.«

»Ich verstehe vollkommen«, flötete Louise. »Wir
schließen um 18 Uhr 15. Paßt das?«

»Eigentlich habe ich noch keinen Job«, sagte
Estelle. »Ich wollte das für meine Kinder hier nur
mal ausprobieren, während ich anfange, mir einen
zu suchen.«

Louise schob ihre Brille auf die Stirn. »Haben Sie
schon mal an Kinderbetreuung gedacht?«

Estelle schüttelte den Kopf.

»Wissen Sie, ich habe nämlich zwei kleine Kinder
zu Hause und suche jemand, der als Babysitter zu
ihnen kommt. Darf ich Ihnen ein paar Fragen
stellen?«

»Aber dazu bin ich ja hier«, sagte Estelle.

»Ich wünsche mir gezielte Beschäftigung für die
Kinder, damit sie nicht den ganzen Tag vorm Fernseher hocken. Sie haben so wenig, was sie interessiert. Verstehen Sie, sie sollen etwas Richtiges
tun.«

»Darin habe ich in den letzten Jahren viele Erfahrungen gesammelt«, schmeichelte Estelle.

»Meine Kinder müssen Sie mögen. Wissen Sie, ich
war immer eine Mutter, die den ganzen Tag zu
Hause war. Sie sind Fremde nicht gewöhnt.«

»Mit Kindern habe ich immer gut umgehen können, das dürfen Sie mir glauben.«

»Es ist nicht einfach zu erklären«, sagte Louise,

»aber meine Kinder waren mir immer besonders wichtig, und ich möchte niemanden, der nur wegen des Geldes bei ihnen bleibt, sondern jemanden, der sie wirklich liebhat und gern mit ihnen zusammen ist.«

»Sie sprechen mir aus der Seele«, sagte Estelle.

So geschah es, daß im September 1984 sowohl Louise wie Estelle »Berufsmütter« wurden, Profis, für geringes Entgelt.

Beide wischten Nasen, wechselten Windeln, wiegten Babys in den Schlaf, summten Wiegenlieder und küßten auf blutende Finger Heile-Heile-Segen. Keine von beiden konnte erklären, warum es einen solchen Unterschied machte, daß sie dafür bezahlt wurden.

Mein Ferienjob
(von Laura Parsons, 11)

Ich habe im Sommer das gleiche getan wie was ich im Winter getan habe. Ich bin eine Mini-Mami. Wenn meine Mami in der Arbeit ist, versorge ich meinen kleinen Bruder und drei Schwestern. Der Job von einer Mini-Mami ist langweilig.

Ich bring meinen Bruder und meine Schwestern auf die Toilette, wenn sie gar nicht hinwollen.

Ich wasche ihnen das Gesicht, trotzdem daß sie den Kopf wegdrehen.

Ich wische ihnen die Triefnasen, wenn sie sie gar nicht gewischt haben wollen.

Ich steck sie ins Bett, wenn sie noch gar nicht müde sind.

Und wenn sie hinter ihrer echten Mutter her wollen, pack ich sie beim Hals und halte sie ganz fest, bis sie rot im Gesicht sind.

Bei diesem Job gibt's massenhaft Hauen und Spucken.

Ich wollte, ich wäre nicht zuerst geboren. Erst dachte ich, das ist prima, doch dann hab ich rausgekriegt, daß ich auch die erste bin, die groß genug ist, um aufs oberste Fach zu langen und die Gläser runterholen muß, und die erste, die Knöpfe zumachen, Schleifen binden und Reißverschlüsse zuziehen kann, die erste, die groß ist. Ich wollte, ich könnte babysitten statt eine Mini - Mami zu sein.

Babysitter kriegen andauernd was Leckeres und Trinkgelder, wenn im Haus nicht alles kaputt ist. Sie werden behandelt wie eine Schwester von den Babys.

Mini - Mamis kriegen geschimpft, wenn jemand im Wohnzimmer den Gartenschlauch aufdreht und wenn jemand die Bananen aufißt, die Mami für was braucht. Wir werden behandelt wie Mütter.

Mutter sein kotzt mich echt an. Ich hasse es, jemand den Hintern zu putzen, wenn er auf dem Klo war. Ich hasse es, wenn ich sie hundertmal ruf und sie tun, als hätten sie's nicht gehört. Ich hasse es,

wenn ich keine Zeit hab für mich allein.
Sie mögen ihre echte Mami lieber als mich, aber
da pfeif ich drauf.
Ich wollte erst von daheim weglaufen, aber
meine Mutter bringt mich glatt um, wenn
ich auf die große Schnellstraße rausrenne,
ehe die dort eine Ampel angebracht haben.
Eine Mutter möcht ich nicht werden. Echt nicht!

Die fünf größten
amerikanischen Schriftstellerinnen
(die zufällig Mütter sind!)

Eileen Whorf
(Verfasserin der »Briefe aus dem Poesieclub«)

16. September 1978

Mrs. Loretta Flake
Brombeerbuschacker
Norman, Oklahoma

Liebe Mrs. Flake,
Ich kann Ihnen gar nicht sagen, wie überrascht und
erschrocken ich war, zu erfahren, daß man mich
im Walt-Whitman-Poesie-Club zu Ihrer Nachfol-
gerin gewählt hat.
Besonders, weil ich doch nur einer einzigen Ihrer
Sitzungen beigewohnt habe – als Gast.
Obwohl es mich ehrt, in Erwägung gezogen zu
werden, muß ich zu meinem großen Bedauern
ablehnen, Ihnen nächstes Jahr als Präsidentin zu
dienen.
Sie werden es gewiß verstehen, wenn ich Ihnen
sage, daß ich eine Todesangst davor habe, vor allen
Leuten aufzustehen und zu reden. Es ist eine ange-
borene Scheu, mit der zu leben ich allmählich

lerne, doch würde das wohl kaum im Interesse des
Walt-Whitman-Poesie-Clubs liegen.

Es grüßt Sie dankbar
Ihre
Eileen Whorf

21. September 1978

Liebe Loretta,
vielen Dank für Ihren Brief, mit dem Sie auf Ihrem
Vorschlag beharren. Ich gebe zu, daß man sich, je
länger man öffentlich spricht, immer mehr daran
gewöhnt.
Es gibt jedoch noch einen Grund, warum ich nicht
Ihren Präsidentinnenposten annehmen kann. Ich
habe es noch niemandem gesagt (nicht einmal meinem Mann), aber ich habe eine kleine Zyste am
rechten großen Zeh. Sie ist vermutlich gutartig,
aber man weiß ja nie, und ich möchte nicht, daß
Ihre Mitglieder unter meiner Gebrechlichkeit
leiden.

Im Vertrauen auf Ihr Verständnis
Ihre
Eileen Whorf

26. September 1978

Liebe Loretta,
wenn Beharrlichkeit aus Regentröpfchen bestünde,
wären Sie schon vor Wochen ertrunken! Ich
wußte, ich kann mich auf Ihr Verständnis und auf
die Unterstützung Ihrer Mitglieder verlassen, und
danke Ihnen, daß Sie mich für den Fall von Zysten
auf die Klausel im Kleingedruckten hinweisen.

Es besteht jedoch die Aussicht, daß Mr. Whorf in ein anderes Land versetzt wird, in welchem Fall es mir nicht möglich wäre, zu den einmal monatlich stattfindenden Zusammenkünften des Walt-Whitman-Poesie-Clubs anzureisen. Es ist doch gewiß unter Ihren Mitgliedern noch jemand anders der Ehre würdig, die Sie mir mit aller Gewalt erweisen wollen?

Freundliche Grüße
Eileen Whorf

1. Oktober 1978

Liebe Loretta,
Sie und Ihre Clubmitglieder versetzen mich in Erstaunen durch Ihre Großzügigkeit. Obwohl ich nun weiß, daß Sie mir erlauben würden, Ihnen so lange als Präsidentin zur Verfügung zu stehen, bis wir aus diesem Land wegziehen, möchte ich noch einen weiteren Grund nennen.
Ich fahre keinen Wagen.
In Vorwegnahme Ihrer Antwort: Ich fahre auch ungern mit anderen mit.

Freundliche Grüße
Eileen Whorf

4. Oktober 1978

Aber Loretta, ich bitte Sie, ich weiß ja nicht einmal, wer Walt Whitman ist!

Eileen Whorf

7. Oktober 1978

Loretta:
Ich nehme an!

Eileen Whorf
Präsidentin wider Willen
des Walt-Whitman-Poesie-Clubs

Barfy Whitcomb
(Autorin des jährlichen Weihnachtsrundbriefes)

Weihnachten 1982
Zunächst einmal ein herzliches Hallo, wie geht's
Euch allen!
Wieder ist ein Jahr vergangen, und es wird Zeit,
Euch über das Ergehen aller Whitcombs ins Bild zu
setzen.
Unser Lewiston hat seine Aufnahmeprüfung
bestanden und ist in Harvard eingeschrieben.
(Schluchz, schluchz – sechzehn Jahre ist doch
noch sehr jung, um fern der Heimat die Schule zu
besuchen.) Bob und ich werden ihn nach Boston
fahren, da er darauf besteht, seine Sammlung russi-
scher Ikonen mitzunehmen. (Kinder lassen sich so
gar nichts sagen!)
Wie Ihr aus beigefügtem Foto erseht, hat unsere
Melody jetzt Figur bekommen. Sie tritt in die Fuß-
stapfen ihrer Mutter, man hat auch sie zur Anführerin des Tambour-Korps gemacht. Die Anführerin
wird automatisch zum hübschesten Mädchen der
Klasse ernannt und zur Heimkehrerprinzessin
beim Ball »Letzter Walzer« gekrönt. Alles steht
dieses Jahr unter dem Motto »Ein verzauberter
Abend«, Ihr werdet es nicht glauben, aber genau

das gleiche Motto hatten wir in dem Jahr, als ich Prinzessin war. Ist das nicht zum Schreien?

Bob ist seit unserer vorjährigen Weihnachtsepistel wieder befördert worden, und damit sind wir in der nächsthöheren Steuerklasse (gräßlich!). Ich bin sehr beschäftigt mit meiner karitativen Arbeit. Voriges Jahr habe ich 74 Stunden am Telefon verbracht, um das Gebäck für das Große Back-In zusammenzubekommen. Das Team hat mich zur Telefonkönigin ernannt.

Im Juni haben wir Whitcombs alternativ gelebt und sind auf Camping-Tour gegangen. Stellt Euch das vor, fast tausend Kilometer ohne Haute Cuisine! Unser Wohnwagen war 15 m lang, und Bob ist fast wahnsinnig geworden, wenn er versuchte, das Ding rückwärts auf einen Campingplatz zu fahren. Melody hat gesagt, das hätte er nun davon, daß er nicht irgendwohin reist, wo man dem Hausknecht die Autoschlüssel übergibt. Melody ist ein Original. (Drei ihrer Aussprüche sind bereits im *Readers Digest* abgedruckt worden.)

Ich muß sagen, die Fahrt war unvergeßlich. Wir haben einen Vogel gesehen, der Brot von einem Picknicktisch fraß, und einmal haben wir einen großen Abholmarkt besichtigt. Ich werdet zugeben müssen, Barfy Whitcomb liebt das Abenteuer!

Im August hat sich bei uns eine Tragödie ereignet. Chelsey, unsere preisgekrönte Pudelin, wurde von einem deutschen Schäferhund vergewaltigt, der sich durch den Briefspalt Einlaß erzwang. Keiner hat ihre Ehre energischer verteidigt als Bob.

Bob und ich sind zum zwanzigjährigen Klassentreffen gefahren. Stellt Euch meinen Schrecken vor, als uns die Platzanweiserin in die Abteilung »Nur für Studierende« führte. Alle wollten wissen, was wir denn täten, um ewig so jung zu bleiben. Wir tun gar nichts Besonderes. Wir essen vernünftig, machen uns regelmäßig Bewegung und sind wohlhabend.

Ich möchte allen denen unter Euch danken, die auf meinen vorjährigen Weihnachtsrundbrief eingegangen sind. (Ihr erinnert Euch doch noch: in dem ich alle Talente der Familie Whitcomb in Reime gebracht habe, die man zu den lieben Weihnachtsliedern singen kann. Es tut einem gut, wenn jemand anerkennt, wie schwer es ist, einen Reim auf Opulenz zu finden.

Joyeux Noël
Feliz Navidad
Merry Christmas

Barfy und Bob
Melody und Lewiston
Chelsey und Bruno

Billie
(Autorin eines Briefes an die frühere Klassenkameradin wegen eines bevorstehenden Besuchs)

12. April 1982

Liebe Sal,
was für eine Überraschung, von Dir zu hören! Ich kann einfach nicht glauben, daß es schon drei Jahre her ist, daß Du und die Deinen bei uns zu Besuch waren. Aber dann habe ich zurückgerechnet, wann

ich das Sofa beziehen, neue Matratzen kaufen (ist Tommy inzwischen sauber?) und den Wagen neu lackieren lassen mußte, und tatsächlich, Du hast recht, es sind drei Jahre. Drei behagliche, ereignislose Jahre.

Weil Du eine so gute Freundin bist, wirst Du mich sicherlich verstehen, wenn ich Dir sagen muß, daß wir diesmal leider nicht zu Hause sein werden, wenn Ihr hier durchkommt, obwohl Du kein bestimmtes Datum für Euren Besuch genannt hast. Es gibt dafür so viele Gründe, daß ich kaum weiß, wo ich anfangen soll.

Zunächst: Mutter ist ein Problem geworden. Wenn sie einen ihrer »Anfälle« bekommt, müssen wir schnellstens handeln. Ich weiß, das klingt unbestimmt und geheimnisvoll, aber ich erkläre Dir das später mal, wenn ich mehr Zeit habe. Es ist ein bißchen so wie bei Deinem kleinen Warren. Sieht er immer noch so gern zu, wenn etwas brennt?

Bill und ich machen vielleicht den Sommer über eine Weltreise. Es ist noch nichts beschlossen. Wir müssen uns beim Plänemachen weitgehend danach richten, ob das Geschäft mit der Tankstelle sich bessert und ob er weg kann und ob wir genügend Geld zusammenkratzen können. Du weißt ja, wie das ist.

Sollten wir zu Hause bleiben, wollen wir das ganze Haus innen und außen anstreichen, und Du weißt ja, daß dann für Besuch das Unterste zuoberst ist (besonders wenn Eure Mona sich auf der Toilette einschließt und ihren »Zaubertrunk« in der Toilettenschüssel mischt).

Die Kinder wollen ebenfalls in ein Ferienlager, und so hätten Deine kleinen Engel bestimmt nichts davon, nur gelangweilt herumzusitzen. (Unsere Michelle spricht noch immer von Eurem Myron, der sie als Ziel fürs Pfeilwerfen benutzt hat.)
Ich kann es kaum glauben, daß so viele widrige Umstände zusammenkommen, um unser Wiedersehen zu vereiteln. Der Abschied damals fiel uns allen so schwer.
Bitte ruft uns sofort an, ehe Ihr kommt, damit ich Euch das Neueste über unsere Pläne sagen kann.

Alles Liebe
Billie

P. S. Möglicherweise müssen wir umziehen.

Grace Reingolt
(Autorin eines Briefes an den Präsidenten des Roy Radio—, Fernseh- und Elektrogeräte Großhandels KG)

4. Juni 1982

Betrifft: Abgebrochenen Griff der Kühlschranktür

Lieber Roy,
am 21. März dieses Jahres fiel plötzlich ohne Grund der Griff unserer Kühlschranktür ab. Weder mein Mann Stoney noch ich waren um diese Zeit im Zimmer.
Am Morgen des 22. März haben wir Sie angerufen, und es kam auch gleich einer Ihrer Kundendienstleute, ein Mann namens Duane, um der Sache

nachzugehen. Er sagte, der Griff könne unmöglich von selbst abgefallen sein, denn der 8 cm lange Bolzen im Inneren sei total verbogen. Ich frage Sie nun, wer soll das gewesen sein? Bestimmt weder mein Mann noch ich, denn wir haben im Wohnzimmer »Dallas« angeschaut, noch unser vierjähriger Sohn Budro, der um die Zeit des bedauerlichen Ereignisses in seinem Schlafzimmer an einem an der Decke befestigten Ersatzreifen schaukelte.

Sie waren immer hochanständig. Auch als damals – ich weiß nicht, ob Sie sich noch daran erinnern – grundlos eine Tube Zahnpasta im Fusselsieb unserer Wäscheschleuder auftauchte und sich ein lebender Hund in einer Strumpfhose um den Pulsator der Waschmaschine geringelt hatte, zweifellos bereits ab Werk.

Ich nehme an, Sie sind an solche Vorkommnisse gewöhnt, uns aber drängt sich der Gedanke an einen Poltergeist auf. Um Ihnen die Mühe zu ersparen, den Kühlschrankgriff ersetzen zu müssen, haben wir uns mit unserem Versicherungsagenten in Verbindung gesetzt, der aber geltend macht, für einen Ersatzanspruch müsse es ein Fall von höherer Gewalt sein. (Er hat offensichtlich noch nie einen Abend erlebt, in dem er von den Gegenständen seines Appetits durch eine Tür ohne Griff getrennt war!)

Zu meinem Leidwesen muß ich Ihnen mitteilen, daß die Garantie auf unseren Kühlschrank nächsten Monat schon 18 Jahre abgelaufen ist. Da ich jedoch weiß, wie sehr Sie auf Ihren Ruf als kulan-

312

ter Geschäftsmann bedacht sind, erwarten wir, die Opfer des Ereignisses, eine baldmögliche Regelung, ohne daß uns Kosten entstehen.

Freundliche Grüße
Grace Reingolt

Melissa Johnsey
(Verfasserin von Anweisungen für ihre Mutter, die ihre sechs Wochen alte Tochter hüten sollte)

Mom!
Bitte leg Dir einen Vorrat elektrischer Birnen für das Wechseln von Windeln und Knieschützerchen an, ehe Bo eintrifft. Voriges Mal waren nicht genügend da.
Besorg Dir vier Pakete Tag-Windeln für ein Baby von 15 Pfund.
Und vier Liter entrahmte Milch. Vergewissere Dich, daß das Frischedatum nicht abgelaufen ist.
Massenhaft Feuchttüchlein und Plastiktüten für schmutzige Windeln.
Flaschen kommen in die Spülmaschine, Kappen und Sauger jedoch müssen handgespült werden. Bitte durch das Saugerloch Wasser drücken, um sicherzugehen, daß es funktioniert. Gasblasen tun einem Kind weh.
Milde Gesichtsseife.
Vanilleeis.
Zwei Plastikeimer und einen Korb für Wäsche.
Handelsübliche Waschmaschine und Trockenschleuder kann verwendet werden.

Bitte keine Haustiere in das Zimmer lassen, in dem Baby sich aufhält.

Solange Baby schläft, Telefonhörer aushängen.

Thermometer nach Gebrauch gut herunterschlagen und in Alkohol aufbewahren.

Krippe nie unter Rohrleitung stellen.

Unbenutztes Spielzeug in Plastikbeutel aufbewahren.

Kinderpuder in die Hände, nicht direkt auf die zu pudernde Stelle streuen.

Unbedingt ausnahmslos Hand unters Köpfchen legen zur Stütze.

Bitte nicht zu viel kitzeln, kuku-da spielen oder tätscheln. Wenn sie zu sehr lacht, spuckt sie ihre Milch wieder aus.

Gelegentlich Temperatur messen. (Notrufnummern auf beigefügtem Zettel.)

Es ist Deine Enkelin, genieße sie in aller Ruhe. Die drei Stunden sind schnell vorbei.

Alles Liebe
Melissa

Die Spezialmutter

Die meisten Frauen werden durch Zufall Mutter, manche freiwillig, einige unter gesellschaftlichem Druck und ein paar aus reiner Gewohnheit.

Dieses Jahr werden 100 000 Frauen Mütter behinderter Kinder werden.

Haben Sie sich schon einmal Gedanken darüber gemacht, nach welchen Gesichtspunkten die Mütter behinderter Kinder auserwählt werden?

Ich stelle mir Gott vor, wie er über der Erde schwebt und sich die Werkzeuge der Arterhaltung mit größter Sorgfalt und Überlegung aussucht. Er beobachtet genau und diktiert dann seinen Engeln Anweisungen ins riesige Hauptbuch.

»Armstrong, Beth: Sohn. Schutzheiliger: Matthias. Forest, Marjorie: Tochter. Schutzheilige: Cäcilie. Rutledge, Carrie: Zwillinge. Schutzheiliger? Gebt ihr Gerard, der ist es gewohnt, daß geflucht wird.«

Schließlich nennt er einem Engel einen Namen und sagt lächelnd: »Der gebe ich ein behindertes Kind.«

Der Engel wird neugierig: »Warum gerade ihr, o Herr? Sie ist doch so glücklich.«

»Eben deswegen«, sagt Gott lächelnd. »Kann ich

einem behinderten Kind eine Mutter geben, die das Lachen nicht kennt? Das wäre grausam.«

»Aber hat sie denn die nötige Geduld?« fragt der Engel.

»Ich will nicht, daß sie zu viel Geduld hat, sonst ertrinkt sie in einem Meer von Selbstmitleid und Verzweiflung. Wenn der anfängliche Schock und Zorn erst abgeklungen sind, wird sie es tadellos schaffen. Ich habe sie heute beobachtet. Sie hat den Sinn für Selbständigkeit und Unabhängigkeit, die bei Müttern so selten und so nötig sind. Verstehst du: das Kind, das ich ihr schenken werde, wird in seiner eigenen Welt leben. Und sie muß es zwingen, in der ihren zu leben, das wird nicht leicht werden.«

»Aber, Herr, soviel ich weiß, glaubt sie nicht einmal an dich.«

Gott lächelt. »Das macht nichts, das bringe ich schon in Ordnung. Nein, sie ist hervorragend geeignet. Sie hat genügend Egoismus.«

Der Engel ringt nach Luft. »Egoismus? Ist das denn eine Tugend?«

Gott nickt. »Wenn sie sich nicht gelegentlich von dem Kind trennen kann, wird sie das alles nicht überstehen. Diese Frau ist es, die ich mit einem nicht ganz vollkommenen Kind beschenken werde. Sie weiß es zwar noch nicht, aber sie ist zu beneiden. Nie wird sie ein gesprochenes Wort als etwas Selbstverständliches hinnehmen. Nie einen Schritt als etwas Alltägliches. Wenn ihr Kind zum ersten Mal Mama sagt, wird ihr klar sein, daß sie ein Wunder erlebt. Wenn sie ihrem blinden Kind einen Baum, einen Sonnenuntergang schildert, wird sie ihn so sehen, wie nur wenige Menschen meine Schöpfung jemals sehen.

Ich werde ihr erlauben, alles deutlich zu erkennen, was auch ich erkenne – Unwissenheit, Grausamkeit, Vorurteile –, und ich werde ihr erlauben, sich darüber zu erheben. Sie wird niemals allein sein. Ich werde bei ihr sein, jeden Tag ihres Lebens, jede einzelne Minute, weil sie meine Arbeit eben so sicher tut, als sei sie hier neben mir.«

»Und was bekommt sie für einen Schutzheiligen?« fragt der Engel mit gezückter Feder.

Da lächelt Gott. »Ein Spiegel wird genügen.«

Ginny

Als der Hund anfing zu bellen, wuße Ginny sofort,
jetzt kam ihre Schwester.

Der Hund versuchte seit sieben Jahren ohne Erfolg,
ihr die Zähne in die Beine zu schlagen. Aber Peggys
Beine waren auch *zu* verlockend, selbst für einen
ausgewachsenen Dobermann.

»Dieser Hund sollte einem Rechtsanwalt gehören«, schalt Peggy. »Wo ist B. J.?«

»Schaut sich *Dallas* an.«

»Was hat ein vierzehnmonatiges Baby von so einer
Sendung?« fragte sie in scharfem Ton.

»Unterhaltung«, seufzte Ginny, »sonst nichts.«

Peggy warf ihrer Schwester einen mißbilligenden
Blick zu und kniete vor einem kleinen Kind nieder,
das, durch Kissen gestützt, in einem Stuhl saß.

»Hallo, B. J.«, rief sie. »Ich bin's, Tante Peggy.
Kennst du mich noch? Aber ja doch, nicht wahr?«

»Du brauchst nicht zu brüllen«, sagte Ginny. »Er
ist zurückgeblieben, nicht taub.«

»Du bist wohl wieder mal deprimiert, wie? Du
siehst um die Augen herum so müde aus.«

»Wen hast du erwartet? Brooke Shields? – Einen
Kaffee?«

»Klar. Keinen Zucker bitte. Ich bin auf FdH. Sag mal, hat Sue angerufen?«

»Was will sie diesmal an den Man bringen?« fragte Ginny kurz angebunden.

»Wie kommst du drauf, daß sie etwas verkaufen will? Sie möchte uns einfach nur so einladen, zu einem Abend mit seichten Gesprächen und kalorienreichen Süßspeisen.«

»Sue serviert nie was ohne Grund. Irgend etwas drängt sie einem immer auf: Topfpflanzen, Plastikgeschirr, Modeschmuck. Ich werde immer mißtrauisch, wenn mich jemand zum Dessert einlädt und dann sagt: Ach übrigens, bring dein Scheckbuch mit.«

Peggy nahm ihre Handtasche vom Tisch, ging aber noch nicht gleich. Sie war sich nicht im klaren darüber, ob das ein günstiger oder ungünstiger Augenblick für den Zeitungsartikel über die Mütter behinderter Kinder war. Sie entfaltete ihn langsam. »Du, ich hab da was für dich. Als ich es las, hab ich gleich an dich denken müssen.«

»Wundert mich kein bißchen. Seit ich die Backkonkurrenz der Mehlfirma gewonnen habe, weiß ich, daß ich so ziemlich zu allem passe.«

»Eigentlich wollte ich es bis zum Muttertag aufheben, aber ich könnte mir denken, daß du es schon heute brauchst. Lies es doch mal.«

Ginny tat einen tiefen Atemzug und begann, in leierndem Ton zu lesen:

»Die meisten Frauen werden durch Zufall Mutter, manche freiwillig, einige unter gesellschaftlichem Druck und ein paar aus reiner Gewohnheit.«

Ginnys Kopf fuhr in die Höhe. »Oder auch infolge einer Flasche Tequila auf dem Autorücksitz, das hat sie vergessen.« Dann las sie weiter.

»In diesem Jahr werden 100 000 Frauen Mütter behinderter Kinder werden. Haben Sie sich schon einmal Gedanken darüber gemacht, nach welchen Gesichtspunkten die Mütter behinderter Kinder auserwählt werden?«

Ginny legte den Zeitungsausschnitt aus der Hand. »Mir wird jetzt schon schlecht.«

»Lies weiter«, befahl Peggy.

Ginnys Augen glitten gleichgültig über die Zeilen. Als sie den Artikel fertiggelesen hatte, warf sie ihn auf den Tisch und sagte: »Reiner Quatsch.«

»Ich hatte gedacht, er würde dir etwas sagen«, seufzte Peggy.

»Hat die Verfasserin ein behindertes Kind? Wenn nicht, wer gibt ihr das Recht, zu erzählen, was ich empfinde? Ich habe es satt, daß man mich begönnert. Es ist schlimm genug, mit allem fertig werden zu müssen, man braucht mir nicht auch noch einen Heiligenschein zu verpassen.«

»Ich dachte ja nur.«

»Schau dir doch an, was wirklich los ist«, unterbrach sie. »Das hier ist das einzige Haus im ganzen Block, in dem nie eine Schaukel aufgestellt werden, wo nie ein Trampelpfad über den Rasen führen wird. Ich bin die Mutter, deren Kind nie in einer Kloschüssel spielen, sich nie an mein Bein hängen wird, wenn ich gerade telefoniere. Es wird nie meine Lieblingszeitschrift zerfetzen, nie splitternackt auf und davon laufen. Nie Backe-Backe-

Kuchen machen. Mich nie an den Haaren ziehen. Nie auch nur meinen Namen sagen!«

»Wenn man dich so hört, glaubt man, du müßtest mal einen Abend lang raus. Ich mach dir den Babysitter, wenn du möchtest.«

»Ich brauch keine Kalendersprüche, die man gerahmt an die Wand hängt. Ich habe eine Stinkwut, verstehst du das nicht?«

»Gehst du nicht mehr zu den Zusammenkünften?«

»Nein. Ich habe sie dick, diese Sitzungen des Gruppenelends, wo einem jemand erzählt, Gott laste einem nicht mehr auf, als man tragen kann. Weißt du, was ich finde? Er hat übers Ziel hinausgeschossen. Ich ertrinke, Peggy.«

»Du solltest viel öfter ausgehen.«

»Meinst du, das wüßte ich nicht?« Sie trank einen Schluck Kaffee. »Entschuldige, Peggy. Ich habe einfach eine irre Angst. Ich komm jetzt einigermaßen zurecht. Im Ernst. Rob nimmt es fabelhaft. Und meine Eltern sind einfach wunderbar. Manchmal vergesse ich, *wie* enttäuscht sie sein müssen. Aber, wie es so schön heißt: Die Länge trägt die Last. Ich weiß, wie B. J. in zehn Jahren sein wird, aber wie werde ich sein? Ich finde es gräßlich, was die Verbitterung bei einem Menschen anrichtet. Für irgendwen möchte ich etwas Besonderes sein. Entschuldige, daß ich so durchgedreht habe, aber jedesmal, wenn ich so was lese . . .«

»Ich verstehe schon«, sagte Peggy und stand auf. »Ich wollte eigentlich nur auf einen Sprung hereinschauen. Brauchst du irgendwas?«

321

Ginny schüttelte den Kopf und begleitete ihre Schwester zur Tür.

»Tut mir leid, komm wieder, wenn ich wieder normal bin, ja?« Sie umarmten sich.

Als Peggy gegangen war, schaute Ginny nach B. J. Er saß still da, und vor ihm spielte sich *Dallas* ab, eine Geschichte von Habsucht, Konkurrenzkampf und fleischlichen Begierden. Ginny bückte sich, wischte ihm mit einem Stück Zellstoff das Gesicht und steckte es dann in ihren Ärmel.

»Na, Tiger, was machen wir heute? Spielen wir Volleyball im Zimmer?«

Als sie sich aufrichtete, sah sie ihr Spiegelbild und blieb davor stehen, um es genauer zu betrachten. Was sie anschaute, erschütterte sie. Da stand eine Dreißigjährige mit hundertjährigen Augen. Augen, die stumpf und teilnahmslos dreinsahen. Augen ohne Freude. Augen, die zwar blickten, aber nichts er-blickten. Augen, in denen kein Leben war.

Sie wandte sich rasch vom Spiegel ab und stellte die Kaffeetassen zusammen. Eine Zeile aus dem liegengebliebenen Zeitungsausschnitt sprang ihr ins Auge: »Wenn ihr Kind zum erstenmal Mama sagt, wird ihr klar sein, daß sie ein Wunder erlebt.« Sie kniete sich neben B. J. auf den Boden. »Hör zu, B. J., ich muß dir etwas sagen. Ich bin keine Heilige. Es ist mir wichtig, daß du das weißt. Ich habe dich verflucht − für meine Schuldgefühle, für meine Erschöpfung, für mein ganzes Leben. Ich habe mich gefragt, warum wir zwei geboren wurden. Ich habe noch immer nicht herausgebracht, warum ER uns zusammengespannt hat. Ich weiß nur, daß zwischen uns etwas ganz Besonderes existiert, etwas, das ich nicht einmal Rob erklären kann. Ich könnte es nicht ertragen, wenn du nicht da wärst – oder nie dagewesen wärst.

Eben jetzt habe ich mich im Spiegel gesehen, wie du mich sehen mußt: besiegt, erledigt und wütend. Aber so bin ich nicht. Ehrlich nicht. Manchmal glaube ich, ich bin diejenige, die behindert ist.«

Ginny hob B. J. aus seinem Stützstühlchen und drückte ihn an sich, während sie mit ihm vor den Spiegel trat.

»B. J., ich habe noch nie was von dir verlangt. Ich habe dich noch nie um etwas gebeten, aber jetzt möchte ich was. Ich möchte, daß du Mama sagst. Ich weiß, es wird nicht gleich tadellos klappen, aber versuch's! Gib irgendeinen Ton von dir. Grunz! Rülps! Irgendwas!«

Aus B. J.'s Mundwinkel quoll Spucke. Es kam kein Ton. Dann bemerkte Ginny seine Augen. Sie starrten in die ihren, wie sie es noch nie gesehen hatte. Anfangs blickten sie nicht geradeaus, aber dann sahen sie sie zum erstenmal an. In ihnen lag Bewußtsein, Interesse, Erkennen. Er wußte, wer sie war!

Rob würde ihr das nicht glauben. Niemand würde ihr das glauben, aber B. J. hatte eben sein erstes Wort gesprochen. Mit den Augen. Er hatte sie »Mama« genannt.

Tränen stiegen ihr in die Augen. Sie nahm den Artikel und schob ihn in die Altpapierschublade. Er blieb Mist, aber an der Sache mit dem Wunder war etwas Wahres.

Do you speak Deutsch?

Als mein Sohn in der ersten Klasse war, wollte seine Lehrerin mich sprechen. Sie begann so:
»Er agiert während des Unterrichts verbal, unternimmt zeitweilig Exkursionen durch den Mittelgang, hat keine entwicklungsfähigen Lernziele und anscheinend keine definitive Konzeption seines Rollenverhaltens. Zur Zeit scheint eine gewisse verstärkende Lenkung mittels Konkurrenzdruck ratsam.«
»Wollen Sie damit sagen, mein Sohn blödelt?«
»So volkstümlich würde ich mich nicht ausdrükken, doch ist Ihre Annahme tendenziell stimmig.«
Als er in die dritte Klasse kam, öffnete beim Elternsprechtag eine Lehrerin einen Schnellhefter und sprach: »Um das Problem einmal ganz schlicht zu umreißen: Bei Ihrem Sohn nehmen infolge seiner niedrigen Motivationsschwelle die Unterrichtsgegenstände im Augenblick keine erstrangige Position ein. Für den Lehrkörper stellt er eine ernste Herausforderung dar, sowohl was die Gruppensteuerung betrifft als auch im Hinblick auf unseren didaktischen Erwartungshorizont und unsere Effizienz.«

Ich versuchte zu erraten, was sie meinte, und schloß auf gut Glück, daß mein Sohn blödelt.

In der vierten Klasse blödelte er immer noch, wurde aber folgendermaßen eingestuft: »Ihm fehlt die grundlegende Einsicht in die Kompetenz der Lehrkraft, und er bleibt beim transfer-bestimmten Environment weit zurück, obwohl er seine kognitive Limitation noch keineswegs erreicht hat.«

In der sechsten Klasse hatte ich eine längere Besprechung mit seiner Lehrkraft, die mir sagte: »Ihr Sohn hat durchaus Potential, ist aber unfähig zu brauchbarem Feedback. Sagen Sie mir doch: Was macht man mit einem Kind, das sich nicht in die soziale Interaktion einfügt, auf die etablierten Konzepte nicht positiv reagiert und bei Störaktionen verharrt? Es tut mir leid, daß ich mich so unumwunden ausdrücken muß, aber Sie begreifen sicherlich die Insuffizienzen und Desiderata des zeitgenössischen Unterrichts.«

Ich verstand wieder nur Bahnhof.

Als mein Sohn in der achten Klasse war, klingelte eines Abends das Telefon. Mein Mann nahm den Hörer ab und nickte eine ganze Weile zustimmend. Als er aufgelegt hatte, wandte er sich an mich und sagte: »Weißt du schon das Neueste? Unser Sohn wird durch curriculare Innovationen nicht motiviert. Man hat Bedenken, er könnte in einer negativ konsonanten Blockierung stagnieren. Man versucht jetzt, sein Problembewußtsein zu stimulieren. Was glaubst du, heißt das?«

»Ich glaube, es heißt, daß er blödelt.«

In seinem zweiten Oberschuljahr lautete die Diagnose, er »habe Probleme, die eine Behaviour-Modifikation angezeigt sein ließen, vielleicht einen modular-flexiblen Arbeitsplan, bei dem ein aggressiver Monopolizer ihn in angenehmer, nicht strafender, doch zügelnder Weise zwingt, eine weniger dominierende Rolle zu akzeptieren.«

In seinem letzten Jahr an der Oberschule bat mich die Beraterin meines Sohnes in ihr Büro und sagte: »Tja, der Augenblick ist gekommen, wo wir das Rebus irgendwie lösen müssen, nicht wahr?«

Dabei lachte sie so laut, daß ich mitlachte.

»Schwer zu sagen, wo die Gründe für das Fehlen der Motivationen und die Apathie liegen, doch ehe sich die Erfolgsoptionen Ihres Sohnes polarisieren, hielt ich doch ein Gespräch mit Ihnen für angebracht. Wir können ihm Möglichkeiten an die Hand geben, daß er sein Potential realisieren und eine gewisse Zielsetzung erreichen kann. Obwohl jetzt ein Abschluß bevorsteht, wollte ich, wenn er nach beendigtem Studium Erfolg haben soll, doch nochmals nachdrücklich auf die Notwendigkeit einer kompetenzorientierten Motivation hinweisen.«

Auf dem Weg hinaus beugte ich mich zu der Sekretärin hinunter und fragte halblaut: »Do you speak Deutsch?«

Sie nickte.

»Was hat sie eigentlich gesagt?«

»Ihr Sohn blödelt«, sagte sie lakonisch.

Ich weiß nicht, ob mein Sohn von seinem Bildungsgang etwas profitiert hat, mein Sprachschatz jedenfalls hat sich dabei enorm erweitert.

Dottie: Gleiches Recht für alle

Dottie Fedstrom war eine ganz und gar sachliche Mutter und erzog ihre Kinder nach den althergebrachten Regeln.

Sie war die geborene Mutter. Sie hatte Hände wie Thermometer, zwei Paar Augen, die durch Türen schauen konnten und auf den ersten Blick erkannten, ob ein Kind an Verstopfung litt oder log. Sie hatte eine Nase, die riechen konnte, ob ein Kind Pfefferminzschokolade gegessen hatte, auch wenn es im Nachbarstaat dem Kopf ins Kissen vergrub.

Dottie hatte sechs Töchter. Sie nannte sie »die Horde«. Sie kaufte ihnen weiße Socken (passend für alle Größen) und braune Halbschuhe, die eine Schwester der anderen weitervererbte. Einmal kaufte sie zwei Ballen blauen Cord, nähte daraus Jacken für alle, und dann blieb ihr noch genug für Vorhänge und Tagesdecken in den Schlafzimmern. (Wie eine ihrer Töchter richtig bemerkte, war nicht zu erkennen, ob sie im Zimmer war oder nicht, solange sie nicht lächelte.)

Wenn eine Tochter Haferbrei zum Frühstück wollte, bekamen alle Haferbrei. Wenn eine die Masern kriegte, sorgte Dottie dafür, daß alle sich ansteckten. Wenn die erste, der man eine Uhr schenkte, sie verlor, wurde auch keiner der anderen mehr eine anvertraut.

Ob sie zwanzig oder zwei Jahre alt waren: Sie mußten alle um die gleiche Zeit zu Hause sein, bekamen das gleiche Taschengeld, die gleiche Puppe, die gleiche Strickjacke, die gleichen Grammophonplatten und die gleichen Haartrockner zu Weihnachten. Dottie duldete keine Günstlingswirtschaft.

Niemand war überrascht, daß die Mädchen jung heirateten. Sie waren so berechenbar wie ihre Mutter. Zum Schluß hatte Dottie nur noch eine Tochter, Nicky.

Drei Jahre lang mußte Nicky hören:

»Ich kann nicht begreifen, wieso du dir nicht die Haare wachsen läßt wie deine Schwester Leslie. Damit sähst du viel hübscher aus, nicht wie ein zwölfjähriger Bengel.

Als Pammie noch dein Zimmer bewohnte, hatte sie immer diese wirklich hübsche rosa Tagesdecke. Sie muß noch irgendwo sein. Ich werde sie für dich heraussuchen.

Weiß deine Lehrerin, daß du Wendys Schwester bist? Sie hätte doch das Kleid erkennen müssen. Es war Wendys Lieblingskleid.

Du bist genau wie deine Schwester Leah. Die konnte auch nie mit Geld umgehen. Jede Woche wollte sie einen Vorschuß auf ihr Taschengeld.

Du und Alice, ihr habt Menschen nie gut beurteilen können.

Nun hör mal zu! Deine fünf Schwestern waren

sämtlich schon vor ihrem 21. Geburtstag verheiratet!«

Es war Nicky nicht bestimmt, in ihrem Leben etwas Originelles zu tun. Sie war das Produkt einer Xerox-Maschine, die man auf sechs Kopien eingestellt hatte.

Auch ihre Hochzeit war genau wie erwartet – eine Kopie der Feier ihrer Schwestern. Ihr Kleid war vom gleichen Schnitt, das Blumenbukett vom gleichen Floristen, das Essen vom gleichen Lieferanten, der Hochzeitskuchen vom gleichen Bäcker. Sie bekam von ihren Eltern die gleichen Geschenke, die auch ihre Schwestern bekommen hatten: einen Grillherd und zwei Kopfkissen, gefüllt mit Gänsedaunen.

Als sie im kleinen Nebenraum der Kirche darauf wartete, neben ihrem Vater zum Altar zu schreiten, erschien ihre Mutter mit dem gleichen tränenüberströmten Gesicht wie bei den Hochzeiten ihrer Schwestern. Sie nahm Nickys Gesicht in beide Hände und flüsterte ihr den letzten mütterlichen Rat zu (den sie auch ihren Vorgängerinnen gegeben hatte): »Sei immer ganz du selbst, sonst wirst du nie glücklich werden.«

Chaos-Kids

Grand Rapids, Michigan.

Robin Hawkins könnte das Modell für »die schrecklichen Zweijährigen« gewesen sein: Dieses Kleinkind hat nämlich nach gegenwärtigem Stand binnen zwei Monaten Schaden in Höhe von 3000 Dollar angerichtet.

Zuerst war es die Rohrleitung, dann die Spülmaschine, der Kühlschrank und der Wagen. Nichts entging dem Wüten der zweijährigen Tochter von Rolf und Bernie Hawkins.

Robins Schreckensspur begann auf der Toilette, einem bekannten Problemort für Kleinkinder. Dort wurde ein Schmusetier namens Alice, die Katze, eingetaucht, ertrank und wurde weggespült.

Hawkins, der über die Taten seiner Tochter pflichtgemäß Buch führte, trug die notwendig werdenden Ausgaben säuberlich in sein gelbes Notizbuch ein:

62 Dollar für den Installateur, 2 Dollar 50 für ein neues Schmusetier namens Alice.

Doch das war erst der Anfang.

Robins Entschluß, ihren Teddybär oben auf dem Heizelement der Spülmaschine zu baden, kostete

ihren Vater 375 Dollar Reparatur, zusätzlich 25
Dollar für Rauchschäden und – natürlich – 8
Dollar für einen neuen Teddybär.

Dann kam die Sache mit dem Kühlschrank.
Anscheinend gelang es Robin, ein paar magnetische Buchstaben in die Lüftungsschlitze zu stek-
ken. Unmittelbar danach fuhr die Familie ins
Wochenende. Dadurch brannte der Motor aus.
Kosten: 310 Dollar für den Kühlschrank, 120 Dollar für verdorbene Lebensmittel und 3 Dollar 75 für
neue magnetische Buchstaben.

»Eines Abends setzten wir uns vor den Fernseher«,
erzählte Hawkins, seines Zeichens Polizeioffizier
der East Grand Rapids. »Aber Robin hatte die Fein-
einstellung so verbogen, daß sie im Inneren des
Apparats abgebrochen war.«

Reparaturkosten 115 Dollar.

Am nächsten Tag fuhr Mrs. Hawkins ihren Mann
abholen. Er tat – als Zweitjob – Teilzeitdienst in
Sparta. Als sie den Wagen verließ, schlief Robin in
ihrem Kindersitz. Die Wagenschlüssel befanden
sich in ihrer Handtasche. Die Handtasche befand
sich im Wagen. Hawkins berichtete später: »Wir
hörten den Wagen starten und rannten hinaus. Wir
kamen eben noch zurecht, um mit anzusehen, wie
er die Straße hinunterfuhr.«

Der Wagen prallte gegen einen Baum. Kosten: 1029
Dollar Reparaturen.

Ein paar Tage später wollte Robin auf der Stereoanlage ein paar Bänder abspielen. Kosten 36 Dollar
für Bänder und 35 Dollar für die Reparatur des
Bandgeräts.

Kurz danach parkten die Hawkins nach einer Einkaufsfahrt den Wagen mit der vorderen Hälfte in der Garage und ließen, da sie einiges aus dem Kofferraum auszuladen hatten, Robin angeschnallt in ihrem Kindersitz.

»Meine Frau hatte ja die Schlüssel, da dachten wir, alles sei o. k.«, sagte Hawkins.

Es war auch alles o. k., aber dann hörten sie einen gewaltigen Krach, stürzten hinaus und stellten fest, daß die automatische Garagentür die Kühlerhaube eingedrückt hatte, weil − dreimal dürfen Sie raten − die im Wagen eingeschlossene Robin den Fernbedienungsknopf gedrückt hatte. Rechnung 120 Dollar.

Robin klaute auch 620 Dollar aus der Registrierkasse eines Supermarkts, bohrte fünfzig Löcher in die Wände einer von ihren Eltern gemieteten Wohnung, malte mit Nagellack auf der Tapete und stellte die Rasenmähmaschine auf Leerlauf, die daraufhin die Einfahrt hinuntersauste und um ein Haar den auf dem Gehsteig stehenden Nachbarn überrollt hätte.

»Wenn sie eines Tages kommt und mich fragt, wieso sie kein Taschengeld kriegt, werde ich ihr das hier zeigen«, sagte Hawkins neulich und schwenkte das gelbe Heftchen.

Brooke und ihr Musterknabe

Wenn Brooke ihre Schwester besuchte, setzte sie sich nie, ohne erst mit der Hand über den Sitz gefahren zu sein.

Das ganze Haus glich einem gigantischen Spielställchen, bewohnt von fünf lebhaften Kindern mit klebrigen Händen und Schnullermäulchen, denen aus allen Gesichtsöffnungen irgend etwas tropfte.

Im Ernst, das Haus war die reinste Schutthalde! Ein einsamer Goldfisch schwamm in einem antiken Glas, drei lange Eisteelöffel, die Brooke ihrer Schwester passend zum Tafelsilber am Hochzeitstag geschenkt hatte, staken im Blumenbeet, und sie hätte schwören können, daß über der Windel des Jüngsten ein Regenbogen stand.

Beide Schwestern waren in einer Atmosphäre von feinem Porzellan, guten Büchern, Orientteppichen und Damastservietten groß geworden. Irgendwann schien ihre Schwester den falschen Weg eingeschlagen zu haben.

In den sechs Jahren ihrer Ehe hatten Brooke und ihr Mann Clay viel darüber nachgedacht, wie ihr Kind erzogen werden sollte. Bei ihnen war alles geplant: jedes einzelne Möbelstück in ihrem Stadthaus aus

Weiß und Chrom, ihr Zweisitzer, ihre jeweiligen Berufe, ihre Clubzugehörigkeit – und ihr Baby.

Brooke sollte im Februar schwanger werden, wenn die Feiertagseinladungen vorbei waren, im Mai noch schlank genug sein, um sich in der Sonne braunbrennen zu lassen, und rechtzeitig entbinden, so daß ein Familienbild noch als Weihnachtskarte verschickt werden konnte.

Brooke und Clay machten jedoch einen Fehler.

Sie versprachen einander Dinge, die junge Eltern besser nicht versprechen sollten:

Ihr Baby würde ihr Leben *nicht* beherrschen.

Sie würden sich nie so weit erniedrigen, Plastik zu benutzen.

Sie würden niemals die Bücher unten im Teewagen und die geschliffenen Gläser außer Reichweite ihres Kindes aufbewahren.

Sie würden ihr Kind überall hin mitnehmen können, ohne sich seiner schämen zu müssen.

Dies alles äußerten sie öffentlich, so daß alle Leute es hörten.

Irgendwo steht geschrieben, daß Eltern, die anderer Leute Kinder kritisieren und der Allgemeinheit verkünden, sie würden es besser machen, das Schicksal herausfordern.

Zu den Selbstgerechten, die diesem Gesetz zu trotzen suchten, gehören Mia Farrow, die *Rosemary's Baby* gebar, Lee Remick, die Damien in *Das Omen* zur Welt brachte, und die Eltern der Mörderin Lizzie Borden.

Es erstaunte daher niemanden außer Brooke, als bei ihr einen Monat zu früh während eines

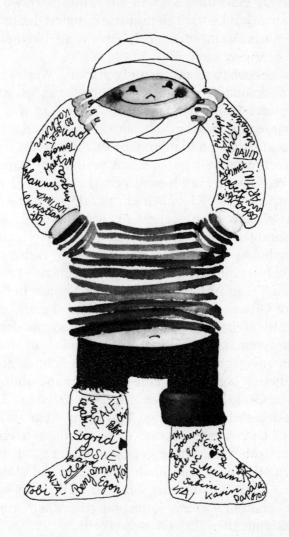

Kostümfestes im Club die Wehen einsetzten und man sie Hals über Kopf in die Klinik fuhr, wo sie Wesley das Leben schenkte. Arrangiert hatte sie die ganze Sache miserabel; sie war als Nonne auf das Fest gegangen.

Brooke beharrte eigensinnig darauf, Wesley sei kein besonders schlimmer Junge, nur ein sogenannter »Unfäller«. Er begann jeden Tag wie die gewissen batteriebetriebenen kleinen Autos, die man aufzieht und laufen läßt und die erst stehenbleiben, wenn sie gegen etwas prallen und kaputtgehen. Brooke fand hierfür gern die abschließende Formel: »Wesley ist eben ein richtiger Junge.«

Als Wesley sechs Jahre alt war, las sich sein Gesundheitspaß wie die ersten 18 Kapitel eines Handbuchs für Erste Hilfe. Er trank Farbe und pinkelte eine Woche lang veilchenblau. Er riß einen Kaugummiautomaten auf sich herab, fiel aus dem Gitterbett, verschluckte einen Penny, zerschnitt sich die Lippe an einer weggeworfenen Konservendose, verfing sich mit dem Fuß in einem Einkaufswagen und mußte mit dem Schneidbrenner befreit werden, aß eine Plastikbanane und zerbiß ein Rektalthermometer in zwei Teile.

Er stieß sich den eigenen Finger ins Auge, brach sich beim Fernsehen den Arm, wurde von einer bösartigen Schildkröte gebissen, stürzte auf dem Eis und bekam eine Beule am Steißbein, stopfte sich einen Golfabschlagbolzen ins Ohr und wettete, er könne einen Kopfsprung in 90 cm tiefes Wasser machen. Er verlor die Wette.

Brooke fuhr so oft zur Notaufnahme des Krankenhauses, daß man ihr von dort Kartengrüße schickte, wenn Wesley zufällig einmal heil war.

Und doch gab sich Brooke kein einziges Mal geschlagen. Andere Kinder »verblödeten bei der ewigen Fernseherei«, Wesley aber durfte davorsitzen, denn er war »neugierig und voller Wissensdurst«. Wenn andere Kinder jemand aus dem Weg schubsten, waren sie »aggressiv«, Wesley aber durfte es und war nur »durchsetzfreudig«. Wenn andere Kinder ohne Erlaubnis der Mutter aus deren Portemonnaie Geld nahmen, konnte man es als »Diebstahl« bezeichnen, wenn Wesley es tat, war es nur eine »Stärkung des gegenseitigen Vertrauens«.

Anfang Juni lächelte Brooke stoisch, als ihr der Frauenarzt mitteilte, daß sie nach dem Ergebnis des Ultraschallgeräts Zwillinge erwarte.

Normalerweise hätte eine solche Nachricht eine Mutter nachdenklich machen müssen – nicht aber Brooke.

Sie stieg auf dem Heimweg aus, um frische Blumen für den Eßtisch zu kaufen.

Sie rief ihren Mann an, teilte ihm die große Neuigkeit mit und vermerkte dankbar, daß man das Muster des Babysilbers nachbestellen könne.

Sie rief ihre Schwester an und sagte, das Abonnement für die Oper behalte sie bei, so früh kämen die Babys nicht. Sie informierte auch Wesley und schickte ihn zum Nachbarn zum Spielen.

Dann zog sie sich mit einer Flasche Wodka in ihr Zimmer zurück, und man sah sie erst am nächsten Tag um 4 Uhr nachmittags wieder.

Für Krisen geboren

Manche Mütter sind wie geschaffen für kritische Situationen. Stets sind sie darauf vorbereitet. Sie sitzen in ihren farblich abgestimmten Kostümen da, die Wagenschlüssel in der einen, den Leitfaden für Erste Hilfe (mit Illustrationen über Pressurpunkte) in der anderen Hand.

Wenn ein Kind heulend durch die Hintertür hereinkommt und ruft: »Mami, Mami, Mikey hat ein Wehweh, das blutet«, stellt so eine Mutter ruhig den automatischen Kochherd auf 18 Uhr Essenszeit, fährt den Wagen aus der Garage (der voll aufgetankt ist), und ab geht's in die Klinik.

Sie ist auch immer dann in der Notaufnahme, wenn ich mit einem Kind eintreffe, das in ein schmutziges Geschirrtuch gewickelt ist und einen Schlafanzug trägt, den ich als Staubtuch benutzen will, sobald die Druckknöpfe rausgetrennt sind.

Sie weiß ihre Versicherungsnummer auswendig und rasselt sie herunter, während ich zu kämpfen habe, um mich an das Alter und den Namen meines Kindes zu erinnern, und schließlich das Datum seiner Geburt in das Jahr verlege, in dem wir den Kühlschrank abgezahlt hatten.

Während sie ganz ruhig ins Wartezimmer geht, die Sonnabend-Literatur-Beilage unterm Arm, suche ich in allen Telefonapparaten nach einem vergessenen Groschen, um meinen Mann anzurufen – wie hieß er doch noch?

Eine der schwersten Aufgaben bei der Aufzucht von Kindern ist die Frage, wann das Kind in ärztliche Behandlung gehört und wann nicht. Oder wie wir es ausdrücken, wenn wir uns zu Weinproben treffen: »Man darf nicht die erste im Wohnblock sein, die einen Fall von Verstopfung im Hundertstundenkilometertempo ins Krankenhaus bringt, aber auch nicht die letzte, die den Apotheker wegen eines komplizierten Bruchs anruft.« Vermutlich gibt es auf dieser Welt kein ärgeres Schuldgefühl, als wenn man ein krankes Kind mit einem Babysitter allein lassen muß. Der Sitter könnte Mutter Teresa in eigener Person sein, es wäre einem immer noch obermies. Irgend etwas daran ist schwer zu ertragen, daß ein Kind sich erbricht, ohne daß man dabei ist.

Ich brauchte einmal mehr Zeit dazu, dem Babysitter Instruktionen zu geben, als mich mein erstes Buch gekostet hat.

Liebe Miss Tibbles!
Die Zäpfchen liegen im Eisschrank neben den Mehlwürmern. Die Mehlwürmer sind für die Eidechse, die frühstücken will, wenn alle anderen frühstücken. Die Zäpfchen sind gegen Bruces Übelkeit. Er wird zwar widerstreben, aber da müssen Sie sich durchsetzen. Und tun Sie sie in den

341

Kühlschrank zurück, gut gekühlt sind sie besser zu handhaben. Das Antibiotikum muß alle 12 Stunden gegeben werden. Beim Verabreichen früh um 3 Uhr ist Bruce stocksauer und wird Ihnen ins Gesicht spucken, aber erinnern Sie ihn daran, daß es zu seinem Besten ist. Bitte bleiben Sie fest. Das Kinderaspirin ist im Medizinkästchen auf dem obersten Fach. Fangen Sie rechtzeitig an, die Kappe abzuschrauben, sie ist kindersicher und sehr schwer aufzukriegen. Einfach auf den Deckel drücken und gleichzeitig entgegen dem Uhrzeigersinn so lange drehen, bis der Pfeil auf die Vertiefung zeigt, und dann mit dem Daumennagel nach oben reißen. Wenn Sie es nicht schaffen, geben Sie es Bruce. Der kriegt das in zwei Sekunden auf.

Feste Nahrung hat er bis jetzt noch nicht wieder vertragen, aber versuchen Sie es mit Götterspeise und Crackern. Wenn er erbricht, hören Sie damit auf.

Mrs. Bombeck.

Kinderärzte sind auch keine rechte Hilfe. Jahr für Jahr geben sie Ratschläge, die zum besten Komödienstoff unserer Tage gehören.

»Sorgen Sie dafür, daß er es bei sich behält«, ist eine klassische Wendung. Und wie ist es mit: »Hören Sie, er darf nicht kratzen.« Das ist doch, als ob man den Papst auffordert, sich einen Freizeitanzug zu kaufen.

»Halten Sie ihn ruhig und im Bett«, ist auch so ein Bonbon, aber mein unbestrittener Lieblingssatz ist: »Achten Sie auf seinen Stuhlgang.«

342

Kennen Sie irgendeine Mutter, die je diesem Rat gefolgt ist? Mein Sohn hat einmal einen Groschen verschluckt, und ich war bereit, ihn zu vergessen und von der Steuer abzuschreiben. Meine Mutter war außer sich: »Du mußt das Kind zum Arzt bringen und untersuchen lassen, wo das Ding steckt. Das kann sehr ernst werden.«

Der Arzt untersuchte ihn und entdeckte durch Röntgenstrahlen, daß der Groschen »gewandert« war. Er wandte sich mit ernster Miene an mich und sagte: »Achten Sie auf seinen Stuhlgang.«

»Und wozu soll ich das?« fragte ich.

»Wegen dem Groschen.«

»Geld spielt keine Rolle für uns. Wir haben unser eigenes Haus und einen Mikrowellenherd.«

»Es geht nicht ums Geld«, sagte er. »Wollen Sie denn nicht wissen, was damit passiert?«

»So dringend eigentlich nicht«, sagte ich.

Es gibt gewisse Dinge, die man von einem gebildeten Menschen nicht verlangen kann.

343

Cora: Was lange währt...

Cora ist eine sehr wichtige Figur in diesem Buch. Hauptsächlich deswegen, weil Erwachsene immer so gern über Kinder Witze reißen.

Klagen ist das Notventil der Mütter. Deshalb hört man so oft Sätze wie: »Geh hinaus und spiel auf der Fahrbahn«, oder »Mein erster Fehler war, deinen Vater zu heiraten. Mein zweiter Fehler warst du.« Und an ganz schlimmen Tagen: »Hätte Gott gewollt, daß ich dich mit in die Kirche nehme, hätte er am Ende jeder Bankreihe eine Toilette eingebaut.«

Es ist wichtig, Cora im Untersuchungszimmer ihres Frauenarztes kennenzulernen. So ein Raum hat ja immer etwas Erschreckendes. Vielleicht deshalb, weil man in einem Papierhemdchen (man hat schon Drinks auf größeren Stücken Papier abgestellt) dasitzt und darauf wartet, Intimstes mit einem Mann zu erörtern, der zwei Jahre jünger ist als das Kuchenblech daheim.

An diesem Tag räusperte sich Cora und wünschte, ihre Füße sähen besser aus. Ihre Fersen hatten Schrunden und ihre Zehennägel gehörten geschnitten. Überhaupt wünschte sie sich, ihr Körper sähe besser aus. Seit sie vor einem halben Jahr mit dem Rauchen aufgehört hatte, glich ihr Akt einer Avocado. Selbst wenn sie den Bauch einzog, veränderte sich nichts. Vielleicht konnte der Arzt ihr eine Diät verschreiben?

Sie überlegte. Eigentlich war es dumm gewesen zu kommen. Vermutlich fehlte ihr gar nichts. Sie war einfach nur müde. Und vermutlich brauchte sie nur ein bißchen Östrogen.

Die Untersuchung dauerte keine drei Minuten, und nach ein paar Fragen und Notizen lächelte der Arzt und sagte: »Gratuliere. Sie werden Mutter.«

Zum ersten Mal, seit er das Zimmer betreten hatte, sah ihm Cora ins Auge. »Was, bitte, werde ich?«

»Mutter«, sagte er, »Mutter wie Mutter Teresa und Mutter Natur.«

Sie warf ihm die Arme um den Hals und sagte aus einem Grund, der keinem von beiden klar war: »Danke schön.«

Cora konnte es einfach nicht glauben. Seit Jahren hatten Warren und sie alles Erdenkliche ausprobiert. Sie hatten Tabellen geführt, Kerzen gestiftet, Adoptionsanträge gestellt, sogar Schulden gemacht (weil jeder behauptete, das sei der sicherste Weg, schwanger zu werden). Nichts. Die Mutterschaft entzog sich ihr.

»Wissen Sie, ich bin schon 38«, sagte Cora ängstlich.

Des Doktors Miene blieb ausdruckslos. »Wenn Sie noch ein Jahr gewartet hätten, würde die Entbindung von der Medicare-Versicherung bezahlt, ganz zu schweigen von einer Erwähnung in der *New York Times*. Sie haben einen geknickten Uterus, wir werden also Vorsorgemaßnahmen treffen.«

Nach elf Wochen Schwangerschaft bestieg Cora ihr Bett und verblieb darin, bis sechs Monate später ihr Baby geboren wurde.

Sie aß von einem Tablett, das Warren ihr jeden Morgen zurechtmachte, sah sich im Fernsehen Operetten und Quiz-Sendungen an, las und spielte Gastgeberin für eine Reihe von Prophetinnen, die alles taten, was sie nur konnten, um ihr das Glück ein bißchen zu vermiesen.

Ihre Mutter sagte: »Nun erzähl es mir noch mal: Wie ist das passiert?«

Ihre Schwägerin sagte: »Bist du dir klar, daß das Kind als besondere Erscheinung des Rentnerinnen-Daseins in *Was bin ich?* auftreten kann?«

Ihr Mann schlug vor, ihr Valium in den Haferbrei zu mischen.

Ihre Nachbarin sagte ihr voraus, sie würde über alles ganz anders denken, wenn das Gör erst da war und die Leberflecken auf Mamis Armen mit Bleistiftstrichen verband.

Der Zeitungsjunge sagte: »Ich hab ja gedacht, Sie wär'n die älteste Mutter in ganz Nordamerika, aber dann hab ich im ›Guiness Buch der Rekorde‹ nachgesehen, und da steht, daß eine Frau ein Kind geboren hat, die war 57 Jahre und 129 Tage.«

Ihr früherer Chef ließ sie wissen, der Ausdruck »Kinder erhalten einen jung« stamme von einer neunzehnjährigen Mutter in Milwaukee, die mit 22 bereits leugnete, es je gesagt zu haben.

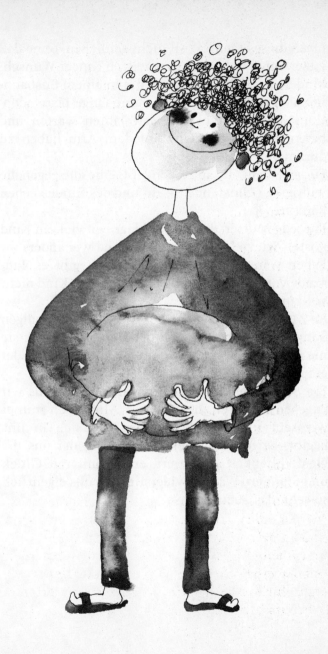

Doch dieses Kapitel soll nicht schließen, ohne daß ich erwähnt habe, daß die meisten Kinder Wunschkinder sind. Für jedes Kind, das in einem Busbahnhof ausgesetzt wird, gibt es eine lange Liste adoptionswilliger Eltern, die seit Jahren warten und beten, einmal ein Baby auf dem Arm haben zu dürfen.

Für jede Frau, die abtreiben läßt, eine, die gegen die widrigsten Umstände für ihr und des Kindes Leben kämpft.

Für jede Mutter, die sich beklagt, wieviel ein Kind kostet, wieviel Mühe es macht und wie anders ihr Leben wäre, wenn sie keines hätte, gibt es Tausende von Frauen, deren Leben ohne ein Kind nicht vollkommen wäre.

Im Mai gebar Cora einen gesunden sechspfündigen Sohn. Ein solches Gefühl der Heiterkeit hatte sie nie empfunden und würde sie auch nie wieder empfinden.

Ein Stück Cora steckt in uns allen. Mehr, als wir zugeben möchten. In welchem Alter auch immer wir sein mögen, das Wunder, das sich in uns begibt, bewegt uns tief. Der Prozeß, der uns die Unsterblichkeit garantiert, erfüllt uns mit Glück und Staunen. Warum widerstrebt es uns eigentlich so sehr, das zuzugeben?

Stiefmütter mit schlechtem Ruf

Schneewittchens Stiefmutter

Es war Queenie Whites erste Heirat.
Mit ihren siebenunddreißig Jahren hatte sie
gemeint, so etwas käme für sie nicht mehr in
Frage. Manchmal mußte sie sich kneifen, um ganz
sicherzugehen, daß sie nicht träumte.
Sie war mit einem erfolgreichen König verheiratet,
einem mit Schloß im Villenvorort und einem kleinen, wunderschönen Kind, das aussah wie eine
Pampers-Reklame.
Es hätte ein Idyll sein können, doch es war keines.
Die kleine Snow nahm es Queenie übel, daß sie
ihren Vater geheiratet hatte. Sie hätten es zu zweit
so nett haben können. Sie waren so fröhlich miteinander gewesen, ehe Queenie auftauchte. Bei der
Hochzeit teilte Snow ihrer neuen Stiefmutter mit,
sie trüge nach altem Brauch »etwas Altes, etwas
Neues, etwas Geborgtes und etwas Blaues«. Doch
all diese Symbole vereinigten sich in einem einzigen Kleidungsstück, einem Paar ausgefransten,
verblichenen Jeans.
Queenie wußte genau, daß Snow sehr verzogen

war, aber sie faßte sich in Geduld und belastete
ihren Mann nie mit diesem Problem.

Wenn Snow im Schloß eine Schlummerparty für
die jungen Turnierritter gab, deckte Queenie ihr
den Rücken. Sie nahm die Schuld an der Delle in
des Königs Wagen auf sich. Und als sie Snow mit
ein paar Bekannten den Croquet-Rasen rauchen
sah, schwieg sie still.

Eines Tages erblickte sie ihr Bild im Spiegel und
fragte laut: »Spieglein, Spieglein an der Wand, wer
ist die Dümmste im ganzen Land?« Und wußte die
Antwort schon, ehe der Spiegel den Mund auftat.

So konnte es nicht weitergehen. Sie sah kurz in
Snows Zimmer hinein.

»Snow«, sagte sie leise, »irgendwie haben wir keinen Kontakt zueinander, und ich weiß nicht,
warum.«

»Weil du herzlos und grausam bist«, sagte Snow.
»Du wärst froh, wenn es mich in der Luft zerrisse,
weil ich dich dauernd dran erinnere, wie schön
meine Mutter war.«

»Ich wünsche mir so sehr, daß wir uns verstehen,
weil wir beide den gleichen Mann lieben und weil
er Besseres verdient hat«, sagte Queenie.

»Steck dir das hinter den Spiegel«, sagte Snow.
»Glaubst du, ich hätte nicht gemerkt, daß du mit
dem redest? Du bist ja nicht normal!«

»Hast du eine Vorstellung, was Liebe wirklich ist?
Liebe bedeutet, jemanden so gern zu haben, daß
man ihm die Wahrheit sagt, selbst wenn man
dadurch seine Zuneigung verliert. Warum reißt du
dich nicht zusammen? Hör auf, dich anzuziehen

wie im Fasching, bring ein bißchen Ordnung in
dein Leben. Melde dich im College an. Leiste unbezahlte Hilfsdienste im Krankenhaus. Oder ich sag
es deinem Vater, was du alles angestellt hast.«

Snow bekam es mit der Angst, daß Queenie ihre
Drohung wahrmachen würde, und ging noch in der
gleichen Nacht auf und davon, in einen Wald bei
San Francisco. Dort entdeckte sie auf einer Lich-
tung eine Hütte, in der eine Kommune lebte. Es
war das erste Mal, daß sie irgendwo Quartier
suchte, ohne vorher bestellt zu haben.

In den drei Jahren, die folgten, spielte Snow
Gitarre, zog ihr eigenes Gemüse und machte Blu-
menübertöpfe aus Macramé in Form einer Eule für
den ortsansässigen Gärtner.

Es gibt sicher auf der Welt kein schlechteres
Gewissen als das einer Stiefmutter, die ihr Kind
vom heimischen Herd vertrieben hat. Tag für Tag
versuchte Queenie, Snow wiederzufinden.

Da brachte eines Tages ein Bote eine Nachricht
von ihr.

Queenie ging damit pflichtgemäß sofort zu ihrem
Mann.

»Man hat Snow gefunden.«

»Das ist ja fabelhaft«, sagte der König.

»Nicht ganz so fabelhaft«, sagte Queenie. »Sie lebt
in einer Kommune im Wald.«

»Wenn schon, es gibt Schlimmeres. Sie könnte ja
mit einem Mann leben.«

»Sie lebt mit sieben Männern. Lauter Zwergen.«

»Ich wünsche, daß sie heimkommt«, sagte der
König.

Da kam Snow mit einem Mann und einem Baby zurück und bat, wieder in die Familie aufgenommen zu werden.

Das Ehepaar und das Kind schliefen auf Matratzen, beleuchteten ihr Zimmer mit in den Sand gesteckten Kerzen, tranken Ziegenmilch, aßen Sonnenblumenkerne und meditierten und rezitierten den lieben langen Tag.

Und eines Tages stand Queenie wieder vor dem Spiegel und fragte: »Spieglein, Spieglein an der Wand, wie werde ich mit dieser Geschichte fertig?«

Da antwortete der Spiegel: »Sauf!«

Aschenputtels Stiefmutter

Sie hieß Buffy Holtzinger.

Doch in der Welt der Märchen kannte man sie nur unter dem Namen »Aschenputtels böse, gemeine und häßliche Stiefmutter«.

Buffy zog Versager an wie ein weißes Kleid die Flecken. Als erstes Ray, der sie mit einer kleinen Tochter sitzenließ (eine weitere war unterwegs). Dann Eugene, der seine Tochter Aschenputtel mit in die Ehe brachte und sich dann davonmachte, um sich in Ruhe über seine Gefühle klarzuwerden.

Buffy war eine der ersten berufstätigen Mütter des Viertels. Sie gab sich keinen Moment der Illusion hin, eine »richtige Mutter« zu sein (eine Tatsache, die ihr Aschenputtel mindestens fünfzehnmal täglich ins Gedächtnis rief). Sie arbeitete. Sie kam heim und brüllte herum, bis sie Krampfadern im

Hals hatte. Dann fiel sie ins Bett. Sie glaubte, daß sie wie Rapunzel in einem Turm enden und ihr langes Haar flechten würde, wenn sie weiterhin drei weibliche Teenager allein aufziehen müsse. Sie mußte sie verheiraten, sonst verlor sie den Verstand. Ihre eigenen beiden waren schlimm genug. Immer mürrisch. Hingen den ganzen Tag im Haus herum, lasen den *Palace Enquirer*, ein Klatschblatt über den Adel, und warteten darauf, daß jemand sie mit dem Löffel fütterte.

Mit bloßem Gammeln wäre Buffy schon fertiggeworden. Aber Aschenputtels lebhafte Phantasie trieb sie auf die Palme. Von Anfang an spielte Aschenputtel mit der Wahrheit, wie andere Kinder mit dem Kaugummi spielen, zog sie, dehnte sie, formte sie, versteckte sie wieder.

In der dritten Klasse erzählte sie der Lehrerin, daß ihre Stiefmutter sie nackt zum Spielen in den Schnee hinausschicke. Sie erzählte, ihre Stiefschwestern bekämen zu Weihnachten seidene Kleider und sie nur eine Urkunde als Blutspender. Sie sagte allen, die es hören wollten, ihre Stiefmutter hasse sie, weil sie hübsch sei, und lasse sie auf den Knien die Böden polieren.

Eines Abends, Buffy stickte gerade an einem Mustertuch mit dem Spruch ›*Man muß so manche Kröte küssen, ehe man seinen Prinzen findet*‹, rief sie Aschenputtel herein: sie habe mit ihr zu reden. »Aschenputtel«, sagte sie, »warum erzählst du Sachen, die nicht wahr sind?«

»Tu ich gar nicht«, verteidigte sich Aschenputtel. »Ich mache hier alle Arbeit. Ich bin nur ein Dienstbote. Du hast deine eigenen Kinder lieber als mich. Daddy und ich waren so glücklich, ehe du kamst. Wenn er da wäre, wäre alles anders.«

»Jeder muß seine Pflicht tun«, sagte Buffy müde. »Und wenn ihr drei eure Pflicht getan habt, dürft ihr Freitagabend zum Ball. Wäre das nicht fein?«

»Mich legst du nicht herein«, sagte Aschenputtel patzig und näherte sich der Tür. »Dir wird schon was einfallen, damit du wieder kneifen kannst. Die Töpfe werden nicht genügend blitzen oder der Fußboden zu wenig glänzen. Ich hasse dich und deine beiden Auswüchse.«

»Nicht Auswüchse – Nachwüchse«, rief Buffy ihr hinterher.

Wie es dann Freitagabend kam, war vorauszusehen. Buffys zwei Töchter gaben sich einigermaßen Mühe, ihre Haushaltspflichten zu erfüllen, aber Aschenputtel zog wieder mal eine große Schau ab, nahm mit der Fingerspitze ein Stäubchen auf und polierte den nächsten Ziegelstein.

Buffy ließ sie hereinfallen. »Von mir aus. Ich habe dich gewarnt. Jetzt halte dich an die Verabredung. Du bleibst zu Hause.«

Ein paar Stunden später war niemand überraschter als Buffy, Aschenputtel auf dem Ball auftauchen zu sehen. Sie nahm eine ihrer Töchter beiseite und fragte: »Wie kommt denn die hierher?«

Ihre Tochter stopfte sich noch ein weiteres Käsekräpfchen in die fette Backe und erwiderte: »Sie erzählt herum, sie hätte eine gute Fee zur Patin, die hätte ihr aus einem Kürbis eine Kutsche gezaubert, und einen Kutscher aus einer weißen Ratte, livrierte Diener aus Eidechsen und Pferde aus verschreckten Mäusen.«

»Ach du liebe Zeit!« stöhnte Buffy. »Nun sag nur noch, daß sie es dem Reporter des *Palace Enquirer* erzählt hat. Man wird sie in die Klapsmühle stecken. Sag ihr, sie soll sich gefälligst heimtrollen, sonst werde ich dafür sorgen, daß sie acht Tage lang nicht sitzen kann.«

An diesem Abend lernte Aschenputtel auf dem Ball einen Schuhwarenvertreter kennen und heiratete ihn einige Monate später.

Das Glück jedoch entzog sich Buffy weiter, denn Aschenputtel bot einem Verleger ein Manuskript mit dem Titel »Stiefmutters Liebling« an. Der Titel wurde dann in »Aschenputtel« geändert und das Buch auf Anhieb ein Bestseller.

Man sagt ihm nach, es habe Millionen von Frauen davor bewahrt, eine zweite Ehe zu schließen, und wenn sie nicht gestorben sind, so leben sie noch heute . . .

Die Stiefmutter von Hänsel und Gretel

Wilma lernte den Vater von Hänsel und Gretel bei einer Holzfällerzusammenkunft kennen, und es traf sie wie ein Zauberschlag: Sie liebten die gleiche Musik, das gleiche Essen, die gleichen Witze. Daher war niemand erstaunt, daß Wilma schon drei Tage später ihre Stellung als Sekretärin aufgab und Herb heiratete, um mit ihm und seinen beiden Kindern im Wald zu leben.

Von Anfang an spürte Wilma, daß die Kinder ihre

Anwesenheit übelnahmen. Sie deckten den Tisch für nur drei Personen. Sie husteten auf ihr Müsli, so daß sie es nicht mehr essen konnte. Und eines Abends legten sie ihr einen toten Wolf ins Bett.

»Vielleicht kriegen sie zu viel Süßigkeiten«, meinte sie zu Herb, »sie wirken so hyperaktiv.«

»Unsinn!« sagte er. »Es sind eben lebhafte Kinderchen. Versuch doch, dich mit ihnen gemeinsam zu amüsieren.«

Wilma versuchte es. Sie fuhr mit ihnen auf Picknicks – dabei banden sie sie an einen Baum. Sie las ihnen Geschichten vor, dabei stellten sie eine brennende Kerze unter ihr Kleid. Schließlich sah Wilma das Problem, wie es war: Es handelte sich um Kinder von der Sorte, die beide Eltern umbringen und sich anschließend bedauern lassen, weil sie Waisen sind.

Als sie Herb sagte, es müsse etwas Verhaltenstherapeutisches für sie geschehen, fragte er: »Soso. Und was schlägst du vor?«

»Ich meine, wir sollten sie in den Wald führen und dort verlieren.« Als sie seine entsetzte Miene sah, sagte sie rasch: »Ich mach natürlich nur Spaß, Herb! Verstehst du denn keinen Scherz?«

Aber in diesem Augenblick begann sich in den verdrehten Köpfchen von Hänsel und Gretel ein Plan zu bilden, ein Plan, um Wilma für alle Zeit aus ihrem Leben zu verbannen. Sie planten einen Ausflug in den Wald und verirrten sich absichtlich. Als sie wiederkamen, erzählten sie ihrem Vater, Wilma habe versucht, sie loszuwerden. Die einzige Möglichkeit, überhaupt wieder nach Hause zu fin-

357

den, sei gewesen, Brotkrümel zu streuen. »Sie hat uns nie leiden können«, sagte Hänsel.

»Alles war so herrlich, ehe sie kam«, sagte Gretel. Eine Woche später planten sie wieder einen Ausflug mit ihrer Stiefmutter, und diesmal verschwanden sie endgültig und besiegelten damit Wilmas Schicksal.

Mehrere Tage nach ihrem Verschwinden wurde das Häuschen von Experten überrannt, die nach Fingerabdrücken fahndeten, nach Indizien suchten und Wilma und Herb so lange verhörten, bis sie keinen zusammenhängenden Satz mehr herausbrachten.

»Die zwei hatten etwas von Rosemarys Baby«, sagte Wilma. »Etwas, was ich nie recht beschreiben konnte.«

»Es waren eben lebhafte Kinderchen«, brummte Herb.

»Du warst ja nicht daheim an dem Tag, als sie sich 138 Tauben an die Arme banden und sagten, jetzt flögen sie nach Südamerika«, sagte Wilma. »Ich sage dir, Herb, diese Kinder waren unheimlich.«

»Wollen Sie damit ausdrücken, daß Sie über ihr Verschwinden froh sind?« fragte der Inspektor.

»Ich sage nur, daß sie ihr Weglaufen geplant hatten«, sagte Wilma.

»Warum haben wir dann wenige Meter vom Haus Brotkrümel gefunden? Tun so etwas Kinder, die verlorengehen *wollen?*«

Wilma wußte keine Antwort. Der Verdacht sprach zu stark gegen sie, sie verteidigte sich nicht. Sie war eine Stiefmutter, die für ihre zwei Pflegebefohlenen nie echte Zuneigung gezeigt hatte. Während des Gerichtsverfahrens, als jemand erwähnte, daß die beiden Kinderlein wohl nie wieder auftauchen würden, lachte Wilma hemmungslos.

Sie wurde wegen des vermutlichen Hinscheidens zweier unschuldiger, hilfloser Kinder zu lebenslanger Gefängnisstrafe verurteilt. Von denen, die sie umgaben, wurde Wilma als total irre und kommunikationsunfähig angesehen.

Eines Tages jedoch fiel Wilmas Auge in der Gefängnisbibliothek auf einen kurzen Artikel in der *New York Times*. Zwei kleine Kinder wurden gesucht, die eine alte Frau in einen Backofen gestoßen hatten. Sie hatten sich Eintritt in ihr Heim verschafft unter der Vorspiegelung, von einer bösen Stiefmutter im Wald verlassen worden zu sein. Nachdem sie die alte Dame beseitigt hatten, rissen sie all ihre Schätze an sich und entkamen auf dem Rücken einer weißen Ente.

Es durchfuhr Wilma kalt. Sie wollte für immer dort bleiben, wo sie jetzt war. Dort war sie sicher.

Auf der Suche nach der
»echten Mutter«

Sie sind also Joanies »wirkliche Mutter«!
Ich habe schon millionenmal mit Ihnen gesprochen, im Badezimmerspiegel. Alle meine Reden waren brillant.
Ich dachte, Sie seien größer. Sie kamen mir immer größer vor, wenn wir von Ihnen sprachen. Für mich sahen Sie immer ein bißchen so aus wie Barbara Stanwyck. Fragen Sie mich nicht, warum.
Wir haben nämlich oft von Ihnen gesprochen. Sobald Joanie – so heißt Ihre Tochter jetzt – die Augen geradeaus richten konnte, erzählten wir ihr, sie sei ein adoptiertes Kind. Wir erzählten ihr, daß ihre wirkliche Mutter sie so lieb hätte, daß sie uneigennützig genug war, sich von ihr zu trennen und jemandem zu geben, der ihr alles verschaffen konnte, was sie selbst nicht geben konnte. Das stimmt doch auch, nicht wahr? Nein? Na, egal. Ich will es gar nicht wissen.
Entschuldigen Sie, daß ich Sie so anstarre. Das kommt nur daher, daß ich mein Leben lang sehen wollte, wie eine »wirkliche« Mutter aussieht. Joanie schien Sie immer besser zu kennen als wir. Wissen Sie, nach dem Motto »Meine wirkliche

360

Mutter hätte das aber nicht getan« oder »Meine wirkliche Mutter hätte das nicht gesagt«. So ähnlich.

Ich glaube, als allererstes sollte ich Ihnen danken, daß Sie unser Kind zur Welt gebracht haben. Ich weiß nicht, wie wir es ohne Joanie hätten schaffen sollen. Kinder geben dem Leben erst einen Sinn.

Sicherlich wollen Sie vieles über Joanie wissen. Ob sie schön ist? Ob sie klug ist? Ob sie glücklich ist? Ob sie Klavier spielen kann? Ich glaube, das bin ich Ihnen schuldig. Komisch, ich habe immer wieder darüber nachgedacht, ob ich Ihnen nichts schuldig bin. Das heißt, wieviel ich Ihnen schuldig bin. Und wann ich diese Schuld abgezahlt habe. Und ab wann ich die »wirkliche« Mutter sein werde.

Es ist nur gerecht, daß Sie alles Schlechte ebenso hören wie alles Gute. Es hat nämlich auch böse Zeiten gegeben, wissen Sie. Wußten Sie zum Beispiel, daß unsere – Ihre – Tochter mit acht Jahren fast an einem Asthma-Anfall gestorben wäre? Damals, als wir beide die ganze Nacht unter dem Sauerstoffzelt um jeden Atemzug rangen, habe ich an Sie gedacht. Ich habe zu mir gesagt: »Wo, zum Kuckuck, bist du jetzt, du wirkliche Mutter?«

Warum sage ich das? Warum bin ich böse auf Sie? Ich wußte doch immer, daß Sie das getan haben, was Sie für das Beste hielten. Ich sehe Ihnen an, daß Sie ehrlich nicht wissen, daß Sie etwas getan haben, was ich schrecklich finde.

Ich bin meiner Sache nicht sicher. Ich weiß nur, daß Sie beim Weggehen einen Teil Ihres Kindes mitgenommen haben, den wir ihr nicht geben können. Sie haben Ihrer Tochter ihre Vorgeschichte genommen.

So ohne Vergangenheit ist sie auf einem Meer von Frust dahingetrieben, manchmal obenauf, manchmal unter Wasser, und sie weiß nicht einmal, welcher Hafen ihr Zuhause ist. Ist sie allergisch gegen Penicillin? War ihr Großvater rothaarig? Hat sie einen irischen Einschlag? Ist sie aus einer Liebesbeziehung entstanden? War sie wirklich erwünscht? Gibt es jemanden draußen in der Welt, der ihr ähnlich sieht?

Es war für uns alle schwer. Wie kann man vorwärtsgehen, wenn man nicht weiß, was hinter einem liegt?

Liebe? Die Leute reden darüber, als sei sie eine Art Universalpflaster für alle körperlichen und seelischen Leiden. Nun denn, eines kann sie nicht heilen: die Ablehnung durch eine Frau, die einem das Leben gegeben hat.

Wir haben uns bemüht. Mit Fotoalben, mit Geburtstagspartys, mit dem Großelternpaar, das von Anfang an da war, aber im Innersten steht sie außerhalb der Familie, eine Obdachlose, die sich nie wirklich dazugehörig fühlt.

Ich sehe Sie an und weiß nicht, warum ich mich eigentlich all die Jahre vom Gespenst der »wirklichen Mutter« bedroht gefühlt habe. Denn was ist »wirklich«?

Wirklich ist die Mutter, die einen Job annimmt, um ein besonders teures Spielzeug kaufen zu können. Wirklich ist die, die hört »Ich hasse dich« und bei ihrem »Nein« bleibt.

Wirklich ist, wer bis früh um 3 Uhr wachliegt, weil die Tochter mit dem Wagen unterwegs ist und es regnet.

Wirklich ist, Schmerzen zu haben, weil dem Kind etwas weh tut, und mit ihm zu lachen, wenn es glücklich ist.

Wirklich, das ist Notaufnahme im Krankenhaus, Elternsprechtag, ohrenzerfetzende Musik, Lügen, Trotz und zuknallende Türen.

Wirklich ist Alltag, jeden Tag neu.

Nun bin ich laut geworden und weiß nicht, warum.

Doch, ich weiß, warum. All die Jahre waren Sie der Gegenstand meiner Liebe und Dankbarkeit, Frustation und Pein, meiner Vorwürfe und meines Mitgefühls. Am allermeisten aber der Gegenstand meines Neides. Sie haben etwas Wundervolles erlebt, das zu erleben ich wer weiß was gegeben hätte. Die ersten Bewegungen einer kleinen Tochter in meinem Körper, die mich eines Tages als »wirklich« anerkennen würde.

Niemand kann mir das geben. Niemand kann es Ihnen nehmen. Es ist da.

Fünf klassische Mütter-Ansprachen

Text, Choreographie und Bühneneinrichtung für Laientheater

1. »Warum du keine Schlange als Haustier halten darfst.«
2. »Du willst dir also die Ohrläppchen durchstechen lassen?«
3. »Weißt du überhaupt, wie spät es ist?«
4. »Mein WAS willst du borgen?«
5. »Tu nicht so, als wüßtest du nicht, worum es geht. Du weißt es ganz genau.«

1. »Warum du keine Schlange als Haustier halten darfst.«
Szene: Am Küchentisch, ein Berg Plätzchen auf einem Teller, daneben ein Krug kalte Milch. Mutter verströmt während des ganzen Monologs Liebe.
Mutter: Liebling, du weißt, Mami und Papi haben dich sehr lieb. Wir würden dir bestimmt nie verbieten, eine Schlange zu halten. Schließlich haben wir Tiere ebensogern wie du. Wir müssen aber erst einmal miteinander darüber reden. Magst du nicht ein Plätzchen?

Zuallererst müssen wir natürlich an die Schlange denken. Du weißt ja, daß man ihr überall mit Unwissenheit und Vorurteil begegnet. Möchtest du gern mit deinem kleinen Freund in ein überfülltes Zimmer kommen und sehen, wie es sich binnen drei Sekunden leert? Natürlich nicht, es bräche dir das Herz.

Und dann ist so eine Schlange so klein. Was wäre, wenn jemand ihr aus Versehen mit der Harke eins überzieht oder einen Stein auf sie fallen läßt? Das Tierchen hätte doch keine Chance, nicht wahr? Man hat auch schon erlebt, daß sich eine Mami vor so einer Schlange erschreckt. Weißt du noch, die im Garten voriges Jahr? Zehn Meter lang, Zähne, von denen Menschenblut troff, erwartete Junge und konnte mit einem Nachschlüssel Türen öffnen.

Du hast sie vielleicht kleiner in Erinnerung, aber Mami vergißt solche Sachen nicht. Nimm doch noch ein Plätzchen!

Es würde auch schwer sein, das Tierchen so weit zu kriegen, daß es sein Geschäft auf Zeitungspapier macht, es kann ja nicht bellen, wenn es hinauswill, und nicht im Supermarkt an der Leine gehen. Es könnte nicht einmal hinter einem Ball herlaufen und japsen.

Liebling, wir möchten eine Schlange ebensogern haben wie du, aber was wären wir für Menschen, wenn wir ihr ein normales Leben vorenthalten, wenn du verstehst, was ich meine. Was glaubst du, wie gern die Schlange Rendezvous hätte und eine Familie gründen würde und all das, was man in

einem hermetisch verschlossenen Einmachglas eben nicht kann!

Nimm so viele Plätzchen, wie du nur willst, Liebling!

Ich wollte, Schlangen hätten einen besseren Ruf. Du und ich, wir wissen, daß sie genausoviel Angst vor uns haben wie wir vor ihnen. Ich meine, nur weil wir nie erlebt haben, daß eine Schlange wegen eines Menschen im Gras Angstzustände kriegt, bedeutet das ja noch nicht, daß sie keine Gefühle hat.

Gut, dann ist das also geklärt. Und du, sag dem (. . . hier folgt der Name des Spielkameraden), daß es sehr nett von ihm ist, an dich zu denken und dir seine Schlange schenken zu wollen, aber eine Schlange braucht die Geborgenheit einer Familiengemeinschaft.

Ich weiß, Liebling, für dich sieht es vielleicht so aus, als seien wir eine, aber du kannst ihm sagen, daß deine Mutter, wenn eine Schlange ins Haus kommt, wegläuft und nie wiederkommt.

2. »Du willst dir also die Ohrläppchen durchstechen lassen?«

Szene: Mutter sitzt in der Bühnenmitte, mit etwas Häuslichem beschäftigt, liest etwa im *Amerikanischen Journal des Zahnverfalls* und macht sich Notizen am Rand.

Auftritt: Tochter von links.

Tochter: Wir würdest du es finden, wenn ich dir erzähle, daß ich mir die Ohrläppchen durchstechen lasse?

Mutter (legt Buch beiseite und macht ein Bleistift-zeichen auf der Seite): Ich bin der Ansicht, dein Körper gehört dir, und wenn ein Mädchen sich mit dem Zahnstocher Löcher in die Ohren bohren will, ist das ausschließlich seine Sache. Schließlich und endlich, Liebling, wir leben nicht mehr im viktorianischen Zeitalter. Wir schreiben ... (hier Jahr einsetzen!) Auch eine Frau hat Menschenrechte und kann eigene Entschlüsse fassen, aber wenn du daran denkst, dir die Ohrläppchen durchstechen zu lassen, dann nur über meine Leiche. Ich habe dich nicht voll Vitamine gepumpt und dir Schuheinlagen machen lassen, damit irgendein ungeschickter Metzger an meiner einzigen Tochter herumoperiert.

Ich nehme an, ... (hier Namen der besten Freundin der Tochter einsetzen) will es sich machen lassen. Ich weiß, sie ist deine beste Freundin, und du bist mir sicher furchtbar böse, wenn ich das sage, aber ... (Name der besten Freundin) scheint dich regelrecht behext zu haben. Versteh mich nicht falsch, sie ist ein nettes Mädchen, aber mir gefällt der Gedanke nicht, daß du mit einem Mädchen unters Messer gehst, das den Kaugummi wieder aus dem Mund nimmt und sich nicht die Hände wäscht, wenn sie mit dem Hund gespielt hat. Als nächstes wird sie dich dazu bringen, dir Schmetterlinge aufs Schulterblatt tätowieren zu lassen.

Ich wollte dir eigentlich nicht erzählen, wie es ... (folgt der Name einer Person, die sie nicht kennt) ergangen ist. Sie hat sich die Ohrläppchen durchstechen lassen und eine Gehirnerschütterung davongetragen! Sie wird nie wieder normal! Sie hat es in einer Abteilung von ... (hier Name eines großen Kaufhauses) machen lassen, wurde ohnmächtig und schlug mit dem Kopf auf einem Probierstuhl in der Abteilung ›Sportschuhe‹ auf.

Mach was du willst, meinen Segen hast du. Warum auch nicht? Ich bin ja sowieso bald tot!

3. »Weißt du überhaupt, wie spät es ist?«
Szene: Die Mutter allein auf der Bühne. Auf dem Fernsehschirm flimmert das Testbild. Eine Uhr mit großem Zifferblatt steht auf dem Tisch neben ihr. Sie blickt zur Tür, als Sohn (oder Tochter) eintritt.
Mutter: Ich will gar nicht wissen, wo du gewesen bist, was du getan hast oder mit wem. Es ist schon spät, und wir sprechen morgen früh darüber. (Schaltet erst das Fernsehgerät ab, dann alle Lampen bis auf eine.)
Glaubst du im Ernst, daß es aus der Welt ist, indem man nicht darüber spricht? (Sohn öffnet den Mund und will etwas sagen.)
Lüg mich nicht an. Mir wär's lieber, du gingst ins Bett und sagtest gar nichts, als dich hinzustellen und mir vorzuflunkern, dir sei das Benzin ausgegangen oder du hättest eine Panne gehabt. Ich will heute abend nicht darüber reden, sonst sage ich vielleicht etwas, was mir leid tut. Geh ins Bett. (Zerrt den Sohn zum Treppenabsatz oder Korridor und verstellt ihm dabei den Weg.)
Hast du überhaupt eine Ahnung, wie das ist, als

Mutter halb verrückt vor Angst sieben Stunden dazusitzen und sich vorzustellen, daß du bei einem Unfall das Gedächtnis verloren hattest, und dann, als der Krankenwagen mit dir an unserem Haus vorbeikam, deinen Hund bellen hörtest und dadurch dein Erinnerungsvermögen wiederkam? Ich kann nicht glauben, daß du es wagst, ohne einen Kratzer hier hereinzukommen, und ich soll das dann verstehen!

Bitte kein weiteres Wort. Ich bin völlig fertig. (Knipst auch das letzte Licht noch aus und folgt ihm.)

Weißt du, was am wehsten tut? Sieben Stunden lang sitze ich da und sorge mich krank, und du hast nicht einmal so viel Anstand, anzurufen und zu sagen: »Bei mir ist alles in Ordnung. Geh ins Bett.« Wenn du keine Lust hattest, mich zu sprechen, hättest du jemand anders beauftragen können. Nur zu, sprich es aus: Du hast nicht verlangt, daß ich aufbleibe. Ich habe darauf gewartet, daß du damit anfängst. Ich soll wohl einen kleinen Schalter haben, den man an- und ausknipst. An, wenn es Freude macht, Mutter zu sein, aus, wenn es fünf Uhr morgens ist?

(Tür zum Badezimmer knallt zu, sie bleibt davor stehen.)

Also ich weiß nicht, wie es bei dir ist, aber ich gehe jetzt ins Bett. Der Arzt hat gesagt, ich brauche mindestens acht Stunden Schlaf. Der hat leicht reden. Der hat keinen undankbaren Sohn. Hat nie sieben Stunden lang dagesessen und sich versucht auszumalen, was zwei Leute früh um fünf tun

371

können! (Badezimmertür öffnet sich, Sohn geht ins Schlafzimmer und macht die Tür hinter sich zu.) Ich weiß, du möchtest, daß ich deine Geschichte anhöre, falls du eine parat hast. Ich könnte mir vorstellen, daß wir morgen früh ein bißchen vernünftiger sind. Wenn du dich entschuldigen willst – ich könnte die Chili aufwärmen . . .

4. »*Mein WAS willst du borgen?*«
Szene: Mutter hat zu tun, Kind lungert in der Nähe herum, sichtlich unentschlossen. Mutter ist entschieden im Vorteil und beherrscht die Lage.
Mutter: Den Blick kenne ich. Du stehst da herum, weil du etwas borgen willst. Wenn es mein Fön ist, hast du ihn bereits, außer es sind ihm Beine gewachsen und er ist zu Fuß ins Badezimmer zurückgewandert. Ich bin wirklich kein Egoist, das weißt du. Es macht mir nichts aus, wenn du dir etwas ausleihst, solange du es im gleichen Zustand wieder zurückgibst.

Nimm zum Beispiel meinen Koffer. Was du ja schon getan hast! Was hast du darin transportiert? Eisenteile? Der ganze Rahmen ist verbogen. Und meinen Fotoapparat kriegt man auch nie mehr hin, seit du ihn hast in den Sand fallen lassen. Alle Bilder, die wir entwickeln lassen, sehen aus wie ein Puzzlespiel.

Erinnerst du dich an den Tennisschläger, den du vor drei Jahren geborgt hattest? Du hast die eine Saite nie ersetzt, die du kaputtgemacht hast. Zum Glück ist es die in der Mitte, und dort treffe ich den Ball nie.

(Refrain: Ich bin wirklich kein Egoist . . .)
Ich würde dir gern meine Sachen leihen, wenn du
sie ein bißchen in acht nehmen würdest. Ich brauche dich wohl nicht an meine beste weiße Bluse zu
erinnern? Du hattest versprochen, sie nicht zu
verschwitzen und hast es doch getan. Jetzt kann
ich sie nur noch auf Beerdigungen anziehen, weil
ich dabei nicht den Arm zu heben brauche.
Das Schlimme bei euch Kindern ist, daß ihr den
Wert des Geborgten nicht kennt und es daher nicht
achtet.
Weißt du noch, wie du mir das letzte Mal den
Wagen zurückgebracht hast? Die Rücksitze waren
voller Abfälle, die Reifen verdreckt, auf dem Lenkrad war Tomatenketchup, und — obwohl ich es
nicht beweisen kann — jemand hatte die Kupplung
geschunden.
Mein WAS willst du diesmal borgen? Setz dich! Ich
will dir erklären, warum ich nein sage.

5. *»Tu nicht so, als wüßtest du nicht, worum es*
   geht. Du weißt es ganz genau!«
(Rede für fortgeschrittene Mütter nach jahrelangen
Erfahrungen)
Szene: (Irgendwo. Mutters Gesicht ist eine Maske,
die nichts verrät und auf nichts reagiert. Dies ist
unerläßlich, damit das Kind nicht weiß, worüber
sie redet. Hinweise recht breit bringen. Das Interesse wird wachgehalten durch Türenknallen, Tel-
ler-auf-den-Tisch-fallen-Lassen, einen Tritt nach
dem Hund.)
Mutter: Na, nun wirst du ja hoffentlich zufrieden

sein. Du hast es wieder mal geschafft. Tu nur nicht, als ob du nicht wüßtest, worum es geht. Du weißt es ganz genau. Wie lange soll ich noch warten, bis du mir alles sagst?

Tu nur nicht so unschuldig. Du weißt genau, was ich meine. Es ist ja nicht das erste Mal, daß du mich so enttäuschst, und ich bin überzeugt, auch nicht das letzte Mal. Wenn du darüber reden möchtest, bitte sehr, ich höre dir zu. Wenn nicht – Pech gehabt! Man sollte meinen, du würdest jetzt versprechen, daß es nicht wieder vorkommt, aber das tust du ja doch nicht, also vergiß es. Was, ich soll deutlicher werden? Ein Witz! Willst du damit sagen, daß du dastehst und nicht die entfernteste Ahnung hast, worüber ich so böse bin? Also, das ist doch die Höhe, also wirklich die Höhe!

Okay. Meinetwegen, ich spiele dein Spielchen mit. Dienstag! Genügt das als Hinweis? Du solltest Schauspieler(in) werden, im Ernst! Was du hier zeigst, ist eine preiswürdige Aufführung. Du kannst die Augen so weit aufreißen, wie du willst, du wirst mich nicht davon überzeugen, daß du nicht weißt, was ich meine.

Ich sag das einmal und nie wieder. Wenn du das noch mal machst, wirst du dich vor sehr viel mehr Leuten verantworten müssen als nur vor mir.

Willst du etwas dazu sagen? Hast du eine Entschuldigung parat? Oder ein Versprechen?

Weißt du was? Ich werde dich nie verstehen!

Sarah, die Kinderlose

Drei Dinge gibt es auf der Welt, die kein Mensch akzeptieren will: unheilbare Rückenschmerzen, Orientierung ohne Land- oder Autokarte und eine Frau, die keine Kinder will.

Sarah wollte keine. Sie war 32, glücklich verheiratet, sehr zufrieden mit ihrer Stellung und sehr zufrieden mit ihrem Leben. Unglücklich war sie nur über ihre lieben Nächsten, die der Ansicht zu sein schienen, es ginge sie etwas an, daß Sarah keine Kinder wollte.

Zum Beispiel ihre Muter, ihre Schwester Gracie (sie hatte fünf Kinder), ihre beste Freundin Dodie und ihr Frauenarzt, der sie ermahnte: »Hören Sie mal, Sie werden auch nicht jünger!« (Wer wird schon jünger?)

Eines Tages machte Sarah in einem vertraulichen Gespräch ein letztes Mal den Versuch, ihrer Mutter zu erklären, warum sie lieber kinderlos bleiben wollte.

»Versteh mich doch, Mom«, sagte sie. »Ich habe nichts gegen Kinder. Nur gegen welche bei mir. Für Gracie sind sie prima. Sie ist die geborene Mutter. Ich möchte nicht mein Leben lang überall im Haus

Gittertürchen haben und die Badewanne voller Plastikenten und Boote. Leute mit Kindern ändern sich — es ist erschreckend mit anzusehen. Sie verlieren einen Teil ihres Selbst, den ich nicht gern verlieren möchte. Es ist, als würde ein Schalter ausgeknipst. Sie sind keine Eigenpersönlichkeiten mehr, sie hängen an einem anderen menschlichen Wesen, und wenn man sie trennt, sterben alle beide. Ich will nicht die Verlängerung von Fieber, Hunger, Schmerz und Frust eines anderen Wesens sein. Ich hatte eine herrliche Kinderzeit, aber ich habe damals das Ausmaß deiner Arbeit, deiner Opfer nicht im entferntesten begriffen. Was hast eigentlich *du* davon gehabt? Zugeknallte Türen und zum Geburtstag ein hölzernes Schweinchen, in das man Kochrezepte stecken konnte.

Wenn ich Kinder bekäme, Mom, dann aus den falschen Gründen, etwa weil du Großmutter werden möchtest oder Steve sich einen Stammhalter wünscht oder weil ich den Druck der anderen nicht mehr aushalte, die dauernd wissen wollen, warum ich keine habe.

Ich glaube nicht, daß ich egoistisch bin. Und ganz bestimmt weder erbittert noch wütend. Ich finde nur, daß ich es selber zu bestimmen habe und das Recht, mich so oder so zu entscheiden. Verstehst du?«

Die Mutter nickte.

Am nächsten Morgen raffte sich Sarahs Mutter zu einem vertraulichen Gespräch mit ihrer Tochter Gracie auf, rief bei ihr an und sagte: »Du, ich

glaube, ich weiß, warum deine Schwester kein Kind will.«

Gracie preßte den Hörer ans Ohr. »Nämlich?«

»Ich will ja nicht behaupten, alles verstanden zu haben, was sie vorgebracht hat«, sagte die Mutter. »Aber ich zitiere wörtlich. Angst hat sie. So einfach ist das. Bei der Vorstellung, ein Baby zu kriegen, bleibt ihr die Spucke weg. Außerdem will sie kein ganzes Haus voller Unordnung, mit Gummibooten und Gittertüren.

Sie hat mich deutlich wissen lassen: Wenn ich wieder Großmutter werden will, solle ich mich an dich halten, weil dir ja gespuckte saure Milch nichts ausmacht. Außerdem hat sie noch erwähnt, bei dem Pech, das sie immer hat, würde sie alle Krankheiten der Kinder bekommen und wahrscheinlich jedesmal mitessen, wenn sie essen, und dann wöge sie bald eine Tonne. Ergibt das für dich einen Sinn?«

»Durchaus«, sagte Gracie.

Noch in der gleichen Stunde rief Gracie bei Dodie an, Sarahs bester Freundin, und sagte: »Weißt du noch, wie wir uns immer den Kopf zerbrochen haben, warum Sarah keine Kinder kriegt und wieso sie es besser haben soll als wir alle? Gestern hat Mom ihr mal richtig ins Gewissen geredet, und sie hat endlich gestanden.«

»Und was hat sie gestanden?« wollte Dodie wissen.

»Ich konnt's erst gar nicht glauben. Sarah hat Angst um ihre Figur. Sie hat ja ihr Leben lang nicht mehr als 100 Pfund gewogen.«

»Von so was hab ich schon mal gehört«, sagte Dodie. »Man nennt es Rutschophobie. Es ist die Angst, daß das ganze Fleisch absackt und einem um die Knie schlabbert.«

»Hör zu, es geht noch weiter«, unterbrach Gracie, »sie hat gesagt, wenn jemand in der Familie eine Horde Kinder haben sollte, bin ich es. Wie findest du das? Sie hat gesagt, mein Haus ist immer voll von ollen Gittertüren und Soldaten und Schiffchen, aber ich sei das ja gewöhnt.

Sie hat es zwar nicht direkt ausgesprochen, aber Mom hat erraten, daß der wirkliche Grund was ganz anderes ist: Sarah steht kurz vor der Beförderung und kann sich nicht leisten, darauf zu verzichten. So schlimm finde ich das nicht – du etwa?«

»Eigentlich nicht«, sagte Dodie.

Als ihr Mann heimkam, reichte ihm Dodie einen Drink und sagte: »Das errätst du nie, was mir Sarahs Schwester heute erzählt hat.«

»Na, dann schieß mal los«, sagte Bob, entfaltete die Zeitung und verschanzte sich dahinter.

»Sie hat gesagt, Sarah möchte schon ein Baby, kann sich aber keines leisten. Und dabei hat sie die ganze Zeit die Tapfere gespielt und so, und hat getan, als wollte sie keines. Gracie sagt, sie wird befördert, wenn sie ihr Gewicht von 100 Pfund hält. Ich weiß nicht, wie sie durchkommen sollen, wenn sie es nicht schafft. Sicherlich wackelt Steves Job. Sie können nicht mal eins adoptieren. Warum die sich nur das Boot gekauft haben? Hörst du mir überhaupt zu?«

»Ich habe jedes Wort gehört«, sagte Bob.

Einige Tage später sagte Bob, während er mit Sarahs Vater Handball spielte: »Gratuliere. Wie ich höre, wollen Steve und Sarah ein koreanisches Kind adoptieren und im Sommer aufs Boot gehen, wenn er es geschäftlich verantworten kann.«

An diesem Abend sagte Sarahs Vater zu ihrer Mutter: »Hast du in letzter Zeit mal mit Sarah gesprochen?«
»Seit ein, zwei Tagen nicht.«
»Ich habe heute im Turnverein sonderbare Gerüchte gehört. Daß Sarah plant, ein Kind zu adoptieren, aber Steve das nicht will. Ergibt das für dich irgendeinen Sinn?«
»Durchaus«, sagte seine Frau.

Genau eine Woche nach dem Tag, an dem sie ihr vertrauliches Gespräch hatten, kam Sarahs Mutter zu ihrer Tochter zu Besuch, sah ihr in die Augen, küßte sie auf die Wange und sagte: »Du sollst wissen, was immer du für die Zukunft beschließt, dein Vater und ich werden hundertprozentig hinter dir stehen. Ich verstehe jetzt, warum du all das gesagt hast, und wir haben dich dafür doppelt lieb.«

Sarah abends zu Steve: »Da hab ich doch glatt gedacht, meine Mutter hätte kein Wort von dem verstanden, was ich ihr auseinandergesetzt habe. Weißt du, manchmal glaube ich, wir unterschätzen die Mütter.«

380

Das Vorbild

Es war ein männliches Haus. Man sah schon von außen, daß drinnen alle Toilettensitze hochgeklappt waren.

Der Hof glich einer Raketenabschußrampe. Die Gartentür ging vor Flugblättern und Postwurfsendungen nicht mehr zu. Die Auffahrt erinnerte an eine Gebrauchtwagenhalde. Mit Janets Kompaktwagen waren es sage und schreibe sechs. Sie jonglierte mit vier großen Einkaufstüten und stieß die Haustür mit dem Fuß auf. Bei seinem Versuch, ins Freie zu gelangen, hätte der Hund sie beinahe umgerissen.

Großer Gott, man sollte meinen, daß die Familie mitbekam, daß der Hund nötig hinausmußte, wenn er sich schon fast unter der Tür durchgrub. Janets Blick wanderte durch die Küche.

Die Cornflakes vom Frühstück waren in der Schüssel angetrocknet. Die Butter war zu Flüssigkeit geworden. Der Telefonhörer des Küchenanschlusses war nicht eingehängt. Der Fernseher brüllte.

Mechanisch stellte sie die Milchpackungen in den Kühlschrank, ehe sie den Korridor entlangging. Vor der Schlafzimmertür schrie sie: »Mark, stell die

Stereoanlage leiser oder setzt die Kopfhörer auf!«
Als keine Antwort kam, sah sie ihren Verdacht
bestätigt. Die Musik verstopfte ihm die Ohren und
plärrte ihm aus der Nase wieder heraus. Die nächste Station war ihr Badezimmer, wo sie den Riegel
zustieß und einen Blick auf ihr Spiegelbild warf.
Sie war nicht unbedingt eine Reklame für Oil of
Olaz. Mit 46 hatte sie graues Haar wie ein Draht-
topfkratzer, das nach allen Seiten abstand. Sämtliche Muskeln ihres Körpers waren dem Zug nach
unten gefolgt. (Aus dem Aerobic-Kurs war sie weg-
geblieben, als sie nur deshalb noch mit den Knien
den Oberkörper berühren konnte, weil dieser den
Knien auf halbem Wege entgegenkam.)
Heute war einer der schlimmsten Tage ihres
Lebens gewesen! Ihre beste Freundin war selig auf
eine Kreuzfahrt gegangen. Das Gummiband an
ihrem Umstandsmieder (sie war nicht in Umständen) war gerissen, ihr Zahnarzt hatte ihr soeben
mitgeteilt, ihr Zahnfleisch schwinde.
Eines Tages würde sie ihren Körper wieder hin-
trimmen!
Ihre Freundinnen hatten es alle geschafft, aber
keine von ihnen hatte drei ausgewachsene Söhne
daheim, die noch immer im Nest hockten, Messer
und Gabel erhoben und darauf warteten, daß sie
abends von der Arbeit heimkam und ihnen etwas
aus dem Mikrowellenherd in die Schnäbel stopfte.
Die Kinder ihrer Altersgenossinnen waren schon
lange auf und davon. Sie lebten mit jemand, führten ein Gammlerdasein, kriegten Kinder oder rangen mit hohen Zinsen.

Anfangs war sie geschmeichelt gewesen, daß für ihre Kinder der Muttertag ewig weiterging. Das war, ehe Joan Crawford ihr Vorbild wurde. Jetzt fühlte sie sich nur noch ausgenutzt.

Seit drei Jahren brannte das Verandalicht Tag und Nacht.

Im Kühlschrank standen leere Milchpackungen, vertrockneter Aufschnitt und leere Eiswürfeltabletts.

Jeder lieh sich ihren Fön, ihre Kamera, ihre Koffer, ihren Wagen und ihr Geld, ohne zu fragen.

Der Tagesablauf ihrer Familie glich dem von Hamstern.

Sie waren noch immer kleine, hilflose Kinder in riesigen, haarigen Körpern mit tiefen Stimmen.

Was sollte sie tun? Konnte denn John etwas dafür, daß seine Ehe schiefgegangen war? Dabei hatte Cindy so wunderbar zu ihm gepaßt. Alles und jedes hatten sie gemeinsam gehabt: Beide liebten rohen Pizza-Teig, beide waren Linkshänder, beide fanden Liza Minellis Art, »New York, New York« zu singen, besser als die von Frank Sinatra.

Es hätte doch funktionieren müssen.

Und da war Peter. Mit 24 (er war zwei Jahre jünger als John) war er drauf und dran, der älteste Schüler Nordamerikas zu werden. Er hatte zwölfmal das Hauptfach gewechselt und während des letzten Semesters nur in zwei Dingen bestanden: im Fach »Menschliche Sexualität« und beim Augen-Test.

Was Mark anging, so war Janet überzeugt gewesen, seine Zukunft sei klar vorgezeichnet. Als sie jedoch im achten Monat mit ihm war, geriet sie in eine Drehtür und blieb stecken. Das hatte eine nachhaltige Wirkung auf ihren Jüngsten. Seine ersten Worte waren: »Hallo-Adieu!«

Ihre Beziehung war nie besonders eng gewesen. Sie wußte ehrlich nicht, warum. Wenn jemand sie fragte, wie viele Kinder sie hätte, antwortete sie meistens: »Vier. John, Peter, Mark zu Hause und Mark, wenn er weg ist.«

Mark zu Hause war ein rechtes Elend. Er war das negativste Kind, das Janet je zu Gesicht bekommen hatte. Nichts konnte man ihm recht machen. Niemand kochte ihm je seine Lieblingsspeisen. Alle hatten dauernd etwas an ihm auszusetzen. Sein Zimmer fand er gräßlich. Seine Anziehsachen fand er gräßlich. Sein ganzes Leben fand er gräßlich.

In den letzten drei Jahren hatte er hin und wieder gearbeitet, aber meistens saß er in seinem Zimmer, klimperte auf einer Gitarre und wartete, daß irgendwo Teller klapperten.

Janet schlüpfte in einen Schlafrock und warf einen letzten Blick in den Spiegel. Würde je der Tag kommen, an dem George und sie bei Kerzenlicht in einem Salat stochern und ein Glas Weißwein erheben würden, ohne daß er sagte: »Mein Gott, riech bloß mal! In dem Glas war Weichspüler!«

Als sie den Hahn aufdrehte, um schnell mal zu duschen, sah sie es. Ihre Flasche Zottel extra-zart, das Shampoo, das biologischen Honig, Kräuter und He-D Phylferron enthielt, wovon man märchenhaftes Haar bekam, war umgefallen, mit offener Verschlußkappe. Alle 4 Dollar 69 waren in den Ausguß geflossen. Dabei hatte sie es sorgsam hinter dem Leukoplast und einer Pillenschachtel versteckt, aber »die« hatten es gefunden.

Dieses Shampoo war mehr als nur der Weg zu dichtem Haar voller Sex. Es war die letzte Bastion ihres Privatlebens, die einzige Verwöhnung, die sie sich geleistet hatte und die sie von der Barbarei der anderen trennte.

Jetzt hatte sie genug von ihrer Verständnislosigkeit, ihren lauten Mäulern, die jeden Abend am Eßtisch wie mit Scheren über das Essen herfielen, von ihren muffelnden Handtüchern, ihren Tennisbällen unter dem Bremspedal.

Jetzt langte es ihr, mitten in der Nacht einen Unfallwagen zu hören und nicht wieder einschlafen zu können, bis alle Wagen in der Garage standen. Sie war erschöpft, war es müde, ihre Leben und ihre Probleme zu teilen. Als Mutter war sie zu lange am Ball geblieben.

Wütend stapfte sie aus dem Bad und drosch mit beiden Fäusten an Marks Tür. Als niemand antwortete, platzte sie zu ihm hinein. Er saß auf Kissen hochgestützt im Bett, mit nacktem Oberkörper, den Kopfhörer auf und zupfte auf seiner Gitarre.

»Hast du dir heute die Haare gewaschen?« wollte sie wissen.

Er schüttelte den Kopf.

»Du lügst! Ich erkenne dichtes, seidiges Haar sofort!«

»Von mir aus, ich hab mir etwas Shampoo ausgeborgt. Ich zahl's dir zurück.«

»Die Martins gehen auf Kreuzfahrt. Mein Mieder

ist kaputt, mein Zahnfleisch schwindet, und du wirst mir das zurückzahlen!«

»Wohin verschwindet dein Zahnfleisch?«

»Jedenfalls weg von den Zähnen!«

»Jetzt wirst du wieder davon anfangen, wieviel meine Zähne gekostet haben und wie stocksauer du warst, als ich damals mit dem raffzähnigen Mädchen ging.«

»Ich war stocksauer, weil die Frau 33 Jahre alt war. Die Raffzähne hatte die elfjährige Tochter.«

Sie blickte sich im Zimmer um. Es war wie sein Bewohner: halb Kind, halb Mann. Der Siegespreis für Ringen aus der Oberschule stand neben einem verdächtigen Brief mit dem Absender ›Stadtverwaltung, Verkehrspolizei‹ auf dem Nachttisch. Der Boden war mit Kleidungsstücken gesprenkelt, von den Stühlen hingen Zeitungen, und unter dem Bett stand ein Sorbet-Glas mit einem bräunlichen Rest darin.

»Dieses Zimmer ist eine Müllhalde«, sagte sie. »Wie du nur hier atmen kannst! Es ist in Gottes Namen Juni, wieso liegt dein Skipullover herum?« Mark sah sie durchdringend an. »Warum bringst du's nicht hinter dich? Schmeiß uns doch alle miteinander raus.«

»Wovon redest du eigentlich?«

»Gib uns einen Fußtritt. Mach reinen Tisch!«

»Glaub nur nicht, daß mir dieser Gedanke nicht schon mal gekommen wäre.« Sie suchte verzweifelt nach einer freien Stelle, um sich hinzusetzen. »Ich hab mich wirklich bemüht, eine gute Mutter zu sein, Mark. Und eine geduldige. Wirklich.«

»Du warst eine gute Mutter«, sagte er gelassen.
»Aber nun bring es auch zu Ende.«

»Wie meinst du das: bring es zu Ende?«

»Du hast dich gedrückt. Unser Leben lang hast du uns vorgesagt, was wir tun sollen und wie und wann. Du hast es geschafft. Du brauchst nichts mehr zu beweisen. Examen bestanden. Sag uns Adieu und mach weiter mit deinem eigenen Leben.«

»Du hast kein Recht, mir so was zu sagen. Ich habe mit euch Gören alles durchgemacht, von der Erschöpfung über die Wut bis zum Schuldkomplex und wieder von vorn.«

»Eben! Du spielst die Märtyrerin, und das seit langem. Wie lange willst du das eigentlich aufrechterhalten, das Gestrampel, zur ›Mutter des Jahres‹ gewählt zu werden?«

»Und warum ziehst du nicht aus, wenn du so denkst?« Beide saßen lange Zeit schweigend. Schließlich sagte Janet: »Und was hast du dann vor? Eine Stellung suchen? Heiraten?«

»Du hast ja immer behauptet, es wäre keine gut genug für mich.«

»Das war, ehe ich wußte, daß du beim Duschen die Unterhose anbehältst.« Sie lächelte.

Sie sahen einander lange an.

»Mom«, sagte Mark. »Ich habe Angst.«

»Ich auch«, sagte Janet und schloß die Tür hinter sich. Ihre Hände zitterten, und sie glaubte, gleich weinen zu müssen. Vielleicht wurden dichtes, reizvolles Haar und Unabhängigkeit überschätzt? Sie gab sich einen Ruck. »Ach was, Joan Crawford in *Mildred Pierce* hat es ja auch geschafft.«

Wem es zu heiß wird, der schalte den Herd aus...

Eines Vormittags im Kindergottesdienst fragte die Lehrerin: »Was haben die Jünger gesagt, ehe sie die Fische aßen?«

Ein Fünfjähriger in der ersten Reihe meldete sich stürmisch und sagte: »Ich weiß, ich weiß. Sie haben gesagt: Haben die Gräten?«

Als Mutter, die ihre Lebenszeit der Zwangsernährung ihrer Kinder opferte, habe ich Grund zu der Annahme, daß diese Geschichte wahr ist.

Kinder sind mit Sicherheit die mißtrauischsten Esser der Welt. Sie essen Straßendreck (roh und gebacken), Steine, Büroleim, Bleistifte, Kugelschreiber, lebende Goldfische, Zigarettenkippen und Katzennahrung.

Aber versuchen Sie, ihnen ein bißchen Gulasch einzuschmeicheln, dann schauen sie wie junge Hunde, denen man mit der gerollten Sonntagszeitung droht.

Solange meine Kinder klein waren, bekam ich so viel Essen ins Gesicht gespuckt, daß ich mir Scheibenwischer an die Brille machen ließ.

In einer Studie las ich, 85 Prozent der befragten Kinder beklagten sich darüber, von ihren Eltern

gezwungen zu werden, etwas zu essen, was sie nicht mögen.

Meine Kinder bekamen immer eine sehr ausgefallene Kost. Heiße Würstchen nahmen sie gnädigst an, aber nur am Baseballplatz, wo sie 1 Dollar 50 kosteten, aßen papierdünne Hamburger in einer höchst zweifelhaften Sauce und verkohlte, auf verbogene Kleiderbügel gespießte Marshmallows.

Verweigert wurde alles, was nicht im Werbefunk getanzt hatte. Um die Mitte der siebziger Jahre sah ich mich einer harten, unfreundlichen Tatsache gegenüber: Die gute alte Hausmannskost war *out*. Abgelöst von »ausgewogener, nahrhafter Kost«, die eine Mutter zu servieren hatte.

Heute wird die tägliche Diät durch »Show-Business« bestimmt. Hamburger mit Ulknamen, ins Ohr gehende Schlager und Getränke, bei denen man bei jedem Schluck einen Gratisluftballon bekommt, sind *in*.

Ich tat, was jede temperamentvolle amerikanische Mutter getan hätte: Ich schlug zurück. Ich brachte über meinem Herd goldene Bögen an, installierte ein elektrisches Anzeigenbrett, auf dem aufleuchtete, wie viele Big Macs gegessen worden waren, und richtete ein Rotlicht auf die Pastete, damit sie warm blieb. Ich gab eine beleuchtete Speisekarte heraus und erfand ein Drive-In-Fenster, servierte das Essen in einer Tragetüte, aus der Krautsalat rieselte und die eine zentimetergroße Plastikgabel enthielt.

Ich servierte Pizza mit einem Strohhut und einem Spazierstock. Und als das allgemeine Interesse nachließ, spreizte ich mit der Gabel meinen Mund und ließ sie ihre Bestellungen dort hineinbrüllen, doch auch das klappte nicht.

Für ein Kind ist es eben reizvoll, in einem Auto zu essen, das jeden Tag nach Zwiebeln stinkt.

Die folgenden Jahre aßen wir alle unsere Mahlzeiten im Auto.

Doch eines Tages sagte unser Sohn etwas Sonderbares. Er sagte: »Habt ihr nicht gesagt, ich dürfte mir wünschen, wo wir an meinem Geburtstag essen?« Wir nickten beide. »Dann möchte ich zu Hause essen.«

»Na, ich weiß nicht recht«, sagte ich und sah meinen Mann an. »Können wir uns das leisten?«

»Aber ja, was soll's, schließlich hat er Geburtstag.«

Am Abend des großen Geburtstagsessens sahen alle anders aus als sonst. Größer.

»Ach, schau mal«, sagte einer der Jungen. »Wie nennt man denn so was?«

»Tafelsilber«, sagte ich. »Das spezielle Stück, das du da in der Hand hast, ist ein Messer.«

»Prima.«

»Und das hier sind Teller.«

»Ich habe noch nie wo gegessen, wohin man den Hund mitnehmen kann!« sagte die Tochter.

Als die Familie das »Happy Birthday« gesungen hatte, sagte unser Sohn: »Könnten wir das nächstes Jahr wieder so machen? Oder vielleicht auch schon eher?«

Ich warf das Porzellan in die Abfalltonne, daß es klirrte, und sagte: »Nur nichts überstürzen. Wir wollen mal sehen.«

391

Zum kleinen Hund gehört ein kleiner Herr - oder?

In der Anzeige hieß es, der Welpe sei »teilweise sauber«. Das ist soviel wie teilweise schwanger.

Sylvia hätte es besser wissen müssen, doch sie gehörte zu den Tausenden von Müttern, die jedes Jahr dem Druck ihrer Familie erliegen und einen Hund anschaffen.

Als erstes legte Sylvia gewisse Hausregeln fest. Wer Pfützchen und Hundeköttel zuerst sah, putzte sie auch weg. Ferner stieß man ihn mit der Nase hinein und sperrte ihn dann hinaus. Niemand durfte ihn bei Tisch füttern. Er sollte ausschließlich in seinem Korb in der Waschküche schlafen. Man würde sich beim Hinausbringen und Hereinholen abwechseln. Ihn loben, wenn er brav, ihn strafen, wenn er unartig war.

In der ersten Woche gelangten Bobs Pfoten nie auf den Fußboden. Er war Liebling der Familie Forbes. In der zweiten Woche waren sie schon weniger begeistert von seiner Anwesenheit. (Eins der Kinder sagte sogar: »Sei gefälligst still« zu ihm, als er mitten in der Nacht kläffte.)

In der dritten Woche war Bob Sylvias Hund. Sie fütterte ihn, badete ihn und ließ ihn fünfzigmal

392

täglich hinaus und herein. Eines Nachts, vier Jahre
später, hörte Sylvia ihre Söhne miteinander
tuscheln. Der eine sagte: »Jetzt mach gefälligst
Bobs Bescherung weg.« Da antwortete der andere:
»Ich brauch' es dies Jahr nicht zu sehen. Du hast es
voriges Jahr nicht gesehen.«
Da versammelte sie ihre Familie und sprach: »Ich
dachte, ihr solltet es auch wissen: Wir kommen ins
›Guinness Buch der Rekorde‹. Unser Wohnzimmer-
teppich ist jetzt ein einziger durchgehender Fleck
von Wand zu Wand. Der Kernsatz meiner Anspra-
che ist dieser: Ich kaufe jetzt einen neuen Teppich,
und Bob verschwindet. Bitte, keiner soll mich
unterbrechen, ehe ich ausgeredet habe. Versucht
Bob so zu sehen, wie ich ihn sehe — einen Achtund-
zwanzigjährigen in einem räudigen Pelz, der jeden
Abend sechs Stunden fernsieht und nie zu den
Werbeeinschaltungen aus dem Zimmer geht, wenn
ihr meinem Gedankengang folgen könnt . . .
Von der Natur weiß er nichts. Er hat nie einen
Baum gesehen, nie einen Grashalm, einen Bord-
stein, ein Bein von einem niedrigen Stuhl oder
einen Autoreifen.
Ich habe bei ihm alles versucht, alles einschließ-
lich einem in eine 300-Dollar-Tür gesägten Loch,
durch das im Winter die Wärme entweicht und im
Sommer die Kühle. Schluß mit Bob!«
Obwohl Sylvia später in den Senat der Vereinigten
Staaten gewählt wurde, drei Bücher schrieb und die
Einführungsrede für Harvard hielt, wird man ihrer
stets als der egoistischen Mutter gedenken, die den
Teppich höher schätzte als das Erbarmen.

Treva und die andere Großmutter

Nach dem Fest für die werdende Mutter hatte
Treva noch kein Wort gesprochen. Während sich
ihre Tochter Gloria abmühte, ihren Bauch irgendwie hinter dem Lenkrad unterzubringen, knüllte
Treva ihr Zellstofftaschentuch zu einem Ball
zusammen und war tief in Gedanken versunken.
Sie kreisten alle um Glorias Schwiegermutter
Gayle. Diese Frau war ihr seit der Hochzeit ihrer
Gloria mit Gayles Sohn vor zwei Jahren ein Alp-
druck gewesen und geblieben. Schon auf der Hoch-
zeit selbst hatte sie ihr Kopfschmerzen verursacht.
Man erwartet schließlich von einer Bräutigams-
mutter, daß sie Beige trägt und den Mund hält. Das
weiß doch jeder. Jeder außer Gayle. Die war auf
dem Empfang herumgetrabt wie Mrs. Astors Lieb-
lingspferd und hatte es Treva überlassen, in der
Küche Schinken zu schneiden.
Und dann ihr Geschenk: eine Hochzeitsreise nach
Acapulco. Daneben nahm sich der Heizlüfter fürs
Badezimmer natürlich kläglich aus.
Nicht genug damit. Gloria hatte anscheinend den
Eindruck, die Sonne ginge im Garten ihrer Schwie-
germutter auf und wieder unter. Jetzt versuchte sie

auch noch, das Baby an sich zu reißen, das Gloria erwartete – Trevas erstes Enkelkind.

»Du bist ja so still, Mom«, sagte Gloria. »Hast du dich gut amüsiert?«

Und nach kurzer Pause: »Hast du gehört, daß Gayle die Geburt unseres Babys auf Videoband aufnehmen will?«

»Bitte fahr rechts heran, mir wird schlecht«, sagte Treva.

»Mom«, sagte Gloria leise, »du brauchst auf Gayle nicht eifersüchtig zu sein. Es ist genauso dein Enkelchen, und ihr werdet beide genau gleich viel Zeit mit ihm verbringen.«

»Eifersüchtig! Glaubst du im Ernst, daß ich eifersüchtig bin?« Treva lachte hoch und schrill. »Sei nicht albern. Das Baby wird uns nicht einmal unterscheiden können, außer vielleicht daran, daß ich die Oma bin, die ihm den Teddybär schenkte, und Gayle die Oma, die ihm den Zoo von San Diego gekauft hat. Jetzt mal was anderes: Wie denkst du über Schinken?«

»Im Vergleich wozu?« fragte Gloria.

»Ich versuche zu planen, was wir am ersten Weihnachtsfeiertag essen.«

»Mom, bis dahin sind noch fünf Monate. Wir haben ja noch nicht einmal Thanksgiving gefeiert.«

»Thanksgiving ist bereits unter Dach und Fach, da gibt es dein Lieblingsessen: Puter.«

Gloria nahm Gas weg und senkte die Stimme. »Mom, das haben wir doch alles schon besprochen. Chuck und ich können einfach nicht jeden Feiertag damit verbringen, von einem Haus zum anderen zu sausen und für vier zu essen – heuer für fünf. Ich werde bald vier Zentner wiegen, wenn ich weiterhin versuche, sämtliche Eltern glücklich zu machen.«

»Hör zu, wenn du lieber zu Gayle gehst, brauchst du es nur zu sagen. Ich überwinde Enttäuschungen leicht, ich habe es mein Leben lang üben müssen.« Gloria bremste und wandte sich ihrer Mutter zu. »Mom, erinnerst du dich an die alte Geschichte von dem weisen König und den beiden Frauen, die sich um ein Kind streiten?«

Treva schüttelte eigensinnig den Kopf.

»Beide Frauen behaupten, das Kind sei ihres. Schließlich läßt der weise alte König das Baby auf einen Tisch legen, hebt das Schwert und sagt: ›Nun, wenn sich keine von euch entscheiden kann, werde ich das Kind in zwei Hälften teilen.‹ In diesem Augenblick stürzt die leibliche Mutter vor, will nicht, daß ihrem Kind etwas geschieht und ruft: ›Halt, gebt ihr das Kind!‹ Da weiß der König, wer die wirkliche Mutter ist. Begreifst du, was diese Geschichte besagt, Mom?«

Treva sah ihre Tochter durch Tränen hindurch an. »Sie besagt, daß Gayle geschwiegen hat und das Sorgerecht für das neue Enkelchen bekommt, und ich steh da mit einem zwanzigpfündigen Puter und einem zehnpfündigen Schinken!«

Nachts im Bett konnte Treva nicht einschlafen. Immer wieder sah sie vor ihrem inneren Auge Gayle – sie sah allmählich aus wie Rosalind Russell als Auntie Mame –, wie sie an Bord eines

Luxusdampfers stand und winkte, ihr Enkelchen neben sich, Luftschlangen warf und versprach, bald zu schreiben.

Sie fand sich gräßlich wegen dieser Sucht, mit der Gegen-Oma zu wetteifern, aber sie hatte eine solche Sehnsucht, noch einmal ein Baby auf dem Arm zu halten, daß es fast schmerzte. Sie hatte sich nie mit dem leeren Nest abgefunden. Vielleicht würde Gloria ihr das Baby an den Wochenenden überlassen, wenn sie das Gästezimmer zum Kinderzimmer umgestaltete. Schließlich brauchten junge Eltern auch einmal Zeit für sich. Vielleicht konnten Mel und sie das Enkelchen mit nach Florida nehmen und am Strand mit ihm Sandburgen bauen?

Beim Einschlafen sah sie in einer Art Wachtraum den großen, dunkelhaarigen Unbekannten, der sagte: »Für eine Mutter wirken Sie aber noch reichlich jung.« Und sie errötete und sagte: »Bin auch keine. Es ist mein Enkelkind.«

Treva . . . zehn Jahre später

Kaum hatten sie Glorias Wagen in der Einfahrt gehört, wurden Treva und ihr Mann ruckartig aktiv – und das mit einer Präzision, als säßen sie auf Lipizzanern und ritten Hohe Schule.

Treva riß die Zimmerpalme vom Teewagen und schloß sie in den Dielenschrank, versperrte die Badezimmertür, schob eine Schale Bonbons unter den Clubsessel, sperrte den Hund in die Waschküche, drehte die Knöpfe vom Fernseher und ließ sie in ihre Kleidertasche fallen.

Mel, ihr Mann, bedeckte das Sofa mit Plastik, stellte seinen Kegel-Pokal oben auf den Küchenschrank, deckte die Teemütze über den Telefonapparat und schloß den Klavierdeckel.

Dann steckten beide Zahnstocher in den Mund, um anzudeuten, daß sie eben gegessen hätten.

Sie brachen den eigenen Rekord: eine Minute, 36 Sekunden.

Gloria kam hereingewankt und sank in einen Sessel. Ihre vier Kinder unter acht Jahren zerstreuten sich wie von Batterien angetrieben, bis auf Jeffrey, der sich auf den Fußboden setzte und brüllte.

»Was hat er denn?« fragte Treva.

»Er zahnt«, sagte Gloria müde.

»Hast du es schon mit ein bißchen Whisky aufs Zahnfleisch versucht?« fragte Treva.

»Ich hab einen großen Schluck genommen, ehe ich losfuhr, und mir ist schon besser«, sagte Gloria.

»Und was führt dich in diese Gegend?«

»Nichts Besonderes. Hast du Keks im Haus?« fragte sie, ging in die Küche und öffnete Türen. »Na, sieh mal einer an. Wilder Reis? Als ich noch daheim lebte, gab es nie wilden Reis.«

»Du kannst doch Reis nicht ausstehen.«

»Vielleicht hätte ich ihn gemacht, wenn ich gewußt hätte, daß er so teuer ist. Wann gibt's bei euch das große Thanksgiving-Essen?«

Treva und Mel wechselten Blicke.

»Heuer werden wir zu Thanksgiving gar nicht da sein, Liebes«, sagte Treva rasch. »Wir gehen aus. Mel, schau nach, was Danny macht, die Toilettenspülung läuft.«

»Bist du dir klar, wie lange es her ist, daß wir einen Feiertag gemeinsam verbracht haben?«

»Wie geht es Gayle?« fragte Treva. »Gloria, wo ist Jeffreys Windel?«

»Die zieht er jetzt immer aus, wenn was drin ist. Geh und hol deine Windel, Jeffrey. Ich weiß — a-a! Gayle? Die gehen schon wieder für die Ferien auf Kreuzfahrt. Wenn ich es nicht besser wüßte, bekäme ich den Eindruck, daß uns an den Feiertagen keiner will.«

»Aber nein, Liebling, die Musikkassette ist nichts zum Hineinbeißen. Gib sie Oma. Nein, nein, nicht weinen!«

»Mutter, wenn du ihr etwas nimmst, mußt du ihr etwas anderes geben.«

»Bin schon dabei«, sagte Treva und hob die Hand. »Zu schade, daß ihr das Zimmer mit den vielen Spielsachen nicht mehr habt wie früher. Da waren sie immer beschäftigt. Benutzt ihr es jetzt wirklich als Kapelle?«

»Es vergeht kein Tag, an dem ich nicht hineingehe und meditiere«, sagte Treva. »Und was ist mit Gayle? Hat sie noch immer ihr ›Komplettes Zweit-Kinderzimmer‹?«

»Nein, sie hat es vor drei Jahren in eine Sattelkammer umfunktioniert.«

»Eine Sattelkammer innerhalb des Hauses?«

»Ach was, sie haben sowieso keine Pferde. Tja, ich muß los. Ihr ruft doch an Thanksgiving an?«

»Selbstverständlich. Melanie, das ist Omas Körperpuder, der kostet 12 Dollar 50 die Schachtel. Den mußt du schön hierlassen. Du kannst ihn wieder-

sehen, wenn du das nächstemal kommst. Melanie
– bitte! Laß den Deckel drauf!«
»Soll ich es aufputzen?« fragte Gloria.
»Nein, das mach ich schon, wenn ihr weg seid«,
sagte Treva. »Paß gut auf dich auf, Liebes, laß sie
keinen Moment aus den Augen, ja?«
Als der Wagen aus der Einfahrt gefahren war,
begannen Treva und Mel mechanisch und ohne ein
Wort mit dem Ritual, das sie schon so oft abgezo-
gen hatten.
Treva nahm in jede Hand einen Schwamm und
ging rasch durchs Zimmer, wobei sie die Türrah-
men abwischte, den Eisschrank und die Schränke.
Sie ließ den Hund aus der Waschküche, schraubte
die Knöpfe wieder an den Fernsehapparat und holte
die Zimmerpalme wieder ans Tageslicht.
Mel kam mit dem Staubsauger und saugte Krümel
und Puder auf. Er holte die Kegel-Trophäe vom
Küchenschrank herunter und drehte über der Badewanne die Hähne zu. Die Bonbons kamen wieder
auf den Tisch.
Während Treva drei Streifen Leukoplast von der
Wand der Diele zog, rieb Mel einen hellen Fleck
von der Klavierbank, wo ein nasses Glas gestanden
hatte.
Als Treva zur Kapelle strebte, sagte Mel: »Weißt
du noch? Das erste Thanksgiving, als Gloria nicht
heimkam? Da hast du ihren Platz schwarz drapiert
und ihr Bild auf den Stuhl gestellt.«
Treva verzog das Gesicht. »Sprich nicht darüber,
Mel«, sagte sie.

401

Ein anonymer Brief

Anmerkung der Autorin: Diesem anonymen Brief, den ich im Mai 1982 von einer Mutter aus dem Norden New Yorks erhielt, ist kein Wort hinzuzufügen. Er gehört unverändert in dieses Buch.

Liebe Erma Bombeck,
ich habe immer das Gefühl, daß Sie meine Freundin sind. Gewundert hat mich nur, daß ich größer bin als Sie. Wie auch immer: Ich habe etwas, das möchte ich mit Ihnen besprechen. Eine Lösung gibt es dafür nicht. Aber Sie sollen wissen, daß es uns gibt, daß wir Menschen sind wie die anderen auch und daß unsere unschilderbare Hilflosigkeit uns sehr weh tut.
Ich gehöre zu einer Gruppe, die nicht weiß, daß sie überhaupt eine Gruppe ist. Wir haben keine Organisation, keine Zusammenkünfte, keine Sprecher, wir wissen nichts voneinander. Jeder von uns ist als Individuum ganz weit im Abseits, bei den Ratten und Küchenschaben. Und dabei sind wir vielleicht nicht ein bißchen anders als unsere Nachbarn. Wir sehen genauso aus, wir reden und handeln genauso, und doch, wenn die unser Geheim-

nis erfahren, weichen sie vor uns zurück, als hätten wir die Pest.

Wir sind die Eltern von Kriminellen. Auch wir haben unsere Kinder lieb. Auch wir haben nach besten Kräften versucht, sie gut zu erziehen. Wenn man in der Zeitung liest, daß auch mal das Kind von einem Filmstar oder einem Politiker verhaftet wurde, ist das nur ein schwacher Trost. Es hilft uns nicht, zu erfahren, daß unser Kummer sich nicht auf die Armen beschränkt. (Obwohl Untersuchungen ergeben haben, daß ein reicher Junge von der Polizei eher nur ermahnt und heimgeschickt wird, ein armer Junge dagegen in den Knast wandert.)

Wir sind die Besucher. Am Muttertag, zu Weihnachten können unsere Kinder nicht zu uns kommen, also gehen wir zu ihnen. Für einige von uns ist der Schmerz so unerträglich, daß wir seine Ursache verdrängen – wir geben die Kinder auf. Es gibt Eltern, die besuchen ihre Kinder nicht, schreiben ihnen nicht, erkennen das Menschenwesen nicht mehr an, das sie einmal geboren haben. Ich habe meinen Sohn noch nicht aufgegeben, auch wenn das Gericht es getan hat. Ich weine immer noch, setze mich immer noch für ihn ein, ermutige ihn und bete. Und ich habe ihn immer noch lieb.

Ich durchforsche mein Gedächtnis danach, wo ich bei ihm versagt habe. Mein Sohn war Wunschkind, war genau das vielseitig begabte Kind, auf das ich gehofft hatte. Ich verbrachte viel Zeit mit ihm, las ihm Geschichten vor, ging mit ihm spazieren, spielte mit ihm Fangen, lehrte ihn, Drachen steigen zu lassen. Jeden Sonntag gingen wir, seit er vier war, in die Kirche. Er war gut in der Schule, seine Lehrer hatten ihn gern. Er hatte viele Freunde, die Ball spielen oder fischen gingen, eben was normale Kinder so machen. Er war auch in der Schülermannschaft. Ich bin zu jedem Spiel gegangen. Er gewann eine Trophäe für die All-Stars. Er war ein Kind wie alle anderen.

Und dieses Kind ist nur eines. Meines. Es gibt Tausende davon, Kriminelle mit normaler Kindheit, meine ich. Wir, ihre Eltern, versuchen, normale Leben zu führen. Und werden manchmal in Acht und Bann getan von unseren Angehörigen und mit Sicherheit von der Gesellschaft. (»Vielleicht ist es ansteckend?«)

Morgen ist wieder Muttertag. Mein Sohn ist auf der Flucht vor der Polizei. Das bin ich nicht. Ich entschuldige nicht,was er getan hat, ich versuche nicht, es zu rechtfertigen. Aber ich habe ihn noch lieb, und es tut sehr weh.

Hoffentlich bringen Sie es über sich, uns zu akzeptieren, die wir die Kinder lieben, die die Gesellschaft haßt.

Ich weiß genau, warum ich meinen Namen nicht unter diesen Brief setzen kann. Ich danke Ihnen, daß ich mir das alles einmal vom Herzen reden durfte.

»Mom«

P. S.: Ich weiß auch, daß Sie wissen, dies ist kein erfundener Brief. Mich gibt es wirklich. Ich wollte, es gäbe mich nicht. Fröhlichen Muttertag!

Frühstück am Muttertag

Im Bett ist schon vieles geschehen – im Namen der Liebe. Aber nichts reicht heran an das traditionelle Muttertagsfrühstück im Bett.

An diesem Tag werden im ganzen Land die Mütter zurück in die Kissen geschubst, ihre Orchidee (die nur alle zwei Jahre fünfzehn Minuten lang blüht) wird abgeschnippelt und in ein Schnapsglas gesteckt, und eine seltsame Zusammenstellung von Speisen verläßt die Küche, geeignet, das unbefangene Auge erblinden zu lassen.

Erst schwirrt der Mixer hemmungslos und wird abrupt angehalten, wobei eine Stimme brüllt: »Du, das sag ich aber!«

Ein Hund bellt, und eine Stimme befiehlt: »Nimm ihm die Pfoten da raus, das soll Mom noch essen!«

Es vergehen Minuten. Schließlich tönt es: »Dad? Wo ist die Chili-Sauce?«

Dann: »Untersteh dich und blute auf Moms Frühstück!«

Der Rest ist ein Chaos von zuknallenden Türen, laufendem Wasser, raschen Schritten und dem Kommando: »Du hast das Feuer gemacht, du löschst es auch aus!«

Das Frühstück selbst hält sich einigermaßen im Rahmen des Üblichen: Eine Wasserkaraffe voll Saft, fünf Streifen schwarzer Speck, die zerkrümeln, wenn man darüber ausatmet, ein Haufen Rührei, genug für ein Regiment, und vier Stück kalter Toast. Die Familie reiht sich neben dem Bett auf, sieht einem beim Essen zu und fragt von Zeit zu Zeit, warum man nicht seinen Saft trinkt oder die Melone ißt, auf der mit schwarzen Oliven M − o − m ausgelegt ist.

Später dann, am Abend, wenn man zu dem Schluß gekommen ist, es sei leichter, in ein neues Haus zu ziehen als diese Küche wieder sauberzukriegen, kehrt man ins Bett zurück und trifft unter der Bettdecke auf ein Cremehütchen oder eine schwarze Olive, die einst das O in M − o − m gebildet hat.

Wenn Sie weise sind, werden Sie an diesem Tag gründlich nachdenken. Zum ersten Mal haben die Kinder gegeben, statt immer nur zu nehmen. Sie haben Ihnen auf die ehrlichste Weise geschmeichelt in dem Versuch, für Sie zu tun, was Sie sonst für andere tun. Sie haben Ihnen eines der größten Geschenke gemacht, das man jemandem machen kann: sich selbst.

Es werden andere Muttertage kommen und eine lange Reihe von Geschenken, die Sie verblüffen und überraschen, aber nichts wird an das Erlebnis heranreichen, als damals eines Ihrer Kinder am Muttertag in der Küche flüsterte: »Untersteh dich und blute auf Moms Frühstück!«

Niemand zu Hause?

Im Jahr 1981 war Miriam Volhouse die einzige hauptamtliche, zu Hause bleibende Mutter im ganzen Wohnblock. Ihr Name wurde auch von siebzehn Kindern genannt, die bei einer Schulumfrage schreiben mußten: ›Wen rufe ich im Notfall an . . .‹

Gelegentlich geriet Miriam in Versuchung, es ihren Freundinnen gleichzutun und einen Job außer Haus anzunehmen, doch sie widerstand, weil sie sich für eine gewissenhafte Mutter hielt und das Mit-den-Kindern-Reden so wichtig war.

Jeden Abend, wenn Miriam eine Tür knallen hörte, rief sie: »Mark, bist du das?«

»Was ist denn? Buzz wartet. Wir gehen Baseball üben.«

»Können wir uns nicht einfach zusammensetzen und uns unterhalten?«

»Ich muß weg«, sagte er.

Miriam goß zwei Glas Milch ein, häufte Plätzchen auf einen Teller und tastete sich durch das dunkle Wohnzimmer. »Bist du hier drin, Ben?«

»Pschschscht!«

»Na, wie war es denn heute? Du hast bestimmt

allerlei Lustiges erlebt, das du erzählen möchtest. Ich habe heute ein neues Rezept ausprobiert und . . .«

»Mom, bitte laß mich. Ich sehe gerade M-A-S-H.« Als eine andere Tür knallte, rannte Miriam los und kam gerade noch rechtzeitig, um zu sehen, wie Wendy einen Zettel kritzelte: »Warte nicht mit dem Abendessen. Habe Chorprobe.«

»Wendy, ich möchte, daß du weißt, daß ich da bin, wenn du dich über irgend etwas aussprechen willst. Ich möchte gern wissen . . . Ich möchte gern wissen, was du so über das Leben denkst.«

»Ich bin dafür«, sagte sie und zog den Mantel an. Dann fiel ihr noch etwas ein. »Mom, du mußt dir eine Beschäftigung suchen. Du kannst dich nicht immer auf deine Kinder stützen, wenn du Gesellschaft brauchst.«

Miriam trank beide Gläser Milch, aß den Plätzchenteller leer und fühlte sich verschmäht. Nie war jemand zu Hause, wenn sie es war. Kinder sollten gar keine Eltern haben, wenn sie sie so behandeln! Und wenn ihr etwas passierte? Wer würde es erfahren? Sie waren so egoistisch, dachten nur an sich. Sie konnte sich kaum noch erinnern, wann sie sich das letztemal hingesetzt und mit ihr über ihre – der Mutter Probleme – gesprochen hatten oder darüber, wie sie ihren Tag verbrachte. Wie bekamen andere Mütter ihre Kinder so weit, mit ihnen zu sprechen?

Das erfuhr sie. Sie nahm einen Job an.

Von nun an kam sich Miriam täglich zwischen 15 und 18 Uhr vor wie die Telefonseelsorge. Ihre

Kinder riefen alle paar Minuten an, jedesmal mit einem neuen Problem. Sie konnte sie gar nicht mehr zum Schweigen bringen.

Als sie eines Abends in der Küche herumrannte und die Hamburger zum Auftauen in der Trockenschleuder herumwirbelte, wobei sie ihren Kindern Befehle erteilte, gewisse Hausarbeiten zu übernehmen, sagte ihr Sohn plötzlich: »Wenn du nicht zu Hause bleiben und für uns sorgen willst, warum hast du dann überhaupt Kinder gekriegt?«

Und ihr anderer Sohn sagte: »Wenn ich von der Schule heimkomme, ist nie ein Mensch zu Hause. Früher hast du uns Plätzchen gebacken.«

Und ihre Tochter sagte: »Manchmal denk ich, Mütter sind doch eigentlich sehr egoistisch. Nie reden sie mit einem über ihre geheimsten Gedanken, zum Beispiel, was sie eigentlich vom Leben halten . . .«

»Ich bin dafür!« sagte Miriam und mischte den Salat.

Mutters Verfehlungen

Motto: Wer unter euch ohne Sünde ist, werfe den ersten Stein!

* Kinder und Verantwortung zu vergessen, sie hilflos und einsam zurückzulassen, mit einem Babysitter für 200 Dollar, einem Kühlschrank voller Delikatessen und Spielsachen im Wert von 600 Dollar, während man mit seinem Mann aus purer Vergnügungssucht an einer Beerdigung in der Provinz teilnimmt.

* Zum ersten Geburtstag des Sohnes eine Torte im Laden zu kaufen.

* Der Tochter die störrischen roten Haare und dem einzigen Sohn die geringe Körpergröße zu vererben.

* Billiges Shampoo für die Biologiestunde mit dem Thema »Kräuter und ihr Vorkommen im praktischen Leben« in eine Flasche zu füllen.

* Dem Jüngsten der Familie zu erklären, warum sich in seinem Babybuch nur sein Fußabdruck als Neugeborener, ein Gedicht und ein Rezept für Karottentorte befinden.

* Versehentlich eine Eidechse in die Toilette zu spülen und dem Kind zu sagen, das Tierchen

hätte einen Anruf bekommen, bei ihm daheim sei etwas passiert.

* Vom Krankenhaus nach einer Totaloperation nach Hause zu fahren und sich bei den Kindern dafür zu entschuldigen, daß man ihnen nichts mitbringt.

* Sich im Bad zu verstecken, wenn die Kinder im ganzen Haus nach einem rufen.

* Sich ein Mittagsschläfchen zu gönnen und, wenn man mit dem Sofakissenmuster auf der Wange angetroffen wird, den Kindern zu sagen, es sei ein Ausschlag.

* Drei Zeitungen in den Abwasserkanal zu werfen, obwohl man dem Kind mit gebrochenem Arm versprochen hat, sie an seiner Stelle auszutragen.

* In einer Teedose besonders leckere, handgefertigte Pralinen aufzubewahren und sich einzureden, Kinder könnten Qualität noch nicht erkennen.

* Den Pullover der Tochter, der 40 Dollar gekostet hat, zu heiß zu waschen.

* Einen Tag lang zu vergessen, die eigene Mutter anzurufen.

* Den Wagen niemals jemandem zu leihen, den man selbst geboren hat.

* Übertrieben zu reagieren, wenn ein Kind ein altes, in einem Buch verstecktes Zeugnis von einem findet und damit zu drohen, das Kind auszusetzen, wenn es nicht dichthält.

* Den Einkaufswagen aus dem Supermarkt fahren und das Baby in einem anderen zu vergessen, bis man den Zündschlüssel umdreht.

* Mit dem Sohn über die Hausaufgaben zu streiten, sie dann selbst zu machen und eine 3 dafür kriegen.
* Abzulehnen, die Tochter, die ausschließlich von Kreditkarten lebt, durch Übernahme einer Bürgschaft aus der Haft zu befreien.
* Eine Maus auf die Hemdtasche eines Sohnes, der weitsichtig ist, zu nähen und ihm zu erzählen, es sei ein Alligator.
* Kurz vor der Party ein obszönes Poster aus dem Zimmer des Sohnes zu entfernen und durch eine Broschüre für ein Ferienlager mit Mathematikunterricht zu ersetzen.
* Die Badezimmertür mit einem Eispickel zu öffnen, nachdem ein Kind eben gesagt hat, es tue nichts Besonderes, und dann festzustellen, daß es tatsächlich nichts Besonderes tut.
* Eine seelisch labile Lehrkraft in der Schule aufzusuchen und ihr zu sagen: »Ich begreife das gar nicht. Zu Hause macht er so was nie.«
* Erst dann ein Kind wegen einer verschluckten Münze röntgen zu lassen, wenn man erfahren hat, daß es sich um ein Sammlerstück handelt.
* Bei der Schulaufführung zu gähnen, bei der die eigene Tochter eine tragende Rolle spielt.
* Dem Sohn die Stiefel aus dem vergangenen Jahr an- und den Reißverschluß zuzuziehen, obwohl man weiß, daß sie nur mit ärztlicher Hilfe wieder herunterzukriegen sind.

Ach, nehmt ihr sie doch mal zu euch...

Sie kennen doch das Spiel mit den Stühlen, das
»Die Reise nach Jerusalem« heißt? Rose hatte es
die letzten fünf Jahre spielen müssen. Abgesehen
vom Lotto, ist es das verbreitetste Spiel des 20.
Jahrhunderts und man braucht dazu zwei bis acht
Spieler. Die Regeln sind ganz einfach.
Man nehme eine verwitwete Mutter und drehe sie
so lange im Kreise, bis sie bei einer Tochter in
Florida zur Ruhe kommt. Die Tochter in Florida
bekommt vier Monate Zeit, ihren Bruder in Chicago dahingehend zu bearbeiten, daß er die Mutter
zu sich nimmt. Der Bruder in Chicago behält sie,
bis er etwa einen halben Zentner Schuldgefühle
auf seine Schwester in Kalifornien gewuchtet hat.
Die Mutter ist immer die Verliererin.
Rose brachte mehr Flugkilometer hinter sich als
ein Astronaut des Space-Shuttle.
Seit ihr Mann Seymour vor vier Jahren gestorben
war, wechselte Rose alle vier Monate das Schlafzimmer. In ihren Wunschträumen malte sie sich
ein Altenwohnheim aus, den Luxus eines eigenen
Zimmers, einen Ort, an dem sie sich unterhalten
konnte, wenn ihr danach war, und wo sie von

Menschen umgeben war, die ebensolche Verdau-
ungsprobleme hatten wie sie.
Ihre Kinder wollten nichts davon hören. Sie hatten
die Verpflichtung, für sie zu sorgen, und Rose hatte
die Verpflichtung, es auszuhalten.
Jeden Abend, ganz gleich wo sie sich gerade befand,
vergönnte es sich Rose, die Gegenwart Seymours
zu beschwören und ein kleines Nachtgespräch mit
ihm zu führen.

Florida (Juli)

Ich bin also in Florida. Dann muß es also Juli sein.
Wie steht es bei dir, Seymour? Irene, Sam und
Sandy haben mich am Flugplatz abgeholt. Dein
Enkel ist eine richtige Vogelscheuche. Zwölf Jahre
alt und wiegt bestimmt nicht mehr als fünfzehn
Pfund. Ist ja auch nicht anders möglich, wenn im
ganzen Haus nichts zum Essen aufzutreiben ist.
Alles Brot ist gefroren, und auf jeder Packung im
Schrank ist der Stempel »Rein«, »Natur« oder
»Bio«. Ich möchte wirklich nicht, daß du dir Sor-
gen machst, aber an Chanukka wird er tot sein.
Ich bin, wie üblich, im Gästezimmer unterge-
bracht. Erinnerst du dich an die Intensivstation in
der Klinik? Das gleiche Dekor. Dort stellen sie
alles ab. Ich schlafe neben einem Ping-Pong-Tisch
und einem Bügelbrett, das seit ihrem Umzug hierher noch nie aufgestellt worden ist.
Bei Irene ist alles unverändert. Ihre Eiswürfel riechen immer noch nach Melone, und sie glaubt,
Staub sei ein Mittel, um die Zeit daran zu messen.

Wo haben wir versagt, Seymour? Es ist nur gut, daß du nicht da bist und es siehst. Die Frau wäscht nicht einmal das Geschirr in einer Lauge und spült es dann nach, ehe sie es in die Spülmaschine stapelt.

Ich muß jetzt gehen. Irene hat in der Küche »Thema-Woche«, und heute abend ist Korea dran. Ich verhungere noch mit diesem Eßstäbchen. Bis bald, wenn die Gebühren billiger werden. Das soll ein Witz sein, Seymour.

Florida (Oktober)

Seymour, bist du da? Wie gefällt dir meine neue Frisur? Irene fand, ich müsse das Haar straff zurückgekämmt in einem Knoten tragen. Ich finde, es macht mich älter. Wenn du auch meinst, daß es mich älter macht, gib mir ein Zeichen, zum Beispiel dadurch, daß hier die Luftfeuchtigkeit auf 96 Prozent sinkt.

Heute bin ich zweimal ohnmächtig geworden. Erinnerst du dich an die Töpfe und Pfannen mit dem Kupferboden, die wir Irene zur Hochzeit geschenkt haben? Du würdest sie nicht wiedererkennen, Seymour. Ich habe sie heute gesehen und gesagt: »Das können doch unmöglich die Töpfe und Pfannen sein, die dein Vater und ich dir gekauft haben.« Sie sagte: »Wieso, was ist denn an ihnen verkehrt?«

Und da sagte ich: »Würde es dich umbringen, jedesmal, wenn du sie benutzt hast, ein bißchen Scheuerpulver draufzustreuen?«

Sonst passiert nicht viel. Ich habe meine Kranken-versicherung bezahlt. Irene und Sam wollten, daß ich mit ihnen zu Levines zum Essen fahre, aber als wir das letztemal ausgingen, wusch ich gerade Tassen am Ausguß aus, und sie saßen schon im Wagen und haben mich angehupt, daß ich fast in Ohnmacht gefallen bin. Es ist die Verstimmung nicht wert.

Ich habe gehört, wie Sam mit Russell telefoniert hat, es sieht demnach so aus, als machte ich dem-nächst meinen Jahresbesuch in Chicago. Viele Menschen überwintern dort. Gehab dich wohl.

Chicago (November)

Hallo, grüß dich, Seymour. Rat mal, wer da ist! Ich muß etwas wissen: Als du in den Himmel gingst, hattest du da auch einen fünfstündigen Zwischen-aufenthalt in Atlanta? Wenn ja, komm ich nicht.

Dein Sohn sieht gut aus. Barbara so, wie zu erwar-ten war. Die Kinder haben noch immer keine Hälse. Ich frage mich, warum. Russell hat doch einen Hals. Meine Theorie ist, daß sie alle ständig frieren und versuchen, sich mit hochgezogenen Schultern warmzuhalten.

Barbara und ich spielen jeden Abend Thermostat-Roulette. Ich begreife nicht, wie sie es aushält. Neulich abends sagte sie: »Es ist gesünder, in einem kalten Zimmer zu schlafen.« Und ich sagte: »Wer schläft schon! Ich habe Angst einzunicken und vielleicht nie wieder aufzuwachen.«

Doch, die Frau gibt sich Mühe. Immerhin: vier

Kinder. Sie hat alle Hände voll zu tun, David sauberzukriegen. Dabei bedient sie mich hinten und vorn. Füllt meinen Teller, wäscht meine Wäsche, erinnert mich daran, meine Pillen einzunehmen, und verwandelt mein Bett jedesmal zurück in ein Sofa, wenn ich auf die Toilette gehe. Spielst du Golf? Wir sprechen uns bald wieder.

Chicago (Februar)

Sei ehrlich mit mir, Seymour: Liegt es an mir? Oder werden die Winter immer länger? Ich habe heute am Fenster gestanden und konnte mich um alles in der Welt nicht daran erinnern, wie grünes Gras aussieht. Ich fragte Barbara, aber sie stand nur da und sah mich an. Wahrscheinlich kann sie sich ebensowenig erinnern. Ich habe meine Krankenversicherung bezahlt. Was ich am meisten sehe, sind Fernsehserien. Zu schade, daß du die nicht sehen kannst. Bei denen schlägt das Herz wieder, weißt du? Bin heute beim Zahnarzt gewesen. Er hat gesagt, ich muß all meine Brücken erneuern lassen. Halt deine Brieftasche fest, Seymour, es wird 4000 Dollar kosten.
Als ich das Barbara erzählte, sagte sie: »Du bist 72, wozu willst du dir die Zähne noch mal reparieren lassen?«
Russell hat heute mit Judith gesprochen. Er hat gesagt, sie ist einsam nach der Scheidung und möchte, daß ich sie besuche. Ganz plötzlich fühlte ich mich sehr alt und sehr müde. Wenn ich erst in Kalifornien bin, werden mich der Smog, die Busch-

brände, die Überschwemmungen und Erdbeben
wieder aufmuntern.

Kalifornien (März)

Ich weiß, ich bin eben erst hier angekommen,
Seymour, aber ich muß mit dir sprechen. Unsere
Judith hat sich das Gesicht liften lassen. Wie weit
kann es mit 43 schon heruntergesunken sein? Ich
dachte gleich, als ich sie sah, daß sie irgendwie
verändert ist. Sie sieht jetzt 24 Stunden pro Tag so
aus, als wundere sie sich über irgend etwas.
Dein Enkel Marty und ich haben uns auf dem Weg
vom Flugplatz in die Stadt lange unterhalten. Ich
erzählte ihm von meinen Zahnbrücken, und er
sagte dasselbe wie du: »Nur zu!«

Kalifornien (April)

Seymour, wir dürfen uns nicht mehr auf diese
Weise treffen. Schon wieder ein Witz! Ach, es tut
gut, dich lachen zu hören. Heute habe ich eine
neue Freundin gefunden. Du weißt doch, ich hasse
Trockenschleudern, deshalb habe ich ein paar
Hemden von Marty herausgenommen und hinter
dem Haus eine Leine gespannt. Dabei habe ich eine
Frau getroffen, sie besucht ihren Sohn im Nachbarhaus. Und weißt du was? Halt dich fest: Sie hängt
die Hemden am Schlapp auf statt am Kragen.
Sie hat mich für morgen zu einer Beerdigung eingeladen. Vielleicht gehe ich sogar hin. Nur, um mal
wieder was schlaff Hängendes zu sehen.

Du erfährst es vermutlich sowieso, aber es ist mir lieber, du hörst es von mir. Judith trifft sich mit einem Mann, der Patrick heißt. Ich hab ihn gefragt: »Wie heißen Sie bitte mit Nachnamen?« Und er hat gesagt: »Murphy.« Und ich hab gefragt: »Und wie hießen Sie vorher?« – »Vor was?« hat er gefragt. Du, ich glaube, er ist nicht jüdisch. Ach, womit hab ich das verdient?

Im Mai kam Rose der Verdacht, daß ihr Leben sich bald ändern würde. Für gewöhnlich wurde um diese Zeit ihre Reise nach Florida festgelegt.
Es war lange telefoniert worden. Und auch oft. Judith hatte in der Nacht mit leiser, ernsthafter Stimme mit Irene und Sam gesprochen. Russell und Barbara hatten mit Judith gesprochen, die zwischendurch nickte und sagte: »Ja, ist mir auch schon aufgefallen.«
Im Juni rief Judith ihre Mutter zu einer Aussprache in die Küche. Die ganze Familie habe ihr »auffälliges Verhalten« bemerkt. Barbara habe Besorgnis darüber geäußert, daß Rose in Chicago an einem Fenster gestanden und gemurmelt habe: »Gib zu, lieber Gott, dieses Chicago war ein Riesenblödsinn.«
Irene habe unter Tränen berichtet, sie habe eines Abends in Roses Zimmer hineingeschaut und sie in tiefsinniger Unterhaltung mit dem Ping-Pong-Tisch angetroffen. Man sei übereinstimmend der Meinung, Rose gehöre in ein Heim.

Das Zimmer war recht kümmerlich, aber Rose

wußte sich zu helfen. Sie holte sich den Schaukel-
stuhl und ein paar Kissen und Gläser, die sie aufge-
hoben hatte, aus dem Möbeldepot. Ehe sie auspackte, mußte sie mit Seymour Kontakt aufnehmen.

»Bist du da?« fragte sie mit einem Blick gegen die
Decke.

»Hör mal, du wirst es bestimmt nicht glauben,
aber ich habe nach Atlanta fahren müssen, um
hierherzukommen. Ich hätte gedacht, von Kalifornien nach Colorado wäre der kürzeste Weg, du
doch auch, nicht?«

Aus dem Augenwinkel sah Rose, daß eine Mitbe-
wohnerin des Heims gekommen war. »Wart einen
Moment, Seymour«, sagte sie, »es ist Besuch gekommen.«

Die Besucherin sagte: »Sie sprechen mit Seymour?
Mein Mann ist vor zwei Jahren gestorben, und er
redet immerzu von einem Seymour. Spielt er Golf?
Was ist sein Handikap?«

Weihnachtsstimmung –
und was sie kostet

Jedes Jahr wünscht sich eines meiner Kinder zu Weihnachten ein Spiel. Immer ist es eines, bei dem die Nachfrage das Angebot um etwa 355 000 übersteigt.

Jedes Kind in der ganzen Stadt hat es auf seinem Wunschzettel. Das Spiel wird seit Juni im Fernsehen angepriesen, wobei unterstellt wird, daß das Kind es unter dem Baum finden muß, sonst ist man als Erziehungsberechtigter ein Versager, und das Kind wird später in einer Skimütze mit Sehschlitzen Supermärkte ausrauben.

Ab September hat das Kind sich derart in den ›Wunsch‹ hineingesteigert, daß es, sollte es das Spiel nicht bekommen, möglicherweise zu atmen aufhört. Es versichert Ihnen, daß es das einzige Spiel ist, das es sich wünscht.

Jetzt ist es an Ihnen, das Spiel aufzutreiben. Um keinen Prozeß an den Hals zu kriegen, nenne ich das Spiel »Blamage – der Spaß für die ganze Familie, Bestellnummer 17055354, Batterien extra«.

Im Oktober hat kein Geschäft Ihres Viertels das Spiel »Blamage« mehr vorrätig und kann Ihnen auch keine Hoffnung auf Nachlieferung machen.

Aber die Fernsehreklame geht weiter und zeigt eine typisch amerikanische Familie: Mom, Dad und 2,5 Kinder, die um den Tisch sitzen und »Blamage« spielen, bis sie von den Stühlen kippen.

Das Backen des Christstollens, den Kauf des Weihnachtsbaums, die Einladung für die Weihnachtssänger, das Schmücken des Hauses und die Weihnachtskarten können Sie vergessen. Jeden Morgen, wenn der Wecker klingelt, springen Sie mit beiden Beinen aus dem Bett und stoßen den Schlachtruf aus: »Heute werde ich ›Blamage‹ auftreiben!«

Mitte November sind Sie auf der Suche nach dem Spiel bereits 2500 km gefahren, weil Sie Hinweisen von Freunden folgten, wonach ein Discountmarkt im Norden des Staates noch zwei Stück hat oder in einem Spielzeugladen noch eins unter dem Ladentisch liegt, zwar beschädigt, aber immerhin. Mehrfach kommen Sie in Versuchung, ein Spiel zu kaufen, das »Blamage« gleicht wie ein Ei dem anderen, doch Sie wissen im innersten Herzen – es wäre doch nicht das!

Wenn Sie Glück haben, gewinnen Sie ganz kurz vor Weihnachten den Wettlauf mit einem alten Großmütterchen zum Ladentisch, entreißen ihr das letzte Spiel »Blamage« auf dieser Welt, kaufen Batterien dazu und legen es unter den Baum.

Am Abend des Weihnachtstages dann, wenn Sie die vielen Papiere, Bänder und Garantiescheine aufsammeln, fällt Ihr Auge auf das Spiel »Blamage«. Es ist noch immer in seiner Schachtel, und das Preisschild (49,92) strahlt wie ein Leuchtturmfeuer.

Die Kinder spielen mit einem Karton und lassen die Lufttaschen der Plastikpackungen knallen. »Blamage« hatte seinen großen Augenblick, und der ist vorbei.

Warum nur tun wir so was?

Wie bringt man uns dazu, Spielsachen zu kaufen, die wir uns nicht leisten können und die nur wenige Minuten lang Interesse wecken?

Dafür gibt es mehrere Gründe: Erstens sind alle Eltern im Grunde unsicher und wollen sich Liebe kaufen, und zweitens haben wir alle ein verdammt kurzes Gedächtnis.

Wir wollen einfach nicht an die Spielsachen denken, die in der Vergangenheit ausrangiert wurden. Das Pferd zum Beispiel.

Wissen Sie noch? Es war braun und soff achtzig Liter Wasser pro Tag. Es machte viel Freude und lebte drei Jahre lang bei uns. Jedesmal, wenn der Hufschmied kam, um es zu beschlagen, kostete es 45 Dollar. Niemand wollte ihm den Mist aus den Hufen kratzen, denn das war »fies«. Es zog die Fliegen an und wehrte sich gegen das Gefühl, etwas auf dem Rücken tragen zu müssen. Es wurde zwölfmal geritten.

Oder der Ping-Pong-Tisch. Es war ein großer Tisch, und auf ihm lagen Bücher, Mäntel, schmutzige Wäsche, Frühstückspakete, Kleider, die zur chemischen Reinigung mußten, und Stapel alter Zeitungen. Er versperrte die Sicht auf den Fernseher und endete schließlich in der Garage, wo er sich verzog. Von verflossenen Weihnachtsfesten stammt auch die Gesamtausgabe eines ledergebundenen Lexikons mit Goldschnitt und 3000 Illustrationen. Es sollte der Familie ein ganz neues kulturelles Niveau bescheren. Soviel ich weiß, wurde es zweimal benutzt, einmal, um Bilder von Eva nachzusehen, die in Band V nackt abgebildet war, und dann, um die Tür offenzuhalten, als das neue Sofa geliefert wurde.

Ich denke auch noch an das aufblasbare Schwimmbecken, das die Familie einander näherbringen sollte. Es wurde am Morgen des 5. Juli offiziell eröffnet und am Abend des 5. Juli offiziell aus dem Verkehr gezogen, als feststand, daß ein kleiner Nachbarjunge fünf Gläser Limo getrunken und das Becken seit zwölf Stunden nicht mehr verlassen hatte.

Die Eishockeyschläger waren reichlich groß, sie stehen noch immer im Schrank und warten auf die Sammler der Kanadischen Heilsarmee. Sie wurden unbeliebt, als man entdeckte, daß sie keine Stützräder hatten und nur funktionierten, wenn jemand auf Schlittschuhen aufrecht stehenbleiben konnte.

Ich gebe mir Mühe, eine gute Mutter zu sein, eine liebende Muter, eine rücksichtsvolle Mutter, die ihre Kinder gerne glücklich machen will.

Das trifft sich ungünstig. Oberflächlich und herzlos wäre viel billiger.

Mary, das Einhorn

Die vier hatten in völligem Schweigen eine Viertelstunde lang über der Speisekarte gebrütet.

Es war eine Art Gesellschaftsspiel, zu warten, wer als erste die Frage stellen würde. Iris brach das Eis. »Nimmt jemand Schmalzkringel?«

Die Frage war ebenso albern, als wolle Zsa Zsa Gabor einen Heiratsantrag ablehnen. Niemand, der seiner fünf Sinne mächtig ist, besucht Neiman Marcus' Tea Room in Atlanta, ohne Schmalzkringel zu bestellen.

»Ich weiß nicht recht«, überlegte Mary. »Ich halte Diät, aber vielleicht nehme ich doch einen zur Gesellschaft.«

Die Kellnerin trat von einem Bein aufs andere. »Wollen Sie zwei Körbe, wie immer?« Alle nickten.

Wie lange kamen sie nun schon her? Zweimal im Jahr seit zwölf, fünfzehn Jahren? Jeden 3. Juni versammelten sie sich, um den Geburtstag von Jefferson Davis zu feiern, und am 10. Januar, um der Geburt von Robert E. Lee zu gedenken.

In diesen fünfzehn Jahren war viel geschehen. Ihre Haarwurzeln hatten sich von Schwarz in Grau und wieder in Schwarz verwandelt. Ihre Kinder waren von daheim fortgezogen, zu Ehemännern und wieder zurück nach Hause. Ihre Männer waren vom Büro ins Rentnerdasein übergewechselt und dann ins Heim, und ihre Wagen waren vom Kombi mit rutschender Kupplung zum Coupé mit rutschender Kupplung geworden.

»Noch eine Runde Sherry von der Bar?« fragte die Kellnerin.

»Warum nicht?« fragte Charlotte. »Schließlich ist es ein festlicher Anlaß.«

»Hat jemand von Evelyn Rawleigh gehört?« fragte Iris.

»Wieso, was ist mit ihr?« fragte Bebe.

»Sie hat sich eine Reihe gräßlicher Allergietests machen lassen, und dabei ist herausgekommen, daß sie gegen Alcantara allergisch ist.«

Sie stöhnten vierstimmig auf.

»Ich würde noch einen anderen Arzt zuziehen«, sagte Bebe.

»Wie tragisch«, meinte Charlotte. »Kann man denn da gar nichts machen?«

»Nichts«, seufzte Iris. »Und das Schlimmste ist — sie geht nicht mehr aus dem Haus. Sie glaubt, jeder starrt sie an.«

Die Kellnerin kam mit dem Sherry, und Bebe brachte einen Trinkspruch aus. »Auf Robert E. Lee, der den Krieg gewann. Wie ist es denn, habt ihr alle schön Weihnachten gefeiert?«

»Iris bestimmt, das weiß ich«, sagte Charlotte. »Dein Weihnachtsrundbrief war wieder genial.«

Himmel, wie sie alle diese Weihnachtsepisteln

429

haßten! Iris hätte damit die Roman-Bestsellerliste der *New York Times* anführen können. Wer außer ihr hatte Kinder, die mit sieben Monaten sauber, mit sechs Jahren Gastdirigent des Atlanta Symphonie-Orchesters waren und französische Dankesbriefe verfaßten? Verglichen mit, dem Familienbild in dem Brief wirkten die berühmten Osmonds melancholisch. War es Einbildung, oder wurden ihre Zähne jedes Jahr gerader?

»Also, mein Weihnachten war einfach zauberhaft«, meldete sich Bebe. »Dede hatte uns alle zu sich eingeladen. Sie ist ein Schatz! Ich könnte sie nicht mehr lieben, wenn sie meine eigene Tochter wäre. Und du, Mary? Ist eines deiner Kinder zu den Feiertagen heimgekommen?«

Heim? Jeff hatte ihr eine Salatschleuder aus Plastik geschickt, so ein Ding, in das man den Salat tut und das Wasser herauswirbelt. Am Weihnachtsabend hatte er aus Vail angerufen, wohin er mit der ganzen Familie gereist war, »um mal auszuspannen«. Wie eingespannt konnte ein 34jähriger Verkäufer von After-Shave-Lotion schon sein?

Jennifer hatte ihr eine teure Chef-Handtasche mit 83 Fächern geschickt, »für die Frau, die viel herumkommt«. Das Dumme war nur, sie kam nirgends hin.

Robin hatte sie am tiefsten enttäuscht. Sie hatte Salz- und Pfefferstreuer in Form von Einhörnern geschickt und dazu einen Brief, in dem es hieß: »Die erinnern mich so an Dich und Dad. Ich habe Dich lieb. Robin.«

Die Gruppe wartete auf ihre Antwort. »Ihr wißt

doch, wieviel sie alle um die Ohren haben, aber wie üblich haben sie viel zuviel ausgegeben. Stellt euch nur vor: handgemachte Pralinen, wo ich ihnen doch gesagt hatte, daß ich Kalorien zähle.«

Bebe winkte der Kellnerin und bestellte noch eine Runde Sherry. Dann wandte sie sich an Charlotte und fragte: »Und wie geht es Walter als Pensionisten?«

Charlotte zwang sich zu einem Lächeln. Sie hatte geheiratet, um mit ihm gute und böse Tage, nicht aber das Mittagessen zu teilen. Seit dem Tag seiner Pensionierung hatte er die Küche übernommen wie ein Direktor. In seiner ersten Woche daheim hatte sie ihre Küche betreten und gefragt: »Sag mal, was machst du eigentlich?«

Er antwortete: »Wenn mir der Herrgott lange genug das Leben schenkt, werde ich deinen Absaugventilator sauberkriegen. Wenn ich mein Büro so geführt hätte wie du deine Küche, Charlotte, wären wir schon vor Jahren verhungert.«

So hatte Walter denn ihre Gewürze nach dem Alphabet geordnet, und sie hatte angefangen, »bei festlichen Anlässen« zu trinken, zum Beispiel vorige Woche auf die Nationale Sparwoche, die Inbetriebnahme einer Abwasseraufbereitungsanlage oder den Tag, an dem sie ihren Pelzmantel aus der Mottenkiste holte.

»Ich habe nicht gewußt, daß das Rentnerdasein so wundervoll sein würde«, sagte sie und flüsterte der Kellnerin zu: »Bringen Sie gleich die ganze Flasche.«

»Findet ihr das Fernsehprogramm auch so entsetzlich langweilig?« fragte Iris. »Ich meine, man kann doch keine Show mehr andrehen, ohne daß sich gräßliche Leute mit offenem Mund küssen.«

»Das tun alle«, sagte Bebe. »Sogar Carol Burnett.«

»Dabei fällt mir ein, Iris«, sagte Mary, »wie geht's denn deiner Tochter?«

Iris schrak zusammen. Constance hatte mit ihren 32 Jahren bereits zwei schiefgegange Ehen und zwei wesentliche Beziehungen hinter sich gebracht, hatte ein Kind und war bankrott. Im Weihnachtsbrief lautete das: »Connie lebt in St. Louis und arbeitet an einem Roman.«

Charlotte stieß an ein Glas und konnte es eben noch rechtzeitig auffangen. Sie legte den Finger auf den Mund, zum Zeichen, daß sie um Geheimhaltung bäte. »Sagt ja Walter nichts, aber hab ich euch erzählt, daß er mir neulich in der Haustür entgegengekommen ist und gerufen hat: ›Du hast noch genau drei Stunden, um etwas mit dieser Hefe anzufangen, ehe das Haltbarkeitsdatum abgelaufen ist‹? Da hab ich zu ihm gesagt, er soll sich die Hefe . . .«

»Noch jemand Schmalzkringel?« fragte Iris.

»Wenn du glaubst, nur du hättest Probleme . . .«, sagte Bebe. »Meine Yankee-Schwiegertochter traut mir nicht mal zu, das Baby zu wickeln. Sie behauptet, heutzutage sei alles anders. Das kindliche Wasserleitungssystem scheint mir aber immer noch das gleiche zu sein.«

Mary sprach langsam und betont: »Bekommt ihr auch manchmal das Gefühl, daß das alles gar nicht passiert ist? Daß wir dreißig Jahre unseres Lebens investiert haben, ohne daß man etwas davon sieht?«

»Ich liebe meine Kinder«, verteidigte sich Iris. »Sogar die, die unverheiratet mit irgendwelchen Kerlen leben.«

»Meine haben mich nie wirklich gekannt«, murmelte Mary wie im Selbstgespräch. »Ich habe es nie zugelassen. Ich konnte es nicht. Ich mußte ein Beispiel geben. Ich mußte dafür sorgen, daß sie nur das Allerbeste sahen. Ich habe nie in ihrer Gegenwart geweint. Ich habe nie gelacht, wenn es nicht angebracht war. In all den Jahren haben sie mich nie unfrisiert gesehen. Was haltet ihr davon?«

»Ist ja fabelhaft«, sagte Iris.

»Nee, obermies«, sagte Mary. »Weißt du überhaupt, was ein Einhorn ist? Ein mist . . . ein mystisches – ein verdrehtes Tier mit Pferdeleib und einem Horn vor dem Kopf, das alle Leute in Kreuzstich sticken. Es ist von allem weit entfernt und unwirklich. Es hat nichts Liebenswertes. So sieht mich Robin. Als Einhorn. Ich war nie wirklich.«

»Und was sollen wir mit dem Rest unseres Lebens anfangen?« überlegte Charlotte. »Eben noch hatte der Tag nicht genügend Stunden, um alles zu tun, was ich zu tun hatte. Und im nächsten Moment ziehe ich alle nackten Puppen an, die meiner Tochter gehört haben, und setze sie nebeneinander aufs Bett. Hat eine von euch schon mal einen Büstenhalter für einen Brustumfang von 5 cm gebügelt? Wir sind noch zu jung zum Zusammenpacken und zu alt, um beim großen Rennen mitzuhalten.«

»Hätten wir denn etwas anders gemacht, wenn wir

damals gewußt hätten, was wir heute wissen?«
fragte Charlotte.

Eine Minute lang sprach niemand.

»Ich hätte weniger geredet und mehr zugehört«,
sagte Bebe.

»Ich hätte mehr Eiscreme gegessen und weniger
Quark«, sagte Charlotte.

»Ich hätte nie etwas im Schlußverkauf erstanden
oder etwas, was man bügeln muß«, sagte Iris. »Und
du, Mary?«

»Ich wäre menschlicher gewesen – und weniger
Einhorn.«

Mary füllte ihr Glas und brachte einen Trinkspruch aus. »Auf die geheiligte Mutter von Robert
E. Lee, die an diesem Tag eine Legende geboren
hat. Was wetten wir, daß sie zu Weihnachten eine
Salatschleuder aus Plastik gekriegt hat?«

Wenn die Zeit kommt...

Ethel wollte es nicht glauben, daß ihre Mutter allmählich senil wurde.

Sie überlegte sehr besonnen, daß viele Zweiundachtzigjährige jede Woche von zu Hause wegliefen, in geparkten Wagen saßen und Selbstgespräche führten und drohten, Cary Grant in einem Vaterschaftsprozeß zu nennen.

Sie wollte auf niemanden hören, der ihr riet, sie solle ihre Mutter irgendwo unterbringen. Nicht auf ihren Arzt, ihren Geistlichen, ihren Mann, auch nicht auf ihre Tante Helen, die beharrlich wiederholte: »Ethel, du mußt das einsehen, Jenny hat längst nicht mehr beide Beine auf der Erde. Sie ist zwar meine Schwester, und ich hänge an ihr, aber ich sage dir, normale Leute geben Kindern, die vor dem Haus gesungen haben, nicht eine Dose Tomatenmark!«

Ethel verteidigte sie. »Ich bin schuld. Die Küche war dunkel, da hat sie nach der ersten Dose gegriffen, die sie fand.«

Ethel fühlte sich von der Sorge um die Zukunft der Mutter belastet. Wann war die Verantwortung ihr eigentlich zugefallen? Auf der Beerdigung ihres

Vaters vor drei Jahren, als sie ihrer Mutter den Arm um die Schultern legte und versprach, für sie zu sorgen? Nein, nein, es war schon länger her, daß die Mutter das Kind und das Kind die Mutter geworden war.

Schon bald nach ihrer Heirat hatte sie angefangen, so etwas wie ein Echo aus der Kindheit zu hören. »Mutter, bist du noch nicht fertig? Der Doktor wartet nicht, weißt du?« (Ethel! Trödel nicht! Sonst ist die Schule vorbei, ehe du hinkommst!)

»Komm am Mittwoch herüber, dann mache ich dir eine Heimdauerwelle.« (Halt still, Ethel, und ich rolle dir die Haare ein, dann kriegst du Locken!)

»Probier mal das Kleid, Mutter, das macht dich jünger.« (Mir egal, was du sagst, Fräuleinchen, dieses Kleid ist zu erwachsen für dich. Versuch mal das hier!)

»Mutter bekommt den Obstsalat. Sie glaubt, sie möchte lieber das Kalbfleisch in Parmesan, aber dann kann sie wieder die ganze Nacht nicht schlafen.« (Ich kenne ein kleines Mädchen, bei dem sind die Augen größer als der Magen!)

Erst leistete die Mutter Widerstand, doch dann fügte sie sich zwanglos in ihre Rolle. Nach einer Weile mußte Ethel, weil die Mutter das Gedächtnis verloren hatte, für sie Telefonnummern wählen, ihre Kaffeetasse nur halbvoll gießen und bei einer Notbremsung automatisch den Arm ausstrecken, damit sie nicht vornüberfiel.

Die Übertragung der Autorität war vollständig.

Die Gedächtnislücken bei der Mutter waren unregelmäßig. Eben noch wußte Jenny Bissen für Bis-

sen, was es vor vierzig Jahren bei einem Diner gegeben hatte, und Sekunden später sprach sie von ihrem Enkel als »dieser Dingsda«. Ethel zählte gar nicht mehr mit, wie oft ihre Mutter mit dem Kaffeesatz auch den Einsatz der Kaffeemaschine weggeworfen hatte.

Mit der Zeit wurde Jenny zänkisch, reizbar und gegen Ethel geradezu feindselig. Sie erklärte jedem, der es hören wollte, daß Ethel sie schamlos bestehle und versuche, sie umzubringen, indem sie ihr etwas in ihre Weizenkleie mische. Ihrer Schwester Helen vertraute sie an: »Ich will lieber an Verstopfung eingehen als vergiftet werden.«

Eines Abends äußerte sie in Gegenwart von Gästen weinend, ihre Tochter hätte sie unmenschlich gequält und gezwungen, ein Ali-McGraw-Festival im Fernsehen anzusehen.

Die Anschuldigungen zerrissen Ethel das Herz. Irgendwann kam es zu einer Krise. Als ihr Mann Jenny vom Wahllokal heimgefahren hatte, sagte er: »Du, hör mal, mit Jenny muß etwas geschehen.«

»Wieso, was hat sie denn angestellt?« fragte Ethel.

»Sie hat eben demokratisch gewählt. Wenn sie es wüßte, wäre es ihr Tod.«

Acht Monate später begleitete Ethel ihre Mutter ins Pflegeheim ›Abendruhe‹. Als sie ihr den Koffer aufs Zimmer trug, meinte sie: »Ein hübsches Zimmer, Mutter.«

»Es ist winzig und voller Wanzen«, sagte die Mutter. »Warum hast du mich nicht auf eine Eisscholle gesetzt und ins Meer hinaustreiben lassen? So machen es die Eskimos.«

438

»Das würde ich nie tun, Mutter«, sagte sie müde.
»Du hast bestimmt all meine Kristallgläser verkauft, was? Warte nur, eines Tages wirst auch du alt.«

»Ich bin jetzt schon alt, Mutter.«

»Stimmt. Hast du meinen Pelzmantel eingepackt?«

»Wir haben Juli. Du brauchst ihn doch jetzt nicht. Ich bring ihn dir, sobald es kalt wird.«

»Das hast du schon mal gesagt. Warum gibst du nicht zu, daß du ihn verkauft hast?«

Ethel lehnte sich im Stuhl zurück und legte den Kopf auf die Lehne. War ihr noch etwas geblieben außer Frust, Gekränktsein und Scham?

Sie tat etwas Schreckliches. Sie schob die eigene Mutter ab, überantwortete sie fremden Händen. Ihre Mutter hatte ihr ganzes Leben geopfert, um sie großzuziehen, und jetzt floh Ethel vor ihren Verpflichtungen. Aber sie war zu erschöpft, um mit einem Menschen, den sie gar nicht kannte, Beziehungen zu unterhalten. Ihre Mutter lebte in einer seltsamen, anderen Welt und das seit längerer Zeit. Es war eine Welt, die die Vergangenheit noch einließ, aber die Gegenwart und die Zukunft nicht mehr. Ethel hatte sich bemüht, sie aber dort nicht mehr erreicht. Sie wollte es auch kaum mehr. Sie wollte die frühere Welt, die von damals, als ihre Mutter noch gütig und normal gewesen war. Ob diese Fremden die Welt ihrer Mutter begreifen würden?

Eine Pflegerin kam herein und sagte: »Jenny, haben Sie alles, was Sie brauchen?«

»Haben Sie meine Armbanduhr gestohlen?« fragte Jenny, und ihre Augen zogen sich zu Schlitzen zusammen.

»Aber ja. War sie wertvoll?«

Jenny stand so dicht neben ihr, daß sie sich beinahe berührten, und sah ihr forschend in die Augen. »Ich hatte sie von Cary Grant. Ich habe ihn bei einem Vaterschaftsprozeß genannt, und da hat er versucht, mich durch Bestechung zum Schweigen zu bringen.«

»Genauso ist es mir mit Clint Eastwood gegangen«, sagte die Pflegerin.

Nebeneinander gingen sie aus der Tür, und Jenny flüsterte ihr zu: »Clint Eastwood? Ist das der, der dauernd schielt?«

Ethel sah ihnen eine Weile nach, wischte sich dann die Tränen aus den Augen und riß sich zusammen. Vielleicht würde es doch irgendwie gehen. Vielleicht erinnerte sie ihre Mutter beständig an die alte Welt, die Welt, die sie mißtrauisch und wirr gemacht hatte. Vielleicht attackierte sie sie deshalb mit solcher Vehemenz. Na ja, sie würde morgen darüber nachdenken, wenn sie ihrer Mutter den Pelzmantel brachte.

Erma

Was antwortet eine Mutter auf die Frage, wie es denn gewesen sei, Erma Bombeck zur Welt zu bringen? »Ein Vergnügen war's nicht, aber irgendwer mußte es ja tun.«

Dieses Buch wäre nicht vollständig, ohne ein Kapitel über meine Mutter, die in diesem Augenblick darin blättert, um festzustellen, ob sie auch erwähnt wird.

Zu den Ausdrücken, die mir bei dem Wort ›Mutter‹ durch den Kopf gehen, gehören: Schachtelaufbewahrer, fette Sauce auf Diätbrot, richtige Wörter an den falschen Stellen (Euer Großvater ist aus Irland hier einmigräniert), Kandidatin für die erste Zungenverpflanzung, Mut und Liebe im Überfluß. Meine Mutter ist in einem Waisenhaus aufgewachsen, sie heiratete mit vierzehn, war mit fünfundzwanzig Witwe, blieb mit zwei Kindern und einer Schulbildung von nur vier Klassen allein zurück. Ihrer Länge und ihrem Gewicht nach, die auf ihrer Versicherungspolice vermerkt sind, müßte sie Stürmer bei einer Baseballmannschaft sein. Sie hat zu wenig Eisen im Blut, ihre eine

Schulter hängt tiefer als die andere, und sie kaut Nägel.

Sie ist die schönste Frau, die ich je gesehen habe.

Ich weiß nicht mehr genau, wie alt sie ist. Also sagen wir dreiunddreißig und lassen es dabei.

In den Jahren meines Erwachsenwerdens gab es gute und schlechte Zeiten, aber als ich ihr drei Kinder schenkte, festigte sich unsere Beziehung. Es gibt keinen Zweifel, ihre Enkel sind die Erfüllung ihrer Gebete: der Gebete um Vergeltung.

Kein Mensch ist ein leidenschaftlicherer Anhänger des Gesetzes, das uns die Redefreiheit garantiert, aber ich muß sagen, auch das Schweigegebot bekommt für mich immer mehr Reiz.

Sind meine Kinder in der Nähe, dann »singt« Oma nämlich, und zwar wie ein Kanarienvogel.

Ich hätte nie gedacht, daß sie sich einmal gegen mich wenden würde. Als ich in einem Meer von Windeln, Fläschchen und ständigem Gespucke beinahe unterging, hatte Mutter nichts Eiligeres zu tun, als ihre Enkel auf den Schoß zu ziehen und zu sagen: »Jetzt will ich dir mal erzählen, wie schlimm deine Mami war. Die wollte nie Mittagsschläfchen halten, hat nie ihr Zimmer aufgeräumt und hat Ausdrücke gebraucht wie ein betrunkener Seemann in Shanghai. Ich hab ihr so oft den Mund mit Seife ausgewaschen, daß ich ihr zum Schluß die Zunge stärken mußte.«

Bei anderen Gelegenheiten aber steht sie auf meiner Seite, und ihre Anwesenheit ist ein Trost.

Ich erinnere mich noch — damals war ich in den Zwanzigern —, als wir im Korridor eines Krankenhauses standen und darauf warteten, daß ein Arzt meinem Sohn 21 Stiche am Kopf verpaßte. Ich fragte sie: »Mom, hör mal, wann hören diese Sorgen eigentlich auf?« Sie lächelte nur und sagte gar nichts.

In meinen Dreißigern saß ich auf einem Schemel im Klassenzimmer und hörte mit eigenen Ohren, wie eines meiner Kinder dauernd dazwischenredete, den Unterricht störte und auf dem besten Weg war, später Tüten kleben zu müssen. Da fragte ich sie: »Mom, wann endet das?«

Sie sagte nichts.

Als ich in den Vierzigern war, verbrachte ich die Hälfte meiner Zeit mit Warten – darauf, daß das Telefon klingelte, daß die Wagen heimkamen, daß die Haustür ging. Ich rief sie an und jammerte: »Wann hört das auf?«

Es kam keine Antwort.

Im Alter von fünfzig hatte ich es dann wirklich satt, so empfindsam zu sein und mir so viel Kummer um meine Kinder zu machen. Ich wünschte mir, sie wären schon alle verheiratet, damit ich aufhören durfte, mich zu sorgen, und anfangen konnte, mein eigenes Leben zu führen. Doch mich verfolgte das Lächeln meiner Mutter, und ich konnte nicht umhin, daran zu denken, wie sie mich voller Besorgnis angesehen und gesagt hatte: »Du bist blaß. Ist auch bestimmt alles in Ordnung? Bitte ruf mich gleich an, wenn du daheim bist, ich bin in Unruhe.« Sie hatte versucht, mir etwas beizubringen, das ich nicht hatte hören wollen, nämlich: »Es hört *nie* auf.« Als mein erstes Buch erschien, fuhr sie mit mir nach New York, wo im Fernsehen meine Feuertaufe

443

stattfinden sollte. Ich hatte eine Todesangst. Als sie den Reißverschluß meines Kleides zuzog, sagte ich: »Ich glaube, das schaffe ich nicht«, und sie drehte mich zu sich herum und sagte: »Wenn du dort hingehst und dich bemühst, etwas zu sein, was du gar nicht bist, kannst du recht haben. Dann geht es mit Pauken und Trompeten daneben. Du kannst nur eines tun: ganz du selber sein.«

An diesem Abend ging ich hin und befolgte ihren Rat. Ich war ich selbst: Ich haute derart daneben, daß es zehn Jahre dauerte, ehe man mich wieder ins Fernsehen bat.

Mutter meinte dazu nur: »Ich versteh sowieso nichts davon, ich bin nur mitgefahren, um Besorgungen zu machen.«

An meiner Mutter ist vieles bewundernswert. Ihre Fähigkeit zu staunen zum Beispiel, und das im Alter von 33 oder wie alt sie ist. Sie ist immer noch interessiert an Menschen, auf Neues neugierig und freut sich auf Weihnachten. Ihre Offenheit ist unglaublich. Eines Tages klopfte der Reporter irgendeines Käseblättchens an ihre Tür und wollte etwas über ihre Tochter wissen, was das Publikum noch nicht wußte. Mutter bat ihn herein, setzte ihm Kaffee vor und erzählte ihm meine Lebensgeschichte – angefangen von den ersten Wehen – in allen Einzelheiten. Nach ungefähr drei Stunden (sie war bei meiner Erziehung zur Sauberkeit) wurden ihm die Zähne stumpf, und er bat, sich verabschieden zu dürfen. Mutter bestand darauf, ihm noch eine Tüte Selbstgebackenes mitzugeben. Er kam nie wieder.

Ich glaube, jedes Kind merkt sich eine besondere Tugend der Mutter oder eine besonders weise Lebensregel, ein Wort, das ihre Kinder vor Unheil bewahrt oder ihren Lebensweg entscheidend erleichtert hat.

Ich liebe meine Mutter für die vielen Gelegenheiten, bei denen sie absolut nichts sagte.

Für die Gelegenheiten, bei denen ich mich blamierte, eine fürchterliche Fehlentscheidung traf oder einen Standpunkt einnahm, der mich teuer zu stehen kam.

Ich habe weiß Gott jeden Fehler gemacht, den man nur machen kann, angefangen vom Kauf des Wagens, der schon 120000 km draufhatte bis zu dem Entschluß, meinem Chef entgegenzuschleudern: »Ich habe diesen Job nicht nötig.«

Wenn ich mir alles wieder ins Gedächtnis zurückrufe, komme ich darauf, daß es der allerschwerste Teil des Mutterseins gewesen sein muß: zu wissen, wie es ausgeht, und doch nicht das Recht in Anspruch zu nehmen, mir meinen Weg vorzuschreiben.

Ich danke ihr für alle Tugenden, am meisten aber dafür, daß sie kein einziges Mal gesagt hat: »Also, ich habe dich gewarnt!«

Epilog

Als der liebe Gott die Mutter schuf

Als der liebe Gott die Mutter schuf, machte er bereits den sechsten Tag Überstunden. Da erschien der Engel und sagte: »Herr, Ihr bastelt aber lange an dieser Figur.«

Der liebe Gott sprach: »Hast du die speziellen Wünsche auf der Bestellung gelesen?

– Sie soll vollwaschbar, darf aber nicht aus Plastik sein;

– sie soll 160 bewegliche austauschbare Teile haben;

– sie soll von Essensresten und schwarzem Kaffee leben können;

– sie soll einen Schoß haben, den man nicht mehr sieht, wenn sie aufsteht;

– ihr Kuß soll alles heilen, vom Beinbruch bis zum Liebeskummer;

– sie soll sechs Paar Hände haben.«

Da schüttelte der Engel verwundert den Kopf und sagte: »Sechs Paar Hände? Das wird kaum zu machen sein, oder?«

»Die Hände machen mir kein Kopfzerbrechen«,

sagte der liebe Gott. »Aber die drei Paar Augen, die eine Mutter haben muß!«

»Gehören die denn zum Standardmodell?« fragte der Engel.

Der liebe Gott nickte. »Ein Paar, das durch geschlossene Türen blickt, während sie fragt: ›Was macht ihr Gören denn da.drin?‹, obwohl sie es längst weiß. Ein zweites Paar im Hinterkopf, mit dem sie sieht, was sie nicht sehen soll, aber wissen muß. Und natürlich noch dieses Paar hier vorn, aus denen sie ein Kind ansehen kann, das sich unmöglich benimmt, und die sagen: ›Ich verstehe dich und habe dich sehr lieb‹, ohne daß sie ein einziges Wort spricht.«

»O Herr«, sagte der Engel und zupfte ihn leise am Ärmel. »Geht schlafen. Macht morgen weiter.«

»Ich kann nicht«, sprach der liebe Gott, »denn ich bin nahe daran, etwas zu schaffen, das mir einigermaßen ähnelt. Ich habe bereits geschafft, daß sie sich selber heilt, wenn sie krank ist, daß sie eine sechsköpfige Familie mit einem Pfund Gehacktem satt bekommt und einen Neunjährigen dazu bewegen kann, sich unter die Dusche zu stellen.«

Der Engel ging langsam um das Modell der Mutter herum. »Zu weich«, seufzte er.

»Aber zäh«, sagte der liebe Gott energisch. »Du glaubst gar nicht, was diese Mutter alles leisten und aushalten kann.«

»Kann sie denken?«

»Nicht nur denken, sondern sogar urteilen und Kompromisse schließen«, sagte der Schöpfer.

Schließlich beugte sich der Engel vor und fuhr mit

einem Finger über die Wange des Modells. »Da ist ein Leck«, sagte er. »Ich habe Euch ja gesagt, Ihr versucht, zu viel in dieses Modell hineinzupacken.«

»Das ist kein Leck«, sagte der liebe Gott, »das ist eine Träne.«

»Wofür ist die?«

»Die fließt bei Freude, Trauer, Enttäuschung, Schmerz, Verlassenheit und Stolz.«

»Ihr seid ein Genie«, sagte der Engel.

Da blickte der liebe Gott traurig. »Die Träne«, sagte er, »ist nicht von mir.«

Ich stell' mein Herz auf Sommerzeit

Inhalt

1	Herzen und Pistolen	455
2	Telefonitis	463
3	Hunde von heute	473
4	Wenn's ihm nur schmeckt	485
5	Wildwechsel im Eigenheim	491
6	Kaufzwänge	497
7	Brüderlein und Schwesterlein	511
8	Was macht ihr da? Nichts!	521
9	Weihnachtseinkäufe	537
10	Fernsehdiät	545

11	Männerwerbung	559
12	Leere Drohungen	571
13	Kleiderkarussell	581
14	Souvenirs, Souvenirs ...	587
15	Graue Theorien	599
16	Schnappschüsse	615
17	Das Haus, von dem wir träumen	623
18	Die Kur	637
19	Gesichtszüge	649
20	Alt werden und jung bleiben	661

1. Herzen und Pistolen

 Heute ist ein großer Tag in meinem Leben.

Ich habe *Herzen und Pistolen* ausgelesen, einen ziemlich schundigen Liebesroman, der am Yukon in der kanadischen Wildnis spielt. Der Held ist einer der gewissen harten Männer. Angefangen habe ich vor ein paar Jahren – im Urlaub. Anscheinend lese ich nicht mehr so schnell wie früher.

Es gehört zu den Büchern, mit denen man einen ganzen Urlaub lang auskommt. Zumindest genügt es allen Anforderungen, die ich an ein solches Buch stelle:

1. Es hat einen Schutzumschlag, mit dem man sich nirgends genieren muß.
2. Wörter mit mehr als zwei Silben kommen im Text nur selten vor.
3. Man kann es lesen und dabei gleichzeitig essen, fernsehen, Kreuzworträtsel lösen oder telefonieren.
4. Fällt es einem beim Einschlafen aus der Hand, drückt es einem nicht die Rippen ein.

Herzen und Pistolen war genau das Richtige. Die Verkäuferin im Buchgeschäft sagte, es sei so aufregend, daß sie es nicht einmal beim Essen, geschweige denn beim Schlafen hätte aus der Hand legen können.

Ich fing das Buch im Flugzeug an. Die ersten Worte lauteten: »Biggy blickte mit weit aufgerissenen Augen über die rauhe Felldecke. Sie war noch nie mit einem Mann alleingewesen, doch als Tom Stuart sie vom anderen Ende der verlassenen Blockhütte ansah, wußte sie instinktiv, daß sich das nun ändern würde.«

Ich döste ein und wachte erst auf, als die Stewardeß mich bat, mich wieder anzuschnallen, wir landeten gleich.

Ich nahm *Herzen und Pistolen* mit an den Strand, mit zur Kosmetikerin, mit in den Park, bin aber nie über Seite eins hinausgekommen.

Im Frühjahr holte ich es dann wieder vor und schwor mir, es in diesem Jahr auszulesen. Aber aus irgendeinem Grund rissen die glühenden Liebesszenen zwischen Tom und Biggy mich nicht vom Sessel. Vielleicht lag es an der Erdnußbutter, die ein paar Seiten verklebte, so daß ich den Faden verlor.

Es ist immer peinlich, zugeben zu müssen, daß ein Buch stärker sein kann als der Leser. Im Herbst legte ich es auf meinen Nachttisch und gelobte, allabendlich zehn Seiten zu lesen. Das tat ich auch. Bis Weihnachten. Unglücklicherweise waren es immer die gleichen zehn Seiten. Jede Nacht schlief ich über ihnen ein, vergaß den Inhalt und mußte von vorn anfangen.

Heuer nahm ich *Herzen und Pistolen* wieder mit in den Urlaub. Diesmal war es mir ernst; ich war fest entschlossen, das Buch auszulesen. Ich war schon kurz vor den letzten dreißig Seiten, da setzte sich eine Dame mit einem riesigen Hut neben mich. »Ach, Sie lesen *Herzen und Pistolen*«, sagte sie. »Der Schluß hat mir gut gefallen. Eigentlich fand ich es erstaunlich, daß Biggy das Baby zur Adoption freigibt und nach Tommys Tod wieder auf Long Island unterrichtet.«

Ich knallte das Buch zu. »Sie haben es also gelesen?« fragte ich.

»Nein, ich habe nur den Film gesehen.«

Schreibst du mir, schreib ich dir…

Mit peinigender Regelmäßigkeit beklagt sich alle paar Monate ein Gelehrter über unser Bildungssystem. Er weist auf die erschreckende Tatsache hin, daß ein Fünftkläßler auf die Frage, wer William Shakespeare war, erwiderte: »Genau weiß ich es nicht, aber mein Papi sieht seine Sendungen sehr gern.«

Andere Kritiker wiederum weisen auf die Zahl der Schüler hin, die nur Wörter mit nicht mehr als vier Buchstaben lesen können, und verdammen alle Lehrpläne.

Neulich fiel mir ein Artikel in die Hand, in dem es hieß, fünfundzwanzig Prozent aller Schüler hätten massive Schwierigkeiten beim Schreiben. Sie könnten sich einfach nicht schriftlich artikulieren.

Offengestanden habe ich genau das Gegenteil erfahren. Die Grammatik mag nicht ganz perfekt sein, es fehlt auch an der Interpunktion, die Orthographie ist in manchen Fällen sehr alternativ, aber Kinder haben die Gabe, auf rhetorisches Beiwerk zu verzichten und gleich zum Kern der Sache vorzustoßen. Sie sagen genau was sie meinen. Ein Beispiel:

»Liebe Mrs. Bombeck,

ich muß einen Aufsatz über jemand schreiben, über

den keiner was weiß. Daher wende ich mich an Sie, weil ich nicht sicher bin, ob Fidel Castro mir sein Zeug bis Mittwoch schickt. Ich brauch' es, wirklich, Ehrenwort. Sie können mir irgendwas erzählen, ich prüf' es bestimmt nicht nach.«

Im Grunde werden die frühen literarischen Versuche der Kinder durch Platzmangel zunichte gemacht. Wieviel Text geht schon auf einen Zettel, der keine zwei Meter vor dem Katheder in der Klasse weitergereicht werden muß? Wie viele nette Adjektive kriegt man denn vor Namen und Telefonnummer an die Wand der Schultoilette? Was für zärtliche Wendungen lassen sich schon auf die Tür des Familienkühlschranks schreiben? Manchmal meine ich sogar, daß die Erwachsenen sich an den Briefen von Kindern ein Beispiel nehmen könnten. Statt: »Sehr geehrter Herr, ich bestätige Ihr geehrtes Schreiben vom 24. dieses Monats und muß Ihnen mitteilen, daß wir in beiderseitigem Interesse infolge völliger Mißachtung für persönliche Empfindlichkeiten und mangelnden Verständnisses Ihrerseits künftig keine Beziehung mehr zueinander unterhalten wollen«, würde ein Kind einfach schreiben: »Du stinkst mir.«

Ich habe aufgehört, meine Kinder zu konventionellen Dankesbriefen für Geschenke anzuhalten. Der meines Sohnes an seine Großmutter lautete: »Liebe Oma. Der Pulli ist okay.«

Irgendwie bin ich zuversichtlich, daß diese Generation trotz allem verstanden werden wird.

Ich darf als Beispiel einen Brief aus dem Ferienlager erwähnen:

»Liebe Mama, wie get es dier? Mir get es huntz-schlecht. Ich hab dier ja gleich gesagt, daß ist hier ein Knaßt. Erzäl dier dan ales, wenn ich dahaim bin. Mer kann ich nicht schreiben weil ich bies morgen die Bücher der Biebell auswenndig könen muß, sonst darf ich nicht mit zum schwimmen. Der Leerer is gemain. Ich se dich dann Freitag. Ich hab dich lib. Sag Papi, ich libe ihn und vermiese ihn. Alles Gute Debbie.«
Noch Fragen?

Post für Herren

Welche Frau auf dieser Welt hätte nicht einen Heiden-respekt vor der Korrespondenz ihres Mannes?
Die Rollenverteilung ist auf den ersten Blick klar: Ich kriege die Briefe mit Fensterkuvert, die Postwurfsen-dungen, die hektographierten Schreiben mit dem Auf-kleber ›Falls verzogen mit neuer Anschrift zurück‹ und Einladungen zu Kaffeefahrten, bei denen man spottbillig ein neues hochwertiges Haushaltsgerät er-werben kann.
Mein Mann bekommt dreißig Pfund Literatur pro Monat von einer Stelle, die ihn als ›Sammler, für den das Beste gerade gut genug ist‹, bezeichnet, Privatbrie-fe von Jacques Cousteau und Malcolm Forbes und Einladungen, den Vogelzug der Blaufüßigen Ralltrap-pe zu studieren.
Letzte Woche fand ich in seinem Papierkorb einen Umschlag, der in der linken unteren Ecke die getippte Aufschrift trug: »Werden Sie für Ihren hohen I. Q. *bestraft*?«

Dieser Reklametrick war mir neu. Im Umschlag steckte die Aufforderung, eine Zeitschrift zu abonnieren und auf deren Seiten »außergewöhnlichen Geistesheroen Auge in Auge zu begegnen«. Es wurde ausdrücklich betont, daß es sich nicht um ein Massenmagazin handele.

Von 220 Millionen Amerikanern läsen es weniger als eine Million.

»Hör mal«, sagte ich zu meinem Mann, »warum machen die jemanden wie mich zur Schnecke, auch ich habe schließlich geistig die Kinderschuhe ausgetreten.«

»Sei nicht so empfindlich«, sagte er. »Das soll doch nur heißen, daß die Zeitschrift keine Werbung bringt wie ›Doppelter Brustumfang binnen 30 Tagen oder Geld zurück‹.«

»Was für Werbung bringt sie denn?«

»Na ja, Jahrgangsweine, ausgefallene Mineralwassermarken, juwelenbesetzte Uhren und ab und zu mal die Vorankündigung für einen von einer Ölfirma gesponserten Fernsehknüller.«

»Woher wissen die, daß ich einen hohen I. Q. habe und dafür bestraft werde?«

»Vermutlich durch Computer. Wahrscheinlich haben dir deine Kontakte ein Image eingetragen, von dem du selbst nichts weißt.«

Also: größte Vorsicht! Computer sind überall! Um es Ihnen leicht zu machen, füttern Sie folgende Daten ein:

– Ich habe nie ein Wort der Sendung ›Wissenschaft Heute‹ verstanden.

- Ich lache, wenn der Showmaster lacht. Warum, weiß ich auch nicht.
- Lucy Ewing ist mein Vorbild.
- Ich habe mir eine Familienzeitschrift nur gekauft, weil Woody Allen auf der Titelseite war.
- Ich esse Weinbergschnecken mit Ketchup.
- Ich halte John Le Carré nicht für den spannendsten Autor der Gegenwart, sondern für den Verfasser der Anzeige: »Doppelter Brustumfang binnen 30 Tagen oder Ihr Geld zurück.«

2. Telefonitis

Viele mir bekannte Mütter mischen sich in aufdringlicher Weise ein, sobald ihre Kinder sich einen Freund bzw. eine Freundin zulegen.

Immer wollen sie wissen: Wie alt? Wie groß? Welchen Beruf hat der Vater? Wo wohnen die Leute? Wie gebildet sind sie? Welche Zukunftspläne haben sie? Wie denken sie über Kinder? Mir ist das alles total egal. Ich will nur eines wissen: »Ist er oder sie Ortsgespräch oder Ferngespräch?«

Ich erinnere mich weder an Namen noch an Gesichter ehemaliger Flammen meiner Kinder. Aber ihre Vorwahlnummern weiß ich heute noch auswendig.

Einer meiner Söhne ging ein halbes Jahr lang mit der Vorwahlnummer 513. Es kostete uns meiner Schätzung nach ungefähr 35 Dollar im Monat, an Erkenntnissen wie den folgenden teilzuhaben:

»Was tust du denn so?«

»Nichts, und du?«

»Ich will dich aber nicht stören, wenn du gerade was tust.«

»Ich hab dir doch gesagt, ich tu gar nichts.«

»Bestimmt nicht?«

»Bestimmt.«

»Aha. Und was gibt's Neues?«

Ein anderes meiner Kinder interessierte sich für ein süßes Mädchen, das nur ein paar Kilometer von uns entfernt wohnte. Das war großartig. Ich brauchte mir nie Sorgen darum zu machen, ob die beiden miteinander zu weit gingen, denn sie waren nie anderswo als am Telefon. Er stellte sich den Wecker, um sie morgens anzurufen. Nachts ging ich gewöhnlich in sein Zimmer und nahm ihm – er schlief schon – sanft den Hörer vom Ohr. Es war, als hinge er an einer Nabelschnur. Nachmittags, wenn die beiden aus der Schule kamen und sich voneinander verabschiedeten, riefen sie sich noch zu: »Ich ruf' dich gleich an, wenn ich heimkomme.« Ich bot ihm an, ihn intravenös zu ernähren.

Der Vorschlag meines Mannes, eine Sanduhr neben dem Telefon aufzustellen, war albern. Aber ich schob wenigstens einen Kalender unter der Zimmertür des Knaben hindurch und kreuzte den Monat an.

Nackte Panik überfiel mich erst, als ich eines Tages beobachtete, wie er eine Vorwahlnummer wählte.

»Wen rufst du denn an?« fragte ich.

»Kennst du doch«, sagte er. »Die gleiche, mit der ich vorigen Monat gesprochen habe.«

»Aber das war doch immer Ortsgespräch, dachte ich?«

»Reg dich nicht auf«, sagte er. »Es kostet nur ungefähr sechs oder acht Cent pro Minute. Außerdem ist es nicht irgendeine dumme Kinderliebe. Es ist ein Mensch, an dem mir ehrlich liegt, und mit dem ich den Rest meines Lebens verbringen möchte. Sie ist mir wichtig. Sie ist etwas ganz Besonderes, und es gibt nichts, was ich für sie nicht tun würde.«

»Oh, das höre ich gern«, sagte ich. »Weil du uns nämlich laut Telefonrechnung 36,86 Dollar an Ferngesprächgebühren schuldest.«

An diesem Tage lernte ich etwas Neues. Etwas, was

schon in alten Sprichwörtern vorkommt: Wenn die Gebühren zum Fenster hereinschauen, fliegt die Liebe zum Schornstein hinaus.

Falsch verbunden!

Neulich abends im Fernsehen sah ich eine Frau, die ans Telefon ging, den Hörer abhob und dem Anrufenden mitteilte, er habe sich verwählt. Sie unterhielten sich dann zwanzig Minuten lang, stellten Mutmaßungen darüber an, wie der jeweils andere aussähe, wieviel sie gemeinsam hätten und wann sie sich wohl kennenlernen würden.

Ich habe noch nie mit Mr. Falschverbunden gesprochen, ohne daß der sofort den Hörer so hingeknallt hätte, daß fast der Apparat entzweiging.

Üblicherweise spielte sich das folgendermaßen ab:

»Hallo, Janni?«

»Nein, hier ist nicht Janni.«

»Ja, wer ist denn da?«

»Welche Nummer haben Sie gewählt?«

»Ich möchte 55 54 44.«

»Tut mir leid, aber das ist nicht meine Nummer. Und hier gibt es keine Janni.«

»Warum haben Sie denn dann abgehoben, Sie – Tüte!«

Dreißig Sekunden später, wenn das Telefon erneut klingelt, weiß ich genau, daß da jemand auf hundertachtzig ist, und daß es ihn bestimmt nicht freut, wenn er wieder diese Janni nicht erreicht, darum sage ich:

»Hallo, tut mir leid, Sie wählen immer noch die falsche Nummer.«

466

Und dann sagt meine Mutter: »Hör mal, ich erkenn'
dich doch sofort an der Stimme. Wenn du keine Lust
hast, mit mir zu reden, dann sag's doch wenigstens
ehrlich.« Und hängt ein.

Viele meiner Bekannten haben prächtige Nummern
zum Falschwählen. Ein Leser von mir hat die Umkeh-
rung der Nummer eines Naturkundemuseums. Er bekommt herrliche Anrufe und amüsiert sich köstlich,
wenn beispielsweise jemand fragt: »Was kosten bei
Ihnen Kinder unter zwölf?«, und er antworten kann:
»Im Moment habe ich keine auf Lager, erwarte aber
Ende der Woche eine neue Lieferung.«

Eines Tages rief jemand an und fragte: »In meinem Hof
ist eine Turteltaube mit gebrochenem Flügel. Was
würden Sie mir raten?«

Er riet ihm, sie zu rupfen, zu füllen und zum Abendessen zu servieren.

Im Moment bin ich um Fingerbreite entfernt von
einem Reisebüro. Reisende sind keine glücklichen
Menschen. Sie wollen wissen, wo ihr Gepäck ist. Wo
sie ihr Geld wiederkriegen. Wo ihre Fahrkarten bleiben. Neulich war ich abends draußen im Garten. Als
ich das Telefon läuten hörte, warf ich den Gartenschlauch hin, der sich wie verrückt ringelte und mich
total durchnäßte, ehe ich den Hahn zudrehen konnte.
Ich stolperte über den Hund, der kläglich aufheulte.
Ich stellte den Fernseher ab, lief in die Küche, wo ich
auf einer Fliese ausrutschte und mir das Knie verrenkte, und hob ab, als es zum sechsten Mal läutete.

Eine Stimme fragte mißtrauisch: »Bist du's, John?«
Ich sagte ja.

Unüble Nachrede

Sylvester – zu mitternächtlicher Stunde legten meine Freundin und ich die Linke aufs Telefonbuch, hoben die Rechte zum Schwur und gelobten feierlich, von diesem Tag an nicht mehr über unsere Mitmenschen zu klatschen, so wahr uns Zeus und der Weihnachtsmann helfen.

Seitdem dauerten unsere Unterhaltungen bestenfalls anderthalb Minuten.

Neulich hielt ich es einfach nicht mehr aus. »Weißt du, was du bist?« schnauzte ich. »Eine langweilige, oberflächliche, nichtssagende Person.«

»Das hast du hoffentlich nett gemeint«, sagte sie mit einem säuerlichen Lächeln.

»Also, ich habe es satt, ein guter Mitmensch zu sein. Deinetwegen habe ich all meine Freundinnen verloren. Was weißt denn du, wie's mir ums Herz ist, wenn der liebe Nächste auseinandergenommen wird und ich darf mich nicht beteiligen? Ich komme mir vor, als hätte man mir die Zunge herausgeschnitten.«

»Aber so hör doch«, sagte sie, »wir hatten ausgemacht, nur dann den Mund zu halten, wenn wir nichts *Positives* über jemanden zu sagen wüßten.«

»Stimmt genau. Aber weißt du auch, was es bedeutet, drei Monate lang über nichts anderes zu reden als über die statische Elektrizität deiner Nylonwäsche?«

»Du hast mich mißverstanden. Wir wollten doch – wie im Katechismus vorgeschrieben – ›alles zum besten kehren‹. Versuchen wir es doch wenigstens noch mal. Hast du gehört, daß es vorige Woche zu Kays Geburtstag eine Überraschungsparty gab?«

Ich dachte kurz nach. »War sie dabei?«

»Ja. Warum?«

»Das freut mich. An ihren letzten acht Geburtstagen ist die Gute nämlich nicht erschienen. Aber eine gute Mutter, das ist sie. Vorigen Sonntag habe ich sie mit ihren Kindern in der Kirche gesehen.«

Meine Freundin erwog ihre Worte sorgfältig. »Dafür müßte sie heiliggesprochen werden. Wenn der liebe Gott Wert darauf legte, daß Kay ihre Kinder in die Kirche führt, hätte ER in seiner Weisheit am Ende jeder Bankreihe ein Klo erschaffen.«

»Stimmt. Ich hörte, sie sei sehr glücklich über ihre neuerliche Schwangerschaft.«

»Wer wäre das nicht an ihrer Stelle? Mit ihren 27 Jahren Erfahrung ist ihr die Alterspräsidentschaft im Elternbeirat so gut wie sicher.«

»Ja, Kay ist wundervoll, einfach wundervoll. Selbst Staubflusen zu bügeln würde ihr noch Freude machen.«

»Apropos Staub, hast du kürzlich etwas von unserer lieben Ethel gehört? Ich bewundere Menschen, die ihr Leben in Wichtiges und weniger Wichtiges einzuteilen wissen. Setzt sie immer noch beim Pferderennen?«

»Ich glaube ja. Weißt du, daß wir schon zehn Minuten reden und noch keine einzige Bosheit gesagt haben? Siehst du jetzt, wie leicht es ist, nicht über Bekannte zu klatschen?«

»Ja, aber nächstes Jahr wird es schwieriger. Da werden

wir in unseren Schwur noch den Vorsatz ›streng vertraulich‹ einfügen.«

Wer zahlt?

Es ist wahrscheinlich Geschäftsgeheimnis, aber ich wüßte gern, woher Ober und Kellnerinnen immer instinktiv wissen, wem sie die Rechnung präsentieren sollen.

Ein Freund von mir, der einen Sommerjob als Aushilfskellner angenommen hat, erklärte, er sei zwar kein Fachmann, aber es gebe da gewisse Regeln, denen er stets folge.

Der Mann, der nach der Weinkarte verlangt, wird als der Verantwortliche angesehen – und bekommt die Rechnung. Der Mann, der mit lauter Stimme sagt: ›Ich glaube, dieses Lokal wird euch gefallen. Ich persönlich würde euch zu Hammelbraten raten!‹, ist die Autorität, an die man sich in solchem Falle hält.

Der Mann, der den Ober mit der Rechnung auf einem Teller herannahen sieht und nicht aufspringt, um auf die Toilette zu gehen oder zu telefonieren, bekommt den Schwarzen Peter zugeschoben.

Der Mann – auch wenn er nur mal eben an einem Tisch voller Damen stehengeblieben ist, um guten Tag zu sagen – bekommt die Rechnung.

Die letztgenannte Information faszinierte mich. Sonderbar, trotz aller Freiheiten, die wir Frauen durchgesetzt haben – es ist uns doch immer noch wohler bei der Regelung »bitte jede für sich«.

Irgendwann im Leben war jede Frau einmal in einem

Restaurant, in dem der Ober, ohne Rücksicht auf die flehenden Bitten, getrennt abzurechnen, alles auf eine Rechnung setzt. Diese legt er wie eine Handgranate in die Mitte des Tisches und weicht zurück, damit sie hin- und hergeworfen wird mit Ausrufen wie: »Also, ich hatte den Eistee und den gedeckten Apfelkuchen! Kostet die Sahne extra?«

»Wieviel macht bitte die Portion Tee und das Schaumgebäck?«

»Wenn jemand das Trinkgeld übernimmt, bezahl' ich die Parkgebühr.«

»Nein, ich hab nur diesen Zehner, dann schuldest du mir eben 3 Dollar 26.«

»Kommt nicht in Frage – nimm dein Geld zurück. Ruths Lunch zahle ich. Sie ist gefahren.«

»Also, ich geb' kein dickes Trinkgeld. Als ich nach der Toilette gefragt habe, hat er nur geknurrt.«

Männer finden so was kleinlich. Neulich führte mein Mann mich zum Essen aus, und als die Rechnung kam, streckte ich instinktiv die Hand danach aus – eine natürliche Reaktion, wenn man drei Teenager großgezogen hat. »Was denkst du dir eigentlich?« rief er. »Solang du mit mir ißt, darf ich ja wohl noch die Rechnung zahlen. Ich empfinde es offengestanden immer noch als Anschlag auf mein Selbstbewußtsein, wenn eine Frau die Rechnung verlangt. Sitz gefälligst still, sei weiblich und dafür dankbar, daß ich so nobel und gastfrei bin. Übrigens: Hast du zwei Dollar für's Trinkgeld?«

So was finde nun *ich* kleinlich.

3. Hunde von heute

Wo immer städtische Hunde sich unterhalten, kommt unweigerlich die Rede auf die Villenvororte.

Es ist der Traum jedes Vierbeiners, eines Tages im Grünen zu leben, wo jeder Hund seinen eigenen Baum hat und die Flöhe polizeilich angemeldet sein müssen und immer ihren Ausweis bei sich tragen.

Der Villenvororthund hat das Große Los gezogen. Sein Herrchen verwöhnt ihn zu Tode mit Diätnahrung, zahnärztlicher Betreuung, gestrickten Schals für kühle Abende, herzförmigen Hundebetten, Hundekuchen zum Knabbern vorm Fernseher und spezialgefertigten Autositzen.

Ich persönlich gedachte ohne einen lebendigen, hauseigenen Rasensprenkler auszukommen, doch mein Mann wußte mich davon zu überzeugen, daß die Kinder ohne Schutz und Liebe eines Hundes später Radkappen stehlen würden.

In einem schwachen Augenblick erstanden wir Arlo. An seinem ersten Tag bei uns berührte Arlo nie mit den Füßen den Boden. Er wurde in zwölf Stunden achtmal gefüttert, mußte fünfmal Bäuerchen machen, tanzte auf dem Fernsehapparat, rutschte das Treppengeländer hinunter, wurde gebadet und mit meinem Föhn getrocknet, machte Besuch in zwölf Nachbarhäusern, fuhr mit auf dem Fahrrad und mußte beim Ferngespräch mit Oma in den Hörer bellen. Die erste Nacht schlief er unter meiner automatisch gesteuerten Heizdecke.

Auch am zweiten Tag regierte Arlo das ganze Haus. Man brauchte acht Kochtöpfe, um sein Dinner zu wärmen, er sah sich ein Kasperltheater an, das die Kinder ihm zu Ehren veranstalteten, und wenn er zur Tür lief, haute eins der Kinder seinem Bruder eine runter, und das dritte sprang hin und öffnete ihm.

Am dritten Tag äußerten die Kinder bereits einige Klagen: Sie hätten nachts kein Auge zugetan, weil Arlo so heulte. Als ich daran erinnerte, er müsse nun wohl sein Futter haben, sagte der eine Sohn, das habe der andere übernommen, und der wiederum schwor, seine Schwester hätte es zu tun, und diese sagte: »Nein, heute bin ich nicht dran.«

Am vierten Tag nahm eins der Kinder ihn mit zu Freunden, wo das Spiel »Zeig, was du kannst« gespielt wurde. Aber Arlo verdarb die Schau, weil er zu vieles zeigte, und keiner hinterher aufputzen wollte. Ein Kind kündigte an, wenn der Hund ihm noch mal in die Schule folge und er ihn heimbringen müsse, würde er ihm einen Fußtritt verpassen.

Am fünften Tag mußte ich mit Nachdruck darauf hinweisen, daß der erste, der eine Pfütze oder Schlimmeres bemerkte, automatisch für die Säuberung verantwortlich sei. Von Stund' an war die ganze Familie mit einer Art Zimmerblindheit geschlagen.

Am sechsten Tag fragte ich: »Hat einer von euch Arlo gesehen?«

Eines der Kinder fragte zurück: »Was'n für'n Arlo?«

Soviel über Schutz und Liebe.

Der Verdacht, Arlo sei gar kein reinrassiger Irischer Setter, kam mir, als seine Haare weiß nachwuchsen und seine Nase sich nach innen wölbte. Binnen sechs Wochen konnte er bereits den Küchentisch überblikken, ohne sich aufzurichten. Meine Ahnungen bestätigten sich, als ich eines Nachmittags im Wartezimmer des Tierarztes saß. Ich rutschte nervös auf meinem Sitz hin und her, während eine Frau ihrer triefäugigen Katze aus einer Zeitschrift vorlas, ein zahmer Waschbär in seinem Laufställchen im Kreise wetzte und ein kleiner Terrier mein Bein mit einem Baum verwechselte.

Schließlich wagte ein gutgekleideter Herr mit einem Zwergpudel mich anzusprechen: »Entschuldigen Sie, aber was für eine Rasse ist Ihr Hund, es würde mich interessieren.«

»Er ist ein Irischer Setter«, sagte ich.

Er schaute verblüfft. »Haben Sie Papiere?«

»Ja, das ganze Haus voll.«

Ich faßte die zehn Meter lange Plastikwäscheleine, die ich Arlo um den Hals gebunden hatte, fester und fragte teilnehmend: »Was fehlt Ihrem Hund?«

Er sah seinen Pudel innig an und tätschelte ihn zärtlich.

»Jessamyn schläft schlecht.«

»Ich auch«, sagte ich.

»Sie hat gerade eine komplizierte Schwangerschaft hinter sich.«

»Ich auch.« Ich wurde ganz lebhaft.

»Im Grunde ist Jessamyn zu hochgezüchtet und verkrampft für die Mutterschaft.«

»Ich weiß, was Sie meinen«, sagte ich mitfühlend.

»Wir hatten Abtreibung erwogen, doch es wurde ein so

starker gesellschaftlicher Druck auf uns ausgeübt, daß wir schließlich einen Psychiater zuzogen. Er hielt es für das beste, Jessamyn die Entbindung hinter sich bringen zu lassen. Dann sollten wir ihr die Jungen möglichst bald wegnehmen, damit sie wieder ganz sich selbst gehöre. In Zukunft wollen wir dann bis zu einem gewissen Grade Geburtenkontrolle ausüben. Und was ist mit Ihrem – Setter?«

»Er hat Würmer.«

»Wie ekelhaft«, sagte der Herr und zog die Nase kraus. Er schwieg eine Weile und wechselte dann das Thema: »Wo nur der Tierarzt so lange bleibt? Ich habe Blumen im Wagen, für Jessamyns Mutter.«

»Für Jessamyns Mutter?« wiederholte ich mit aufgerissenen Augen.

»Sie ist . . .« Er beugte sich zu mir und flüsterte mir ins Ohr: ». . . verblichen. Jessamyn und ich besuchen sie einmal im Monat. Die beiden standen sich so besonders nahe. Sie liegt auf dem Hundefriedhof. Sehr schöne Lage. Apropos, wenn Sie mal auf Urlaub wollen und eine verläßliche Pension brauchen: der Hundeclub Royal ist phantastisch. Sehr exklusiv, wenn Sie wissen, was ich meine. Keine verwahrlosten Gäste. Nur Bürsten mit Gravur. Und sie haben dort einen wirklich hervorragenden Küchenchef.«

Er wurde aufgerufen. »Alsdann, es war nett, Sie kennenzulernen, Sie und – wie heißt er denn?«

»Arlo.«

»Du meine Güte«, sagte er und preßte ein seidenes Taschentuch an die Nase, die er gleichzeitig rümpfte. Weil ich im Grunde ein rasch begreifender Mensch bin, brauchte ich nicht lang, um zu merken, daß Arlo und ich als Gespann behandelt wurden. Nur ich fütterte ihn, ich sorgte dafür, daß sein Wassernapf gefüllt war, ich ließ ihm Spritzen geben, zahlte die Hundesteuer, bekämpfte seine Flöhe, las ihm Zecken ab und ließ ihn 2672mal am Tag raus und rein.

Eines Abends, als mein Mann heimkam, stellte ich die längst fällige Frage: »Sag mir nur das eine: Warum haben wir uns eigentlich einen Hund angeschafft? Falls du dabei an die Kinder gedacht hast, war es ein Schlag ins Wasser. Die schauen ihn nur an, wenn sie gerade über ihn stolpern.«

Mein Mann packte mich an beiden Schultern und sah mich entgeistert an. »Willst du damit sagen, daß du es nicht weißt?«

»Jawohl.«

»Für dich natürlich«, sagte er.

»Für mich habt ihr einen Hund gekauft?« fragte ich fassungslos.

»Selbstverständlich! Zu deinem Schutz! Du weißt vielleicht gar nicht, welche Gefahren dir hier draußen in der Einsamkeit drohen. Hier laufen doch alle Arten von Verrückten und Übergeschnappten frei herum.«

»Stimmt, aber die kennen wir doch alle beim Vornamen.«

»Du kannst es ja auf die leichte Schulter nehmen, bitte sehr, aber warte nur, wenn eines Tages, während ich in der Stadt in meinem Büro bin, ein Unbekannter mit irrem Blick an die Tür klopft und unter irgendeinem Vorwand dein Telefon benutzen will – dann bist du vielleicht dankbar, daß du Arlo hast.«

Ich sah Arlo an. Er lag auf dem Rücken vor dem Kamin, alle viere in der Luft – und pupte. Die Vorstellung eines abartig Veranlagten an der Tür, und zwischen mir und ihm nichts als Arlo, jagte mir einen kalten Schauder über den Rücken.

Einige Wochen später wurde Arlo auf die Probe gestellt. Es läutete, und als ich an die Haustür ging, sah ich draußen zwei Unbekannte stehen, die Arlo hinter den Ohren kraulten.

»Entschuldigen Sie«, sagte einer der Männer, »aber unser Lieferwagen hat eine Panne. Könnten wir mal die Firma anrufen, damit sie jemanden schickt?«

Ich packte Arlo am Halsband und riß ihn hoch. »Ich muß mich entschuldigen wegen des Hundes«, sagte ich. »Ich werde versuchen, ihn zurückzuhalten, sonst reißt er Sie in Stücke. Kusch, leg dich.«

Die Männer sahen sich achselzuckend an. Der Hund zwinkerte verschlafen und ließ sich mit einem Plumps fallen. »Der sieht doch ganz freundlich aus«, sagte der eine. Ich bückte mich und zog Arlos Lefze hoch, um seine Zähne zu zeigen. Als ich losließ, leckte er mir die Hand.

»Sie werden es nicht glauben, aber ich brauche für diesen Hund einen amtlichen Waffenschein. Fragen Sie nur in der Nachbarschaft herum, da können Sie so einiges erfahren über Arlo.«

»Arlo?« Die Männer grinsten.

»Ruhig, alter Junge«, sagte ich und zerrte an ihm, um meinen Fuß freizubekommen. »Machen Sie nur ja keine abrupten Bewegungen«, warnte ich.

Einer der Männer kam herein und telefonierte, während Arlo und ich den anderen an der Tür in Schach hielten. »Erst neulich«, plapperte ich nervös, »hat eines der Kinder mir beim Spielen einen Schubs gegeben. Arlo hätte Hackfleisch aus ihm gemacht, wenn wir ihn nicht zurückgerissen hätten.«

»Ehrlich?« fragte der Fremde.

Sein Freund kam wieder; beide bedankten sich bei mir. Sie tätschelten Arlo, der dabei auf den Rücken plumpste, und kraulten ihm den Bauch. Dann gingen sie. Auf dem Weg zum Wagen hörte ich den einen sagen: »Mann, das war ja schrecklich.«

»Was, der Hund?«

»Nein, die Frau. Die hat doch nicht alle Tassen im Schrank.«

Vermutlich hatten sie recht. Als ich einige Tage später abends ans Telefon ging, merkte ich, daß sich an diesem Zustand wohl auch nichts mehr ändern ließ. Es war ein Mr. Wainscott.

»Erinnern Sie sich noch an mich?« fragte er. »Ich bin Jessamyns Vater.«

»Natürlich«, sagte ich, »aus dem Wartezimmer beim Tierarzt. Jessamyn hatte die gleichen Symptome wie ich. Ich würde wahnsinnig gern wissen, was der Doktor ihr verschrieben hat.«

»Viel Bettruhe, Zeit für sich, keine größeren Entscheidungen, Psychoanalyse und nicht zu viele gesellschaftliche Verpflichtungen.«

»Schon eines von den fünfen wäre nicht schlecht«, sagte ich. »Und wie geht es ihr jetzt?«

»Prima. Ich rufe nur an um zu fragen, ob Arlo zu Jessamyns Geburtstagsparty kommen darf.

»Ja«, sagte ich. »Geburtstagsparty. Wo?«

»Wir wohnen zwei Häuserblocks nördlich der Straße, die am Golfplatz entlangführt. Sie können es gar nicht verfehlen. Am Sonnabend um zwei. Ach ja, und noch was: ganz zwanglos.«

Als wir eintrafen, tobten etwa ein Dutzend Hunde im Zimmer herum.

»Wie reizend, daß Sie gekommen sind«, sagte Mr. Wainscott.

»Wegen des Geschenks muß ich mich entschuldigen«, sagte ich, »Arlo hat es unterwegs aufgefressen.«

»Aber das macht doch nichts«, sagte er und rief den anderen Gästen zu: »Das hier ist Arlo, einer von Jessamyns Nachbarn.« In diesem Moment stellte Arlo sich mit den Vorderpfoten ins Waschbecken, um am Wasserhahn zu schlecken.

»Habt keine Angst«, sagte der Gastgeber: »Er ist eben schon ziemlich groß für seine neun Monate. Holen Sie Arlo doch bitte in ein paar Stunden wieder ab, ja?«

Ich habe keine Ahnung, was Arlo auf dieser Party erlebt hat, aber er war danach nicht mehr derselbe. Eines Tages beobachtete ich, wie er im Badezimmerspiegel seine Zähne betrachtete (Jessamyn trägt Jakketkronen). Ein andermal sprang er auf die Waage, zog erschrocken den Bauch ein und weigerte sich von da an, Essensreste zu fressen.

Wirklich *glücklich* war er wahrscheinlich nur bei seiner Gruppentherapie.

In Treue fest, dein Hund

Kürzlich erschien das Ergebnis der Umfrage WELCHE STELLUNG INNERHALB IHRER FAMILIE NIMMT IHR HUND EIN?

Fast die Hälfte aller Befragten antwortete, sie hätten mit ihrem Hund einen besseren, engeren Kontakt als mit jedem anderen Angehörigen. Sie streichelten ihn, lächelten ihm zu, und achtzig Prozent der Befragten unterhielten sich mit ihm, als sei er ein Mensch.

Nur acht Prozent behandelten ihre Kinder mit der gleichen Zuneigung. Und das hat seine Gründe.

Einen Hund kannst du rufen, und wenn er angerannt kommt, kannst du zu ihm sagen: »Ich will nichts besonderes, ich wollte nur mal wissen, wo du bist«, ohne daß er dich anmotzt. Er harrt bei der schlechtesten Sendung seit Erfindung des Fernsehens neben dir aus, und wenn sie dir gefällt, wird er kein einziges Mal versuchen, den Kanal zu wechseln, um zu sehen, ob nicht vielleicht woanders was besseres läuft.

Nie bringt er Freunde mit nach Hause und zwingt dich, dich in dein Schlafzimmer zurückzuziehen wie der Übeltäter in die Zelle.

Nie lügt er dich an, und vergißt du seinen Geburtstag, so regt ihn das nicht auf.

Eine Beziehung wird sehr dadurch gefestigt, daß ein Freund Geheimnisse zu wahren versteht. Deinem Hund kannst du erzählen, daß der Kredit platzt, wenn du die Zinsen nicht bis zum Fünfzehnten des Monats beisammen hast – er wird es für sich behalten.

Sie sehen, ich liebe Tiere. Dennoch glaube ich, daß der

Mann in W. zu weit gegangen ist. Seine Frau und sein Hund vertrugen sich offenbar schlecht. Da setzte er eine Anzeige in die Zeitung: »Frau oder Hund müssen das Feld räumen. Frau ist gutaussehende Blondine, aber ungeduldig. Hund ist Kurzhaarterrier, zweijährig, weiblich, sterilisiert. Freie Wahl.« Der Mann bekam mehr als zwanzig Anrufe von Leuten, die den Hund wollten. Ein Anrufer sagte, er habe eine kleine zierliche Brünette und einen englischen Setter – ob ein Tausch in Frage käme.

Meinem Mann gefiel die Geschichte ausnehmend gut. Er sagte, so etwas sei nur zu verständlich. »Schließlich kann ein Hund ihm genausoviel liebevolle Sorge zuwenden wie eine Frau. Er kann ihm die Pantoffeln und die Zeitung bringen, hängt nicht den ganzen Tag am Telefon, läßt nie schmutziges Geschirr im Ausguß und hält ihm nachts die Füße warm.«

Ich sagte: »Wenn du das so siehst, warum hast du keinen Hund geheiratet?«

Mein Mann ist zu klug ... zu alt ... und zu gut ernährt, um auch nur im Traum an eine solche Lösung zu denken.

4. Wenn's ihm nur schmeckt

Mein Mann kam neulich abends in die Küche, tauchte den Löffel in eine Schüssel und äußerte: »Mmmmm. Schmeckt ja phantastisch. Was ist es denn?«
»Huhn, Speckstreifchen, Zwiebeln und Nieren«, sagte ich.
»Und wie heißt es?«
»Es ist für den Hund. Für uns gibt es Bohnen und Wiener Würstchen. Geh und wasch dich.«
»Was ist das für eine braune Flüssigkeit in der Flasche da?«
»Das ist ein neues Getränk für Hunde, die es leid sind, pures Wasser zu trinken. Es schmeckt nach Rindsbouillon.«
»Ein gewaltiger Schritt für jemanden, der bisher Wasser aus der Toilettenschüssel getrunken hat«, sagte er. »Woher weißt du übrigens, ob unser Hund es leid ist, pures Wasser zu trinken? Hat er mal ›Ba!‹ gesagt und es ausgespuckt?«
Da hatte mein Mann einen entscheidenden Punkt berührt. Noch nie hatten wir einen Hund gehabt, der sang, sprach, Zettel schrieb oder sich uns sonstwie mitteilte.
»Auf irgendwas muß man sich schließlich verlassen«, sagte ich.
Das haben wir tatsächlich getan. In den letzten fünf bis zehn Jahren habe ich erlebt, wie sich die Palette der Hundenahrung von ein paar Tüten unförmiger Klümpchen neben dem Grassamen in der Garage zu

einem ganzen Delikatessenladen ausweitete. Auf Treu und Glauben habe ich heimgeschleppt: Käse- und Fleischflocken, Trockenfutter, das in seiner eigenen Sauce zu einer Leckerei wird, Appetithäppchen, Plätzchen, die nach Leber schmecken, Knochen, von denen man als Hund weiße Zähne bekommt, und Extrahappen gegen Langeweile.

»Nun muß ich dich aber doch mal was fragen«, fing mein Mann wieder an. »Hat dieser Hund jemals Entzücken über im Fernsehen angepriesenes Hundefutter gezeigt?«

»Du weißt ja, daß er nur auf eine einzige Fernsehsendung reagiert: Wenn Wahlpropaganda kommt, geht er in sein Körbchen.«

»Es ist ihm also total egal«, schloß mein Mann. »Möglicherweise ist er überhaupt Vegetarier und kann es nur nicht sagen. Wir könnten ihm jeden Tag eine rohe Kartoffel hinwerfen, und er wäre vielleicht überglücklich.«

Er hob die Flasche Rote-Beete-Saft an den Mund, nahm einen Schluck und schüttelte sich entsetzt.

»Was hast du denn erwartet?« seufzte ich. »Was Leckeres?«

»Also ich möchte wetten, dieses Zeug trinkt selbst ein Hund nur aus der Toilettenschüssel.«

Vierbeinige Jogger

Nach langjähriger Ehe mit einem Mann, der ganze Sonntage vorm Fernseher sitzt und sich Tierfilme anschaut, bin ich allmählich soweit, Tieren menschliche Gefühle zu unterstellen.

Marlin Perkins hat neulich einen Alligator als gelangweilt bezeichnet, William Conrad die Art eines Elefanten durch ein Dorf zu trampeln als spielerisch, und Lorne Green hat neulich einen Pinguin, der nicht ins Wasser wollte, mißgelaunt und träge genannt.

Wie kommen diese Leute eigentlich darauf? Ich bin vermutlich der einzige Mensch auf der Welt, der nicht genau angeben kann, wann mein Hund lacht. Doch einmal – als ich nur mit Haarwicklern angetan ans Telefon lief – glaubte ich, ihn kichern zu hören, aber beschwören kann ich das nicht. Voller Interesse las ich daher von Hunden, deren Herrchen das Rennen lieben. Man sieht sie ja überall hin und her sausen, diese Jogger, die täglich ihre sechs bis zehn Kilometer herunterreißen, neben sich ein Fellknäuel an der Leine, das keuchend mitzuhalten versucht.

Woher wissen solche Leute, daß ihr Hund *gern* rennt? Wären nicht auch Hunde denkbar, die nicht gern hinter Autos herjagen, Stöckchen apportieren oder den Briefträger beißen? Vielleicht haben sie es Herrchen nur nicht sagen können.

Groteskerweise berichten die Tierärzte, daß Hunde die gleichen Leiden entwickeln wie die Jogger selber: wunde Füße, Schienbeinauswüchse, Ballenverletzungen, arthritische Hüftveränderungen, Herzgeschichten. Darüber hinaus sind sie den Angriffen anderer Hunde ausgesetzt und können nicht schwitzen wie die Menschen. (Sonst wäre längst ein Deodorant für Hunde auf dem Markt.)

In San Diego war ich einmal Zuschauerin bei einem Marathonlauf. Einer der Teilnehmer kam mit seinem

Hund an der Leine ins Ziel. Beide hatten anstrengende zweiundvierzig Kilometer hinter sich. Beide waren total fertig. Beide hatten jedes bißchen an Reserven eingesetzt, um das Ziel zu erreichen.

Der Zweibeiner in Shorts bekam ein T-Shirt und eine Dose Bier. Der Vierbeiner im Pelz irrte verwirrt umher und suchte einen Baum.

Für die Nichtläufer unter den Hunden sollte es eine Möglichkeit geben, ihre Meinung zu äußern. Ob sie rennen wollen oder nicht. Zum Glück haben wir einen Hund, der sich auszudrücken versteht. Sagt man zu ihm: ›Komm, mein Kerlchen, jetzt machen wir schön Laufi-Laufi‹, kriecht er unters Sofa und schaut angewidert, als wolle er sagen: ›Ich rühre mich erst, wenn ihr ein Taxi gerufen habt.‹

Es kann sein, daß er der klügste Hund der Welt ist.

Es kann aber auch sein, daß er den Trick bei mir abgeschaut hat.

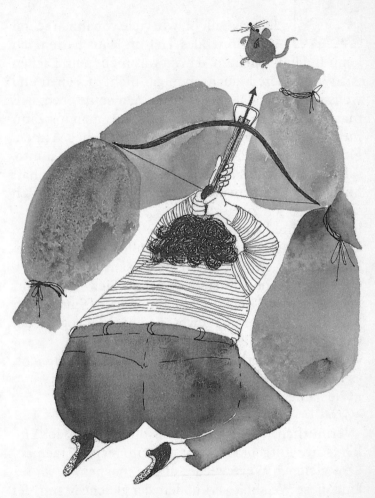

5. Wildwechsel im Eigenheim

Ich weiß nicht, wie viele von Ihnen schon mal ein wildes Tier im Haus hatten. Ich kann Ihnen versichern, daß so was nicht zum Lachen ist. Wilde Tiere braucht man gar nicht zu sehen und weiß trotzdem, daß sie da sind. Man spürt eben, daß man nicht allein ist. Manchmal, wenn man ins Zimmer tritt, hört man Trippeln oder flaches Atmen. Neulich abends, als ich das letzte Geschirr einräumte, sah ich aus dem Augenwinkel etwas schattenhaft huschen. Aus einem uralten Instinkt heraus wußte ich sofort, was ich zu tun hatte.
Ich kreischte hysterisch.
Ehemänner sind etwas Wundervolles. Ohne eine Sekunde zu zögern ließ der meinige sämtliche Disney-Gestalten Revue passieren. »Welches Tier war es denn? Ricky Raccoon? Rocky das Eichhörnchen? Smokey der Bär? Könnte es Dumbo gewesen sein? Oder Pogo? Oder Charlie Tuna? Nenn doch Namen, o Weib.«
»Es war ein widerliches Untier. Glaubst du vielleicht, es hätte ein T-Shirt mit Namenszug angehabt?«
»Wie sah es aus?«
»Groß!«
»Vermutlich war es etwas, was du selber in der Einkaufstüte mitgebracht hast, es wird sich morgen auf dem gleichen Wege wieder dünne machen.«
Und diese Weisheit verkündete der gleiche Mann, der mir noch voriges Jahr einreden wollte, Grillen im Haus seien Heimchen am Herd und brächten Glück. Zwei Teppiche haben sie mir zerfressen.

Früher war ich Tieren gegenüber ganz naiv. Ich glaubte nur zu gern, sie wollten ebenso dringend wieder hinaus, wie ich sie draußen haben wollte. Ich glaubte nur zu gern, sie seien männlichen Geschlechts, ledig und allein unterwegs. Das glaubte ich, bis wir in ein Farmhaus zogen.

Pünktlich mit Herbstanbruch kam ich ins Haushaltwarengeschäft des nahen Städtchens marschiert und gab meine Bestellungen auf: »fünfzehn Fallen, dreizehn Schachteln schmerzloses Gift, achtzehn Flaschen Aerosol Insektenspray, fünf Sprühdosen Kontaktgift, fünf Fliegenklatschen aus Plastik, ein Holzhammer. Und haben Sie sonst noch was Wirksames?«

Da sagte der Lehrling: »Madam, außer einer Atombombe haben Sie nun wirklich alles.«

»Meinen Sie, daß es genügt?«

»Haben Sie die Maus wiedergesehen?«

»Sie sagen es.«

Durch gewissenhafte und überlegte Bewaffnung konnte ich den Wildbestand innerhalb des Hauses auf das Minimum beschränken: eine einzelne Maus.

Dann aber ließen wir die Küche erneuern. Eines Morgens hörte ich dort ein nagendes Geräusch. Ich sah den Verursacher dieses Nagens vor meinem inneren Auge: ca. zwei Meter lang und haarig.

Ich rief den Baumeister an. Der Baumeister sagte: »Darüber brauchen Sie sich keine Sorgen zu machen. Das ist wahrscheinlich nur eine Ratte. Ratten schärfen auf diese Art ihre Zähne.«

Es tat mir leid, umziehen zu müssen. Es war ein so hübsches Haus.

Heimchen im Schlafzimmer

Genaugenommen gibt es auf dieser Welt zwei Arten von Menschen. Die eine kann eine Grille nachts im Schlafzimmer aushalten, die andere kann es nicht.

Ich gedenke nicht, Ihnen zu erzählen, zu welcher Gruppe ich gehöre. Nur so viel möchte ich sagen, daß dieser Charakterzug sehr aufschlußreich ist, und zwar für die Gesamtpersönlichkeit eines Menschen.

Wer Grillen im Schlafzimmer aushalten kann, hört auch während einer Aufführung von *Aida* nicht, daß hinter ihm jemand mit 82 Dezibel Lautstärke ein Pfefferminzbonbon aus der Packung reißt.

Es sind diese Leute, die beim Übernachten im Zelt nicht merken, daß am anderen Ufer jemand seine Stereoanlage brüllend laut Rockmusik spielen läßt, deren Getöse der Wind herüberträgt. Sie sind die Unempfindlichen, die früh um drei Uhr ruhig weiterschlafen, wenn das Baby schreit, und morgens dann die Unverschämtheit haben, zu sagen: »Warum hast du mich nicht geweckt? Ich hätte ihm doch das Fläschchen warmgemacht!«

Diese Sorte kann auch bis drei Uhr mit Kumpeln Poker spielen und beim Heimkommen allen Ernstes behaupten, sie wüßten nicht, ob sich die Floyds nun scheiden ließen oder nicht. Ha, ha, kann man da nur sagen!

Sie sind unendlich weit verbreitet. Schlüpft im Herbst eine Maus ins Haus, sagen sie: »Aber das ist doch nur ein Feldmäuschen, das hat genausoviel Angst wie du.« Wobei jeder doch instinktiv weiß, daß die Maus schwanger ist und sich zwischen den Vorräten eine geräumige Wohnung einrichten wird. Damit wir uns recht verstehen: Es sind ganz besonders geartete Menschen, die im Bett liegen und das ohrenzerfetzende Gezirpe eines Heimchens hören können – erst im Schrank, dann im Bad, schließlich unterm Bett – ohne daß es sie stört. Es stört sie nicht, wenn der Wasserhahn tropft, sie übersehen den nicht geschlossenen Haken am Ende des Reißverschlusses, die schief aufgeklebte Briefmarke, die offene Kühlschranktür.

Was für Banausen! Sie können beim Lesen mitten auf der Seite aufhören und das Buch einfach weglegen, sie waschen sich nicht die Hände, wenn sie mit dem Hund gespielt haben, sie putzen sich nach dem Essen nicht die Zähne, und wenn sie am Muttertag mit ihrer Mutter telefonieren, bitten sie um Rückruf. Am hervorstechendsten aber ist: Sie können schlafen, während ein Tier unter ihrem Bett die Beine aneinanderreibt – mit einem Geräusch, bei dem Glas zerspringt.

Wie gesagt, ich verrate Ihnen nicht, zu welcher Gruppe ich gehöre.

6. Kaufzwänge

Haben Sie kürzlich die Geschichte von dem Mann gelesen, der die aus einem gepanzerten Lieferwagen gefallenen 1,2 Millionen Dollar aufhob? Sechs Tage später hatte er bereits 196 000 Dollar ausgegeben und war unterwegs nach Acapulco.

Als man ihn verhaftete und vor Gericht stellte, plädierte er auf »Freispruch infolge geistiger Verwirrung«.

Wenn eine Million zweihunderttausend Piepen einen geistig nicht verwirren sollen, was denn dann, bitte? Ich benutzte dieses Argument mal meinem Mann gegenüber. Es zog nicht. Er sagte, ich hätte die Wahl: Entweder ich gäbe den Lederrock zurück oder ich müßte die Konsequenzen tragen.

Vor ungefähr drei Jahren behauptete ich einmal: »Als ich die Handtasche aufmachte, fiel meine Kreditkarte heraus und direkt in das Rechenmaschinchen, das mich mit einem Seidenkleid belastete, bevor ich überhaupt merkte, was lief.« Mein Mann meinte, so nahe wie diesmal sei ich dem Freispruch wegen verminderter geistiger Zurechnungsfähigkeit noch nie gekommen.

Im Grunde gibt es keine Frau der Welt, die überrascht, ja auch nur beeindruckt davon wäre, wenn jemand 32 666 Dollar pro Tag ausgibt. Schließlich ist Einkaufen unser halbes Leben. Wir können es am besten, und keiner weiß besser als wir, welche Fallen die Verkaufspsychologie uns ständig stellt. Das fängt gleich am Eingang des Geschäfts oder Supermarkts an: Grelles Licht versetzt uns in einen Zustand euphorischer Enthemmtheit. Geht man die Gänge entlang, so sind Handtaschen, Kekspackungen und Nachthemden so nah am Rand placiert, daß man sie herunterwischt und danach in die Hand nehmen *muß*.

Wir haben gar keine Chance. Die Werbebranche gibt jährlich Milliarden von Dollar dafür aus, herauszukriegen, wie man uns *noch* dazu bringen könnte, unsere Portemonnaies zu öffnen.

Und ich bin eine besonders leichte Beute, denn ich bin Zwangskäuferin. Auf mich trifft das Sprichwort zu: Der Kauf ist kurz, die Reu' ist lang. Nachträglich kann ich alles vernünftig erklären, ganz gleich ob ich eine Hose, die nicht paßt, oder eine Polospiel-Anleitung gekauft habe.

Nach der Geburt eines meiner Kinder schenkte mir Mutter einen Scheck: Ich dürfe ihn ausgeben wofür ich wollte. Drei Tage lang raste ich durch die Warenhäuser, kaufte unzählige Dinge *beinahe* und verwarf sie wieder zugunsten anderer. Schließlich bezahlte ich mit dem Scheck die Telefonrechnung, bekam dafür aber wenigstens wieder etwas Farbe ins Gesicht.

Meine Freundin Mayva las auch die Geschichte von dem Mann, der die 1,2 Millionen spazieren trug, und meinte: »Wie kann denn ein vernunftbegabtes Wesen 32 666 Dollar pro Tag ausgeben?«

Mayva hat sich anscheinend in letzter Zeit nicht mehr um die Salatpreise gekümmert.

Tag- und Nachtkäufer

Es gibt zwei Sorten Einkaufende: Tagkäufer und Ladenschlußkäufer, auch Torschlußkäufer genannt. Die Unterschiede zwischen ihnen sind enorm. Tagkäufer probieren zwei, drei Einkaufswägelchen aus, bis sie einen gefunden haben, bei dem alle vier Räder in die gleiche Richtung laufen.

Abendkäufer schnappen sich den ersten besten, gleich neben dem Eingang, auch wenn in seinen Sitz ein welkes Salatblatt eingeklemmt ist.

Tagkäufer fragen gleich beim Eingang: »Wo steht das Waschpulver aus dem Sonderangebot?«

Abendkäufer fragen gleich beim Eintreten: »Um wieviel Uhr schließen Sie?«

Tagkäufer haben Listen in der Hand und haken die einzelnen Artikel mit spitzem Bleistift ab.

Abendkäufer brauchen an sich nur einen Liter Milch und gehen fünfzehn Minuten später um 73 Dollar ärmer wieder fort.

Tagkäufer setzen die Brille auf, nehmen Dosen und Packungen in die Hand und prüfen sorgsam die Inhaltsangabe.

Abendkäufer greifen mit geschlossenen Augen irgend etwas und hoffen, daß daraufsteht: »Nur Wasser hinzufügen.«

Tagkäufer kaufen meist solo ein und haben nichts gegen eine angenehme zwischenmenschliche Kontaktaufnahme.

Abendkäufer haben meist ein, zwei Kinder im Einkaufswägelchen sitzen und halten es für eine Strafe des Himmels, wenn jemand sie anspricht.

Tagkäufer kaufen Sojabohnenquark und ein normales Joghurt.

Abendkäufer kaufen Kartoffelchips und eine Sechserpackung.

Tagkäufer lesen die sensationellen Angebote auf den Tafeln an der Kasse, kaufen aber nichts.

Abendkäufer kaufen die sensationellen Sonderangebote, lesen aber die Tafeln nicht.

Tagkäufer pflegen den Filialleiter zu fragen, ob die Ware frisch ist.

Abendkäufer pflegen den Filialleiter zu fragen, ob das Bier kalt ist.

Tagkäufer haben eine Handvoll Coupons bei sich und scheinen keine besondere Eile zu haben.

Abendkäufer parken in der zweiten Reihe und geben der Kassiererin einen Blanko-Scheck, um schneller hinauszukommen.

Antistreß im Badezimmer

Manche Leute haben die ausgefallensten Ideen, wie man sich entspannen soll. Das neueste Mittel gegen Streß nennt sich ›Schwebetank‹. Für knapp 25 Dollar steigt man in einen Holzbehälter voll warmen Wassers, in dem schätzungsweise 800 Pfund Kochsalz aufgelöst sind, und darf die nächste Stunde lang in vollständiger Dunkelheit schweben und seine Gefühle sortieren.
Soll das ein Witz sein?
Da kann man sich ja gleich in den Staubsaugerbeutel einsaugen lassen, um auf andere Gedanken zu kommen!

In meinen Augen ist dieser Schwebetank nur ein weiteres Mittel, das Telefon zum Klingeln zu animieren – von der Kasse der Verkäufer mal ganz abgesehen.

Und neu ist die Idee natürlich auch nicht. Schon in den vierziger Jahren empfahl jede einigermaßen schicke Zeitschrift am Kiosk das heiße Bad am Nachmittag. Es sei, so hieß es, das ideale Mittel gegen alle Hausfrauenleiden, Langeweile, Depressionen, Neurosen, Unbefriedigtheit, Schmerzen im Kreuz, Kurzarbeit und Liebeskummer. Die Abbildung zeigte eine Frau, die mit geschlossenen Augen in meterhohem Schaum lag, ein wollüstiges Lächeln um die Lippen, losgelöst von Zeit und Raum.

Bei mir hat das nie funktioniert. Auch nicht mit geschlossenen Augen. Ich roch dann den Schimmel auf den Duschvorhängen, und mir wurde klar: Wenn ich noch mehr abschnitt, blieben mir nur die Ringe.

Ich redete mir ein, meine Beine seien nur so dick wie das, was aus dem Wasser ragte und es deprimierte mich sehr, als auch der Rest die Oberfläche durchbrach. Auch spitzte ich die Ohren, um zu verstehen, was draußen vor der Badezimmertür geflüstert wurde: »Du, ich sag's der Mami!« – »Was ist denn *das* für ein Tier?« – »Uiih, jetzt hast du alles auf Mamis Pelzmantel geschmiert!« – »Mensch, du blutest ja die ganze Tischdecke voll.« – »Na, es gibt Leute, die haben überhaupt keinen Wagen und leben trotzdem.«

Manchmal wurde ein Briefchen unter der Tür durchgeschoben, und wenn ich mich an Land kämpfte, las ich, zitternd vor Kälte, aber auch vor Neugier: »Dürfen wir eine Cola trinken?«

Das Schlimmste am warmen Schaumbad aber war das Träumen. Wie bekommt man Spaghettiflecken aus einer Plastiktischdecke? Wird meine Tochter, wenn ich nicht sofort Grundlegendes unternehme, überhaupt zum Abiturball eingeladen werden? Nach einer Weile hörte ich mit den künstlichen Entspannungen wieder auf. Ein heißes Bad, fand ich, konnte unmöglich alle Probleme lösen. Ich würde die Probleme einfach künftig weniger ernst nehmen.

Manche behaupten, ich sei zu nüchtern und vereinfache die Dinge zu sehr. Als beispielsweise eine Freundin sich beklagte, ihr Hund würde zu fett und für die Dose Diäthundefutter 57 Cent zahlte, fragte ich sie: »Warum gibst du ihm nicht einfach weniger zu fressen?«

Sie schaute mich an, als müsse ich die Antwort selbst am besten wissen, aber ich hatte wirklich keine Ahnung.

An Streß leide ich zwar nicht, aber ich glaube, ich bin Überträger von Streßbazillen.

Bis in die Puppen ...

Der Rettungsanker für die gewerbliche Wirtschaft waren zwei Teenagerpuppen. Sie tauchten irgendwann vor Weihnachten zwischen Puppenbabys auf, die rülpsen, essen, weinen, naßmachen und laufen konnten und dabei so geschlechtslos waren wie ein Wackelpudding.

Meine Tochter hob so eine Barbie-Puppe vom Ladentisch und rief: »Sieh mal, Mami, die Puppe sieht genau aus wie du.«

Ich warf einen kurzen Blick auf die 6 cm Brustumfang, 7 cm Hüftumfang und die langen Beine, die aussahen wie zwei Zigarettenfilter ohne Tabak, und sagte: »Sie sieht eher aus, als wäre sie in fünfzehn Minuten durch ihre Pubertät gespurtet.«

»Ich möchte sie aber so gern«, bettelte meine Tochter. Die Barbie-Puppe kostete splitternackt 5 Dollar 97, wir investierten daher noch 6 Dollar 95 in ein Kleidchen, ein Paar Pumps, einen Büstenhalter und ein Höschen.

»Sollten wir ihr nicht auch einen Hüfthalter kaufen?« fragte meine Tochter.

»Wir wollen mal abwarten, wieviel sie ißt und ob sie überhaupt einen braucht«, sagte ich.

Wenn einer von uns angenommen hatte, Barbie würde als schlichte Hausfrau glücklich sein, so wurde er bald eines Anderen belehrt. Barbie erwies sich als ein mondäner Swinger. Das erforderte natürlich die dazugehörige Garderobe.

Binnen einer Woche besaß sie drei Pyjamas (jeder zu 5 Dollar 95), eine komplette Badeausrüstung (4 Dollar 95), zwei lange Abendkleider (je 7 Dollar 95), ein Reisekostüm (6 Dollar 95) und eine Eislaufausrüstung (5 Dollar). Eines Nachmittags – ich lag gerade auf den Knien und bemühte mich, Barbies Wasserball aus dem Staubsaugerbeutel zu fischen – verkündete meine Tochter: »Barbie fühlt sich so einsam.«

»Was du nicht sagst«, grollte ich. »Verpack sie und schicke sie ins Ferienlager. Und vergiß nicht, ihr seidene Bettücher mitzugeben.

»Ich glaube, wir müssen Ken kaufen.«

504

Ken hatte etwas Gespenstisches an sich, aber zunächst hätte ich nicht angeben können, woran es lag. Er war eine etwas größere Ausgabe von Barbie, trug ein Sportsuspensorium und ein falsches Lächeln und kostete 5 Dollar. Binnen einer Woche bestand seine Garderobe aus Tennisdress (7 Dollar 95), Trainingsanzug (4 Dollar 95), weißem Smoking (10 Dollar 95) und einem Frotteebademantel (3 Dollar 95) sowie einem Cabrio aus Pappe (2 Dollar 95). Ich erklärte meinem Mann: »Schließlich kann man nicht erwarten, daß sie Abend für Abend nur dasitzen und sich den Wasserball zuwerfen, nicht wahr?«

Die kleinen Scheusäler lasteten schwer auf unserem Portemonnaie, aber ich kaufte mir ein paar Schnittmuster und versetzte mich somit in die Lage, ihre Begierde nach neuer Konfektion dadurch zu befriedigen, daß ich Tag und Nacht an der Nähmaschine saß. Eines Tages verkündete meine Tochter: »Ken und Barbie heiraten.«

Das klang einleuchtend. Schließlich lagen sie Tag für Tag gemeinsam in einem Schuhkarton unterm Bett und waren ja auch nur Menschen.

»Was genau bedeutet das für mich?« fragte ich.

»Barbie braucht ein Brautkleid (10 Dollar 95) und eine Aussteuer (36 Dollar 50), und Ken braucht einen Smoking.«

»Wieso, er hat doch seinen weißen«, wagte ich einzuwenden.

»Der ist zum Tanzen, nicht zum Heiraten«, belehrte sie mich.

»Sonst noch etwas?«

»Ja, eine Hochzeitsgesellschaft.«

»Eine was?«

»Wir müssen Midge und noch ein paar andere Leute kaufen, damit jemand zu ihrer Hochzeit kommt.«

»Kannst du nicht ein paar von den anderen Puppen einladen?«

»Möchtest du auf *deiner* Hochzeit jemanden, der krumme Beine hat und noch Windeln trägt?«

Es wurde die Hochzeit des Jahres. Unser Geschenk für die beiden war ein Haus aus Pappe, das aussah wie das Hilton.

Es dauerte Monate, ehe alle Rechnungen beglichen waren, aber dann dachte ich doch, das Schlimmste sei vorbei. Einige Familien in unserer Nachbarschaft begannen gerade mit ihrer ersten Barbie. Wir hatten das alles schon hinter uns.

Doch eines Nachmittags in der Küche sagte meine Tochter aufgeregt: »Weißt du was? Barbie kriegt ein Baby. Du wirst Großmutter.«

Tränen des Selbstmitleids schossen mir in die Augen, als ich mir an den Fingern abzählte, was nun wieder alles notwendig würde: ein nackter Onkel Doktor, der mittwochs Golf spielte, zwei nackte Krankenschwestern, die an Wochenenden schnorcheln gingen, ein Ambulanzfahrer, splitterfasernackt, dessen Hobby das Skilaufen war, ein unbekleideter Assistenzarzt ...

Umtausch

Etwas ins Geschäft zurücktragen und es ändern lassen, ist eine meiner Lieblingsbeschäftigungen. Es

kommt gleich nach dem Einholen von drei Kostenvor-
anschlägen für die Reparatur einer eingedellten Autotür.

Nicht daß die Verkäuferinnen einem Schwierigkeiten
machten – es ist nur so zeitraubend! Zu Weihnachten
bekam ich eine Schachtel, in der lagen eine Bluse, eine
Jacke und eine Hose, und ich war riesig geschmeichelt,
daß ich für meinen Mann noch immer das Mädchen
mit Größe 36 war.

»Die Hose hat Cheryl Tiegs Namenszug auf der Ge-
säßtasche«, sagte er stolz.

Ich wog schon bei meiner Geburt mehr als Cheryl
Tiegs heute.

»Vielleicht könntest du sie gegen ein Modell mit
längerem Namen und größerer Tasche eintauschen«,
schlug er vor.

Am Tag nach Weihnachten probierte ich die Bluse.
Die Ärmel fesselten meine Arme auf beiden Seiten
meines Körpers wie ein Schraubstock. Die Wolljacke
würde ich zeit meines Lebens nicht zukriegen.

Zwei Tage nach Weihnachten mußte das Geschäft
Sonderschalter einrichten, um den Umtauschwün-
schen gerecht zu werden. Ich sah mir den Hosenanzug
noch einmal genauer an.

»O Cheryl«, flüsterte ich vor dem Ankleidespiegel,
»wie verhältst du dich eigentlich angesichts eines
Engpasses?«

Wenn ich nicht mehr frühstückte, 36 Stunden kein
Glas Wasser trank, den oberen Haken offenließ, den
Reißverschluß mit einer Sicherheitsnadel daran hin-
derte, aufzugehen, die Hosenbeine hochkrempelte

und einen Kasack darüber anzog, würde ich es schaffen. Ich hängte die Sachen in den Schrank und setzte mich vor den Fernseher.

Vier Tage nach Weihnachten fragte mein Mann, ob ich meinen Hosenanzug schon umgetauscht hätte. Ich sah mir die Bluse noch einmal an. Wenn ich ein Jahr lang Armkreisen übte, die Ärmel hochkrempelte, die zwei unteren Knöpfe offenließ und weder Hände noch Schultern dazu benutzte, Türen aufzustoßen, Telefonhörer abzuheben oder Kaffee zu trinken – dann würde ich sie tragen können – mit einem Mantel darüber. Ich hängte sie in den Schrank.

Vor ein paar Tagen stieß ich auf die Schachtel mit der weihnachtlichen Wolljacke. Erst wollte ich sie umtauschen gehen, doch dann prüfte ich sie nochmals genau. Ach, zum Kuckuck, wenn ich mir das Ding lose um die Schultern hängte, die Ärmel unter dem Kinn verknotete und dabei atemlos keuchte, als käme ich gerade vom Tennisplatz, dann würde es mir passen wie angegossen. Ich nahm die Jacke aus der Schachtel, warf die Preisschilder und Kassenbelege weg und betrachtete mir meinen dreiteiligen Sportanzug, in den selbst eine Barbie-Puppe nicht ohne Korsett hineingepaßt hätte.

Verrückt? Vielleicht! Andererseits vergeht kein Tag, an dem ich dieses Trio nicht anschaue und einen Weisen zitiere, der einmal gesagt haben soll: »Manche Leute sehen die Dinge, wie sie sind und fragen: Warum? Ich aber träume von Dingen, die niemals waren und frage mich: Warum *nicht*?«

Zum Muttertag

Muttertag ist der Tag, an dem Kinder überall in der Welt einer besonderen Tugend ihrer Mütter huldigen. Einige loben ihre Selbstlosigkeit. Andere danken ihr für ihre feste Hand. Wieder andere erinnern sich der gebrachten Opfer oder ihrer Bereitschaft zu verzeihen, ihrer nie endenwollenden Liebe. Manche Kinder erinnern sich an weise Worte, die ihre Mutter gesprochen hat, an Ratschläge, durch die sie vor Schaden bewahrt blieben; an ein gutes Wort zur rechten Zeit, das ihr Leben viel leichter machte.

Wenn ich eine Eigenschaft nennen sollte, die ich an meiner Mutter am meisten bewundere, dann ist es diese: Daß sie bei manchen Gelegenheiten absolut nichts sagte und absolut nichts tat. Diese Augenblicke des Schweigens, in denen sie zuließ, daß ich etwas falsch machte, Fehlentscheidungen traf, Standpunkte einnahm, die mich später teuer zu stehen kamen.

Ich habe ihr, weiß Gott, genügend Gelegenheit gegeben, zu protestieren, zu wüten, Grimassen zu schneiden, erschreckt zusammenzufahren, zu kritisieren, mir abzuraten – aber sie schluckte den Köder nicht.

Damals nicht, als ich vor meiner Hochzeit eine Bestellung für Besteck im Wert von 800 Dollar unterschrieb, ohne einen einzigen Kochtopf zu besitzen.

Damals nicht, als ich den Gebrauchtwagen kaufte, der schon 130 000 km drauf hatte.

Damals nicht, als ich brüllte: »Das verstehst du nicht! Es sind meine Freunde!«

Und auch nicht damals ... als ich einer Dame, die ich

erst seit zwei Tagen kannte, die Kamera meines Mannes lieh und sie nie wiedersah, weder die Kamera noch die Dame.

... als »alle anderen Mütter« ihren Kindern im April das Schwimmen erlaubten – bei fünfzehn Grad Außentemperatur.

... als ich den Taschenrechner kaufte, weil ich kein Rezept auf die Hälfte verkleinern konnte.

... als ich mich entschloß, dem Schuldirektor die Stirn zu bieten, denn »mein Kind lügt nicht«.

... als ich ganz genau wußte, daß meine neue Bluse sehr wohl ein heißes Bügeleisen vertrüge.

... als ich fand, mein Chef könne sich den Job an den Hut stecken, so einen fände ich alle Tage wieder.

Wenn ich so zurückdenke, muß dies der schwerste Teil der Mutterrolle für sie gewesen sein. Sie wußte, wie die Geschichte ausgehen würde, glaubte aber nicht das Recht zu haben, mich vor eigenen Erfahrungen zu bewahren.

Nun denn, zum Muttertag: Danke, Mutter. Nicht nur für dein Schweigen, sondern besonders für die größte Tugend, die eine Mutter überhaupt haben kann. Du hast kein einziges Mal gesagt: »Das hast du nun davon.«

7. Brüderlein und Schwesterlein

Die Vokabel ›Geschwisterneid‹ hat zu Beginn der zwanziger Jahre ein Psychoanalytiker namens Alfred Adler erfunden. Bis dahin drückten Eltern sich anders aus. »Die bringen sich noch gegenseitig um«, sagten sie, oder: »Um Gottes willen, Harry, laß sie bloß nicht aus den Augen.«
Adler sagte außerdem, es sei dies eine Phase, die alle Kinder durchliefen, und daraufhin wurde den Eltern etwas wohler. Schließlich läßt jeder Krieg sich ertragen, wenn man weiß, daß er in sieben, acht Jahren vorbei ist.
Meine Schwester und ich kannten keinen Geschwisterneid. Anfangs glaubten wir, wir seien zu arm, um einander um irgend etwas zu beneiden, doch dann stellten wir Vergleiche mit anderen Kindern an und fanden heraus, daß Geschwisterneid etwas ist, was Eltern durch Bevorzugung eines Kindes auslösen.
Ein einziges Mal wäre es beinahe zu dem erwähnten Phänomen gekommen, als mich Mutter eines Tages zu sich rief, mich auf den Schoß nahm und mir zuflüsterte: »Hier hab ich ein Stück Schokolade für dich, aber sag deiner Schwester nichts.« Ich war sehr geschmeichelt. Mom hatte also mich am liebsten.
Kurz darauf sah ich dann meine Schwester auf Mutters Schoß: auch sie bekam ein Stück Schokolade. Daß es Abführschokolade war, stellten wir erst später fest. Unsere Blicke kreuzten sich. Keine von uns sagte ein Wort. Und doch waren wir uns von diesem Tag an einig. Die Parole hieß: ›Wir‹ gegen ›die‹. Diese Devise

hat sich offensichtlich vererbt. Denn als ich selber Kinder hatte, verschwor sich schon das erste gegen mich und meinen Mann. Als es einen Bruder hatte, bildeten die beiden eine entschlossene Koalition gegen uns Eltern. Als dann das dritte Kind kam, erfuhren wir zum ersten Mal, welche Bedeutung der Ausdruck ›unmoralische Mehrheit‹ hat.

Als Eltern waren wir in keiner Situation mehr Herren der Lage. Wurde über etwas abgestimmt – wir wurden überstimmt. Wurde eine Diskussion mit größerem Stimmaufwand geführt – wir wurden niedergebrüllt. Wurden einigermaßen tragbare Kompromisse vorgeschlagen – wir konnten uns nicht leisten, sie abzulehnen.

Dicht aneinandergeschmiegt kauerten die Kinder hinter der Tür und raunten sich Geheimnisse zu. Sie wechselten vielsagende Blicke, wenn einer von ihnen am Telefon verlangt wurde. Sie logen füreinander, sie verteidigten einander. Um das Gesicht zu wahren, tat ich so, als herrsche auch zwischen *meinen* Kindern Geschwisterneid. Meine Freundinnen durften nicht erfahren, daß ihre Kinder sich gegenseitig mit Bauklötzen bewarfen, die meinigen aber nicht.

Noch immer wird Tiefschürfendes über den Geschwisterneid geschrieben. Manches davon ist hochinteressant. Man hat jetzt herausgekriegt, daß Geschwister untereinander stärkere Bindungen haben als zu ihren Eltern oder Stiefeltern. Und daß dies die dauerhaftesten und engsten aller menschlichen Bindungen sind.

Ich weiß nur das eine: Wenn meine Kinder *noch* fester

zusammengehalten hätten, ich hätte nachts meine Tür verriegeln müssen.

Die Familie – eine verschworene Gemeinschaft

Es gibt ein neues Buch – ich habe es zwar noch nicht gelesen, aber schon davon gehört. Es heißt: »Wie bekomme ich meine Kinder dazu, im Haushalt zu helfen. 400 Vorschläge.«
Auf Anhieb fallen mir nur zwei Möglichkeiten ein: fortgesetzte Grausamkeit oder ein Privatkonto für die Kinder in der Schweiz.
Die meisten Mütter, die außerhalb ihrer vier Wände arbeiten gehen, sind naiv. Allabendlich wanken sie heim, zwischen den Zähnen die eingegangene Post, über dem Arm die Sachen aus der Reinigung, ein auftauendes Hammelkotelett in jeder Achselhöhle, balancieren zwischen den Knien ca. acht Liter Milch und warten darauf, daß eines der Kinder die Tür aufhält.
O ihr Mütter! Erwachet und lernet! Kinder lehnen es ab, auch nur ein- und auszuatmen, wenn sie nicht tarifgerecht bezahlt werden. Ihr Argument heißt: »Warum gehst du arbeiten? Ist es unsere Schuld, daß dich einlaufende Jeans und hartnäckige Flecken nicht befriedigen?«
Erwähnte ich es nicht schon einmal? Ursprünglich bin ich 1965 nur deswegen wieder arbeiten gegangen, um einer Barbie-Puppe eine neue Garderobe kaufen zu können. Barbie sollte in einem Spielzeugauto mit Ken zu einem Fußball-Länderspiel fahren. Ein Jahr später ging es mir gegen den Strich, daß eine unterm Bett

verstaubende Puppe besser angezogen war als ich. Also arbeitete ich weitere Jahre, um mir selber auch mal was kaufen zu können. Das übrige ist Historie.

Wie Sie sich denken können, versuchte ich die Kinder mit jedem denkbaren Trick dazu zu bringen, daß sie daheim mit anfaßten. Vor lauter Brüllen bekam ich Krampfadern am Hals. Sonst geschah nichts. Dann spielte ich noch die Nummern ›giftige Blicke‹ und ›Märtyrerin‹ durch, doch es half ebensowenig.

Schließlich glaubte ich, ein Mittel gefunden zu haben: Ich steckte mir die Fernbedienung des Fernsehers in die Tasche – nichts lief mehr, wie beim Auto ohne Verteiler. Wenn sie brav mittaten, konnten sie fernsehen. Wenn nicht, mußten sie mit den schauderhaftesten Entzugserscheinungen rechnen. Bald aber kamen sie mir auf die Schliche: Sie gingen einfach zum Nachbarn.

Ich probierte auch das Belohnungssystem aus. Sein Versagen führte mir deutlich vor Augen, daß ich in einer Woche gar nicht so viel verdienen konnte, um jemanden für etwas zu bezahlen, was ich zwanzig Jahre lang gratis getan hatte.

Zu guter Letzt lernte ich um und begann, nach ihren Maßstäben zu leben. Ich merkte, daß man in schlampig gemachten Betten ebensogut schläft wie auf Laken, die so straff gezogen sind, daß man ein Geldstück darauf hüpfen lassen kann. Die Kinder verbrauchten weniger Kosmetiktücher, wenn man sie nicht mehr einfach von der Rolle reißen konnte.

Auch Mütter, die formlose, mit dem Messer geschnittene, statt ausgestochene Plätzchen backten, bekamen Karten zum Muttertag.

Nur die zerknüllte Badematte, die sich jedesmal, wenn man die Tür öffnete, zusammenschob, ging mir nach wie vor schwer auf die Nerven.

Nichts als die Wahrheit ...

Jede Mutter möchte in dem Glauben leben, ihr Kind habe keinen Grund zu lügen.

Glaubt doch auch jede Mutter, daß Schwangerschaftsstreifen mit bräunen und eines Tages verschwunden sein werden.

Offengestanden habe ich nie diejenigen Mütter begriffen, die da verkünden: Mein Kind lügt nicht, dazu hat es keinen Grund! In Wirklichkeit hat es ungefähr sechs- bis siebenhundert Gründe, oder glaubt doch sie zu haben. Alle entspringen der Angst, etwas Verbotenes getan zu haben und dafür gestraft zu werden. Wenige Eltern aber haben den richtigen Blick für verräterische Anzeichen.

Wenn Sie Ihrem Kind verboten haben, ohne Ihre Begleitung schwimmen zu gehen, weil Sie arbeiten müssen, und Sie finden den Burschen beim Heimkommen mit chlorgeröteten Augen, nassen Haaren, roter Brust und verschrumpelten Fingerspitzen vom stundenlangen Wasserplanschen vor, und er behauptet, er habe »Einführung in die mathematischen Gleichungen« gelesen, so besteht die hohe Wahrscheinlichkeit, daß er lügt.

Wenn Sie feststellen, daß Ihr Kind in der Garage ein Fahrrad mit einem alten Bettuch zudeckt, Sie Polizeisirenen in der Nähe hören, es fragen, woher es das Rad hat, und es erwidert: »Gefunden«, würde ich ihm lieber noch ein paar Fragen mehr stellen.

Ich habe festgestellt, daß ein Kind jedesmal Stein und Bein lügt, wenn es auf die Frage »Was machst du da?« »Nichts!« erwidert. Selbstverständlich gibt es gewisse naheliegende Lügen, etwa auf »Hast du dir das Gesicht gewaschen?« Sie hören »Ja!« und sehen quer über Gesicht und Brust eine Nässespur wie von einer Hundezunge.

Manches Kind ist nur deshalb ungehorsam, weil die Vorschrift für den Umgang mit der Wahrheit so dehnbar ist. Beispiel: Man darf kein Plätzchen nehmen und hinterher behaupten, man habe es nicht getan. Das nennt man eine Lüge.

Schmeckt jedoch ein Plätzchen wie der Boden des Hamsterkäfigs, darf man nicht die Wahrheit sagen. Man muß sagen, es schmeckt fabelhaft. Das nennt man Takt.

Einige der phantastischsten Wahrheitsverdrehungen, auf die ich gestoßen bin, stammen aus dem Mund meiner Kinder. Jetzt, da sie älter geworden sind, kommt einiges ans Licht, wovon ich keine Ahnung hatte. Etwa, daß sie einander mit einem Tranchiermesser im Hof herumgejagt haben und daß einer unserer Babysitter an Sylvester einen Liter Gin ausgetrunken hat.

So ungern ich das öffentlich zugebe, ich weiß den Takt meiner Kinder zu schätzen. Ich glaube, die Wahrheit hätte mich seinerzeit überfordert.

Dein Kind, das unbekannte Wesen

Die Frage, die mir meine Leser am häufigsten stellen, lautet »Wie viele Kinder haben Sie denn nun wirklich?« Die Antwort lautet: sechs.

Drei davon sind noch zu Hause. Ihretwegen habe ich Krampfadern im Hals, weil ich andauernd brüllen muß: »Sitz gerade! Man sagt ›danke‹! Iß deinen Teller leer! Nimm die Füße vom Tisch! Knall nicht mit den Türen! Mach das Licht aus! Geh ins Bett! Sprich nicht mit vollem Mund! Hör auf zu telefonieren! Benutze die Serviette! Bind dir die Schuhbänder zu. Wasch dir die Hände! Paß auf, ich sag dir das nicht zum zweiten Mal!«

Dann habe ich noch drei, die nicht mehr zu Hause sind, und von denen ich gerüchteweise erfahre, daß sie abdecken helfen, Türen aufhalten, einkaufen gehen, jemandem Komplimente über selbstgebackene Plätzchen machen, schwere Taschen zum Wagen tragen und begeistert alle Gemüsesorten essen, die sie daheim nicht anrühren würden. Als ich zum ersten Mal von diesem Phänomen hörte, wollte ich es nicht glauben. Mein Sohn war übers Wochenende bei Eltern eines Schulkameraden eingeladen. Ich rechnete damit, daß sie ihn abends gegen zehn Uhr heimschicken würden, im festen Glauben, er sei von einem Tornado gezeugt und unter Werwölfen groß geworden.

Der Morgen dämmerte: noch immer kein verzweifelter Anruf. Gegen Mittag klingelte das Telefon. Eine freudig bewegte Stimme bat, mein Sohn möge doch noch zum Abendessen bleiben dürfen.

»Wer spricht denn da?« rief ich. »Soll das ein schlechter Witz sein?«

Die Stimme sagte, es sei ein Vergnügen, meinen Sohn zu Gast zu haben und sich mit ihm unterhalten zu können. Außerdem sei er ein leuchtendes Beispiel für ihren eigenen Sohn, denn er putze nach dem Baden die Wanne, hänge seine Handtücher auf, mache sein Bett selbst und sei eben dabei, den Rasen zu mähen.

»Beschreiben Sie das Kind mal«, verlangte ich.

»Der Junge ist sieben, hat blondes Haar, ein gewinnendes Lächeln und tadellose Tischmanieren.«

»Schicken Sie ihn mir an den Apparat«, sagte ich mißtrauisch.

Der nächste Ton, den ich hörte, war ein übellauniges Greinen. »Was willste denn? Ich soll womöglich schnell heimkommen und mein Zimmer aufräumen oder deine Brille suchen oder sonst für dich schuften, was?«

Es stimmte, er war es.

Nur andere Mütter verstehen dieses Wunder: Das Kind, das daheim abgelegten Kaugummi anderer Leute aus dem Aschenbecher nimmt und weiterkaut, im Café aber einen zu Boden gefallenen Löffel dem Ober zurückgibt. Das Kind, das daheim Kokosnußplätzchen sofort erbricht, aber die von Mrs. Miller beim Pfadfindertreffen fabelhaft findet. Das Kind, das so krank ist, daß es daheim unmöglich zu Tisch kommen kann, sich aber über irgendeinen Witz im Sprechzimmer des Doktors halb kaputtlacht.

Vorige Woche kam ein Teenager zu uns zu Besuch, und als er mich begrüßte, fragte er: »Habe ich Sie nicht vor acht Tagen auf dem Titelblatt einer Illustrierten gesehen?«

Wozu seine Mutter anrufen? Es würde sie nur deprimieren.

8. Was macht ihr da? Nichts!

Wollen Sie mal eine Mutter zusammenbrechen sehen? Dann beobachten Sie sie, wenn sie ihr Kind fragt, was es gemacht hat, und das Kind antwortet: »Nichts!«
Kinder tun »nichts« in einem Zimmer mit geschlossener Tür, hinter der ein Hund bellt, unter der Wasser hervorquillt, ein Geschwisterchen um Gnade winselt, ein sonderbarer Geruch nach versengten Haaren aufsteigt, und hinter der man ein Getrampel hört wie von tausend Kamelen.
Die meisten Mütter haben nicht die seelische Kraft, dieses von ihren Kindern angestellte »Nichts« in Augenschein zu nehmen und begnügen sich damit, von unten zu brüllen: »Soll ich raufkommen und nachschauen, was ihr treibt?«
Die Antwort lautet – der Leser wird es schon erraten haben – NEIN. Sie lautet *immer* NEIN.
Sogar die Elternmörderin Lizzie Borden hätte auf die Frage, was sie macht, ›nichts‹ geantwortet. Ganz zu schweigen von Kain, den sein Bruder Abel dadurch ärgerte, daß er ihm die Pausenbanane klaute.
Es gibt wahrscheinlich nur eines, was noch grauenvoller ist als ein Zimmer voller Kinder, die Lärm machen: ein Zimmer voller Kinder, die mucksmäuschenstill sind.
Wenn Kinder hinter verschlossener Tür flüstern, rufen Sie sofort das Mobile Einsatzkommando und seien Sie auf das Schlimmste gefaßt.
Zu den denkwürdigsten Gelegenheiten, bei denen meine Kinder ›nichts‹ taten, gehören folgende:

Als sie einer streunenden Katze meinen Pelzhut aufsetzten und ich danach die einzige Frau in der ganzen Stadt war, die als Modeschmuck ein Flohhalsband trug.

Als sie eine Miniaturflotte in der Badewanne auslaufen ließen, und die Wanne auslief, ehe die Flotte sank.

Als sie ein Bettuch bügeln wollten, um den Urlaubsfilm darauf zu projizieren, und dabei ein Loch in den Teppich brannten.

Als sie sämtliche Weihnachtsgeschenke schon am 19. Dezember auspackten.

Als sie die Oma in Ohio anrufen wollten und ein Schuhgeschäft in Mexiko an die Strippe bekamen.

Nein, Mutterschaft ist nichts für Verweichlichte. Dabei wäre es ein leichtes, eine Tür zu öffnen und mit einem einzigen Blick das Ausmaß des Schadens festzustellen. Doch wenn man zwei Stimmen und einen Hammer hinter einer Tür hört und die Kinder schwören, sie täten ›nichts‹ und ›mit niemand‹, dann läuft es einem kalt den Rücken herunter.

So war Mama, Band II

Ihr anderen Mütter seid ja zu feige dazu: also werde ich es stellvertretend für euch aussprechen. Ihr alle habt eine Heidenangst, unter den Matratzen eurer Kinder könnte ein Manuskript versteckt sein mit dem Titel »So war Mama, Band II«.

Ich weiß nicht, wie das bei euch ist. Ich jedenfalls kann unter einer solchen Bedrohung meine Mutterrolle nicht ausfüllen. Es gab eine Zeit, da vermochte ich meine Kinder hart anzufassen, ohne Vergeltung fürchten zu müssen. Ich drohte ihnen mit Haft und Zwangsarbeit, wenn sie den Wagen nicht rechtzeitig zurückbrachten. Ich drohte ihnen mit unaussprechlicher öffentlicher Bloßstellung, wenn sie die Schule schwänzten. Ich brach ihren Widerstand mit allen Mitteln: Als sie einmal in den Schulkleidern spielen gehen wollten, drohte ich, ihnen ihren jungen Hund wegzunehmen.

Und heute? Wenn ich eines der Kinder bitte, das Licht auszuknipsen, werde ich schon unruhig und sage schnell noch: »Es eilt aber nicht. Wenn du gerade mal Zeit hast!«

Was Müttern nicht rechtzeitig gesagt wird: Jedes Kind hat ein Gedächtnis wie ein Computer. Was immer man ihm sagt, es wird eingespeichert und kann in Sekundenschnelle abgerufen werden. Ein Kind erinnert sich noch mit 35 Jahren daran, daß die Mutter es einmal in nasser Hose hat sitzen lassen, weil sie das Ende der Vorstellung im Schloßtheater sehen wollte – und daß es davon einen Ausschlag bekam.

Es erinnert sich noch genau, daß sein Bruder an seinem zwölften Geburtstag eine Uhr bekam, und es selbst bis zu seinem dreizehnten darauf warten mußte. Es erinnert sich noch genau, daß es an der Wand schlafen mußte statt auf der dem Klo nächstgelegenen Seite. Es erinnert sich noch genau, daß die Mutter es einmal am Strand ins Wasser geschickt hat, um es endlich einmal naß werden zu lassen, und daß dann eine große Welle kam und es umwarf, so daß es fast ertrunken wäre.

Es gibt keinen Beruf der Welt, in dem Fehler in der

Öffentlichkeit derartig an den Pranger gestellt werden.

Alle Eltern haben ihre Schwächen und Fehler, also müssen sie zusammenhalten. Wir dürfen das »Gib Mami ein Küßchen, und es ist wieder gut« nicht einreißen lassen. Solange ein Bestseller mit Enthüllungen auf dem Markt ist und auch noch im Kino rasanten Erfolg hat, ist keine von uns sicher.

Ich bin schlechter dran als die meisten anderen Mütter, ich habe sechs Bücher über Pannen bei der Kindererziehung geschrieben.

Und doch – wenn man es recht bedenkt – Bo Derek in meiner Rolle wäre fabelhaft.

Gegendarstellung

Jedes Jahr bekomme ich die Zuschriften von irgendwelchen Kindern, die keine Lust mehr haben, meine Kolumne mit der Bemerkung hingestoßen zu kriegen: »Da! Lies das mal – das bist du.«

Diese Kinder fragen an, warum ich denn immer den Standpunkt der Eltern vertrete und nie den des Kindes.

Heute bekam ich einen Brief aus Long Beach, Kalifornien. Ein Mädchen schrieb: »Sie schreiben jetzt schon so lange über Kinder, die alles tun, um ihre Eltern auf die Palme zu treiben. Wie wär's denn mal mit ein paar kurzen Worten über Eltern und Kinder, die zufälligerweise was richtig gemacht haben? Gezeichnet: T. H.«

Du hast ganz recht, T. H. Du mußt wirklich glauben,

uns könnte man nichts recht machen. Es wird Zeit für den alljährlichen Beitrag zum Lobe des Kindes.

Eltern haben ihre Sache gut gemacht, wenn sie ihr Kind um ein Glas Wasser aus der Küche bitten –, und das Kind weiß, wo die Küche ist.

Sie haben es geschafft, wenn sie zum Geburtstag ein Geschenk kriegen, und das Kind es von seinem eigenen Geld gekauft hat. Sie haben einen Pluspunkt verdient, wenn das Kind aus eigenem Antrieb berichtet, daß es die geborgte Kamera hat fallen lassen, die Frage der Eltern: »Hast du überhaupt eine Ahnung, was so eine Kamera kostet und wer das bezahlen soll?« beantworten kann und sich zur Zahlung verpflichtet.

Sie haben das Große Los gezogen, wenn auf ihre Feststellung, des Sohnes Hose sei durchgescheuert, sein Hemd ungebügelt, und er trage den Pullover verkehrt herum und sehe überhaupt ziemlich verkommen aus, der Sohn ihnen beipflichtet.

Es ist ein Freudentag für alle Eltern, wenn ihre Kinder auch vor Fremden mit ihnen sprechen,

den Wagen nach Benutzung wieder auftanken,

fragen, ob man gerade eine bestimmte Sendung sieht, ehe sie per Fernbedienung umschalten,

das Geschirr spülen, wenn sie an der Reihe sind,

für irgend etwas »danke« sagen.

Es ist schön für Eltern, wenn ihre Kinder ...

ihnen die Wahrheit sagen, auch wenn ihnen Fürchterliches droht,

sich melden, wenn man sie ruft, ohne zu fragen: »Was willst du denn?«

im Winter die Türen schließen, weil dann der Vater dankbar lächelt, auf Erkältungen der Mutter Rücksicht nehmen, als seien es ihre eigenen.

Artige, wohlerzogene Kinder hält man für selbstverständlich wie den Lauf der Sonne. Sie erheben sich jeden Morgen. Sie verschwinden jeden Abend freiwillig im Bett. Und die wenigsten Eltern können sich vorstellen, wie sehr sie sich anstrengen, es uns recht zu machen – und wie obermies ihnen ist, wenn sie glauben, versagt zu haben.

Schauen Sie sich Ihre Kinder genau an. Im Ernst, ich meine *genau*. Finden Sie nicht, daß sie viel besser erzogen sind, als Sie dachten?

So, und nun gehen Sie hin und sagen Sie es ihnen.

Muskelspiele

Eine Frau in Illinois, deren Sohn Gewichtheber ist, hat festgestellt, daß seine Fingermuskeln immer schwächer werden, je stärker sich seine Oberarmmuskeln entwickeln. Mit anderen Worten: Der Bursche kann zwar sein Eigengewicht stemmen, aber keinen Wasserhahn mehr zudrehen.

Die Erklärung ist sehr einfach: Bei Teenagern entwickelt sich jeweils nur ein Teil des Körpers. Haben sie gute Noten in der Schule, kann man nicht erwarten, daß sie ihr Zimmer aufräumen. Will man, daß sie acht Stunden Nachtruhe halten, können sie unmöglich den Müll raustragen. Will man von ihnen immer nur die Wahrheit hören, darf man sie nicht zwingen, bei Verlassen ihres Zimmers die Lampen auszuknipsen.

Hätte man logische Wesen gewollt, so hätte man Collies züchten müssen.

Die Jahre elterlicher Einfalt liegen nun hinter uns. Unser Sohn spielt täglich vier Stunden Basketball. Seine Beinmuskeln sahen aus wie eine Reliefkarte von Brasilien. Hundertmal am Tag trugen ihn diese Beine über den Boden der Turnhalle hin und her. Doch die Gehmuskeln, die ihn befähigt hätten, zu Fuß nach Hause zu gehen, hat er bis heute nicht entwickelt.

Ein anderes meiner Kinder quasselte so lange am Telefon, daß wir uns zu dem sechzehnten Geburtstag dieser Tochter alle zusammentaten, um ihr eine Zungentransplantation zu ermöglichen. Das kurze Wörtchen DANKE aber hätte sie nicht herausgebracht, und wenn man ihr das gesamte Lager eines Modehauses geschenkt hätte.

Um Teenager zu verstehen, muß man sich mit ihrer Anatomie vertraut machen. Bei ihnen arbeiten nie zwei Dinge gleichzeitig.

Am Vorabend ihres achtzehnten Geburtstages verkrampfen sich die Finger in der Vorfreude, binnen Stunden mit den Wagenschlüsseln klimpern zu können. Doch dieselben Finger können kein Handtuch wieder auf den Haken hängen.

Augen, die mit der durchdringenden Schärfe von Röntgenstrahlen eine in Alu-Folie verpackte Torte ganz hinten im Kühlschrank erkennen, sehen nicht, daß sich der Hund fast unter der Tür durchgräbt, weil er ganz dringend Gassi gehen muß.

Ist ein Teenager erst einmal siebzehn, so lassen seine Funktionen stark nach. Er hat das Gehör verloren — zumindest für die menschliche Stimme. Er scheint auch niemanden mehr zu erkennen. Die Muskeln seines ganzen Körpers sind eine einzige träge Masse.

Eines aber arbeitet noch: das Gehirn. Es entwickelt sich rasch bis zur Reife eines Fünfunddreißigjährigen und bleibt dann so stehen, bis er wirklich fünfunddreißig ist. Dann sinkt es langsam wieder auf das Alter von siebzehn ab.

Verhaltensänderungen

Es ist schon sonderbar, wie sehr sich unser Verhalten gegenüber unseren Kindern innerhalb weniger kümmerlicher Jahre verändert.

Es hat einmal eine Zeit gegeben, da nahm ich das Stück Pappe aus dem frischgereinigten Oberhemd meines Mannes, zog eine Schnur durch und hängte es meinem Sohn um den Hals. Darauf stand: BITTE NICHT FÜTTERN! Mein Sohn glich einem Abfallsammler, der mit offenem Mund die Straße auf und ab ging. Müllwagen waren in unserem Viertel, verglichen mit ihm, eine bedrohte Spezies.

Was gäbe ich heute darum, wenn ihm jemand etwas zu futtern gäbe: Plätzchen, Wachskerzen, Eis ... was Sie wollen, um seinen Appetit aufs Mittagessen ein wenig zu entschärfen.

Und wissen Sie noch, wie das war, als man so gern sagte: Ach bitte, sprich doch mit mir?

Ich konnte es kaum erwarten, daß mein Kind sprechen lernte. Ich saß vor ihm und lauschte begierig, ob nicht etwas Verständliches aus seinem Mund kam – ich deutete jede Luftblase.

Die ganze Kinderzeit, das ganze Teenageralter hindurch bettelte ich: »Sprich mit mir, ich bin doch deine Mutter.«

Aber wissen Sie, *wann* er angefangen hat zu reden? Als er in den Nachbarstaat gezogen war und es für die erste Telefonminute 48 Cent, für jede weitere 33 Cent plus Steuer kostete. Vorige Woche haben wir ein halbes Vermögen dafür ausgegeben, ihn berichten zu hören, wie sein weißer Pullover in der Wäsche eingelaufen ist.

Ich könnte mir die Zunge abbeißen, wenn ich heute daran denke, aber es hat einmal eine Zeit gegeben, da sagte ich zu meiner Tochter: »Komm, zieh das schöne Sonntagskleidchen aus und irgendwelches altes Zeug an, wenn du spielen gehst.«

Was gäbe ich heute darum, um zu sehen, daß sie überhaupt noch Beine hat!

Die Erinnerung schmerzt, aber ich habe jahrelang nach dem Motto gelebt: »Man kann ein Kind ans Wasser zwingen, zum Waschen zwingen kann man es nicht.« Hätte ich nur einen Groschen für jedesmal, als ich eigenhändig die Dusche aufdrehte, die Badewanne einließ, das Shampoo abmaß und sie physisch bedrohte, wenn sie nicht Wasser und Seife benutzten. Das war nämlich, ehe die Schaumbäder in Mode kamen. Heutzutage ist Baden unter Teenagern eine Religion. Der Heißwasserboiler ist ihr Altar und fettiges Haar das Allerhinterletzte.

Am stärksten verändert aber hat sich das Verhalten der Großeltern. Solang die Kinder klein sind, stehen sie Schlange, um bei ihnen zu babysitten. Nach etwa achtzehn Monaten läßt das stark nach, weil inzwischen auch sie festgestellt haben, daß die lieben Kleinen überall Körperöffnungen haben, die man überwachen muß.

Erst kürzlich hörte ich eine Großmutter sagen: »Nicht um die Welt würde ich meine Enkelkinder hüten. Mit denen würde nicht einmal eine Spezialtruppe der Polizei fertig.« Die Moral von der Geschicht' scheint mir zu sein: Genießt es, eh ihr wißt, was ihr tut!

Tantensprache

Neulich sagte meine Tante Lotte zu mir: »Also, ich muß schon sagen, du hast dich wirklich sehr verändert seit deiner Kinderzeit. Du warst so schüchtern und verschlossen. Es war immer eine große Anstrengung, dich dazu zu bewegen, auch nur einmal den Mund aufzumachen.«
Meine Gedanken wanderten zurück zu jenen Tagen, und ich muß zu meiner Verteidigung anführen, daß so manches Kind liebend gern etwas sagen würde ... Nur: Die Erwachsenen stellen immer so blöde Fragen. Ich wette, auch ein Erwachsener könnte sie nicht alle beantworten.
Tante Lotte ist die, die immer in mein Zimmer kam, sich tief zu mir herunterbeugte und fragte: »Ja, wo hast du denn nur die blonden Löckchen her?«
Und jedesmal dachte ich: Heiliger Bimbam, jetzt geht das wieder los ... Wahrscheinlich geht's da um eine biologische Vererbungsfrage mit Genen und Chromosomen und all dem Zeug.
»Ja, was ist denn«, pflegte sie dann fortzufahren, wenn ich nicht sogleich antwortete. »Hat's dir die Sprache verschlagen? Oder sprichst du nicht mehr mit deiner

Tante Lotte? Willst du wirklich, daß Tante Lotte weint?«

Was sollte das nun wieder für eine Frage sein? Mein Gott, da schlug sie doch tatsächlich die Hände vor's Gesicht und machte Buh-Huh!

»Komm, erzähl deiner Tante Lotte mal was! Was willst du denn werden, wenn du groß bist?«

Es war unfaßbar! Ich konnte mir noch nicht die Hände waschen, ohne auf einen Hocker zu klettern, und die wollte wissen, ob ich ein Lebensziel habe!

»Pfui, ist das aber eine häßliche Grimasse. Wenn die Uhr schlägt, bleibt dein Gesicht so stehen. Möchtest du das?«

Auch diese Frage war immer dieselbe. Weder damals noch später habe ich von jemandem gehört, dem so etwas wirklich passiert ist.

»Ich glaub, du bist einfach müde und gehörst in deine Heia, was?«

Warum sagte sie nicht ›Bett‹ wie unter vernünftigen Menschen üblich?

Tante Lottes nächste Äußerung war keine Frage, sie war ein forsches Angebot: »Einen Penny für das, was du gerade denkst!«

»Tante Lotte«, sagte ich, »bei der derzeitigen Geldentwertung wäre ein Hundertstel Dollar wohl kaum ausreichend als Entgelt für die von mir angestellten Überlegungen. Ich komme dabei nicht einmal auf meine Gestehungskosten!«

Da verschlug es Tante Lotte die Sprache. Erst nach ein paar Minuten kam sie wieder zu Atem und sagte spitz: »Weißt du, als Stockfisch hast du mir eigentlich doch besser gefallen!«

Kinder-Szenen

Wir sind ein Land der Kontraste. Und wissen Sie, wann der Kontrast zwischen den vielfältigen Rassen, Glaubensbekenntnissen, Parteizugehörigkeiten und Moralvorstellungen am deutlichsten wird? Wenn gerade ein Kind seinen Koller hat. Dann ist jeder Augenzeuge eine Autorität, was Grund und Auslöser des Kollers betrifft und was dagegen zu tun sei.

Zur Klarstellung: Ich spreche hier nicht vom harmlosen kleinen Auftritt, bei dem das Kind stampft, hopst, jault und winselt, weil es nicht ins tiefe Ende des Swimmingpools will. Ich spreche von der Ein-Mann-Schau, einer Art Matinee, bei der das Kind auf dem Boden liegt wie ein nasser Sack und so markerschütternd kreischt, daß Glas und Plastik bersten. Bei der sich seine Glieder verkrampfen, sein Gesicht vom Weinen bis zur Unkenntlichkeit verschwollen ist, und es einem unter den Händen zu sterben droht. Und all dies nur, weil es müde ist und sofort auf den Arm will, und dabei hat man doch bereits einen halben Zentner Lebensmittel zu schleppen und ist im siebten Monat.

Es ist eine betrübliche Tatsache, daß Mütter bei solchen Ausbrüchen schlechter Laune nicht unbedingt immer zu ihrer Nachkommenschaft halten. Das wurde mir schmerzlich bewußt, als sich mein Kleiner eines Tags im Abholmarkt um mein Bein wickelte und monoton fünfunddreißig Minuten lang ein einziges Wort schrie: »Kaugummi!«

Das Gewicht, mit dem er an meinem Bein hing, wurde sehr lästig, und ich sagte in festem Ton: »Nein.« Einen

Moment später hatte er den ganzen Kaugummiautomaten umgerissen. Ich gab ihm einen tüchtigen Klaps hinten drauf und machte mich daran, 3000 herumrollende Kaugummikugeln aufzusammeln. Und während das Gör hysterisch brüllte: »T'schuldigung, Mami, T'schuldigung!« (na, immerhin!), wandten sich die Umstehenden, anstatt mich zu unterstützen, gegen mich.

»Was ist das bloß für eine Mutter, die sich ruhig mit anhört, wenn ihr Kind so brüllt?«

»Liebe braucht er, der kleine Kerl, das ist alles.«

»Ich würde sagen, bei dem zu Hause fehlt die Nestwärme, die Zuwendung!«

»Ich hab die Frau schon vorhin beobachtet, sie hat sein Ärmchen so fest gehalten, daß ich schon glaubte, sie reißt's ihm aus.«

»Hätte sie ihm den lausigen Kaugummi nicht gönnen können?«

»*Sie* verdient den Klaps hinten drauf und nicht er, weil sie nicht besser auf ihn aufgepaßt hat.«

Ich erhob mich von den Knien und wollte meinen Sohn bei der Hand nehmen. Da kam die Krönung seines Auftritts: Er wich vor mir zurück. Die Zuschauer waren hingerissen. Eine Frau meinte: »Ich frage mich, warum solche Leute Kinder kriegen!«

Ich wußte es. Und wollte es nie wieder tun.

Ordnung muß sein

Auf die Gefahr hin, daß es Sie nachts nicht schlafen läßt: Ich muß es Ihnen sagen, es ist wichtig.

Seit sechzehn Jahren führe ich bei allen Eltern eine Art inoffizieller Umfrage durch. Ich bitte Sie um Antwort auf eine ganz simple Frage. »Nehmen Ihre Kinder jemals – mit Ausnahme der Gabel – etwas selber in die Hand?«

Einige Eltern wurden daraufhin ausfallend. Zwei mußten zu Beruhigungsmitteln greifen. Etwa ein Dutzend wiesen nachdrücklich darauf hin, daß sie den Krieg mitgemacht hätten. Und jetzt kommt das Erschütternde: von allen Befragten hatte keiner – ich wiederhole, kein einziger – ein Kind, für das Ordnung ein Begriff war.

Irgendwann zwischen dem Auskochen des Schnullers und dem Kauf schwarzer Handtücher sind sie uns entglitten. Ich weiß nicht, worin wir versagt haben, aber wir haben eine Generation auf die Welt losgelassen, die tut, als sei das sich selbst reinigende Badezimmer bereits erfunden.

Die meisten Eltern fürchten den Vorwurf, sie hätten ihren Kindern die Grundbegriffe von Sauberkeit und Ordnung nicht beigebracht und wären somit als Eltern inkompetent. Natürlich stimmt das nicht. Meine Kinder zum Beispiel stammen aus gutem Hause. Ich benutze beim Geschirrspülen immer ein Spülmittel. Ich trage ein Hemd nicht noch einen vierten Tag, indem ich es verkehrt herum anziehe. Ich bewahre unter dem Gaspedal keine ineinandergesetzten Pappbecher auf. Ich schlafe nie auf Kissen ohne Bezug. Ich trinke niemals Milch direkt aus der Packung. Und beim Anblick des Kleiderschrankes meines Sohnes bin ich in Ohnmacht gefallen.

Ein paar Naivlinge vertreten die Meinung, unsere Luftverschmutzung sei auf zu viele Autos und Industrieabgase zurückzuführen. Denken Sie mal nach! Wir Eltern haben die Luftverschmutzung schon in dem Jahr festgestellt, in dem unsere Nachkommen herausgefunden hatten, daß ihre Schlafzimmertüren abschließbar waren.

Ich hasse es, wenn die Leute meinen, Schlamperei sei etwas Ererbtes, Übernommenes, von einer Mutter etwa, die zu viel anderes zu tun hatte, um ihre Kinder zur Ordnung anzuhalten.

Als meine Älteste noch im Krabbelalter war, fragte ich sie jedesmal »Hast du dir auch Gesicht und Hände gewaschen?«, ehe ich sie an den Eßtisch ließ. Eine Antwort auf meine Frage bekam ich übrigens nie. Es erschien nur eine ellenlange Zunge und säuberte wie eine Straßenkehrmaschine einen Weg zwischen der Nase im Norden, im Osten und Westen von den Bakken, im Süden von einem Kinn begrenzt.

Von da an ging's bergab. Und zwar täglich.

Nur ungern renne ich mit jedem auftauchenden Problem zur Regierung und beklage mich, aber vielleicht wäre eine Überwachungsstelle für Kindersauberkeit, die gewisse hygienische Grundbegriffe aufrechtzuerhalten hätte, doch keine schlechte Idee.

Nein, unser heutiges Problem sind nicht die grünen Männlein, die aus den UFOs klettern, um unseren Planeten zu besuchen. Das Problem ist, wie wir sie in all der Unordnung nach ihrer Landung überhaupt finden sollen.

9. Weihnachtseinkäufe

Es gibt Leute, die kommen einfach nicht in Weihnachtsstimmung. Sie erzählen einem, wie viele Sekunden ein Christbaum braucht, um abzubrennen, wie schädlich die Sache mit dem Weihnachtsmann für die Kinderpsyche ist und wie viele Leute letztes Jahr zum Fest von der Wohlfahrt gespeist worden sind. Deshalb war ich ganz überwältigt, als mein Mann gestern abend mit zahlreichen Päckchen beladen heimkam.

Er legte sie auf den Eßtisch, und ich sagte scherzhaft: »Na, hat der Geist des Festes jetzt auch dich erfaßt? Soll ich lieber rausgehen?«

»Wozu?« fragte er. »Herrenwäsche wirst du ja schon mal gesehen haben.«

Wie vor den Kopf geschlagen sah ich ihm zu, als er Stapel von Unterhosen, Hemden und Socken auspackte.

»Für wen sind die denn?« wollte ich wissen.

»Für mich. Die fehlen mir schon seit Monaten. Und sieh mal hier, den Pulli. Im Ausverkauf! Genau so was brauche ich zum Basteln im Hause.«

Ich fühlte, wie ich blaß wurde.

»Und wenn du erst die Pantoffeln siehst, die ich gefunden habe! Dir ist wahrscheinlich nicht aufgefallen, daß meine alten buchstäblich zerfallen sind, als ich neulich die Zeitung holte.«

»Es ist mir aufgefallen«, sagte ich und sank kraftlos in einen Stuhl.

»Schau mal da: Wetten, daß du einen so praktischen Clip für Geldscheine noch nie gesehen hast?«

»Wetten, daß doch«, sagte ich kläglich.

»Du weißt ja, in diesen engen Herrenhosen hat man doch nie Platz für die Brieftasche, also hab ich das Ding kurz entschlossen gekauft. Moment, was habe ich noch alles?«

»Wo ist denn der Morgenrock mit deinem Monogramm darauf?« stöhnte ich.

»Woher weißt du, daß ich mir einen Morgenrock gekauft habe? Den liefern sie später. Sie können das Monogramm erst nach Weihnachten einsticken.«

»Ach, ich hab nur mal geraten – auf gut Glück. Und was ist mit dem Armband zum Anklemmen der Wagenschlüssel und Geldscheine beim Joggen?«

»Alles da«, sagte er und öffnete eine Schachtel. »Sag mal, du kannst wohl Gedanken lesen oder was? Weißt du, diese Weihnachtseinkäufe sind eigentlich doch keine so schlechte Idee. Vielleicht komme ich noch auf den Geschmack.«

Wie ich die Lage sehe, bleiben mir zwei Möglichkeiten. Er kann entweder all sein Zeug zurückgeben und durch die Sachen ersetzen, die ich bereits schön verpackt unter dem Christbaum aufgebaut habe.

Oder ich kann meinen Mann zurückgeben und ihn durch einen neuen ersetzen – einen in der richtigen Größe für all die Sachen, die ich gekauft habe.

Die Entscheidung fällt mir nicht leicht.

Frisch gewagt ...

Zu den Geheimnissen einer glücklichen Ehe gehört die Erkenntnis, wo beim Ehepartner die Toleranzgrenze liegt. Manche Paare können miteinander Tapeten kleben und doch verheiratet bleiben. Andere können – gemeinsam – einen Ferienbus rückwärts aus einer Parklücke herausfahren. Und einige wenige können sogar miteinander ein Bild aufhängen.

Ich zum Beispiel habe nie mit meinem Mann einkaufen gehen und danach nachts im gleichen Doppelbett mit ihm schlafen können. Der Aggressionsstau im Raum ließ sich nicht einmal dann ertragen, wenn man alle Fenster aufriß.

Der springende Punkt war die Motivation zum Einkaufen. Ich überlege, was ich brauche, und dann gehe ich zum Markt und kaufe es. Er kauft ein wie ein Computer Daten sammelt: Hundert Prozent genügen nicht, es werden vielleicht noch hundertzwanzig.

Seit fünf Jahren haben wir vor, uns neue Betten zu kaufen. Wir haben viel von diesen neuen Betten gesprochen. Wir haben das Geld, uns diese neuen Betten zu kaufen. Wir wissen genau, welche Sorte Betten wir brauchen. Vorige Woche, vor dem Eingang des Bettengeschäfts, legte ich ein letztes Mal die Spielregeln fest: »Also, wenn die Betten das sind, was wir suchen, und wenn wir den Preis für angemessen halten, kaufen wir sie. Ist das klar?«

Er nickte.

Die Betten, die uns der Verkäufer zeigte, waren genau das, was wir brauchten. Der Preis stimmte. Ich wandte mich zu meinem Mann. Er nickte und sagte: »Sie sind genau die richtigen. Wir schauen uns noch ein bißchen um und kommen dann wieder her.«

Draußen vor dem Geschäft blieb ich stehen und sah

ihm drohend in die Augen. »Du hast nicht die Absicht, jemals Betten zu kaufen, oder? Für dich ist das nur eine Wochenendbeschäftigung wie ein Besuch im Zoo. Damals bei dem Teppich war es ja genauso. Viele Jahre lang waren wir mit Teppichkaufen beschäftigt. Andere Frauen bekamen Kinder, hatten eine Mission, betätigten sich in der medizinischen Forschung, setzten Akzente, hatten ein erfülltes Leben. Und ich? Ich kaufte einen Teppich. Na, und die Gefriertruhe? Du hast dem Kauf der Gefriertruhe mehr Zeit geopfert als der Pubertät deines Sohnes!«

»War auch lustiger«, sagte er.

Ich weiß, ich bin nicht die einzige Frau auf der Welt, die dieses Problem hat. Ich sehe überall Männer wie den meinen. Ich sehe sie in Las Vegas herumwandern und jedem über die Schulter schauen, die Hände in den Taschen, um sicherzugehen, daß ihr Geld noch da ist. Ich sehe sie auf Versteigerungen, wie sie in der letzten Reihe sitzen, und zuschauen wie alle anderen bieten. Manchmal besuche ich den Ausstellungsraum eines Polstermöbelgeschäfts. Dort hängt ein Plakat: »Ehemänner, die Garnituren kaufen, werden nur bedient, wenn sie eine Vollmacht ihrer Frau mitbringen.« Solche Leute sind ihrer Zeit um Jahre voraus.

Zweitaussteuer

Neulich erwähnte ich in einer Fernsehshow, daß ich seit zweiunddreißig Jahren verheiratet bin. Da erhoben sich die Zuschauer von den Sitzen und klatschten mir Beifall. Es war ein so stürmischer Applaus, wie er

sonst nur Katherine Hepburn oder einem von großer
Fahrt heimkehrenden Schlachtschiff zuteil wird.

Es war rührend. Wirklich rührend. Aber in meinem
Alter braucht man keine Zustimmung. Was ich brauche, ist eine Zweitaussteuer.

Ich will es Ihnen erklären: Eine Weile ging alles glatt.
Jahrelang schenkten mir alle Freundinnen »was für
den Haushalt« und meine Mutter löste zu Geburtstagen und an Weihnachten sämtliche Geschenkgut-
scheine ein – ich glaubte mich für's Leben versorgt.

Ich hatte für jeden Finger einen Toaströster, Decken
für drei Betten, genügend Geschirr, um ein Staats-
bankett zu geben, und genügend neue Küchengeräte,
um eine mittlere Neuheitenmesse damit zu be-
stücken.

Geschirrtücher? Drei Jahre lang habe ich sie als Weg-
werftücher behandelt. Im dritten Jahr bekam der Eier-
schneider eine Delle, und das Teigstäbchen hatte sich
ein bißchen verbogen, aber mein Warenlager war immer noch prall gefüllt.

In dem Jahr, in dem die Kinder anfingen abzuspülen,
büßte ich sechs Garnituren Gläser ein, drei komplette
Eßgeschirre, silberne Unterteller für sechzehn Personen und eine Kaffeemaschine, die streikte, wenn man
den Stecker unter Wasser einsteckte.

In dem Jahr, in dem die Kinder ins Ferienlager fuhren,
verlor ich vier komplette Garnituren Handtücher,
zwei Dutzend Bettlaken und eine juwelenbesetzte
Spieluhr, auf der zwei Figürchen Walzer tanzten.

In dem Jahr, in dem die Kinder im Hinterhof eine
Faschingsparty gaben, verlor ich einen Bridgetisch mit

542

vier passenden Stühlen, ein großes Bowlengefäß mit sechzehn Bechern, ein Küchensieb und drei Kochtöpfe (die bei einem Fackelzug als Hüte verwendet worden waren), ferner einen Popcornröster und sämtliche Buchstaben des Scrabblespiels.

Als die Kinder dann auf ihr jeweiliges College gingen, büßte ich unseren Fernseher ein, den kleinen Teppich aus dem Gästezimmer, fünf Lampen, den Wagen, die Nähmaschine, die Schreibmaschine, den Heizlüfter aus dem Bad und das Schachspiel.

Als die Kinder später in eigene Wohnungen zogen, verlor ich den Rest.

Was Sie nun vor sich sehen, ist das traurige Ende einer Traumhochzeit: eine Frau, die mit alten Unterhosen Geschirr abtrocknet ... die ihre Hühneraugenpflaster dazu verwendet, um Zettel ans Schwarze Brett zu heften, und die aus Imbißstuben heimlich Plastiklöffel mitgehen läßt.

Also los, einer muß anfangen! Überraschen Sie mich mit einer Geschenkparty, wie damals als Braut! Samstagabend habe ich noch nichts vor!

10. Fernsehdiät

Neulich sah ich im Fernsehen in einer Talkshow ein bezauberndes Starlet. (Ich nenne absichtlich nicht den Namen.) Als der Moderator sie fragte, wie sie so viel abgenommen habe, erwiderte sie: »Ich habe einfach weniger gegessen.«
Ich ließ alles fallen und holte schleunigst Papier und Bleistift, um mir zu notieren, *was* sie denn aß.
Als ich zurückkam, wurde sie gerade gefragt: »Und nun erzählen Sie uns mal, wie das funktioniert.«
Da sagte sie: »Ich esse einfach weniger, als mein Körper verbrennen kann.«
Ich hätte schreien können! Was soll denn das für ein Rat sein? Hält sie uns für schwachsinnig? Das weiß doch seit Jahren jeder. Was wir wirklich hören wollen, ist: Wie kann ich abnehmen, obwohl ich alles und genausoviel wie früher esse. Ich will wissen, was von Liste A und Liste B ich essen darf. Ich will mir leid tun dürfen, wenn ich scheußliche Dinge, die ich nicht mag, auch noch auf der Waage abwiegen muß. Ich möchte mich ekeln können und ein furchtbar schlechtes Gewissen haben, wenn ich mir Zucker auf die Grapefruit streue. Ich wünsche mir einen ganz tollen Diätplan, bei dem man so schnell abnimmt, daß man die Unterwäsche mit einem Gürtel festschnallen muß.
Fünf von fünf Amerikanern beginnen jeden Montag eine neue Diät. Wissen Sie auch warum? Weil jedermann Hochachtung vor einem Diäthaltenden hat. Diätbücher haben sich in den letzten zehn Jahren

besser verkauft als Sex-Anleitungen. Und nicht einer von 200 Millionen Amerikanern behauptet, er habe das Idealgewicht.

Die Diätbewußten sind die Helden und Heldinnen der Jetztzeit. Kunststück! Sie verstopfen sich die Ohren, vernähen sich den Mund mit Draht, fahren in Schlankheitscamps, in Schönheitsfarmen, in teure Kuren, nehmen Pillen und lutschen Bonbons, die den Appetit zügeln, lassen sich hypnotisieren und Bäuche wegschneiden. Sie stellen sich auf Schüttelapparate, tragen Silicon-Anzüge, lassen ihre Zellulitis kneten, wickeln sich in Wildleder, das mit Kräuteressenz getränkt ist, trinken Wasser, bis ihre Leber frei im Raum schwimmt, essen alle fünfzehn Minuten ein anderes Obst und tanzen.

Weniger essen? Das wäre unnatürlich.

Maßvoll essen hieße die Erinnerung an die heiligen Hungerer verunglimpfen, das Andenken derer, die nach den verschiedenartigsten ›Schulen‹ Diät hielten.

Ich sah die Schöne auf dem Bildschirm an und sagte laut vor mich hin: »Was weißt denn du Filmsternchen schon vom Abnehmen?«

Diätpatienten wollen Fachausdrücke, wollen den Reklamen glauben, in denen man ihnen eine Pille verspricht – eine Pille, die alles Fett im Körper in Wasser verwandelt und literweise ausschwemmt. Wollen Geschichten mit Happy-End, in denen es heißt: »O doch, Rosamunde, es gibt einen zusätzlichen Stärkeverbrenner! Du darfst nun Teigwaren essen, bis du umfällst.«

Weniger essen! Schnapsidee! Die sollen sich lieber ein Programm ausdenken, das man vervielfältigen und im Büro verteilen kann – vielleicht funktioniert das!

Haarsträubendes

Neulich saßen wir in einer kleinen Gruppe zusammen und sprachen über Willenskraft. Phyllis sagte: »Ihr werdet mir bestimmt recht geben, daß nichts größere Willenskraft erfordert als das Rauchen aufzugeben.«
Jemand anders – es war Ellen – rief: »Nein, nein. Dabei hat man doch noch einen gewissen Ansporn. Die schwersten Opfer fordert Abnehmen. Schließlich«, fügte sie hinzu, »ist man ständig von Eßwaren umgeben, die einen überallhin verfolgen und betteln: Iß mich, iß mich!«
Hier schaltete sich Marilyn ein. »Moment mal. Ihr habt ja alle keine Ahnung. Willenskraft? Versucht mal, euch das Trinken abzugewöhnen. Dazu nämlich braucht man echte, knochenharte Ausdauer und mehr Schneid als für alles übrige.«
Ich ließ sie eine Weile weiterquasseln, dann verwies ich darauf, daß es etwas gibt, das noch weit mehr Willenskraft erfordert, als Rauchen, Trinken und Essen aufzugeben, nämlich sich die Haare wachsen zu lassen.
Volle fünf Minuten lang saßen alle schweigend da und sahen vor ihrem inneren Auge die quälende, mit guten Vorsätzen gepflasterte Straße, die schließlich zu langem Haar führt.
»Wie oft ich das wohl versucht habe?« überlegte Phyl-

lis. »Fünfhundertmal? Tausendmal? Fünftausend? Und dann geraten die Ponyfransen in eine Art Grauzone, in der man sie weder zurück noch zur Seite kämmen kann. Sie wachsen einem immer weiter in die Augen.«

»Und dann das grauenvolle Stadium, bei dem das Seitenteil die Neandertaler-Länge erreicht«, warf Marilyn ein, »und dann prompt aufhört weiterzuwachsen. Einmal wollte ich aussehen wie Grace Kelly und zerrte mir die Haare zurück in einen Knoten. Das ganze Jahr wuchs mein Seitenhaar nur bis zu den Ohrläppchen.«

»Und mir ist die Länge am fürchterlichsten, wo sie bis zum Mantelkragen hängen«, sagte Ellen. »Man fühlt sich wie verfolgt von einer Kleiderbürste. Es reicht weder für *in* den Kragen noch für obendrüber.«

»Bei mir war es wie verhext«, sagte ich. »Einmal hatte ich mir sechs Wochen lang die Haare wachsen lassen, da wollte mein Friseur sie ein bißchen egalisieren, wie er sich ausdrückte. Es heißt, ich hätte ihn an die Wand gedrängt, ihm die Schere vor die Kehle gehalten und gedroht, ihm seinen Schnurrbart zu trimmen, wenn er mein Haar auch nur anrührte. Die zwei, die man jetzt auf jeder Illustrierten sieht, Jaclyn Smith und Brooke Shields, verdienen wirklich jeden Pfennig, den man ihnen zahlt. Und jetzt dreimal Hurra für fettiges Haar!«

Phyllis griff nach einer Zigarette.

Ellen tauchte Kartoffelchips in Mayonnaise.

Marilyn nahm einen langen, gedankenvollen Schluck Gin Tonic zu sich.

Ich fuhr mir mit den Fingern durch die Haare. Sie standen mir nicht zu Berge.

Abendbrot im Kreise der Familie

Wenn es stimmt, daß die amerikanische Familie zu den bedrohten Gattungen gehört, möchte ich wetten, daß es die gemeinsamen Mahlzeiten sind, die sie so weit gebracht haben.

Als man seinerzeit die gemütliche gemeinsame Essensstunde einführte, versammelten sich alle Familienmitglieder, saßen beieinander, scherzten und erzählten sich, was sie den Tag über getan hatten. Ich weiß, daß es so gedacht war: Ich habe es nämlich einmal im Fernsehen gesehen.

Ich selbst habe noch keine Familienmahlzeit erlebt, die sich nicht von weitem angehört hätte, als träte ein Lynchgericht zusammen. Unweigerlich kam zur Sprache, was wer wem angetan hatte, wer damit angefangen hatte und wer danach, wenn er seine Strafe absaß, ein Zimmer für sich bekam.

Kritiker des gemeinsamen Abendessens sagen von jedem zweiten Thema, es sei »für eine Diskussion bei Tisch ungeeignet«. Ja, weiß denn überhaupt jemand, was sich da eignen könnte? Es gibt ja so wenig, woran sich die ganze Familie beteiligen kann.

Kinder reden gern von Dingen, die einem die Freude am Essen – und manchmal am Leben überhaupt – austreiben können. Bei einer einzigen Mahlzeit hörte ich:

– eine genaue Beschreibung der Unterseite einer Zunge,

- das Gerücht, welches beliebte Tiefkühlgericht Rattenfleisch enthielt,
- woran Erbspüree erinnert, wenn man es von weitem sieht,
- wie der Hund verdaut, wenn er vorher Hühnerreste gefressen hat.

Männer sprechen lieber über Geld. Binnen weniger Minuten können sie einen dahin bringen, daß man sich nicht mehr traut, ein zweites Mal Salz zu nehmen. Außerdem benutzen sie die Gelegenheit, bei der alle versammelt sind, gerne dazu, eine ihrer berühmten Mahnreden vom Stapel zu lassen, etwa nach dem Motto: »Wenn ihr immer alle Türen aufläßt, heizen wir im Winter den Garten.« — »Das L auf der Benzinuhr bezeichnet ein Eigenschaftswort, nämlich ›leer‹, nicht den Imperativ: ›Leerfahren!‹« oder »Wenn ihr weiter so mit dem Wagen umgeht, werde ich mir für die Fahrt ins Armenhaus ein Taxi nehmen müssen.« Mütter benutzen gemeinsame Mahlzeiten, um das Fußabstreifer-Thema zu variieren. »Ihr benutzt mich ja sowieso nur als Fußabstreifer. Legt mir doch gleich einen Schlüssel unter die Zunge und stellt euch auf mich drauf!« Und sie erinnern ihre Kinder daran, daß noch aus niemandem etwas geworden ist, der sein schlampig gemachtes Bett mit dem Kleiderbügel glattstrich.

Ungefährliche Themen für die gemeinsame Mahlzeit gibt es meiner Meinung nach überhaupt nicht. Egal, wovon die Rede ist, jedes Familienmitglied wird nach Rollenfach reagieren. Neulich hatten wir einen Gast zum Abendessen. Er sagte: »Ich habe gelesen, daß der

Schneckenvogel immer noch auf der Liste der bedrohten Arten steht.«

Sekundenlange Stille.

Dann sagte eines der Kinder: »Sind das nicht die, die durchs Auge bluten, wenn sie sterben?«

Darauf mein Mann: »Wenn die erst 20 Dollar das Pfund kosten, werden die Kinder, wie ich sie kenne, akute Schneckenvogelmangelerscheinungen entwickeln.«

Und ich schließlich: »Es ist nicht die einzige gefährdete Gattung. Frauen, die hinter ihren Teenagern herräumen müssen, werden auch bald dazugehören.«

Die Familie, die gemeinsam ißt, sollte es vielleicht doch lieber bleiben lassen.

Bildschirmerkältungen

Ha-ah-tschii!

Wo ich mir diesen Schnupfen geholt habe? Dumme Frage! Vor dem Fernseher natürlich.

Abend für Abend habe ich vor dem Bildschirm gesessen, und aus der Röhre glotzten mich immer wieder neue Schnupfenopfer an. Sie blinzelten aus geröteten Augen (die durch Gebrauch gewisser Augentropfen schon sehr viel besser waren); die Nasen liefen (sie konnten durch ein weiteres Wundermittel schon wieder viel freier atmen). Sie hatten Fieberblasen an der Lippe (irgendein neues Aspirin mit besonderen Wirkstoffen war eben dabei, sie zu kurieren) und einen fürchterlichen Husten. Noch heute wird mir elend, wenn ich nur daran denke.

Eine Weile fühlte ich mich bei alledem ganz wohl. Aber eines Abends versuchte eine große, schlanke Blonde in einer Werbeeinschaltung durch die verstopfte Nase einen Luftballon aufzublasen, und da fragte mein Mann mich plötzlich: »Kannst du das auch?«

»Warum soll ich einen Luftballon durch die Nase aufpusten?«

»Das meine ich ja nicht. Mir war nur so, als hättest du seit ein paar Tagen eine verstopfte Nase.«

Beim nächsten Werbespot sagte eine in Decken gehüllte Frau (sie sah aus, als huste sie uns gleich letzte Grüße aus Davos): »Meine Anti-Erkältungs-Tablette hat acht Stunden lang gewirkt, – und nicht nur zwei.«

Da sagte ich laut zu ihr: »Wie du aussiehst, armes Mädchen, wird die nächste Tablette dich um zwei Stunden überdauern.«

Als ich schlafen ging, war mir zwar ein bißchen warm – aber sonst ging es mir prima. Am nächsten Abend zählte ich neun Personen, die im Werbefernsehen keuchten, schnieften, krächzten, gurgelten, stöhnten und ächzten und dabei immer noch besser aussahen als ich. Ich hätte mich gern vorgebeugt, auf den Knopf gedrückt und das Programm gewechselt, aber ich hatte Angst, ihnen zu nahe zu kommen. So hockte ich denn so weit entfernt wie ich nur konnte und versuchte mir vorzustellen, wo man all diese Kranken eigentlich auftreibt. Ich habe ein und dieselbe Schauspielerin in drei verschiedenen Anti-Schnupfen-Reklamen gesehen. Es scheint die Rolle ihres Lebens zu sein. Gesund habe ich sie noch nie etwas spielen sehen.

Man muß sich das mal konkret vorstellen: Es erscheint ein Inserat: GESUCHT: schwindsüchtige, hoch fiebernde Darstellerin mit verstopften Atemwegen, der das Luftholen schwerfällt. Und danach wartet man in einem Büro zusammen mit dreitausend anderen arbeitslosen Grippeopfern, die sich nach dem Job drängen.

Wie ich da im Morgenrock vorm Fernseher sitze, ist mir so elend wie Tom Sawyer, während er die eigene Beerdigung beobachtet. Gestern sah ich nun im Werbefernsehen einen Mann, der im Bett lag und so entsetzlich hustete, daß er kein Wort herausbrachte. Da sagte seine Frau, sie ginge ihm jetzt ein fabelhaftes Hustenmittel holen. In diesem Augenblick wurde unser Bildschirm dunkel.

Gewiß, es kann ein ganz normaler Stromausfall gewesen sein, aber ehrlich gesagt, mache ich mir doch Sorgen um die beiden.

Single-Menüs

Wer allein ißt, ißt nicht wie andere Menschen, das ist bekannt. Ich rede hier nicht von dem Einzelgast im Restaurant, der eine fünfseitige Speisekarte zum Aussuchen vor sich hat. Ich rede von dem, der sich daheim aus Vorhandenem etwas zusammenschustert.

Geschiedene oder verwitwete Frauen berichten mir, daß sie in ihren Eßgewohnheiten gewisse Stadien durchlaufen. Zu Anfang kochen sie weiter, wie sie es bisher getan haben, bemühen sich um ausgewogene Kost und essen Gesundes. Nach einer Weile fangen sie an zu essen, was sie früher nicht durften: Ketchup auf Eiersalat, in der Pfanne aufgebratenen Kartoffelbrei, schon zum Frühstück Gulasch, gebackene Pellkartoffeln mit saurer Sahne und Schnittlauch.

Was man allein für sich ißt, symbolisiert die Freiheit, die man vorher nicht hatte. Neulich lud mich eine Freundin, die vor kurzem geschieden worden war, zum Abendessen ein. Sie kochte nichts. Sie belegte für jeden von uns ein Tellerchen mit Apfelschnitzen, öffnete ein großes Glas Erdnußbutter zum Hineintunken und fragte: »Was willst du denn trinken?«

Meine ersten Erfahrungen, längere Zeit allein zu essen, machte ich voriges Jahr, als ich eine Show fürs Fernsehen vorbereiten mußte. Ich aß jeden Abend fetttriefende Bratkartoffeln und trank dazu Diätbier. Sie finden, ich hätte die Bratkartoffeln weglassen sollen? Ja, meinen Sie vielleicht, ich hätte den ganzen Tag geschrieben, dreiundneunzig Telefonate geführt, drei Sitzungen und eine Probe hinter mich gebracht, mich durch den Stoßverkehr gewürgt und dem Smog standgehalten ... für ein Diätbier?

In der zweiten Woche aß ich sieben verschiedene Arten von Teigwaren, alle mit fetten Saucen, manchmal sogar einen Klecks Sahne auf dem Nachtisch. Vor dem Ins-Bett-Gehen gönnte ich mir noch eine Limo und ein Stück Kuchen. Ich aß Reste, die ich nicht einmal nennen, geschweige denn verdauen konnte.

Na und? Sind mir die Zähne ausgefallen? Die Knochen zerkrümelt? Wurde mir übel? Nichts von alledem. Mir scheint, die Frage gesunder Ernährung wird zu wichtig genommen. Wir kochen nicht das, was wir gerne essen, sondern das, womit wir glauben, anderen imponieren zu können.

Alleinesser haben noch eine weitere Eigenart. Sie erzählen jedem, nun, da sie für niemanden mehr kochen müßten, äßen sie viel weniger und nähmen ab. Das lügen sie in ihren Hals! Sie denken den ganzen Tag an nichts anderes als an Hefeklöße mit Mohn und brauner Butter und können es kaum erwarten, sich in ihre Häuser zu verkriechen, die Vorhänge zuzuziehen und sich vollzustopfen.

Ich weiß, allein zu essen ist unbeschreiblich einsam und langweilig. Aber ich muß zugeben, daß ich neulich, als Mann und Kinder ausgegangen waren, mit Vergnügen ein halbes Hähnchen verputzt habe.

Vegetarisches

Meine Tochter, die Vegetarierin, hat mich vor ein paar Jahren dazu überreden wollen, weniger Fleisch zu essen.

Sie hat so lange auf dem Thema herumgeharft, daß ich schließlich Bambis Augen aus jedem Kochtopf lugen und die Kuh Elsie in Zwiebeln und Suppengrün erstickt sah.

Was mich aber noch tiefer traf: Sie fertigte auf einer Papierserviette eine Zeichnung meiner Adern an und füllte die Arterien ganz dick mit Kugelschreiber aus. Es war ein starkes Argument *für* Zucchini.

Aber den wahren Volltreffer landete sie, als sie mir erzählte, wie viel ich abnehmen würde, wenn ich den Fleischgenuß einschränkte und mehr Gemüse äße.

»Denk doch an all das Fett, das dein Organismus dann nicht mehr aufnimmt.«

Daß es nicht leicht würde, wußte ich. Zunächst einmal habe ich eine tief eingewurzelte Abneigung gegen grünes Gemüse, weil ich als Kind einmal mitansah, wie unser Hund im Garten auf eine Rhabarberstaude pinkelte. Seitdem habe ich nie mehr etwas gegessen, was beim Kochen das Wasser grün färbt.

Mit einer Artischocke fing ich an. Na ja, das einzige, was daran schmeckte, war die Sauce Hollandaise aus einem Pfund Butter, Eiern, Zitronensaft und einer Prise Knoblauch.

Dann versuchte ich es mit Blumenkohl; er schmeckte nach rein gar nichts, bis ich dazu eine Käsesauce machte: aus scharfem Cheddar, einer Prise Mehl und einem Meßbecher Sahne.

Die grünen Erbsen hatten ungefähr so viel Charme wie Hasenköttel, bis ich sie auffrisierte: mit in Butter geschmorten Pilzen und einem Schuß Sauerrahm.

Beim Sellerie gelang mir ein Geniestreich. Ein Stengel – so klein, daß die Diätetiker behaupten, ehe er gekaut sei, habe man bereits einige Kalorien verloren – wurde unter meinen Händen zu einem Produkt des Schlaraffenlandes. Ich füllte ihn mit Sahnequark, schwarzen Oliven und geräucherten Speckstückchen und ließ ihn auf einer Woge saurer Sahne surfen.

Selbst chinesisches Gemüse ist genießbar, wenn man ein Spiegelei drübergibt, es mit ein wenig braunem Zucker bestreut und eine halbe Flasche Sojasauce drübergießt.

Kürzlich kam meine Tochter zu Besuch und hatte die

Unverfrorenheit, mir zu sagen, ich sei in den Hüften etwas auseinandergegangen.

Ich sagte ihr, das sei ihr dämliches Gemüse. Ich verbrächte mein halbes Leben in der Küche und versuchte, es schmackhaft zu machen – und was habe ich davon? Einen aufblasbaren Körper!

Aufrichtig gesagt: die Kinder wissen auch nicht immer alles. Ich habe ihr nur geglaubt, weil sie damals mit Vietnam recht hatte.

11. Männerwerbung

Es mag ja daran liegen, daß ich es nicht gewöhnt bin, aber wenn Männer für Artikel werben, die ›sexy‹ sind, muß ich immer kichern.
Diese Rolle paßt eben nicht zu ihnen. Seit Jahren werben weibliche Modelle für bestimmte Artikel. Sie flirten mit den Augen, sie lächeln verführerisch, jede ihrer Bewegungen ist einladend, und sie krönen das Ganze mit einer sechzig Tage-Garantie.
Männliche Mannequins haben etwas von dressierten Pudeln, die ganz knapp danebengesprungen sind.
Die Werbeagenturen haben auch noch nicht so recht heraus, welcher Typ Mann beim weiblichen Geschlecht ankommt. Im Augenblick dominiert der Typ ›Statue des David‹: Lockenhaupt, dicht behaarte Brust und Arme wie ein Schlossergeselle. Kürzlich sah ich das Foto eines Mannes in einem Versandkatalog. Er saß halb aufgestützt (Blickfang: nackte Brust) im Bett, war verstrubbelt und gähnte. Neben ihm stand auf einem Tablett eine Tasse schwarzer Kaffee und ein Glas Alka-Seltzer, auf seiner Schulter sah man deutlich den Abdruck roter Lippen. Das Kissen neben ihm war zerwühlt und ein achtlos liegengelassenes seidenes Nachthemd ließ vermuten, daß er die Nacht nicht mit Kreuzworträtseln verbracht hatte.
Es dauerte eine Viertelstunde, bis ich heraus hatte, für welches Produkt der Knabe eigentlich warb.
In einem anderen Fall erlebte ich Ähnliches: Neben einem Männerfoto stand: »Zwei gleiche, achtzig $.«
Schon wollte ich den Zwillingsbruder mitbestellen, da

sagte meine Freundin: »Ich glaube, der wirbt für farbige Bettücher.«

Auf mich machte er den Eindruck, als könne er Linon nicht von Frottee unterscheiden.

Als Autorität fühlen sie sich am rechten Platz – die Männer. Deshalb erzählen sie ja seit Jahren den Frauen, welche Geräte sie kaufen sollen, um ihren Haushalt reibungslos zu bewältigen, welches Waschpulver benutzen, damit ihre Wäsche schön bleibt, und welches Schnupfenmittel, um ihre Familie gesund zu erhalten.

Jetzt, wo Sex für alles und jedes werben soll, sind sie auf ungewohntem Territorium.

War das Mannsbild neulich abends im Werbefernsehen nicht fabelhaft? Den ganzen Tag hatte er mit seinen Jacketkronen und staubigen Jeans Vieh zusammengetrieben. Dann sprang er unter die Dusche und klatschte sich das neue Eau de Cologne ›Gnadenlos‹ so heftig auf die behaarte Brust, daß ich schon fürchtete, er würde sich eine Rippe brechen, setzte (zum Abendanzug!) seinen weißen Cowboyhut auf, setzte sich selbst in seinen Sportwagen und zischte ab – ein Sagenheld unseres Jahrhunderts.

Mir hätte begehrlich, fraulich, atembeklommen, brünstig zumute sein sollen.

Aber mir war wieder nur zum Kichern.

Trödler

Seit Jahren bemühe ich mich vergeblich, meinem Mann Pünktlichkeit beizubringen. Es ist in der Tat eine Lebensaufgabe. Doch das Objekt meiner Anstrengungen ist ein Elfmonatskind, das noch nie die ersten zehn Minuten von was auch immer erlebt hat. Noch nie hat er gesehen, wie ein Theatervorhang sich hebt, nie eine Ouvertüre gehört, nie dem Start eines Rennens beigewohnt, nie einen Autobus bestiegen, solange er noch hielt, und noch nie einen Parkplatz in der Nähe eines Eingangs gefunden.

Nur ein einziges Mal möchte ich an ein kaltes Buffett herantreten dürfen, bei dem noch kein gähnendes Loch im Thunfischpudding klafft und aus dem gemischten Salat noch nicht alle Tomaten verschwunden sind. Nur einmal möchte ich in ein Kino kommen, solange die Beleuchtung noch an ist, so daß ich, ohne andere Gäste anrempeln zu müssen, meinen Platz finde.

Zuspätkommen kann zur Gewohnheit werden. Ich weiß, es spielt irgendein Freudscher Komplex mit, aber ich weiß nicht welcher. Ich schätze, einer der immer zu spät kommt, möchte auf keinen Fall irgendwo der erste sein.

Das Schlimme an solchen Typen ist: Es ist ihnen mit nichts beizukommen. Ich habe es mit der Kriegslist versucht, falsche Anfangszeiten anzugeben. Nützt nichts, ihr Körper verweigert intuitiv die notwendige Umstellung. Selbst öffentliche Bloßstellung hilft nichts. Gestern abend beispielsweise waren wir auf einer Party und hörten jemanden sagen: »Du liebe Zeit, die Bombecks sind da. Ich hatte keine Ahnung, daß es schon so spät ist. Komm, Roy, wir müssen gehen!« Mein Mann hat nur gelächelt.

Ganz selten kommt es vor, daß wir allen Widrigkeiten zum Trotz doch einmal rechtzeitig eintreffen. Nur stimmt es dann irgendwo anders nicht. So stimmte neulich, als wir infolge meiner Überredungskünste pünktlich im Fußballstadion waren, die Kapelle ein Lied an.

Mein Mann fragte: »Was'n das?«

»Das ist die Nationalhymne, sie wird vor jedem Sportereignis dieser Größenordnung gespielt.«

»Wozu denn?«

»Damit alle mitsingen und in Stimmung kommen.«

»Kein Mensch singt mit«, versetzte er, »und ich sitze hier barfuß in den Schuhen, weil keine Zeit mehr war, die Socken anzuziehen.«

Die Bekehrung eines hartgesottenen Trödlers ist der Traum jeder Frau. Vor einigen Wochen hatten wir auf dem Weg zu einem anderen Sportereignis tolles Glück: An jeder Kreuzung war grün, wir fanden einen Parkplatz gleich beim Eingang, und es herrschte keinerlei Gedränge. Im Stadion machten wir dann eine überraschende Entdeckung: Das Sportfest fand erst am nächsten Abend statt. Während sich mein Mann auf seinem Tribünenplatz zurechtsetzte, fragte er: »Na, ist dir das nun früh genug? Ich begreife einfach nicht, was dir das gibt, rechtzeitig da zu sein. Das ist doch furchtbar langweilig!«

Nur nichts anmerken lassen!

Eines Tages sah ich beim Verlassen eines Ladens meinen Mann über unseren Leihwagen geneigt. Er hatte die Motorhaube geöffnet und blickte dem Wagen in die Eingeweide.

Es hätte keinen tieferen Eindruck auf mich gemacht, wenn ich nicht wüßte, daß einmal ein Mechaniker zu ihm gesagt hat: »Einer Ihrer Kolben frißt«, und er erwiderte: »Was denn?«

Deshalb fragte ich: »Ist was mit dem Wagen?«

»Nein, nein«, sagte er und donnerte die Motorhaube wieder zu.

»Warum glotzt du dann hinein?«

»Ich wollte die Handbremse lockern, statt dessen ging die Motorhaube auf. Also mußte ich aussteigen und so tun, als hätte ich sie absichtlich geöffnet.«

Männer sind wirklich komisch. Warum können sie nicht so ehrlich sein wie Frauen? Haben Sie schon mal einen Tennisspieler gesehen, der einen Ball verfehlt, OHNE sofort das Spiel zu unterbrechen und die Bespannung seines Schlägers zu prüfen? Ganz zu schweigen von der Nummer, die ein Golfspieler abzieht: die Füße zurechtstellt, die Handgelenke kontrolliert, spielerisch in den Knien wippt – und dann, wenn er daneben trifft, so tut, als habe er nur einen Übungsschlag getan.

Ich war nicht zum ersten Mal Zeugin der Anstrengungen, die Männer unternehmen, um Fehler zu überspielen. Ich habe gesehen, wie sie jemandem begeistert zuwinken, den sie zu kennen glauben, und wie sie dann, wenn es sich als Irrtum herausstellt, so tun, als hätten sie sich nur durch die Haare fahren wollen – oder sich am Hals kratzen, eine Fliege erschlagen, den Schlips zurechtrücken. Einmal wollte ER mir sogar weismachen, er zöge nur seine Armbanduhr auf.

Neulich wollte er mir unterwegs etwas sagen, doch ich war schon ein Stückchen weitergegangen. Da fragte er eine wildfremde Frau, was es bei uns heute zum Abendessen gäbe. Statt den Irrtum richtigzustellen, flüsterte er ihr zu: »Wenn Sie nicht wollen, daß ich rüberkomme, brauchen Sie es nur zu sagen, ich habe volles Verständnis dafür.«

Vorgestern abend kam ich in ein Zimmer und stand einer Dame gegenüber, die genau das gleiche Kleid trug wie ich. Wir ähnelten uns wie zwei Bücherstützen. Am liebsten hätte ich ein Tischtuch über sie geworfen und vier Stühle um sie herumgestellt. Aber ich sah sie nett an und lächelte: »Also *Sie* haben das andere gekauft!«

Mein Mann knurrte: »Donnerschlag, das nenn' ich ehrlich!«

Firmenzeichen

Sie kennen doch bestimmt meinen Neffen. Jeder kennt ihn. Er ist der einzige Sechskläßler in ganz Nordamerika ohne eingestickten Alligator auf der Brusttasche des Hemdes. Er ragt aus der Menge heraus wie der Berg aus der Ebene ... Ich meine, an den Tagen, an denen er sich überhaupt in die Schule traut.

Schade, schade. Das einzige, was zwischen ihm und schrankenloser Beliebtheit mit unbegrenzten Erfolgsaussichten steht, ist das dämliche Reptil auf der Brusttasche.

Seine Mutter hat gesagt, sie gibt keine 36 Dollar für

einen Jungen aus, der noch im Wachsen ist. Er hat ihr daraufhin angeboten, mit Wachsen aufzuhören.

Neulich habe ich versucht, ihm zu erklären, daß damals, als seine Mutter und ich noch zur Schule gingen, kein Anpassungsdruck in Sachen Markenzeichen bestand. Jeder trug einfach ein weißes Hemd und irgendwelche Hosen. Er war ganz perplex.

»Willst du damit sagen, daß niemand Schildchen drauf hatte?« fragte er.

»Doch, einmal fand ich einen Papierstreifen in meinem Hosensaum, auf dem stand: ›Geprüft von Nr. 57‹«, sagte ich.

»War der Prüfer Nr. 57 denn jemand Wichtiges?«

»Nur dann, wenn die Hosenbeine nicht zueinander paßten«, sagte ich.

»Warum haben sich die Leute im Hosensaum versteckt? Wofür haben sie sich geschämt?«

»Sie haben sich überhaupt nicht geschämt. Damals waren Firmenzeichen nicht etwas so Öffentliches.«

»Du wirst mir doch nicht einreden wollen, daß die Leute zur Schule kamen und nicht mal einen Polospieler auf dem Hemd hatten?«

Ich nickte.

»Ich verstehe euch Erwachsene nicht«, sagte er. »Wie konntet ihr Sachen tragen, von denen kein Mensch wußte, wieviel sie gekostet haben?«

Hier schaltete seine Mutter sich ein: »Wir hatten es eben nicht nötig, als wandelnde Plakatsäule für Modeschöpfer herumzulaufen. Kleider mit fremden Namen darauf sind ein Zeichen innerer Unsicherheit. Wer sie trägt, zeigt damit, daß er nicht genügend Selbstbe-

wußtsein hat, als der akzeptiert zu werden, der er ist, und daß er mit berühmten Namen Eindruck schinden will. Siehst du irgendwo einen Alligator herumrennen mit deinem Gesicht auf der Brust? Na also! Es ist infantil und verrät eine erhebliche Portion Unreife.«
Ich sagte zu seiner Mutter: »Was heißt eigentlich das A auf deiner Handtasche?«
»Es heißt: Blech sofort 36 Dollar oder halt den Mund.«
Kindern eine Lehre zu erteilen, ist immer ein Fehler.

Moderne Väter

Der Vater des Jahres 1984 ist nicht der gleiche wie der, dem wir noch vor zehn Jahren Hochachtung bezeigten.
Im Zuge der Frauenbefreiung ist ihm etwas Merkwürdiges passiert: Auch er wurde befreit.
Seine stereotypen Züge sind verschwunden: das tapfere Sich-nichts-anmerken-Lassen bei Kummer, die Garage voll elektrischer Geräte, die er eigentlich haßt, die schwere Last, als einziger Verdiener eine Familie unterhalten zu müssen.
An seine Stelle ist ein Vater getreten, der weinen, schwitzen und sich auch mal irren darf.
Der Vater ist heute ein Mann, der ein Baby trockenlegen und ihm das Fläschchen wärmen kann, ohne dadurch etwas von seiner Männlichkeit einzubüßen. Er darf gut riechen und pastellfarbene Hemden tragen, ohne in irgendeinen Verdacht zu geraten.
Er darf seinen Söhnen genauso einen Kuß geben wie seinen Töchtern. Er darf vor Gericht um das Sorge-

567

recht kämpfen und hat eine durchaus faire Chance, die Kinder zugesprochen zu bekommen.

Er darf an Bord eines Flugzeugs Tennisschuhe tragen und eine Schlankheitsdiät befolgen. Er darf eine Stellung als Krankenpfleger oder Sekretär annehmen, ohne aus dem Rahmen zu fallen.

Er braucht nicht mehr im Wartezimmer auf- und abzutigern, während sein Kind geboren wird, und er verliert auch nicht mehr das Gesicht, wenn seine Frau ihn durchfüttert, während er sein Studium beendet oder zwischendurch mal arbeitslos wird.

Das frühere »Warte nur, bis Vati heimkommt«, das identisch war mit einer einstündigen Standpauke, bedeutet heute nichts anderes als »dann gibt's was zu essen«.

Er kann auf etwas Leckeres zugunsten von etwas Gesundem verzichten – kein Mensch regt sich darüber auf. Ein Wirbelsturm kann nach ihm heißen. Tanken und Ölwechsel sind keine Beschäftigungen mehr, die ausschließlich Männern vorbehalten sind. Er versteht Bœuf Stroganoff zu machen und eine gute Tasse Kaffee, er kann einen Kragen selbst entflecken und mit dem Staubsauger umgehen.

Frauen, Kinder und Verantwortung erscheinen ihm nicht mehr so bedrohlich, da er mehr und mehr dahinterkommt, daß wir ihm in vielen Dingen ähnlich und in nur wenigen ganz anders sind.

Noch nie in der Geschichte der Zivilisation sind Väter ihren Kindern so nahegestanden. Sie sind nicht mehr die vage Gestalt, die auf Stichwort erschien, die Häupter seiner Lieben zählte, ihnen nach dem Essen vor dem Schlafengehen einen Kuß auf die Wange drückte. Der Papi von 1984 ist ein unabdingbarer Teil ihres Lebens.

Früher habe ich immer gesagt: »Gott schuf den Mann und sprach: Ich kann es noch besser machen.«

Jetzt bin ich nicht mehr so sicher.

12. Leere Drohungen

 Der Tag ist nicht genau bestimmbar, an dem einst eine Mutter die erste Drohung ausstieß.

Um die Sache einigermaßen einzukreisen, darf man wohl den Zeitpunkt annehmen, zu dem Eva zu ihrem Sohn Kain sprach: »Wenn du nicht aufhörst, deinem Bruder Fratzen zu schneiden, wirst du zur Salzsäule erstarren.«

Man kann von Drohungen und Einschüchterungen halten, was man will, es sind nun einmal Waffen, die seit undenklichen Zeiten den Müttern gute Dienste leisten und von Generation zu Generation weitergereicht werden.

Die zehn Grund-Drohungen sind noch heute im Umlauf und führen immer zum gleichen Erfolg: Angst und Argwohn beim Kind.

»Wenn du die Hand aus dem Wagenfenster hältst, wird der Fahrtwind sie dir wegblasen.« Ungeachtet der Tatsache, daß man noch nie einen Menschen getroffen hat, dem die Hand weggeblasen wurde, kenne ich kein Kind, das willens wäre, es zu riskieren. »Wenn du schielst und die Uhr gerade schlägt, bleiben deine Augen so stehen.« Es geht zwar ein Gerücht, daß Hilfsaktionen für Kinder mit stehengebliebenen Schielaugen angelaufen sind, doch fehlen alle Unterlagen.

»Wasch dir nie die Haare nach halb neun Uhr abends, sonst bekommst du Lungenentzündung.« Irgend jemandem ist neulich der Großvater an Lungenentzündung gestorben. Ich kann nicht glauben, daß der alte Herr so töricht war, sich nach halb neun die Haare zu waschen.

»Wenn du dich nicht ordentlich kämmst, bauen die Ratten ein Nest auf deinem Kopf.« Na, das gute Kind würde dann ja wohl kaum anders aussehen als jetzt.

»Wer mit Streichhölzern zündelt, macht nachts ins Bett.« Ich war fünfunddreißig, ehe ich wagte, den gasbetriebenen Backofen mit einem Streichholz anzuzünden.

»Wer immer wieder den Kaugummi aus dem Mund nimmt und damit spielt, wird schwer krank.« Da hört man doch gleich, daß das purer Blödsinn ist.

»Wer Kaffee trinkt, ehe er aus der Oberschule ist, bekommt schwarze Zähne.« – »Sitz gerade oder dein Rückgrat wird ein Fiedelbogen.« – »Wenn du den Teller nicht leer ißt, schick' ich dein Essen nach Indien.« (Ich habe mich schon oft gefragt, was die armen Inder mit dem vielen kalten Gemüse anfangen.)

Das Finsterste von allem aber ist die in unserem Lande noch immer verbreitete Drohung: »Wenn du einen Spiegel zerbrichst, muß jemand von der Familie sterben.« Als ich von einer Freundin hörte, daß ihr im Lauf der Jahre zwei Tanten und drei Onkel gestorben seien, rief ich aus: »Mein Gott, müßt ihr viele Spiegel zerbrochen haben.«

Entschuldigung...

Als ich fünf Jahre alt war, schnitt eines Tages eine Spielkameradin neben mir Papierpuppen aus. Ich nieste, und 57 Papierschnitzel flogen durch die Luft. Meine Mutter sagte: »Jetzt entschuldige dich aber bei deiner kleinen Freundin.«

Seitdem entschuldige ich mich ständig bei allen Leuten für Dinge, an denen ich nicht schuld bin. Steigt jemand in meinen Wagen, entschuldige ich mich für die Limo-Becher meiner Kinder, die Pfandflaschen und den Sprung in der Scheibe.

Ich kann kein Geschenk überreichen, ohne dazu zu sagen, daß ich in drei Läden war und in keinem bekam, was ich wirklich wollte, und nun hätte ich dies genommen, und wenn es ihnen nicht gefiele, könnten sie es umtauschen.

Ich entschuldige mich dafür, daß ich gerade Kohl koche, wenn unerwarteter Besuch kommt. Ich entschuldige mich, wenn sich mein Hund kratzt oder wenn jemand zum Essen eine Gabel mit verbogenen Zinken bekommt.

Es wird sogar behauptet, ich entschuldige mich beim Anrufbeantworter, der mir mitteilt, der Teilnehmer sei abwesend.

Nie aber bin ich zerknirschter als beim Betreten einer Umkleidekabine. Man könnte meinen, ich trüge die Sünde aller Frauen auf dem Buckel, die je ein pikantes Sandwich in sich hineinstopften, um den Geschmack nach Schokoladentorte im Mund loszuwerden. »Es wundert Sie sicher, warum ich das gleiche Kleid in drei Größen probieren möchte – bitte, entschuldigen Sie. Aber wenn es an den Armen kneift, brauche ich das nächstgrößere, und wenn es dann um die Hüften zu stramm sitzt, kann ich immer noch eine Nummer raufgehen. Wenn andererseits die Taille lose hängt, oder nicht genau angegeben ist, kann ich eine Größe heruntergehen, sind aber die Falten an der falschen Stelle, nehme ich doch die Nummer größer und hebe es in den Schultern. Es liegt nicht an Ihnen, und auch nicht am Kleid, es liegt an mir. Ich bin, seit ich das Kind bekam, noch immer so voll Wasser. Ich dachte, wenn es erst mal in die Schule geht, würde es besser, aber leider ... Entschuldigen Sie, daß ich Sie aufgehalten habe ... Sie brauchen den Reißverschluß nicht hochzuziehen. Mit Gewalt möchte ich es nicht machen. Ich verspreche, ich hänge alle drei wieder auf die Bügel ... Ich weiß, was Sie denken, und verspreche Ihnen, wenn ich nächstes Jahr um diese Zeit wieder vorbeikomme, habe ich Größe 40.«

Letzte Woche bekam ich mit, wie die Verkäuferin zu einer Kollegin sagte: »Wenn die ängstlichen Typen ohne Selbstvertrauen je diese Erde regieren sollen, dann wird die da drin Königin.«

In diesem Moment steckte ich den Kopf aus der Kabine und sagte: »Entschuldigen Sie, ich wollte Ihnen keine Konkurrenz machen.«

Der Traum vom Sport

Mein Entschluß steht fest. Ich werde erst dann Sport treiben wenn ich einen finde, dessen Teilnehmer glücklich aussehen. Hierbei scheiden gleich zu Anfang aus: Jogging, Segeln, Fußball, Basketball, Autorennen, Baseball, Gewichtheben, Golf, Kegeln, Reiten, Skifahren und Tennis.

Ich hatte mich innerlich eben darauf vorbereitet, wieder ein bißchen Tennis zu spielen, da sah ich mir vor einigen Wochen die Tennismeisterschaften an. Als das Spiel zu Ende war, folgte die Kamera einer einsamen Gestalt, die sich den Schweiß aus den Augen wischte, schweren Schrittes dorthin ging, wo seine Rackets lagen, sie aufnahm und den Tennisplatz verließ. Ich sah dieses gequälte Gesicht, diese blicklosen Augen. So sieht ein Mensch aus, der soeben für immer Haus und Herd verläßt – ohne seine American-Express-Karte.

Und wissen Sie was? Es war der Sieger.

Den Verlierer wollte ich mir gar nicht erst anschauen.

Gewiß, es wird allgemein vom »Hochgefühl« eines Läufers gesprochen. Aber hat schon einmal jemand es *gesehen*? Was der Sache noch am nächsten kam, war ein Marathonläufer, dem nach 22 Kilometern das Schuhband aufging. Als ich den sah, dachte ich, der Mensch fällt vor freudiger Erregung noch in Ohnmacht.

Ja, Sport soll Freude machen. Das hab ich irgendwo gelesen. Insbesondere wenn man dabei siegt. Irgendwie klappt das anscheinend nicht. Konkurrenzkampf, Leistungszwang und hohe Geldsummen haben die meisten Arenen in etwas verwandelt, was an den dritten Akt von *Hamlet* erinnert.

Ich wünsche mir einen Sport, bei dem man jederzeit aufhören und fragen kann: »Ach, könnten wir morgen weitermachen? Ich muß nämlich noch die Wäsche abholen, ehe die Geschäfte schließen.«

Ich wünsche mir einen Sport, der nur bei schönem Wetter ausgeübt wird. Ist das zuviel verlangt? Muß es immer brütend heiß oder saukalt sein?

Wie wär's mit einem Sport, bei dem man sich nett anzieht und ein bißchen mit den Zuschauern flirtet? (Ich bin immer ganz deprimiert, wenn ein Tennisspieler zum Schiedsrichter sagt: »Wieso sind Sie denn so vergnügt? Schließlich sind Sie doch daran schuld, daß mir zwei Punkte fehlen.«)

Wenn es nicht zuviel Mühe macht: Ich hätte gern einen Sport, bei dem kein Unfallwagen mit zwei gelangweilten Bahrenträgern darauf wartet, daß etwas passiert. Gibt es denn nichts, bei dem man sich mit Sicherkeit *keine* Wasserblase zuzieht? Mir kommen ernstliche Bedenken bei der Art, wie man bei uns Sport treibt. Ja, ich weiß, gelegentlich sieht man auch Sportler, die nach einem Spiel bei einer Dose kaltem Bier miteinander lachen, nach einem 20-Meter-Kugelstoß einen Purzelbaum schlagen, nach einem gelungenen Schmetterball über das Netz setzen, oder in der Zielgeraden einen kleinen Indianertanz aufführen. Aber alle tun sie es nur, weil es vorbei ist.

Erst wenn es beim Sport selbst auch so fröhlich zugeht, mache ich mit.

Danke!

Einer meiner immer wiederkehrenden Alpträume ist der, in dem mein Sohn den Nobelpreis für Naturwissenschaften bekommt. Wenn der Preis überreicht ist, dreht er sich um und sieht alle Zuschauer begeistert klatschen. Endlich verstummt der Applaus, und es entsteht eine Stille, die mindestens ein Jahrhundert dauert.

Ich kann es nicht aushalten. Ich krieche auf allen vieren zum Podium, zupfe an seinem Hosenbein und flüstere: »Sag: danke!« Er ist fünfundfünfzig.

Für eine Mutter ist »danke!« der Gipfel der Wohlerzogenheit. Es fördert den Kreislauf, ist schick, überspielt zerrissene Unterwäsche, verknotete Schuhbänder und Hundehaare auf dem Pullover. Es bringt das härteste Gemüt zum Schmelzen, entkrampft den starrsten Benimm-Apostel.

Für ein Kind ist »danke« die Zauberformel, auf die hin die Mutter ihm das Plätzchen überläßt.

Wenn ich so zurückdenke, kommt es mir vor, als hätten meine Kinder immer unter Hypnose gestanden, starr wie ein Hydrant auf der Straße, bis ich den entscheidenden Satz gesprochen hatte: »Wie sagt man denn?« Dann reagierten sie – mit so viel innerer Beteiligung wie die Marionette an der Schnur – und sagten »Danke«.

Nie bekam ich sie soweit, das Wort richtig anzuwenden.

Sie sagten »danke«, wenn eine Freundin sie an einer halb aufgegessenen Eiswaffel lecken ließ.

Sie blieben stumm, wenn ihnen ihre Großmutter zum Geburtstag einen Scheck überreichte. Sie sagten »danke!« für eine Scherbe aus dem Glas der Windschutzscheibe, für einen alten Hundezahn; aber sie erstarrten zu einem Dämmerzustand, wenn jemand sie während eines Schneesturms im Auto zur Bücherei mitnahm.

Die Erfahrung mit dem »danke« mag ja ein Symbol für die Sinnlosigkeit allen menschlichen Strebens sein, aber ich kenne keine Mutter auf der ganzen Welt, die in diesem Punkt klein beigäbe. Alle bleiben zäh und beharrlich. Erst kürzlich fragte ich meinen Sohn: »Hast du Frau Biehler eigentlich je für die Plastik-Ente gedankt?«

»Aber Mama, das ist doch dreiundzwanzig Jahre her.«

»Ja, aber sie weiß sicher immer noch nicht, ob sie dir gefallen hat.«

»Hab ich sie nicht damals aufgefressen oder so was?«

»Wahrscheinlich hast du Tante Maria auch nie für den Atlas gedankt, den sie dir zum Abitur geschenkt hat.«

»Wie kommst du plötzlich darauf?«

»Weil ich müde und erschöpft bin und mit der Kindererziehung gern aufhören würde.«

Er nahm den Telefonhörer, wählte und sagte nach einer Weile: »Aha. Ja. Vielen Dank.«

Ich strahlte. »Siehst du, es war gar nicht so schwer, nicht? Mit wem hast du denn gesprochen?«

Er zuckte die Achseln. »Mit einem Anrufbeantworter. Es ist mir so herausgerutscht.«

13. Kleiderkarussell

Niemand auf der Welt verdient größeres Mitgefühl als eine Mutter, deren Kinder zweimal täglich Schichtunterricht haben.
Meine Nachbarin Iris hat das ein ganzes Jahr lang aushalten müssen, und es hätte sie um ein Haar unter die Erde gebracht. Eines Tages gingen wir alle zu ihr hinüber, führten sie buchstäblich mit Gewalt aus ihrem Bügelzimmer ins Wohnzimmer und setzten sie dort auf einen Sessel.
»Wo sind wir hier?« murmelte sie wie betäubt.
»Im Wohnzimmer«, sagten wir sanft.
»Hier war ich noch nie«, sagte sie.
»Doch, doch, natürlich«, sagten wir, »es ist das Zimmer gleich neben der Küche, weißt du's nicht mehr?«
Sie schüttelte den Kopf.
»Ich weiß nur noch, wie ich vorigen September in den Raum kam, den der Architekt ›Naßzelle‹ nannte. Seitdem bin ich dort. Ich spüle Teller und Töpfe und stapele sie zum Abtropfen im Ausguß, ich decke ab, ich decke auf, ich stelle die Waschmaschine an...«
»Ist schon gut«, sagten wir beruhigend. »Sprich jetzt nicht mehr davon.«
»... und hebe Pyjamas vom Boden auf und wasche sie und mache Betten, und schon wieder ist Essenszeit, und die Kinder sind zurück, und ich suche das Turnzeug auf dem Fußboden zusammen und wasche es und decke den Tisch und spüle Geschirr und räume es weg, und schon wieder ist Zeit fürs Abendessen und ich koche und decke den Tisch und suche die Freizeitsa-

chen zusammen und wasche sie und mache Abendessen und decke den Tisch und stelle die Waschmaschine an ... aber das habe ich wohl schon erzählt, wie?«

Wir nickten.

Auch mit meinen Kindern machte ich so etwas durch. Eine Zeit nämlich, die ich nur als Kleiderkarussell bezeichnen kann. Es ging zu wie bei einem unserer alten Würfelspiele. Kaum waren sie auf ein neues »Feld« vorgerückt, stand dort »Halt!«, und sie marschierten an die Kleiderschränke. Mein Fünfjähriger errang einmal den Weltrekord im Umziehen. Binnen vierzehn Stunden wechselte er neunmal die Kleidung. Für jeden Abschnitt seines ereignisreichen Tages brauchte er neue Klamotten: fürs Frühstück, für den Kindergarten, für das Herumstöbern im Haus, zum Telefonieren, fürs Mittagessen, fürs Haustüraufmachen, fürs Radeln, fürs Auf-die-Waage-Stellen ... Und dann noch eins, zu dem er griff, wenn nichts Sauberes mehr zum Anziehen da war. Ich konnte durch kein Zimmer gehen, ohne auf Kleiderhäufchen zu stoßen, mußte mir meinen Weg sorgfältig suchen, wie auf einer Wiese voller Kuhfladen.

Unsere arme Iris vergesse ich auch nicht, und wenn ich hundert Jahre alt werde: die Hände verschrumpelt von Seifenwasser, die Nebenhöhlen voll Immerweiß-Bleiche, das Hirn vernebelt von Wäscheflusen.

»Wann wird das endlich anders?« fragte sie. Wir lächelten ihr ermutigend zu. »Eines Tages«, sagten wir aus dem Schatz unserer Erfahrung, »fangen die Kinder an, ihr Zeug selber zu waschen, und dann ziehen sie sich überhaupt nicht mehr um.«

Wirkwaren

Wenn Sie jemanden suchen, der soeben einen Supermarkt beklaut hat, halten Sie Ausschau nach einem, der ladenneue Strümpfe oder Strumpfhosen anhat, Lippenstift, Unterwäsche und Handschuhe trägt, angenehm riecht, häufig hustet und unter dem Hemd Steak, Schinken, Schweinebraten und Hammelkoteletts transportiert. Laut Statistik in der Zeitschrift *Kriminaljournal* sind dies die zehn führenden Artikel, die derzeit in Supermärkten und Kaufhäusern »gehen«. Strümpfe bzw. Strumpfhosen stehen an erster Stelle.

Als Frau, die erwiesenermaßen ganze Nachmittage damit zubringt, vor dem drehbaren Ständer zu überlegen, ob sie Größe 8, 9, 10 oder Übergröße benötigt, bin ich der Ansicht, daß diese unseriösen Schnell-Käufer kriegen, was sie verdienen. Schließlich weiß doch jeder, daß Strumpfkauf eine Kunst ist. Den hohen Stellenwert hält das Produkt seit seiner Erfindung, also seit rund zwanzig Jahren. Die Einkaufsprozedur läßt sich so wenig beschleunigen, wie die Brutzeit von Eiern.

Kauft man sie nach Beinlänge, wird das Taillenband einem die Knie zusammenschnüren. Kauft man sie nach Taillenweite, wird das Taillengummi einem die Brust flachdrücken.

Sie wollen eingearbeitete Hüft- und Gesäßkontrolle? Bauchkontrolle? Vollkontrolle? Betriebsbereitschaft für gewisse Gelegenheiten, bei denen es aufs Atmen nicht ankommt? Oder eine partielle Aderpresse für Ihre Zellulitis?

Was gedenken Sie in oder mit Ihren Strümpfen zu tun? Husten? Die Beine massieren? Hochsprung? Oder wollen Sie Amerika verschönern, indem Sie sie unter den Hosen verstecken und dann aussehen, als hätten Sie »drunter nichts an«? Wollen Sie Kniestrümpfe, Wadenstrümpfe, durchsichtige, fast unsichtbare, mit Naht, mit verstärkten Zehen, mit verstärkten Hacken oder spezieller Oberweite?

Sie haben noch mehr Auswahl. Suchen Sie nach Farbtönen wie Sinai, Fleischfarben oder Kastanienrot oder Aufgeschlagenes Knie? Oder Trauerschwarz und Krampfaderblau, also eher gängigen Nuancen?

Ehrlich gesagt, all diese Ständermarder und Nichtzahler in Sachen Beinbekleidung gehen mir auf den Wekker. Sie bringen nicht nur die ganze menschliche Rasse in Verruf, sondern auch die Strumpfkäufer in aller Welt.

Falls es Sie übrigens interessiert, was am wenigsten gestohlen wird: Erdnüsse und Batterien.

Aber die kriegen ja auch keine Laufmaschen.

14. Souvenirs, Souvenirs

Es kommt selten vor, daß ich Artikel aus der Zeitung ausschneide. Diesen aber habe ich nur so herausgefetzt und meinem Mann laut vorgelesen.

»Hör dir das an, ja! Die Besucher des Grand Canyon verbringen dort durchschnittlich vier Stunden, wovon sie aber nur zwanzig Minuten in die Schlucht hinabblicken. Und dreimal darfst du raten, wo sie die übrige Zeit verbringen?«

»In der Schlange vor den Toiletten?« fragte er.

»Nein«, rief ich triumphierend. »Sie kaufen Mitbringsel und Andenken.«

Inzwischen hoffe ich, daß jetzt bald Schluß ist mit den langen Tiraden meines Mannes über dieses Thema. Er behauptet, ich gehe morgens aus dem Hotel, schnüffele in die Luft, sage: es riecht nach Andenkenläden – und verschwinde dann für drei Tage.

Er verzeiht es mir nie, daß wir mal in New York im UNO-Gebäude waren und nicht genügend Zeit dafür hatten. Wir konnten also entweder den Sicherheitsrat über die Kriegsgefahr im Mittleren Osten debattieren hören oder im Andenkenladen die reizenden hölzernen Serviettenringe aus Kenia kaufen.

Und nun mal im Ernst: Entzückende hölzerne Serviettenringe aus Kenia sind etwas, was man abends in den Fernsehnachrichten *nicht* zu sehen bekommt.

Das Schlimme bei den Männern ist, daß sie Sehenswürdigkeiten so besichtigen, als gälte es sich auf ein Quiz vorzubereiten. Mein Mann bleibt stehen und

liest Wort für Wort, was auf Gedenktafeln oder In-
schriften steht. Er drückt auch immer auf den Knopf
der Sprechgeräte, die einem erklären, was man gerade
besichtigt, und er entschuldigt sich bei der Stimme,
wenn er zwischendurch mal hustet. Aber noch
schlimmer ist, wenn er Fragen stellt, die eine ganze
Gruppe so lange aufhalten, daß nachher im Andenkenladen alle Rückenkratzer ausverkauft sind.
Ich begreife nicht, wie jemand geschlagene 35 Minuten die Akropolis in Athen anschauen kann. Sie läuft
weder weg, noch verändert sie die Farbe. Aber die
handgeklöppelten Spitzentücher, die von den Frauen
am Fuße des Berges auf das Gras gebreitet werden, die
gehen weg wie die warmen Semmeln.
Vor ein paar Jahren waren wir im afrikanischen Busch
am Fuße des Kilimandscharo. Mein Mann und ich
saßen vor dem Zelt am Lagerfeuer, als eine Massai-
Frau langsam über die Felder näherkam. Wir sahen,
daß sie einen Korb voller Armbänder, Ringe und Hals-
ketten bei sich hatte. Mein Herz schlug schneller, und
ich nahm die Kreditkarte aus dem Täschchen meiner
Wolljacke.
Endlich mal ein Andenkenladen, der Hausbesuche
machte. Mein Mann hatte keinen Blick für die Frau.
Er betrachtete den Sonnenuntergang.

Gepäckmärsche

Wenn ich verreise, packe ich bis auf drei Kleider den
gesamten Inhalt meines Schrankes ein.
Es brauchen keine Lieblingskleider zu sein, die ich

mitnehme, sie brauchen mir nicht einmal zu gehören. Sie brauchen mir auch nicht zu passen. Aber im Fall der Fälle müssen sie vorhanden sein – irgendwo in meinen achtzehn Koffern.

Einmal trat ich in einer Talkshow zusammen mit einer Reise-Expertin auf. Sie hieß Polly Esther und war jemand, der seine Schuhe mit den Strümpfen ausstopfte, Wäsche mitnahm, in der man nebenbei noch schwimmen gehen konnte, nur fahlbraune Kleider einpackte und ihre Röcke um mit Weihnachtspapier gefüllte Kartonrollen wickelte.

Polly bekam alles, was sie für drei Wochen brauchte, in ein kleines Übernachtköfferchen und behauptete, sie habe bereits ein Vermögen an Dienstmännern gespart, da die für jeden vom Gepäckkarussell gehobenen Koffer einen Dollar forderten.

Vorige Woche verbrachte ich zum ersten Mal einen Urlaub, in dem ich acht Tage lang aus einem kleinen Übernachtköfferchen lebte.

Ich muß sagen, Polly hat doch einiges unerwähnt gelassen.

Alles Durchsichtige brauchte irgendein Deckmaterial, um der Mitwelt diesen oder jenen Anblick zu ersparen.

Wer seine Östrogenpillen in die Halskette fädelt und sich umhängt, spart kaum Platz.

Ein breites Hansaplast, als trägerloses Oberteil getragen, ist nicht immer das Richtige.

Man nehme nur dann fahlbraune Kleider mit, wenn man auch fahlbraunen Nagellack einpackt, der sich beim Auslaufen nicht davon abhebt.

Wer mit leichtem Gepäck reist, muß sich ständig vor Augen halten, daß er nach menschlichem Ermessen keinen seiner Mitreisenden je wiedersehen wird.

Ein Schirm in der Hand ist besser, als zwei Reisebüroangestellte, welche ihre Köpfe darauf verwetten, daß es im Sommer in Los Angeles nicht regnet.

Hosen, die sitzenbleiben, wenn man selbst aufsteht, erregen nur ungewollte Aufmerksamkeit.

Reist man mit einem einzigen Gepäckstück, so muß man fünf verschiedenen Trägern Trinkgeld geben, die sich darum reißen, es einem aufs Zimmer zu tragen.

Polly hatte in vielen Punkten recht. Aber sie hätte doch wenigstens den 25-pfündigen Kanister Deodorant erwähnen sollen, den man sich auf den Rücken schnallen muß. Das Wiederauffüllen wird oft zum Problem.

Angst vorm Parken

Die Sache mit Doris muß man so sehen: Furchtbar begeistert waren wir ja nie von ihr. Sie ist der Typ, der auf die Ankündigung, man werde nächste Woche einen Heiland zur Welt bringen, erwidert: »Ich auch.«

Seit fünf Jahren laden wir Doris immer ein, wenn wir zum Essen in die Stadt fahren.

Wir brauchen sie nämlich. Sie ist die einzige, die sich merken kann, wo wir den Wagen geparkt haben.

Allein haben wir es mehrfach ohne Erfolg versucht. Wir haben versucht, es aufzuschreiben. Wir haben versucht, es unter Zuhilfenahme von Eselsbrücken auswendig zu lernen. Wir haben es sogar aufgeteilt:

Einer von uns mußte sich das Parkdeck merken, der andere die Richtung, wieder ein anderer die Farbe. Aber es hat keinen Zweck. Wir rennen immer noch im Kreis herum, bis wir ohnmächtig zusammenbrechen. Entweder vor Erschöpfung oder infolge Abgasvergiftung.

Wir sind zu dem Ergebnis gekommen, daß das schnelle Auffinden eines geparkten Wagens ein angeborenes Talent ist. Man hat es, oder man hat es nicht. Doris hat es. Wir entdeckten es an dem Tag, an dem wir in nackter Panik durch eine Parkgarage irrten. Helen sagte: »Kann sich denn keiner von euch an das Deck erinnern, auf dem wir parkten?«

Grace sagte: »Gegenüber hatten wir lauter Schilder mit EINGANG VERBOTEN!«

»Welche Farbe?« fragte ich.

»Rot, alle Schilder waren rot.«

»Nicht die Schilder, das Deck.«

»Wenn ich nur die Wagentür fände, die ich angekratzt habe, als ich ausstieg – wir parken direkt daneben«, sagte Helen. »Also wenn ihr mich fragt, ich glaube, der Wagen ist weggefahren worden. Hattest du die Handbremse angezogen, Grace?«

»Ich dachte, *du* hättest sie angezogen«, sagte sie.

»Warum soll ich sie anziehen? *Du* bist doch gefahren?«

Eben hatten wir beschlossen, ins Kino zu gehen und zu warten, bis alle anderen Wagen weggefahren waren und dann den zu nehmen, der übrigblieb, da trafen wir ganz zufällig Doris.

»Ihr sucht wohl wieder mal euren Wagen?« fragte sie

vorwurfsvoll. »Er steht in Sektion A, Osten, auf dem
roten Deck, auf Platz CRE-CZI, dritter von hinten und
zwar neben einem japanischen Mittelklassewagen, in
dessen Fenster ein japanischer Hund sitzt, der mit
dem Kopf nickt, wenn man auf die Bremse tritt.«
»Woher weißt du denn das alles?«
»Ich hab euch gesehen, als ihr reinfuhrt.«
Doris ist langweilig, ungeschickt, gibt dauernd mit
ihren Kindern an, borgt sich Geld für's Mittagessen,
hat alles, was man gerade gekauft hat, anderswo billiger bekommen, und wenn man sie abholen will, ist
sie nie fertig.
Aber wir können es uns nicht leisten, ohne sie auszugehen.

Anhänglichkeit

Ich weiß nicht, wie und woher ein Wagen merkt, daß
man ihn verkaufen will – aber er merkt es.
Vor ungefähr sieben Jahren kauften wir uns einen mit
Vierradantrieb, und Sie können sagen, was Sie wollen – Sie werden mich nie davon überzeugen, daß
dieser Wagen nicht jedes Wort verstand, das wir sprachen.
Unsere Flitterwochen dauerten genau drei Stunden.
Dann hielt mein Mann plötzlich den Lichtschalter in
der Hand, die Heckscheibe ging automatisch herunter und blieb unten, und die Bodenplatte verbrannte
uns die Füße.
Fast ein Jahr lang sprachen wir nie in Anwesenheit
des Wagens davon, ihn in Zahlung zu geben. Eines

Tages sagte mein Mann: »Wir sollten dieses Pracht-
stück vielleicht doch abstoßen, solange es noch
läuft.«
Wir stiegen ein – der Motor sprang nicht an.
Nachdem wir uns eine neue Batterie gekauft hatten,
gedachten wir, diese Investition auch zu nutzen. Wir
fuhren das Fahrzeug weitere sieben Monate lang, bis
mein Mann sagte: »Eigentlich sollten wir ihn in Zahlung geben, solange er noch die erste Reifengarnitur
drauf hat ...«
In diesem Augenblick verlor das linke Hinterrad die
Luft. Wir kauften vier neue Reifen, und garantierten
damit dem Wagen ein weiteres Jahr des Verbleibens.
Dann stieg ich eines Tages auf einem Parkplatz aus
und machte eine Bemerkung über ein gut aussehendes
Cabrio, das neben uns stand. Sofort lehnte der Wagen
es ab, sich in den Rückwärtsgang schalten zu lassen. Er
mußte in eine Werkstatt abgeschleppt werden, die
dann ganz zu Recht auf die Rechnung setzte: »Eigen-
sinn. 65 Dollar.«
Warum plötzlich das Getriebe keine Lust mehr hatte,
ist uns nie klar geworden. Wir waren beim Aufgeben
des Inserats sehr vorsichtig gewesen, hatten in Hör-
weite des Wagens nie auch nur ein Wort darüber
verloren. Als aber die ersten Anrufer fragten, wo sie
den Wagen besichtigen könnten und wir ihnen mit-
teilten, aufgebockt in Eddys Garage, zogen sich alle
vom Geschäft zurück.
Als wir beschlossen hatten, den Wagen in Zahlung zu
geben, taten wir so, als führen wir nur zum Supermarkt einkaufen. Erst in letzter Minute bogen wir in
den Gebrauchtwagen-Hof ein.

Der Verkäufer meinte, er habe noch nie einen Wagen gesehen, der mit angezogener Handbremse und abgestelltem Motor in einen Zaun gerast sei.

Ich kann einfach nicht glauben, daß der Mensch derart naiv war.

Geschwindigkeit ist keine Hexerei

In einer so schnellebigen Welt wie der unsrigen ist es gewagt, den allerschnellsten Mann, die allerschnellste Frau küren zu wollen.

Einer meiner Freunde hat trotzdem einen Anwärter auf den Titel. Der schnellste Mensch, den er je gesehen hat, sagt er, ist der Bursche in der Autowaschanlage, der während der 43 Sekunden zwischen dem Verlassen der Waschstraße und dem Augenblick, in dem man wieder einsteigt, folgendes zuwege bringt:

– drei Spiegel himmelwärts drehen,
– den Sitz verstellen,
– die Seitenfenster halb heruntergekurbelt blokkieren,
– den Scheibenwischer einschalten,
– die Blinker einschalten,
– das Autoradio auf einen Sender einstellen, den kein Mensch je gehört hat und der kommunistische Propaganda in chinesischer Sprache bringt.

Als ich meinen Freund fragte, was daran denn so erstaunlich sei, sagte er: »Es ist der gleiche junge Dachs, der mir vor wenigen Augenblicken versichert hatte, er verstünde nichts von ausländischen

Wagen und der zehn Minuten brauchte, bis er den Einfüllstutzen gefunden hatte.«

Zugegeben, das ist beachtlich schnell, aber auch ich kann mit einigem aufwarten.

Einst hatte ich eine Putzfrau, die im Tempo der Bürokratie arbeitete. Mit einer Ausnahme: Wenn ich versehentlich einmal ein wichtiges Papier in den Papierkorb geworfen hatte, ergriff sie es, als ticke darin eine Zeitbombe, galoppierte damit hinaus, vorbei an der leeren Mülltonne bei der Garage, und hinter dem Müllwagen her, der eben die Stadt verließ.

Noch jemand, den ich für die zehn Schnellsten der Woche vorschlagen möchte, ist eins meiner Kinder, das im Alter von zwei Jahren ins Bad lief und die Tür hinter sich verschloß. In knapp drei Minuten – man stelle sich vor! – leerte dieser Wicht den 120-Liter-Warmwassertank, bemalte alle Wände so intensiv mit Lippenstift, daß die Farbe nie mehr abging, rollte die Klopapierrolle ab, stopfte einen nicht zu identifizierenden Gegenstand ins Flusensieb der Waschmaschine, brachte die Toilettenschüssel durch Natron zum Schäumen, riß den Handtuchhalter aus der Wand, löste zwei Stück Seife auf und biß einer Gummiente den Kopf ab.

Und dabei konnte sich der Knabe noch nicht einmal ohne Hilfe die Hose hochziehen.

Wenn ich es mir allerdings recht überlege, war der schnellste Mensch, dem ich je begegnete, eine Kellnerin in einem Restaurant. Ich war – nach der Geburt meines ersten Kindes – monatelang nicht außer Haus gewesen und wollte mit meiner besten Freundin gemütlich essen gehen und mir dabei so richtig Zeit lassen.

Die Serviererin kam an unseren Tisch und fragte: »Was zu trinken? Was darf's zum Essen sein?« Und war drei Minuten später mit Essen und Getränken wieder da. Ich verbrühte mir die Lippen, als sie mir Kaffee nachschenkte. Die Rechnung ließ sie mir auf den Schoß flattern, während sie das obere Tischtuch erneuerte und mir das Kleingeld herausgab. In zwanzig Minuten war alles vorbei.

Und wissen Sie, was sie sagte: »Gleich ist Mittagessenszeit. Da muß dann alles fix gehen.«

15. Graue Theorien

 Jedesmal, wenn ich die Abiturrede für junge Akademiker halte, kämpfe ich gegen den Impuls, sie heimzuschicken und lieber gleich nur zu den versammelten Eltern zu sprechen. Ich würde gern sagen:
Liebe Eltern der Klasse 1984, auch für Sie beginnt nun ein neues Leben, in welchem Sie auf die nächste Phase umschalten müssen... Auch Sie sind jetzt ein bißchen verdattert, ein bißchen ängstlich und haben starke Gewissensbisse. Sie haben einen jungen Menschen aufgezogen, der nun ausgebildet, voll verantwortlich und bereit ist, seinen Platz in der Welt auszufüllen. Sind eigentlich auch Sie bereit, den Ihren auszufüllen? Wie oft hat Ihr Kind gefragt: ›Wann wirst du endlich aufhören, mich wie ein Kind zu behandeln?‹ Und Sie haben erwidert: ›Wenn du dich nicht mehr wie ein Kind aufführst.‹ Es war eine aalglatte, bequeme Antwort, und Sie wußten es. Haben Sie vielleicht in den vergangenen sechzehn Jahren so viel geredet, daß Sie selbst nicht mehr hörten, WAS Sie sagen?
ES WIRD ZEIT, DASS DU ERWACHSEN WIRST!
(»Warum hast du's denn so furchtbar eilig mit dem Heiraten, schließlich bist du doch noch ein Kind!«)
DU MUSST ENDLICH LERNEN, DIE KONSEQUENZEN DEINER HANDLUNGEN ZU TRAGEN!
(»Komm, Daddy und ich zahlen dir die Reparatur des Wagens, du kannst es uns ja später wiedergeben!«)
DU MUSST ENDLICH SELBSTÄNDIG WERDEN!
(»Ich hab' dich für Dienstag beim Zahnarzt angesagt

und deine Sachen aus der Reinigung abgeholt. Leg die Bücher von der Leihbibliothek heraus, ich nehm sie nachher mit.«)

DU MUSST UNABHÄNGIG WERDEN!

(»Aber du kannst doch zu Hause wohnen, da brauchst du keine Miete zu zahlen. Denk nur an eines: gegessen wird Punkt sieben!«)

TRIFF DEINE EIGENEN ENTSCHEIDUNGEN!

(»Was soll das heißen: Du willst nicht mit zu Omi? Du bist schon zwei Wochen lang nicht bei ihr gewesen. Steig ein!«)

HÖR ENDLICH AUF, DICH WIE EIN KIND ZU BE-NEHMEN!

(»Gib mir das Hemd, damit es anständig gebügelt wird!«)

NIMM DEIN LEBEN SELBER IN DIE HAND!

(»Jetzt wäre der richtige Moment, dir einen Job zu suchen, und nicht dein Erspartes auf den Kopf zu hauen und kreuz und quer im Land herumzuzigeunern.«)

Liebe Eltern! Ihre Kinder haben auf ihre Art versucht, das zu sein, was Sie von ihnen erwarteten. Das ist für Sie alle peinlich, schmerzhaft und unangenehm.

Wann sie erwachsen werden?

Wenn *Sie* es zulassen.

Zeigt her eure Füßchen ...

Wenn man es sich recht überlegt, ist die Technik in diesem unserem Lande noch nicht nennenswert vorangekommen. Wir können uns zwar mit elektronischen Spielchen amüsieren und haben Müllschlucker, aber andererseits sitzen wir immer noch ums Lagerfeuer, und unsere Kinder bemalen immer noch die Wände.

Mit der medizinischen Technik ist es noch schlimmer. Der gewöhnliche Schnupfen bleibt ein Rätsel. Keiner weiß, wieso man heiße Wallungen im Sommer hat und nicht im Winter, wo man sie gut gebrauchen könnte. Und kein noch so begabtes Mitglied des Ärzte-Clans hat das größte Geheimnis aller Zeiten zu entschleiern versucht: Wie man Kinderfüße am Wachsen hindert.

Seit Jahren bemühen wir Eltern uns, die Wachstumsrate vorauszuberechnen. Von dem Moment an, in dem ein Kind selbständig laufen lernt, bis zu den letzten College-Tagen hat es nie ein Paar Schuhe, das ihm wirklich paßt.

Ich habe mir die Füße meiner Kinder durch ein Röntgengerät angesehen und weiß genau, daß sie, ehe sie dem betreffenden Schuh entwachsen, noch gut zwei Nummern Spielraum haben, doch schon auf der kurzen Strecke zwischen Schuhgeschäft und Parkplatz sagt das Kind: »Mami, diese Schuhe zwicken mich an den Zehen, und an der Ferse schubbern sie.«

Man könnte 135 Paar Schuhe verschiedener Größen kaufen, und nicht eines davon würde dem Kind zu irgendeinem Zeitpunkt passen.

Dennoch sind Schuhe nicht die einzigen Geheimnisse, die Kinderfüßen anhaften. Einer meiner Söhne ging nirgendwohin zu Fuß. Selbst wenn er nur ins Badezimmer wollte, nahm er sich ein Taxi. Immer wenn ich ihm zufällig einmal begegnete, hatte er die Füße in Augenhöhe: auf dem Kaffeetisch, auf dem Sessel, auf dem Fernseher, auf dem Armaturenbrett, an der Wand. Ich fuhr ihn zur Schule, direkt bis an seine Bank. Ich fuhr ihn zum Training, in die Bücherei, in die Häuser seiner Freunde, auf den Spielplatz, in die Turnhalle und in die Apotheke. Der Junge hatte nagelneue, unbenutzte Füße. Glauben Sie mir: Eine Fussel auf dem Teppich hätte ihm wehgetan. Als er seine Schuhe ungefähr drei Wochen hatte, klagte er über ein Loch in der Kappe.

Ich habe es mir ausgerechnet: Wenn der Verstand eines Kindes sich so rasch entwickeln würde wie seine Füße, könnte es mit sechs Jahren fünfzehn Sprachen sprechen, erfolgreich über Freud debattieren, Plato erklären, besser schreiben als Shakespeare und es in Physik mit Einstein aufnehmen. Die Institution Eltern wäre veraltet.

Sie haben sich vermutlich auch schon öfters gefragt, warum nicht mehr Kinder von daheim weglaufen. Wissen Sie warum? Die Füße tun ihnen weh. Sie wandern durchs Leben mit Schuhen, die entweder vorn mit Zellstoff ausgestopft oder aber an den Zehen zu kurz sind.

Eine Lösung für dieses Problem weiß ich nicht. Solange die Wissenschaft sich nicht vorrangig mit Kinderfüßen beschäftigt, wird der Kleine, der hinter uns herwatschelt und bei jedem Schritt aus seinen zu großen Schuhen kippt, uns verbleiben.

Ernähre dein Kind richtig

Zu den ersten Sorgen der jungen Mutter gehören die Eßgewohnheiten ihres Kindes.

Ich kann Ihnen aus dem Schatz meiner Erfahrungen alles Wissenswerte mitteilen: in 400 Worten oder auch weniger. Je mehr Zähne ein Kind bekommt, desto weniger kaut es.

Ein Kind ißt niemals, was gut und nützlich ist, wovon man feste Knochen oder Zähne bekommt oder schneller gesund wird.

Ein Kind wird niemals etwas essen, was grün aussieht.

Seine ersten Worte in einer fremden Sprache werden sein: »*À la carte.*«

Es wird nie die gleichen Getreideflocken zweimal essen.

Ein Kind ist, ganz egal, was man ihm vorsetzt, in seinem Inneren davon überzeugt, daß der Hund etwas Besseres kriegt.

Wenn die Mutter so tut, als ob sie das klumpige weiße Zeug auf dem Löffel, das so ulkig riecht, köstlich findet, sieht das Kind keinerlei Grund, ihr zu glauben.

Aus dieser Erkenntnis heraus ist es mir unbegreiflich, warum jedes Jahr wieder über das Schulfrühstück debattiert wird. Schulfrühstücke werden so zusammengestellt, daß die Kinder die für Wachstum und Entwicklung nötigen Vitamine und Ballaststoffe erhalten, für deren Verweigerung sie zu Hause vorzeitig ins Bett gesteckt werden.

Da wachsen Kinder heran, die glauben, Mangold sei etwas, das man am TAG DES BAUMES pflanzt, um später in seinem Schatten zu liegen.

Und trotzdem setzt sich jedes Jahr irgendwer dafür ein, daß man die Kinder auf gesunde Kost umstellt. Das Gesunde ist ja genau das, was sie wegschmeißen.

Kürzlich hat ein realistisch denkender Schulleiter in New York öffentlich verkündet: »Sollen sie doch Pizza essen.« (Dieser Satz reiht sich würdig an das berühmte: »Einem Zweijährigen soll man keine Sekunde den Rücken kehren.«) Er hat geltend gemacht, daß in der Pizza sämtliche Grundnahrungsmittel enthalten sind, die es den Schülern ermöglichen, bis zum Abend durchzuhalten. Er möchte Pizza täglich auf ihrem Speiseplan sehen.

Laßt den Mann nur reden, meine ich. Offensichtlich kennt er sich mit Kindern aus. Wird nämlich die Pizza von Schule und Elternhaus erst einmal sanktioniert, werden Kinder gegen diesen Fraß meutern und grüne Bohnen, rote Beete und Spinat verlangen.

Bis dahin verdient eine Schule aus dem Mittelwesten die Prämie für die beste Idee. Sie gab bekannt, ab sofort sei für das Schulfrühstück 1 Dollar 35 zu zahlen.

Wenn überhöhte Preise die Kinder nicht in hellen Scharen in die Cafeteria treiben, habe ich seit 25 Jahren meinen Mutterberuf verfehlt!

Superhausfrauen – und andere

Eine Gruppe Erstkläßler in der Ruby-Schule wurde von ihrer Lehrerin aufgefordert, ihre Mutter zu zeichnen, so wie sie sie sahen. Die Ausstellung dieser Kunstwerke durften wir dann besuchen.

Einige Mütter waren abgebildet, wie sie in einem Segelboot standen, andere trugen schwere Einkaufstaschen, mähten den Rasen oder telefonierten.

Alle Mütter hatten eines gemeinsam: Sie waren schwanger. Im Einzugsbereich der Schule war Schwangerschaft kein Zustand, sondern eine Art herrschender Mode: Man trug Bauch in verschiedenen Entwicklungsstadien, ob er einem nun stand oder nicht.

Ich fand mich für Schwangerschaften, ehrlich gesagt, zu klein und sagte das auch meinem Mann. Viele Frauen sehen fabelhaft aus, wenn sie erwarten. Aber ich war immer diejenige mit dem Rocksaum, der hinten bis zu den Knöcheln reichte und vorne nur bis ans Knie, und die sich alles über die Vorderfront klekkerte. Normalerweise trug ich schon nach zwei Wochen Umstandskleidung, und nach dem neunten, zehnten oder auch elften Monat ließen sich meine Gummizüge nicht mehr dehnen, und mein Spiegel wäre beinahe zersprungen.

Manchmal sank ich schon im fünften Monat in einen tiefen Sessel, den ich erst bei den Wehen wieder verließ – oder wenn der Sessel Feuer fing, je nachdem, was zuerst eintrat.

Daß wir alle damit beschäftigt waren, Mütter zu werden, verband uns. Dann aber teilten sich die Mütter in zwei scharf voneinander abgegrenzte Gruppen: die Supermütter und die Zwischendurchmütter.

Die Supermütter waren schneller als ein abgefeuertes

Geschoß, kräftiger als ein starkes Abführmittel und konnten im Supermarkt bei Sonderangeboten über sechs Einkaufskarren die Flanke machen. Sie erdrückten einen wie ein nasses Plumeau.

Die Supermutter und Superhausfrau ist das Produkt der Vereinsamung, eines Ehemannes, der selten daheim ist, sowie eine Folge des Dranges, immer alles sauber und gepflegt zu haben. Es gibt bereits eine Warteliste für Heiligsprechungen.

Die Zwischendurchmütter aber warten einfach ab, bis ihre Kinder erwachsen sind. Sie geben bei Elternversammlungen nie ihren wirklichen Namen an, verstecken die Bonbons unter dem Geschirrtuch, damit die Kinder sie nicht finden, und ihre Schubladen sind mit Zeitungen mit Schlagzeilen aus den Sezessionskriegen ausgelegt.

Für Supermütter bestand in unserem Vorort keinerlei Zuzugssperre. Sie durften sich unter uns mischen, wann immer sie wollten. Als eine im Haus gegenüber einzog, fand ich es angebracht, sie bei uns freundlich willkommen zu heißen.

Der Möbelwagen war noch keine Minute weg, da sah ich sie bereits im Garten harken. Ich ging hinüber, um ihr meinen berühmten Restesalat aus neun Bohnen zu bringen. Sie hieß Estelle. Das Innere des Hauses war umwerfend: Die Möbel glänzten und standen alle an ihrem Ort, Spiegel und Bilder hingen bereits, nirgends war eine Packkiste zu sehen, die Bücher waren eingeräumt, auf dem Küchentisch standen frische Blumen. Sie selbst hatte gerade eine Kalziumtablette in der Hand, um sie sich in den Mund zu stecken.

»Ich weiß, daß an Umzugstagen alles drunter und drüber geht«, stotterte ich verlegen.

»Fertig wird man ja nie, nicht wahr«, sagte sie und nahm mit zwei Fingern einen Fussel vom Eisschrank.

Dann ließ sie ihre Kinder antanzen, und als sie bemerkte, daß ihrem Sohn eine Locke ins Auge hing, verzog sie das Gesicht und meinte: »In dem Alter benehmen sie sich wie die Wilden.«

Wenn meine Kinder je so gut ausgesehen hätten, hätte ich sie meistbietend versteigert.

»Übrigens, wenn Sie irgendwas brauchen, ich fahre alle drei Stunden zum Einkaufen«, bot ich ihr an.

»Ich kaufe nur einmal im Monat ein«, sagte sie. »Ich habe festgestellt, daß man sparen kann, wenn man im voraus plant und größere Mengen nimmt. Außerdem geize ich mit meiner Zeit. Ich lese so viel – im Moment James Joyce – und gehe mit meinen Kindern drei-, viermal die Woche ins Museum. Sie interessieren sich so sehr für moderne Kunst und fangen jetzt mit den Romantikern an. Darf ich Ihnen etwas anbieten? Ich habe eben einen Napfkuchen gebacken.«

Mir brach der Schweiß aus.

»Der Doktor hat gemeint, ich solle etwas zunehmen, und ich gebe mir auch alle Mühe ...«

Ich hätte ihr ins Gesicht schlagen können.

Das Problem war einfach das: Konnte eine Hausfrau, die jedes Stück Haushaltswäsche schwarz färbte, um langfristig Zeit zu sparen, mit einer Nachbarin auskommen, die jederzeit ein Babybild ihres letzten Kindes griffbereit hatte?

Wir Zwischendurchmütter versuchten, mit Estelle auszukommen. Leicht war es nicht. Estelle war einfach nicht zu schlagen.

Sie mähte den Rasen, backte selbst Brot, schaufelte den Schnee vom Gehsteig, zog ihre eigenen Küchenkräuter, nähte die Kleider ihrer Kinder, änderte die Anzüge ihres Mannes, spielte in der Kirche die Orgel, plante jeden Urlaub genau vor, zahlte alle Rechnungen, war freiwillige Mitarbeiterin bei drei Telefonseelsorgediensten, fünf Sportclubs und zwei karitativen Kommissionen, holte im Winter alle Gartengeräte ins Haus, stellte einmal die Woche ihr Bügelbrett auf und bügelte alles weg, füllte ihre Gefriertruhe mit halben Rindern, malte ihre eigenen Weihnachtskarten, ging bei jeder Wahl zur Urne und zweimal im Jahr zum Zahnarzt, stand ihrer Hündin beim Werfen bei, schmolz alte Kerzen und drehte neue, hob altes Frostschutzmittel auf und hatte einen Bleistift neben dem Telefon.

»Wo ist denn Estelle?« fragte Helen, als sie eines Tages zu einer kurzen Stippvisite hereinschaute.

»Keinen Schimmer. Wahrscheinlich malt sie ihre Krampfadern mit Buntstift nach, damit sie aussehen wie die neuen Modestrümpfe. Ich sage dir, diese Frau tötet mir den Nerv.«

»Ja, sie ist ein bißchen penetrant.«

»Ein bißchen nennst du das? Würdest du einer Frau trauen, die immer genau weiß, wo ihre Wagenschlüssel sind?«

»Ich glaube, sie würde gern Freundschaft mit dir schließen.«

»Daraus würde nichts.«

»Du könntest es doch probieren.«

»Du weißt nicht, was du verlangst. Sie ist so – so fürchterlich systematisch. Ihr Haus ist das einzige im ganzen Viertel, in dem für den Brandfall Probealarme durchgeführt werden. Neulich hat die Schule bei ihr angerufen und ihr gesagt, daß Kevin sich verletzt hat. Weißt du noch, wie es war, als die Schule mich damals anrief, um mir mitzuteilen, mein Sohn hätte den Sehtest nicht bestanden?«

»Ja, du wurdest hysterisch und mußtest Beruhigungsmittel nehmen.«

»Richtig. Nicht so Estelle. Sie nahm ganz gelassen die Wagenschlüssel vom Haken, zog eine farblich passende Strickjacke über ihre farblich richtigen Hosen, stellte das Essen im Backofen warm, nahm den Bleistift am Telefon, schrieb einen Zettel, fuhr zur Schule, holte Kevin dort ab und fuhr ihn zum Unfallkrankenhaus.«

»Na, und? Das hättest du auch gekonnt.«

»Das ist ja noch nicht alles. In der Notaufnahme gab sie Kevin ab und wußte sein Geburtsdatum, den Namen seines Vaters und die Mitgliedsnummer bei der Krankenkasse *auswendig*.«

»Ich weiß noch, wie du Andy ins Krankenhaus brachtest ...«

»Daran möchte ich nicht erinnert werden.«

»Was war es doch noch, was der Arzt sagte?«

»Er wollte die Schrunden in meinen Fersen behandeln.«

»Stimmt, und um telefonieren zu können, mußtest

du einen Scheck über einen Groschen ausschreiben.«

Bei allem störte Estelle eigentlich niemanden. Sie war nur ein verwischter, nebelhafter Umriß, der täglich die Einfahrt herauf- und hinunterschoß. Ich war ganz überrascht, als sie mich eines Tages draußen an der Straße vor meinem Briefkasten ansprach.

»Erma«, fragte sie. »Was stimmt eigentlich nicht mit mir?«

Zunächst wich ich aus. »Nichts. Warum?«

»Seien Sie aufrichtig. Ich passe nicht so recht in diese Umgebung. Warum eigentlich nicht?«

»Das ist schwer zu erklären«, stotterte ich. »Sie sind eben ... Also, Sie sind der Typ Frau, den man anruft, um zu fragen, welches Mittel man gegen Unpünktlichkeit einnehmen soll.«

»Aber ich würde doch so gern ein paar echte Freundinnen haben.«

»Das weiß ich, Helen, und ich würde Ihnen auch so gern helfen, aber zunächst müssen Sie einmal lernen, was das ist: eine Freundin.«

»Sagen Sie es mir.«

»Das ist gar nicht so einfach. Eine Freundin wird nicht Diät halten, wenn man selber fett ist, sondern sie wird dir erzählen, daß sie einen ehemaligen Verehrer von dir gesehen hat, der inzwischen Geistlicher geworden ist. Eine Freundin macht den Babysitter bei deinen Kindern auch dann, wenn sie gerade eine ansteckende Krankheit haben. Eine Freundin wird lügen, wenn man sie fragt, was sie von meiner Heimdauerwelle hält. Eine Freundin wird jeden mit Mord bedrohen, der eine der Ankleidekabinen aufsuchen will, wenn man dort gerade Badeanzüge probiert. Vor allem aber eines würde eine Freundin nie: jede Minute des Tages voll ausnutzen, um alle anderen dadurch ins Unrecht zu setzen.«

Von diesem Tag an ging mit Estelle, der Supermutter und Superhausfrau unseres Viertels, eine Wandlung vor sich. Nicht mit einem Schlag, aber im Lauf der Wochen beobachteten wir, daß sie lernte, alles ein wenig nachlässiger zu betreiben. Anfangs waren es Kleinigkeiten. Zum Beispiel, daß sie ein Deodorant kaufte, das *nicht* im Angebot war oder daß sie die Notrufnummern auf der Wählscheibe des Telefons mit dem Fingernagel abkratzte.

Eines Morgens klopfte eins ihrer Kinder bei uns und bat, auf unser Klo gehen zu dürfen; seine Mami habe es versehentlich ausgesperrt.

Eine Woche später ging Estelle während einer Fahrt für die Pfadfinder plötzlich das Benzin aus. Ein paar Tage später vergaß sie, die Mülltonnen zuzubinden, und die Hunde zerrten Butterbrotpapier und Gemüsereste über ihren Rasen, so daß alle Welt es sah.

Eines Nachmittags tauchte sie überraschend bei mir auf, hockte sich auf den Küchentisch und vertraute mir an: »Ich bin zur Erkenntnis gekommen – es gibt ein Weiterleben.«

»Was für Weiterleben?«

»Ja, ich glaube, das Leben geht weiter, wenn die Kinder erwachsen sind.«

»Woher haben Sie das?«

»Es stand auf einer Packung Vitaminpillen.«

»Und was wollen Sie damit sagen, Estelle?«

»Ich versuche Ihnen verständlich zu machen, daß ich dann flüchten werde. Heim, in die City. Dort wartet das wahre Leben auf mich.«

»Reden Sie keinen Unsinn«, sagte ich.

»Ich habe mich so bemüht, perfekt zu sein«, schluchzte sie.

»Ich weiß, ich weiß.«

In diesem Augenblick kam eines von Estelles Kindern in freudiger Aufregung hereingestürzt. »Mami, Mami«, rief es. »Ich gehöre in die Gruppe, die eine Fluorid-Zahnpasta benutzt hat, und ich habe nur ein winziges Loch.«

Estelle sah das Kind eine volle Minute schweigend an und sagte dann: »Na und wenn schon.«

Seitdem gehört sie zu uns.

16. Schnappschüsse

Ich gehöre zu dem runden Dutzend Menschen in diesem Land, die keinen Fotoapparat besitzen.

Anno 1971, in dem Jahr, in dem unsere Tochter Abitur machte, habe ich ernstlich erwogen, mir einen anzuschaffen. Innerhalb der Viertelstunde, in der ich mir einen ausgesucht und meinen Mann herbeigeholt hatte, um ihn zu begutachten, war er bereits überholt. Seitdem ist alle fünfzehn Minuten eine Kamera aus der Mode gekommen.

In all diesen Jahren habe ich noch nie einen Amateurfotografen zum anderen sagen hören: »Komm, gib mir mal deinen Apparat, dann nehm ich dich auf. Ich weiß, wie der funktioniert. Ich hab den gleichen.«

Hierfür gibt es einen guten Grund.

Merke: *Kein anderer Mensch auf der Welt hat eine Kamera wie die deine.*

Ich habe Berufsfotografen erlebt, die eine fremde Kamera prüften, genaue Anweisungen von ihrem Besitzer bekamen und dann eine Aufnahme machten, bei der sie den Finger voll auf dem Objektiv hatten. Peinlich berührt sagte ein solcher Typ dann: »Ach so, ja, du hast den Apparat, der drei Wochen nach dem meinen herauskam; da liegt der Sucher woanders.«

Unschwer findet man heraus, ob der offizielle Fotograf der Familie der Ehemann oder die Ehefrau ist.

Wir besitzen achtzehn Schuhschachteln voller Dias. Sie könnten einer Witwe gehören. Es ist kein einziges Bild meines Mannes dabei. Immer nur die Kinder und ich, die ihm zuwinken: vor der Berghütte, vorn am Ende des Landungsstegs oder aus der Gondel auf dem Rummelplatz.

Einst, im Jahre 1978, habe ich mich erboten, ihn aufzunehmen. Er willigte ein und fing an, mir den Gebrauch der Kamera zu erklären. Es gab da einen Filter auszuwechseln, einen Lichtmesser zu beachten, Zeit und Entfernung zu schätzen und zum Schluß natürlich auch die Brennweite zu bestimmen. Als ich das alles zu seiner Zufriedenheit konnte, war nicht nur das Licht weg, sondern auch unsere neunundzwanzigjährige Ehe schwer gefährdet.

Unsere erste und letzte selbstaufgenommene Weihnachtskarte machten wir vor drei Jahren. Ich zog den Jungen saubere Hemden an und fuhr ihnen mit dem Kamm durchs Haar, gab meiner Tochter einen Blanko-Scheck, damit sie zu Hause blieb und entfernte die Hundehaare vom weißen Sofa. Mein Mann brauchte etwa anderthalb Stunden, um den Apparat so aufzustellen, daß er mit auf dieses Gruppenbild kam.

Auf dem Bild sitzen vier Leute mit zusammengebissenen Zähnen und verkrampftem Grinsen. Acht Augen sind auf einen verwischten Fleck im linken Vordergrund gerichtet.

Meine Mutter sagte: »Soll das Bill sein? Von Eurer Hochzeit her habe ich ihn viel größer in Erinnerung!«

Amateurfotografen

Vielleicht glauben einige von Ihnen, Fotos wüchsen auf Postkarten. All denen sei hiermit erklärt, daß ein

Dreibeinstativ ein Gestell ist, auf das man die Kamera montiert, damit sie nicht wackeln kann.

So ein Dreibeinstativ reicht einem, voll ausgezogen, mindestens bis zur Taille und wiegt fünf bis sechs Pfund. Jedes Jahr verlassen fünf Millionen Amateurfotografen ihr Heim und gehen *ohne* dieses Gestell auf Reisen.

Mein Mann gehört nicht zu ihnen. Seit acht Jahren schleppt er das Stativ in jeden Urlaub mit. Benutzt hat er es noch nie. Wozu also das Ganze, fragen Sie mit Recht. Das kann ich Ihnen sagen. Es zerdrückt meine Kleider, so daß bei jedem Dinner, ganz egal, was ich anhabe, jemand die Dauerfalten erkennt und sagt: »Ach, ich sehe, Sie besitzen ein Stativ!«

Bei jeder Sicherheitskontrolle auf dem Flugplatz klingelt, brummt und hupt es am Bildschirm. Ich frage mich, wann zum Beispiel Großbritannien zuletzt von Dreibeinern angegriffen wurde.

Das Ding verschafft jungen Taxichauffeuren und Liftboys ihren ersten Leistenbruch. Einmal, als alle Handtuchstangen besetzt waren, habe ich es dazu benutzt, um ein paar Socken zu trocknen.

Ich weiß, ich hätte nie einen Amateurfotografen heiraten dürfen. Aber wenn man 35 ist, und es tut sich nichts, bekommt man die Panik. Mein Leben besteht seitdem aus ›Halt mal dieses Objektiv‹, ›Moment, ich verliere meinen Belichtungsmesser‹ und ›Soso, der Bus ist ohne uns abgefahren!‹

Wie gut haben es doch Frauen, deren Ehemänner den Grand Canyon aus dem fahrenden Wagen heraus mit einer Instamatik durch die Windschutzscheibe fotografieren. Sie sind wahrhaft glücklich zu preisen.

Die Aussagen meines Mannes über sein Stativ weichen von den meinen stark ab. Er wird Ihnen von dem Kolibri erzählen, den er aus dem Augenwinkel erblickte, von dem Sonnenuntergang über dem Kreml, der aussah wie Hammer und Sichel, von dem dramatischen Bild der Männer auf den Osterinseln, die landeinwärts blickten.

Er erzählt nicht, daß das Stativ während der ganzen Zeit im Koffer im Hotelzimmer ruhte.

Dieses Mal haben wir das Stativ nicht mitgenommen. Ich stellte ihm ein Ultimatum: das Ding oder ich. Er überlegte eine Woche lang, dann ließ er es zu Hause.

Der Fremdenführer an der Christusstatue in Rio sagte: »Als seriöse Fotografen haben Sie ja sicher alle ein Stativ dabei.«

Ich wußte, was ich zu tun hatte: auf alle viere fallen lassen, Kamera auf dem Kopf balancieren und absolut regungslos bleiben, bis der Auslöser klickte.

Fahrstuhlgeflüster

In einem Land, das die raffiniertesten Formen der Kommunikation entwickelt hat, wirkt es wie Ironie, daß Leute, die sich im Fahrstuhl begegnen, noch immer so wenig zu sagen wissen.

Zugegeben, es ist nicht einfach. Das Thema muß prägnant, allgemeingültig, gegenüber Unterbrechungen unempfindlich sein und jedermann fesseln. Auch ist die Zuhörerschaft von besonderer Art: Alle schauen in die gleiche Richtung und starren gebannt auf rote Lämpchen, die aufleuchten und erlöschen. Es herrscht also eine ganz andere Stimmung als auf einer ausgelassenen Sylvesterparty.

In den meisten Liftkabinen herrscht die Atmosphäre eines klinischen Aufwachraums: Sie sind sterile Zellen des Schweigens, in denen man (wenn überhaupt) nur im Flüsterton spricht und schon auffällt, wenn man sich nur räuspert.

Um der Sache etwas von ihrer Peinlichkeit zu nehmen, hat man in modernen Anlagen vor einigen Jahren Musikberieselung eingeführt. Aber glauben Sie, daß jemand tanzt? Oder summt? Oder mitsingt? Keine Spur. Alle stehen immer noch da wie Gefangene, die auf ihre Entlassung warten.

Mit der Zeit wird sich der ›Liftplauderer‹ durchsetzen, es gibt bereits die ersten Pioniere. Ein Mann versuchte es neulich mit einer Art Interview-Methode. Er betrat den Aufzug, am Revers eine Anstecknadel mit der Parole »Der Gast ist König«, und fragte sofort: »Finden Sie auch, daß die Zuschläge für Einzelzimmer abgeschafft werden sollten?«

Auch die Geheimnis-Masche wird immer mehr Mode. Neulich wandte sich eine Frau unmittelbar vor dem Aussteigen an ihre Bekannte und fragte: »Ach, Sie meinen, daß man bei mir nur für eine Nacht buchen kann?«

(Ich war Augenzeuge, wie daraufhin alle ausstiegen und ihr nachgingen.)

Was die anderen Fahrgäste unweigerlich die Ohren spitzen läßt, ist die »tolle Schlankheitskur«. Mann oder Frau verkünden: »Und dabei habe ich alles gegessen, alles getrunken und mich nicht aus dem Sessel gerührt. Und in vier Tagen dreißig Pfund abgenommen. Ich weiß, ich sehe toll aus. Mich haben schon drei alte Bekannte gefragt, ob ich krank bin.«

Andere Fahrstuhl-Nummern sind noch im Experimentierstadium. Etwa der Trick, bei dem man laut äußert, man wisse, wo das Benzin noch immer zum Vorjahrespreis zu haben ist. Oder der politische Geheimtip. Dabei flüstert man – eben laut genug, um verstanden zu werden – , man habe gehört, die Vereinigten Staaten würden von einer Kanadischen Immobiliengesellschaft zum Bau von Eigentumswohnungen aufgekauft.

Ich beherrsche die Aufzugssprache nicht besonders gut. Mir genügt es, wenn ich ein- und aussteigen kann, ohne daß mir unterwegs der Magen knurrt oder mich der Schluckauf überfällt. Nicht daß ich mich nicht ehrlich bemühte. Erst neulich fuhr ich aus dem 28. Stock ins Parterre hinunter. Wir waren zu zweit im Lift. Sogleich wandte ich mich an den Herrn und fragte: »Kommen Sie öfters hierher?«

Daraufhin stieg er im 27. Stock aus.

17. Das Haus, von dem wir träumen

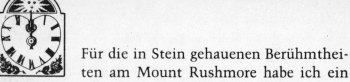

Für die in Stein gehauenen Berühmtheiten am Mount Rushmore habe ich ein weiteres Gesicht vorzuschlagen. Und zwar das einer Frau. Sie heißt Frances Gabe, ist 67 Jahre alt, stammt aus Oregon und hat 1981 die klassische Frage gestellt: »Warum um Himmels willen müssen eigentlich Frauen ihr halbes Leben damit vergeuden, ihr Haus sauberzuhalten?«

Diese Legendengestalt ließ ihren Worten die Tat folgen: Sie erfand das Haus, das sich selbst reinigt, das ›Traumhaus‹, von dem viel die Rede ist, das aber noch keiner je erschaffen hat. Miss Gabe hat für ihr Selbstreinigungshaus 68 Patente angemeldet. Ihre Fußböden, Türen, Wände, Decken sind mit Harzlack überzogen, die Diele nach den Ecken zu leicht abfallend. Man braucht nur Spülmittel draufzusprühen, sie dann abzugießen und trocken zu blasen.

Es gibt keine Teppiche.

Die Asche im offenen Kamin wird per Wasserschlauch in einen Abfluß gespült.

Töpfe und Pfannen reinigen sich selbst.

Um das zeitraubende Be- und Entladen der Spülmaschine einzusparen, hat Frances Gabe einen Geschirrschrank entworfen, in dem die Spülmaschine gleich eingebaut ist.

Auch einen »Waschschrank« hat sie erfunden, in dem Kleider gewaschen und gleich auf Bügeln getrocknet werden.

Ich weiß nicht, wie Sie zu solchen Fragen stehen. Ich

persönlich würde den von Miss Gabe eingeschlagenen Weg weiter verfolgen. Wir sind noch lange nicht am Ziel.

Wir brauchen Verbindungstunnel zwischen allen Häusern des Landes und dem Großmarkt unserer Wahl. Dann können wir unsere Bestellungen in einen Computer einfüttern, und die Waren werden auf Fließband gleich in unsere Küche geliefert. Wir brauchen: pflegeleichte Kinder (tropfnaß aufhängen)! Wir brauchen: eine Faltenglätt-Kabine. Wenn man fertig angezogen hineintritt, kommt man knitterfrei heraus.

Wir brauchen eine Handwaschmaschine: ein paar Händchen drücken Strumpfhosen und Pullover ganz sachte durch und rollen sie zum Trocknen in ein Handtuch.

Wie wäre es mit Essensresten, die sich selbst vernichten? Mit einem Uhrwerk daran, das man auf 30, auf 60 Tage und auf lebenslänglich einstellen kann?

Ich beispielsweise würde die Erfindung eines Essensdetektors begrüßen, der Pieptöne ausstößt, sobald eines der Kinder etwas Eßbares in ein Zimmer schleppt, in dem es nichts zu suchen hat.

Ich sehe da phantastische Möglichkeiten. Tun wir uns doch zusammen und stützen die Ideale und Prinzipien der Frances Gabe.

Seit jenem Tag, an dem ich das Schild ›Danke fürs Nichtrauchen‹ über meinem Backofen aufhängte, hat mich nichts mehr derartig tief bewegt.

Vorbeugemaßnahmen

Unseren Ortspolizisten Beekman habe ich erst zweimal getroffen.

Das erste Mal, als ich rückwärts aus der Garage fuhr und dabei versehentlich den draußen geparkten Wagen meines Mannes rammte. (Die Verhandlung läuft noch.)

Das zweite Mal, als er mir liebenswürdigerweise die Fahrprüfung erleichterte, indem er mit Kreide ein B auf das Bremspedal und ein K auf die Kupplung malte.

»Sie wundern sich sicher, warum ich Sie gerufen habe«, sagte ich, als ich ihn zur Haustür hereinließ.

»Jawohl, Madam«, sagte er und nahm Sturzhelm und dunkle Brille ab.

»Mein Mann und ich fahren nämlich auf Urlaub und ...« Er hob die Hand, um mir Schweigen zu gebieten und sah sich besorgt um. »Sind wir allein?«

»Ich denke doch.«

»Wir übernehmen nämlich jährlich Hunderte von Hausbewachungen und das Stichwort heißt: Geheimhaltung!«

»Aber werden denn die Leute nicht mißtrauisch, wenn sie jede Nacht einen Streifenwagen vor dem Haus parken sehen?«

»Ich stell' mich nicht jede Nacht vors Haus«, erklärte er. »Ich mache meine Beobachtungsrunde, und wenn ich dann am Haus vorbeifahre, kontrolliere ich kurz. So. (Er machte einen Ruck mit dem Kopf, als hätte er einen Krampf im Nacken.) Das zweite Stichwort heißt: bewohnt. Lassen Sie den Einbrecher in dem Glauben, daß Sie zu Hause sind, indem Sie eine Lampe eingeschaltet oder das Radio laufen lassen. Sagen Sie mir nur bitte, wann Sie reisen und wann Sie wiederkommen und geben Sie mir eine Telefonnummer, unter der ich Sie erreichen kann. Den Rest besorge ich dann schon.«

»Das ist ja wunderbar«, sagte ich und begleitete ihn zur Tür. Als er in seinen Wagen stieg, rief ich ihm nach: »Ich sehe Sie also in zwei Wochen!«

Er legte den Finger auf die Lippen und sagte: »Immer daran denken: Das Stichwort heißt Geheimhaltung.«

Helen kam als erste, nachdem er weggefahren war.

»Was wollte der Streifenwagen vor deinem Haus?«

»Pschsch«, raunte ich und sah mich um. »Wir fahren für zwei Wochen alle nach Vermont und der Wachtmeister Beekman wird unser Haus im Auge behalten, damit niemand einbricht. Sag es keinem. Er hat mir eingeschärft, daß es geheim bleiben muß.«

Ausnahmsweise war mein Mann einverstanden. »Das ist das Gescheiteste, was du je getan hast«, sagte er. »Wen rufst du denn an?«

»Der zweite Punkt, auf den Wachtmeister Beekman mich hingewiesen hat, ist der: Das Haus muß bewohnt aussehen. Deshalb will ich Margo anrufen und ihr sagen, wann wir fahren, damit sie jeden Abend herkommt und jedesmal eine andere Lampe anknipst. Außerdem muß ich noch die Zeitungsboten und die Chemische Reinigung anrufen – und dann den Briefträger.«

627

»Sollte man nicht auch den Milchmann abbestellen?«

»Den Milchmann abbestellen? Da kannst du dich ja gleich in der Unterhose vors Haus stellen und ein Schild hochhalten: ›Herein ohne Anklopfen!‹ Diebe folgen Milchmännern wie Fliegen dem Müllauto. Ich werde das alles arrangieren. Er soll jeden zweiten Tag vier Liter Milch liefern, wie sonst auch.«

»Ob die Einbrecher nicht doch Verdacht schöpfen, wenn er alle vier Liter austrinkt und dann die leeren Flaschen zum Wagen zurückträgt?«

»Er klirrt doch nur mit ein paar Flaschen und tut nur so, als ob er liefert«, seufzte ich. »Also, wo war ich stehengeblieben? Ach ja, ich muß Mike Bescheid sagen, daß wir wegfahren, damit er zum Rasenschneiden kommt, und Mark, daß er unsere Abfalltonnen mitbenutzen darf, sie dafür aber montags aufs Trottoir hinaustragen muß ...«

»Das alles schmeckt mir nicht«, sagte mein Mann.

»Dann hör dir mal an, was Maybell und Dave passiert ist. Sie wollten ein paar Tage nach Disneyland. Also hat sie ihre Schneiderpuppe mit Hosenanzug und Perücke ausstaffiert, sie an den Kamin gelehnt und ihr einen Drink in die Hand gegeben. Am nächsten Morgen war das Haus ausgeplündert, die Einbrecher hatten fast alles mitgenommen außer der Schneiderpuppe. Weißt du, wodurch sie sich verraten hat?«

»Vielleicht ist jemandem aufgefallen, daß die Schneiderpuppe statt Beine einen Holzständer hat?«

»Nein, die Eiswürfel im Drink waren geschmolzen

und die Kerle wußten sofort, daß kein Mensch mit einem warmen Drink herumsteht.«

»Bis jetzt hast du schon sieben Personen erzählt, daß wir wegfahren. Wie vielen willst du es denn noch sagen?«

»Na, Charmaine *muß* ich es sagen, damit sie ihre Kinder zum Spielen in unseren Hof rüberbringen kann, und Frederike hat mich gebeten, sie anzurufen, weil sie zum Wochenende ihren Hund herfahren möchte. Er soll sich hier mal so richtig ausbellen. Natürlich muß ich auch den Friseur, die Putzfrau, den Versicherungsagenten und die Damen vom Schülerlotsendienst anrufen.«

»Das sind schon sechzehn!«

»Und meine Avon-Kosmetikerin, den Automobilclub, den Gasableser, den Kaminkehrer, die Jungpfadfinder . . .«

»Das sind dann dreiunddreißig.«

»Der Tierarzt muß selbstverständlich auch Bescheid wissen und die Kassiererin vom Supermarkt, mein Fußpfleger und die Jungen von der Tankstelle, ferner Hochwürden und . . .«

»Ungefähr wie vielen Menschen insgesamt wirst du sagen, daß wir die Stadt verlassen?«

»Ungefähr sechshundertunddreiundachtzig.«

»Warum setzt du nicht gleich eine Anzeige in die New York Times?«

»Gut, daß du mich daran erinnerst. Grace meint, wenn man während seiner Abwesenheit angerufen werden will, setzt man am besten eine Anzeige in die Zeitung, daß man einen guterhaltenen Toaströster verkauft oder so was. Man kann natürlich auch ein Dutzend Versicherungsvertreter glauben machen, man brauchte eine neue Haftpflichtpolice. Wenn man Einbrecher aus einem leerstehenden Haus verscheuchen will, gibt es nichts Besseres als ein klingelndes Telefon.«

»Ich finde, du nimmst die ganze Geschichte viel zu tragisch«, meinte mein Mann. »Diese komplizierten Maßnahmen, nur damit das Haus bewohnt wirkt, sind doch Wahnwitz. Wenn du noch mehr Leute dazu bringst, hier ein- und auszugehen, werden wir hierbleiben und Parkplätze anweisen müssen.«

Wir ließen das Thema fallen. Bis gestern. Da kam mein Mann in die Küche, als ich gerade Abendessen kochte.

»Heute habe ich im Parkhaus, in dem ich immer den Wagen einstelle, jemanden kennengelernt«, sagte er. »Er ist vor zwei Tagen aus Chicago hierhergezogen. Als ich mich vorstellte, sagte er: ›Ach, Sie sind der, der ab fünfzehnten nächsten Monats für zehn Tage nach Vermont reist.‹«

Mir blieb der Mund offenstehen.

»Woher wußte er denn das?« fragte ich.

»Der Neffe seiner Frau mußte wegen eines Hühnerauges zum Fußpfleger, und der war neulich auf einer Grillparty bei unserem Zählerableser.«

»Welcher Zähler? Gas, Strom oder Wasser?« fragte ich mißtrauisch.

»Das ist ja egal«, fuhr er fort. »Viel interessanter war, was er über seinen Urlaub vorigen Sommer erzählte. Er sagt, sie seien kaum ein paar Stunden weggewesen, da sei schon eingebrochen worden. Das ganze Haus sauber ausgeräumt.«

»Was habe ich dir gesagt?« triumphierte ich. »Laß mich mal raten: Sie hatten vergessen, das Radio laufen zu lassen, damit die Einbrecher durch die Geräusche abgelenkt werden. Sie hatten sich keine Katze gemietet, die im Fenster sitzt. Sie hatten während ihrer Abwesenheit zu keiner Party eingeladen und keine Fahrräder in der Einfahrt liegen lassen?«

»Doch, das haben sie alles getan«, sagte mein Mann sanft.

»Und was haben sie vergessen?« fragte ich lebhaft.

»Die Haustür abzuschließen.«

Die gute Stube

Wer hat nur das Wohnzimmer, den Salon, die gute Stube erfunden? Ich ahne es nicht. Von den einhundertundfünfunddreißig Menschen verschiedenster Altersklassen, die ich dazu interviewte, konnte sich keiner erinnern, im Wohnzimmer je etwas anderes getan zu haben als sauberzumachen. In den meisten Häusern ist es eine Art Heiligtum, aus dem man die Glühbirnen klaut, eine Abfertigungshalle für Passagiere, die zu anderen Teilen des Hauses unterwegs sind.

Ich hatte gar nicht gewußt, daß auch wir eine gute Stube unser eigen nennen. Da kam eines Tages der Immobilienmakler, ging durch das ganze Haus und stellte mir die Frage: »Wie groß ist Ihr Wohnzimmer?«

»Wo liegt das denn?« fragte ich zurück.

»Na, der große Raum mit den weißen Sofas, von denen aus man auf die Straße hinaus schauen kann.«

»Ach, ist das hübsch«, sagte ich beim Hindurchschlendern und streichelte den Glastisch und die Schale mit dem künstlichen Obst. »Sind die Vorhänge im Preis inbegriffen?«

»Aber es ist doch *Ihr* Haus«, sagte er.

Ich sprach mit dem Architekten über das Geheimnis der guten Stube. Auch er äußerte sich so unbestimmt wie alle anderen von mir Befragten über den Zweck eines solchen Raumes. Die einzige persönliche Erinnerung, auf die er zurückgreifen konnte, waren Möbel unter Plastiküberzügen oder alten Decken, und daß man immer über etwas stolperte, wenn man im Dunklen durchlief, um jemandem die Haustür zu öffnen.

Von unserer guten Stube weiß ich noch, daß sie im Winter nicht geheizt wurde, daß im Sommer alle Vorhänge immer fest zugezogen waren, daß über dem Sofa Leintücher hingen und die Lampenschirme noch in ihren ursprünglichen Zellophanhüllen steckten. Über der Tür war ein Schild: BESICHTIGUNG NUR NACH VORHERIGER VEREINBARUNG. Meine Mutter pflegte zu sagen, die gute Stube sei für den Empfang ganz besonderer Gäste bestimmt. Ich glaube, nur der Ozeanflieger Lindbergh und Präsident Roosevelt wären in Frage gekommen.

Niemand scheint zu wissen, warum die gute Stube eine geschützte Gattung ist. Eine Oase für die Familie ist sie jedenfalls nie geworden. Als man es satt hatte, immer nur in der Küche zu sitzen, wurde der Keller ausgebaut, damit man mehr Raum für seine Hobbys hatte. Der Einrichtungsstil dort unten war weder Barock noch Neue Sachlichkeit, sondern Früher Heizkessel. Da gab es nun ein Wohnzimmer mit weichen, bequemen Sitzmöbeln, doch die Familie verbrachte ihre Abende im Souterrain auf einer Hollywoodschaukel und schaute zu, wie das Kondenswasser von den Wänden troff.

Bald nach dem Zweiten Weltkrieg kamen dann die sogenannten Familienzimmer bei uns auf, die sahen aus wie gute Stuben mit Menschen darin. Erst neulich ging ich an unserer guten Stube vorbei und lächelte stolz: Nach vollen zehn Jahren sah sie immer noch aus wie der Aufwachraum eines Krankenhauses. Der Hund lief an mir vorbei und fing an, am weißen Sofabein zu schnüffeln. Er zögerte. Ich sah ihn streng an. Er kam zurück und stellte sich neben mich. Auch er hatte den Zauber gefühlt, den Zauber der guten Stube.

Bleiben Sie auf dem Teppich!

Nach zwölf langen Jahren habe ich es endlich geschafft. Mein Wohnzimmerboden ist von Wand zu Wand ein einziger verfleckter Teppich.

Ein solches Glücksgefühl habe ich nur zweimal im Leben empfunden: einmal, als ich wenige Minuten vor meiner Trauung den Nagellack vom letzten Nagel abgezupft hatte, das zweite Mal im Jahre 1974, als ich meine Freunde zum Essen eingeladen hatte, und sie kamen. Alle gleichzeitig.

Wie ich höre, steht die Chance, einen Teppich dieser

Größe gleichmäßig einzudrecken, etwa eins zu einer Milliarde. Ich wußte ja, es mußte so kommen. Erstens ist der Teppich weiß. Es gibt einiges, was man bei einem weißen Teppich unbedingt vermeiden muß, worüber aber der Verkäufer gemeinhin kein Wort verliert:

1. Bei einem weißen Teppich muß man lebenslänglich kinderlos bleiben. Das gilt auch für Kinder, die nur zu Besuch kommen, oder durchs Fenster hereinschauen.

2. Das betreffende Zimmer muß aus dem Verkehr gezogen werden. Wer die durch Seile abgesperrte Zone verläßt, hat sich die Folgen selbst zuzuschreiben.

3. Möbel hineinzustellen, heißt das Schicksal herausfordern. Von einem weißen Teppichboden kann man nicht verlangen, das er in einem Raum voller Stuhl- und Tischbeine auch weiß bleibt.

4. Wenn ein Hund sich einem weißen Teppich auf hundert Meter nähert, werden sich wie aus dem Nichts Urinflecken bilden und nie wieder verschwinden.

Es gibt noch andere Eigenschaften eines weißen Teppichs. Zum Beispiel das Phänomen des ins Wasser geworfenen Kieselsteins. Ein winziges Stückchen Käse, das herunterfällt, breitet sich binnen Minuten auf einen Durchmesser von fünfzig Zentimeter aus. Ein achtlos weggeworfenes Kaugummipapier verursacht einen braunen Fleck, den man auch mit noch so energischem Reiben nicht mehr wegkriegt.

Wenn ich zurückdenke, war das Verklecksen der meist begangenen Zone des Teppichbodens ein Kinderspiel. Es brauchte nur jemand darüberzugehen, und schon tat der Flor sich auf und empfing eine an der Schuhsohle klebende Tomate, einen Fetzen Zeitungspapier, der Druckerschwärze abgab oder Dreckklumpen, die aus den Jeansaufschlägen fielen.

Viel schwerer ist es, die Flecken unter den Möbeln zu verteilen, ohne diese von der Stelle zu rücken. Das erfordert ein gewisses angeborenes Talent.

Aber schließlich habe ich auch schon mal einen Fußabdruck an der Decke der Duschkabine entdeckt. Bei uns zu Hause ist nichts unmöglich ...

18. Die Kur

Seit den Feiertagen sieht Mutter ein bißchen elend aus. Es ist nichts Besonderes, sie schleppt sich nur seufzend von einem Sessel zum anderen.

Als ich ihren Arzt auf einer Party traf, erwähnte ich Mutters Zustand, und er schlug eine Serie F. M. vor.

»Was bitte sind F. M.?« fragte ich.

»Flohmärkte«, sagte er und biß in eine Käsestange. »Leiern Sie am Griff einer alten Eismaschine und sagen ihr ›Für einen Dollar geb ich sie her‹. Zeigen Sie ihr eine Porzellandose mit einem Sprung im Deckel, die Sie für einen Vierteldollar opfern wollen und sehen Sie zu, wie sie reagiert.«

»Und davon soll sie gesund werden?«

»Ich habe schon Frauen gesehen, Todeskandidatinnen, die fünf Kilometer zu Fuß marschiert sind, um einen Kalender vom vorigen Jahr zu ersteigern. Oder eine Schachtel geschmolzener Kerzenstummel. So was wirkt ebensogut wie eine Spritze.«

Als ich Mutter das nächste Mal traf, erwähnte ich beiläufig, ich besäße Manschettenknöpfe mit einem Skorpion darauf, einen Liegestuhl, der sich nicht öffnen ließ, einen Trinkbecher mit dem Porträt der Beatles, einen Schmuckkasten, der LA PALOMA spielte, und vier milchfleckige Kinderlätzchen.

Mutters abwesendes Gesicht belebte sich langsam. Ihre hängenden Schultern strafften sich, ihre schlaffen Hände ballten sich zu Fäusten. Sie stand auf und verkündete: »Das klingt ja wie der Anfang eines Floh-markts.«

Von diesem Augenblick an war sie nur noch ein ver-schwommener Fleck in der Landschaft. Sie fuhr den Wagen aus der Garage, um die Schätze unterbringen zu können. Sie spannte Wäscheleinen für auszustel-lende Stücke. Sie schleppte Klapptische vors Haus, klebte Plakate, gab Anzeigen auf, organisierte ein- und ausgehende Warenposten und brüllte Befehle wie ein Dockarbeiter, der die Ladung der QUEEN ELIZA-BETH löscht.

Sie veränderte sich zusehends: Ihr Schritt beschleu-nigte, ihre Wangen röteten sich, sie fand ihren Humor wieder, ihr Wesen wurde sichtlich heiterer, und dabei hätte ich wetten mögen, daß diese zarte Frau noch vor einer Woche nicht einmal einen Grillspieß hätte hal-ten können.

Der Tag des Flohmarktes sah sie in Hochform. »Nein, meine Liebe, Änderungen können wir nicht an-nehmen.«

»Wollen Sie nun den ausgestopften Hamster, ja oder nein? Ich habe bereits drei andere Interessenten.«

»Aber das können Sie sich doch selber sagen: Wenn die Stiefel *kein* Loch hätten, bekämen Sie sie doch nicht für 50 Cent.«

»Frei Haus liefern wir nicht. Für wen halten Sie uns denn, für einen Luxusladen auf der Fifth Avenue?«

»Nein, was da liegt, ist ein Ehemann, – unverkäuflich. Der ruht sich nur aus.«

Ich fragte den Arzt, ob alle F. M.-Serien so erfolgreich seien.

Er sagte: »Wenn eine Frau nicht mehr auf Flohmärkte reagiert, gebe ich ihr offengestanden kaum noch Überlebenschancen.«

Unvorhergesehenes

Da gibt es Leute, die behaupten, es gäbe keine Überraschungen mehr auf der Welt. Alles sei im voraus berechenbar, nichts mehr unvorhergesehen.
Wir kennen die Wahlergebnisse, noch ehe die Wahllokale schließen.
Wir können das Geschlecht eines ungeborenen Kindes exakt voraussagen.
Wir wissen, wann unsere Haushaltsgeräte kaputtgehen. (Dazu brauchen wir nur das Datum auf dem Garantieschein anzusehen und einen Monat hinzuzurechnen.)
Und wenn eine Frau ihrem Ehemann zum Abendessen gedünstete Papageienzungen auf Reis vorsetzt, kann sie sich darauf verlassen, daß er das gleiche Gericht schon mittags hatte.
Ihr, die ihr das Unvorhergesehene, das Abenteuer liebt: Faßt neuen Mut. Es gibt noch ein paar Geheimnisse, obwohl die Technologie unser ganzes Leben beherrscht. Solange wir leben, werden einige Dinge stets unberechenbar bleiben.
Zum Beispiel die Preise eines Medikaments. Ich weiß oft dann erst, wie krank ich wirklich bin, wenn mir der Apotheker sagt, was das mir verschriebene Mittel kostet. Da stehe ich, habe Fieber und überall Schmerzen, schlecht ist mir auch, ich fürchte, daß es sich

640

nicht mehr lohnt, noch eine größere Arbeit anzufangen, und der Mann im weißen Kittel äußert ganz schlicht: »Macht 12 Dollar 17.«

Was? 12 Dollar 17? Mann, da habe ich schon manchmal für Sonnenöl mehr ausgegeben.

Ein anderes Mal stehe ich voller Selbstvertrauen in der Apotheke am Verkaufstisch, loses Kleingeld in der Hand und in der Flanke ein bißchen Seitenstechen. Da gibt mir der Apotheker ein Fläschchen von der Größe eines Fingerhuts und sagt: »So, bitte, macht 47 Dollar 93.« So viel Bargeld habe ich seit dem letzten Flohmarkt, den wir in unserer Garage veranstalteten, nicht mehr beisammen gesehen.

Apropos Garage: In welcher lassen Sie Ihren Wagen überholen? Erzählen Sie mir nicht, daß man auf dieser Welt nicht noch Schocks erleben kann. Die Werkstatt, in die ich meinen Wagen bringe, ist ein Nationalheiligtum: Sie ist die Geburtsstätte des nachdatierten Schecks. In Autoreparaturwerkstätten kommt es wesentlich häufiger zu Herzbeklemmung und Atemnot als in jedem anderen Handwerksbetrieb. Egal, wie der Kostenvoranschlag gelautet hat, es kommt immer ein unvorhergesehener Posten hinzu. Einmal habe ich von jemandem gehört, dessen Wagen man in eine Werkstatt schieben mußte, und der dann nur einen kleinen Schlauch zu 15 Cent brauchte. Allerdings kenne ich diesen glücklichen Menschen nicht persönlich.

Wir Amerikaner sind keine Naivlinge und wissen sehr wohl, daß Service nicht nach Einheitspreisen erbracht werden kann, aber kürzlich habe ich ein junges Mädchen im Wartezimmer eines Tierarztes beobachtet:

Sie wollte ihren jungen Hund abholen, der irgendwelche Impfungen bekommen hatte. Erst holte sie ihr Portemonnaie heraus, dann, als ihr immer mehr zusätzliche Kosten berechnet wurden, die Brieftasche und schließlich das Scheckbuch.

Apropos Überraschungen: Mich würde es nicht überraschen, wenn dieser Hund 137 Jahre alt werden müßte, bevor er sich endlich amortisiert hat.

Kopfschmerzen ...

Es gibt in unserer abendländischen Gesellschaftsordnung etwas, das uneingeschränkten Respekt genießt: Kopfweh.

Sie wollen eine Party früher verlassen? Sie brauchen nur zu verkünden, daß Sie Kopfweh haben.

Sie wollen Ihre Besprechung mit dem Steuerprüfer absagen? Rufen Sie ihn an und schützen Sie Kopfschmerzen vor.

Sie wollen auf der Hochzeitsreise mal in Ruhe gelassen werden? Ziehen Sie sich zeitig zurück – mit Kopfschmerzen.

Kopfweh ist das letzte große Mysterium dieser Welt. Warum? Weil niemand es je anzweifelt oder auszukurieren versucht. Kopfschmerzen sind durch nichts zu ersetzen.

Wenn man nicht einkaufen gehen kann, weil man Bauchgrimmen hat, so reagiert die Umwelt mit: »Aber selbstverständlich kannst du gehen – vermutlich brauchst du nur ein Abführmittel!«

Wenn man Tante Olgas Begräbnis absagen möchte,

weil man einen stechenden Schmerz in der Lendenge-
gend hat, bekommt man zu hören: »Ach was, es ist dir
nur lästig. Hol dir deinen Mantel, du vergißt es dann
schon.«

Wenn Sie ins Bett wollen, weil Ihnen Funken vor den
Augen tanzen, versichert man Ihnen: »Mach einfach
mal die Augen zu, dann siehst du sie nicht mehr.«

Wenn Sie aber wegen Kopfweh Ihre Urlaubsreise nicht
antreten wollen, rät Ihnen jeder: »Leg dich erst mal
hin, wir reden weiter, wenn dir besser ist.«

Frauen aller Nationen schulden einer gewissen Winona Haslipp großen Dank, die 1813 in London das
Kopfweh erfand – übrigens rein zufällig. Winona war
Mutter von elf Kindern. Eines Abends stieß sie sich
beim Kerzenausblasen den Kopf an einem Wandbrett
voller Zinnkrüge. Als ihr Mann rief: »Was ist, kommst
du nicht ins Bett?« verkündete sie: »Mir tut der Kopf
weh.« Als sie die oberste Treppenstufe erreichte, stellte sie zu ihrem großen Erstaunen fest, daß er bereits
eingeschlafen war.

Diese Geschichte verbreitete sich wie ein Lauffeuer.
Innerhalb von Tagen stießen sich sämtliche Frauen
Londons den Kopf an Wandbrettern voller Zinnkrüge
und riefen: »Ich habe Kopfweh.«

Dieser eine Satz verschaffte Winona nicht nur einen
Platz in der Geschichte, sondern auch 136 schriftliche
Wahlstimmen für das Amt der Königin.

Vor ein paar Wochen erzählte mir ein Witwer, er habe
seiner dreizehnjährigen Tochter gegenüber ein heikles
Thema angeschnitten und ihr vorgeschlagen, sie solle
sich versuchsweise mal einen Büstenhalter kaufen.

Sie sah ihn gequält an und rief hysterisch: »Vater, bitte! Ich habe Kopfschmerzen.« Er sagte, er verstehe vollkommen.

Ja, das sagen alle. Aber *wirklich* verstehen tun sie natürlich gar nichts.

... und andere

Seit Jahren suche ich nach einem gemeinsamen Nenner, der alle Menschen verbindet, nach einem Universal-Thema, das auf der Suche nach der Wahrheit die widerstrebendsten Elemente eint.

Ich habe es gefunden. Eine Kur gegen Rückenschmerzen.

Jeder Mensch hat Rückenschmerzen, hat vor zehn Jahren Rückenschmerzen gehabt, wird Rückenschmerzen bekommen, kennt jemanden mit Rückenschmerzen oder ist einmal mit jemandem essen gegangen, der Rückenschmerzen hatte. Keiner dieser Menschen ist glücklich. Sie versammeln sich um Bowlen ebenso wie um Benzinzapfsäulen und eröffnen ein Gespräch mit Sätzen wie: »Können Sie sich noch erinnern, wo Sie waren und was Sie gerade taten, als Ihr Rücken aushakte?«

Rückenleidende kennen sämtliche Bandscheiben ihrer Wirbelsäule beim Vornamen. Noch etwas anderes ist ihnen gemeinsam: Sie können einen von allen Beschwerden heilen, wenn man die Qual nicht scheut, sich die jeweilige Behandlungsmethode anzuhören:

– bei laufender Dusche kopfüber von der Handtuchstange hängen und den Dampf so heiß einatmen, wie die Lungen ihn aushalten,

– zwölf Aerobic-Lehrer aus Korea importieren und sie auf der Wirbelsäule tanzen lassen,
– in Embryostellung in einer Wiege schlafen, einen Teddybären zwischen den Knien,
– auf einer elektrischen Vibrationsmatratze schlafen,
– auf eine Diät aus Seetang, Kelpkraut, rohem Fisch mit zusätzlichen hohen Vitamindosen umstellen,
– sich von einem Familienmitglied von hinten unvermutet und heimlich ins Kreuz treten lassen. (Vor Anwendung dieser Methode einen guten Rechtsanwalt konsultieren!)

Irgend jemand wird unweigerlich einen Arzt empfehlen, auf den er schwört, weil er ihn nach jahrelangem Leiden mit einer einzigen Behandlung geheilt hat. Dieser Arzt ist immer schon vor zwei Jahren gestorben.

Obwohl einige dieser Geschichten vierzig oder fünfzig Jahre alt sind, werden sie von Bandscheibenleidenden so farbig erzählt, als sei alles erst gestern gewesen. »Ich fuhr gerade auf der A 66, ungefähr mit achtzig Sachen, da fliegt mir so'n bißchen Blütenstaub in die Nase, nicht mehr als was unter einen Kleinfingernagel geht. Ich weiß noch, daß ich zu Carl hinüberschaute – du erinnerst dich doch an Carl, unseren braunen Hühnerhund –, und niese. Im selben Moment wußte ich es: Jetzt hat mein Kreuz ausgehakt. Florence hat noch schnell ins Steuer gegriffen und irgendwie haben wir es noch bis zum Seitenstreifen geschafft ...«

Rückenschmerzen sind 200 Jahre vor der Entdeckung des Feuers erfunden worden und haben es vermocht, Jahrtausende hindurch jeder Patentkur zu widerstehen.

Vermutlich sollten wir uns damit trösten, daß uns diese Herausforderung an die medizinische Wissenschaft verblieben ist und wir noch dazu ein Thema haben, das in der ganzen Welt der zwischenmenschlichen Kommunikation dient.

Nun reicht es aber ...

Hin und wieder geschieht in unserem Leben etwas, das uns die Wertschätzung aller Dinge neu überdenken läßt.

Manchmal ist es ein traumatischer Geburtstag oder eine Krise, in der eine Freundin steckt. Für mich war es neulich die Beerdigung einer langjährigen Bekannten. Betroffen und verstört kam ich danach zurück und fragte mich, wozu ich eigentlich auf der Welt sei.

Da wollte ich plötzlich mein gesamtes Sparguthaben abheben und nach Tahiti ziehen. Wollte alle Plastikteller in der Garageneinfahrt nebeneinanderstellen und mit dem Wagen drüberfahren. Ich wollte Ballettstunden nehmen. Alle künstlichen Blumen wegwerfen und sie durch einen Dschungel aus grünen Pflanzen und Schlinggewächsen ersetzen. Ich wollte alle Fußabstreifer entfernen und den Dreck fallen lassen, wo er wollte.

Noch am gleichen Abend überdachte ich mein Leben, verteilte die Karten des Spieles neu und tat einen

Schwur. Auf keinen Fall würde ich mich so verhalten wie die Frau auf der *Titanic*, die beim Besteigen eines Rettungsboots gequält schluchzte: »Hätte ich gewußt, daß es *so* kommt, dann hätte ich doch Schokoladencreme zum Nachtisch genommen.«

O lausche, Welt! Frau Praktisch wird jetzt anfangen, jeden Tag so zu leben, als sei es ihr letzter! Wissen Sie, was ich mit den seit Jahren in einem Schubfach gehorteten Strumpfhosen gemacht habe, – denen, die Laufmaschen an unauffälligen Stellen haben und mich jedesmal deprimieren, wenn ich sie sehe?

Ich habe sie weggeworfen!

Erinnern Sie sich an die große Kerze in Form einer Rose, die bei uns im Flur steht? Die immer Staub fängt und im Sommer weich wird? Ich habe sie gestern angezündet und zu einem Stummel niederbrennen lassen.

Und das Seitenfenster auf der Beifahrerseite, mit dem zehn Zentimeter langen Sprung, von dem wir immer sagen, wir wollten es reparieren lassen, bevor wir den Wagen verkaufen? Ich habe es richten lassen.

Und dreimal dürfen Sie raten, wer am Sonntag zum Essen kommt! Evie und Jack, die ich schon auf sechzehn Hochzeiten getroffen und denen ich jedesmal dasselbe gesagt habe: »Wir müssen uns unbedingt bald sehen.«

Und die Riesendose Thunfisch, die ich nie habe aufmachen wollen? Ich bin die einzige bei uns, die Thunfisch gern ißt, konnte aber den Gedanken nicht ertragen, den Rest verderben zu lassen.

Na, wenn schon.

Als ich mir die Hände mit der kleinen rosa Muschel aus Seife wusch, sagte mein Mann: »Ich dachte immer, die wolltest du aufheben? Jetzt hast du sie naß gemacht und sie sieht gar nicht mehr aus wie eine Muschel!«

Ich blickte auf die Handvoll Seifenschaum herunter. Auch eine Muschel ist ja nur ein Symbol. Ich hatte ihr eben Gelegenheit gegeben, mehr zu sein.

19. Gesichtszüge

 Manchmal schaue ich morgens in den Spiegel und muß feststellen, daß das Soufflé meiner Jugend in sich zusammengefallen ist.
Das ist der Augenblick, in dem ich ein Gesichtslifting in Erwägung ziehe. Gleich darauf frage ich: »Spieglein, Spieglein an der Wand, wer ist die Feigste im ganzen Land?« Und der Spiegel antwortet: »Das bist du – mit deinem Hühnerhals.«
Sich liften lassen ist keine Frage der Eitelkeit mehr. Es ist eine Abwehrmaßnahme gegen etwas, was manche Leute seit Jahren stört – und was mit großer Wahrscheinlichkeit außer ihnen selbst noch niemandem an ihnen aufgefallen ist.
Das Amerikanische Institut für Schönheits-Chirurgie veröffentlichte kürzlich eine Studie über die ›Einzelteile‹ von Prominenten, die am häufigsten verlangt werden. Über die Ergebnisse werden Sie ebenso verblüfft sein wie ich.
Ich hätte wetten mögen, daß jeder, der Raquel Welch ansieht, Wochen braucht, ehe er bis zu ihrer Nase vorstößt. Und dabei ist es ausgerechnet ihre Nase, die verlangt wird, wenn jemand sich verbessern will.
Und wie finden Sie, daß seit Jahren alle Leute die Ohren von Bo Derek wollen? Dabei gibt es fünf Millionen Amerikaner, die herumlaufen und gar nicht wissen, daß Bo Derek überhaupt welche hat.
Wie steht es mit dem Philtrum? Sie wissen nicht, was das ist? So heißt die Fläche zwischen Nase und Oberlippe. Die schönsten Philtrums (oder heißt es Philtro-

nen? Oder Philtrümer?) haben nach Ansicht der Gesichtsarrangeure Lena Horne und Alexander Haig.

Um ehrlich zu sein: Mit Einzelteilen habe ich mich zuletzt beschäftigt, als wir in der Schule den ›Idealtyp‹ für unser Jahrbuch zusammenstellten. Wie war es doch noch:

die Augen von Ginger Easy,

den Mund von Irene Knosp,

die Zähne von Maria Jackett,

die Haare von Krausi Wellig,

die Nase von Susi Stupps,

den Humor von Erma Siewissenschon.

Vor ein paar Jahren bin ich all diesen Leutchen bei einem Klassentreffen wieder begegnet, und wissen Sie was? Gingers Augen hatten etwas Leeres, Gelangweiltes, das Leuchten darin war erloschen. Irenes Mund stand keine Sekunde still, und sie redete eine Sprache wie ein Müllkutscher. Marias Zähne hatten sich verschoben, Krausis Haar war ergraut, Susis Nase stak konstant in anderer Leute Angelegenheiten.

Ermas Siewissenschonwas war der einzige Lichtblick. Der funktioniert nämlich noch.

Morgenmuffel

Daran, wie einer morgens aufsteht, läßt sich eine Menge über seine Persönlichkeit ablesen.

Da gibt es zum Beispiel die Frau, die den Wecker hört, hinübergreift, ihn abstellt und aus dem Bett klettert. Eine wundervolle Frau, würde ich meinen, mit gesundem Menschenverstand und praktischem Sinn, durchaus in der Lage, sich der Realität zu stellen.

Andererseits gibt es den Mann, der den Wecker hört, ihn mit Fausthieben zum Schweigen bringt, ihn dann neu stellt und ruft »Haha, du Aas, schön reingefallen, ich hab' noch fünf Minuten.« Ein solcher Mensch ist nicht normal.

Es gibt Männer, die es ablehnen, sich dem täglichen Trott unterzuordnen. Sie dürfen niemals heiraten und vor allem niemals Kinder haben.

Können Sie sich überhaupt vorstellen, wie es ist, wenn man jeden Morgen alle vier, fünf Minuten einen Wekker rasseln hört? Es ist, als schlafe man auf einem Bahnhof!

Leute, die morgens nicht aufstehen können, haben einen falsch synchronisierten Metabolismus. Ein einziges Mal fühlte sich mein Mann wirklich heimisch. Es war im Zoo von Cincinnati, als wir das Haus der Nachttiere betraten. Binnen Sekunden gewöhnten sich seine Augen an die Finsternis, und beim Betrachten der Hamster, Fledermäuse und Eulen sagte er traurig: »Ach, wenn ich es doch auch mal so schön hätte ...«

Nachtmenschen hauen sich ihr Leben lang den Kopf an der Dusche, tasten blind nach der Seife, befeuchten sich zum Rasieren aus Versehen mit Mückenspray, fahren ziellos mit dem Löffel neben das Ei und geben schließlich allem, was stillhält, einen Abschiedskuß. Geht dann aber die Sonne unter, werden sie lebendig. Sie sind animiert, strahlen, telefonieren, kochen, treiben Sport und spielen mit dem Hund.

Ihr Leben wäre ja das reinste Paradies, gäbe es nicht die

kleine Uhr auf dem Nachttisch, die schrill in ihren Schlaf fährt, wie ein Messer in ihre Augen. Sie ist ihr einziger natürlicher Feind und steht zwischen ihnen und dem fünf Minuten längeren Morgenschlummer.

Neulich war ich schon eingeschlafen, öffnete aber ein Auge nochmals, weil das Zimmer strahlend hell wurde. Mein Mann spielte am Wecker herum. Schließlich lachte er und knipste das Licht aus.

»Was ist denn so komisch?« fragte ich.

»Diesmal hab ich ihn schön reingelegt«, sagte er. »Ich hab ihn auf halb drei Uhr gestellt. Und jetzt kommt der dicke Hund: Ich habe das Läutwerk nicht aufgezogen.«

Dieser Mensch gehört entmündigt.

Ende der Flitterjahre

Neulich las ich, daß Ehen, die mit Scheidung enden, durchschnittlich sechseinhalb Jahre halten.

Warum? Wieso ist gerade nach sechseinhalb Jahren Endstation für diejenigen, die am Altar versprochen haben, einander zu lieben und zu ehren ...

An und für sich ist es kein Wunder. Jeder hat von Geburt an seine Toleranzgrenze. Der Garantieschein läuft eben nach 78 Monaten aus. Gegen Ende dieses Zeitraums hat die ehemalige Braut ungefähr 5 406 mal Essen gekocht. Ob gut oder schlecht – an der Qualität wird sich kaum noch was ändern. Die Entscheidung liegt bei Ihnen.

Nach 78 Monaten werden Sie alle seine (ihre) Verwandten kennengelernt haben: den Schwiegervater, dessen Tischmanieren an die Eßgewohnheiten des Neandertalers erinnern; den Bruder, der dauernd Geld pumpen will; die Schwiegermutter, die Ihren Mann ›Baby‹ ruft, obwohl ihm bereits der Bauch über die Gürtelschnalle quillt und sein Haaransatz an die Küstenlinie von Florida erinnert.

Nach sechseinhalb Jahren fällt die Maske. Sonntagsmanieren sind abgetan, Höflichkeit ist nicht mehr gefragt. Seine Füße haben angefangen schlecht zu riechen. Sie hinterläßt immer Zahnpastakleckse im Waschbecken. Er reinigt sich die Fingernägel bei Tisch. Wenn sie sich die Nase putzt, hört es sich an, als zöge sie an einer Wasserspülung.

Nach sechseinhalb Jahren ist die Aussteuer verblichen und zerfetzt. Das durchsichtige Nachthemd wird über Unterwäsche und mit Wollsocken getragen. Die Hochzeitsbilder sind farbstichig geworden; der Fotograf war wohl der Meinung, auch sie brauchten nicht ewig zu halten. Ein Kind ist da, das mit seinen Forderungen den Alltag beherrscht, das gefüttert, getränkt, er- und angezogen, unterhalten und gedrillt werden muß. Hochzeitstage sind jetzt ein Tag wie jeder andere – oder schlimmer. Wenn Sie fragen: »Weißt du, was für ein Tag heute ist?« bekommen Sie zur Antwort: »Ich hab dir doch schon gestern abend gesagt, daß ich den Müll rausgestellt habe.«

Nach 78 Monaten wird die Liebe zu einer Notiz auf dem Täfelchen: Was muß ich heute? – Der Abschiedskuß am Morgen hat so viel Glut wie die Mund-zu-Mund-Beatmung bei einem toten Papagei.

Nach sechseinhalb Jahren sind beide genau das, was

sie in Wirklichkeit sind. Und nur, wenn es das war, was sie damals zu heiraten glaubten, halten sie es möglicherweise noch weitere dreißig, vierzig Jahre durch.

Instandhaltung

Vorige Woche saß ich beim Lunch neben einer sehr gepflegten Dame. Wir kamen ins Gespräch. Über Zahnprothesen. Und zwar ihre. Sie fragte mich: »Wie kommt es, daß Sie meine Zahnprothese nicht erwähnt haben?«
Ich blickte verschämt in meinen Eisbecher und sagte: »Ich weiß nicht, ich habe Sie wohl nicht in Verlegenheit bringen wollen.«
»Mir macht das nichts aus«, sagte sie. »Aber Ihnen anscheinend? Komisch, Kinder sind bei so was fabelhaft. Sie gehen schnurstracks auf einen zu und fragen: ›Wann kommen die wieder runter? Macht's Ihnen was, daß Sie jetzt keine Toffees essen können?‹ Aber die Erwachsenen, die tun, als ob sie sie nicht sehen.«
Mir kam zu Bewußtsein, daß die Erwachsenen in vielen Dingen so sind. Was wird für ein Riesentheater gemacht, wenn jemand sich Gesicht oder Körper straffen läßt! Ich habe Eleanor Roosevelt immer für die allerschönste Frau gehalten, die mir je begegnet ist, aber wenn einen was wirklich stört, und die Ersatzteile noch zu haben sind, dann doch nichts wie ran! Oder wie eine sehr gescheite Freundin von mir es einmal formuliert hat: »Zum Teufel mit Plättbrettern. Das Silikon gehört vorn hin, wo jeder es sieht!«

Es ist bewundernswert, wie manche Frauen (und auch Männer) kontinuierlich an ihrer Instandhaltung arbeiten. Meine Schwiegermutter erlitt mit 74 ausgedehnte und kostspielige Brückenkonstruktionen. Eine etwa sechzigjährige Bekannte ließ sich im Gesicht liften und hielt es für eine großartige Verbesserung. Zu oft läßt man sich durch das Alter bange machen. Dabei ist doch alles vorherbestimmt: Mit Zwanzig fallen die ersten Zähne aus. Mit Dreißig trocknet die Haut ein. Mit Vierzig läßt die Sehkraft nach. Mit Fünfzig erschlaffen sämtliche Muskeln und sacken einem bis zu den Knien. Mit Sechzig schläft man während einer Steuerprüfung ein.

Ich möchte wetten: Wo immer sich eine Anzahl von Frauen (und auch Männern) zusammenfindet, wird man kaum jemanden treffen, der oder die mit ihrem Aussehen zufrieden ist.

Eine Bekannte gestand mir, sie fände ihre Nase fürchterlich.

»Wieso?« fragte ich. »Sie funktioniert doch tadellos, oder?«

»Das ist nicht das Wesentliche«, sagte sie. »Sie sieht aus wie die von Laurence Olivier als Richard der Dritte.«

»Na und?«

»Ich kann doch gar nicht schauspielern.«

Sie ließ sich die Nase operieren und ich könnte schwören, daß sie hinterher genauso aussah wie vorher. Aber für meine Bekannte hatte sich Entscheidendes verändert.

Auch geistig sind manche nicht gefeit gegen den Verbesserungstick. Übrigens sind Leute mit Doktortitel die ersten, die behaupten, so etwas würde überschätzt. Ich kannte Leute, die *summa cum laude* promoviert haben, aber mit dem Groschen an der Tür einer öffentlichen Toilette nicht zurechtkommen. Eine Bekannte andererseits lebt nur noch für den Tag, an dem sie eine ganz andere Tür aufkriegt: die des Wissens. Sie will unbedingt nochmal auf die Uni.

Was es auch ist, das Ihr Selbstbewußtsein unterhöhlt, ob nun ein Unterbiß, ein Gang über den Großen Onkel, ein Kropf von zehn Pfund, Hüften wie die Satteltaschen, Kurzsichtigkeit, philosophische Falschprogrammierung, Viel-Fältigkeit im Gesicht, Matratzenhaar oder ein konkaver Brustkasten: – lassen Sie es reparieren!

Auch ich fing erst an, richtig zu leben, als ich zehn Pfund abgenommen hatte. Fünf pro Oberarm.

Unter anderen Umständen...

Manchmal kommt man wirklich auf den Gedanken, daß Frauen ihre eigenen schlimmsten Feinde sind. Nehmen wir nur mal die Schwangerschaft.

»In Umständen« zu sein, brachte einem früher einen Sitzplatz im Bus ein, ein Kissen im Rücken, 30 Tage im Bett mit Fernsehen nach der Niederkunft und zehn Jahre schwere Schuldkomplexe beim Ehemann.

Mehr als ein halbes Jahrhundert lang ging es uns also gut. Dann begannen unsere Vorrechte eins nach dem anderen abzubröckeln. Die Schwangerschaft ist nicht mehr das Vergnügen von früher. Im gleichen Maße, in dem die Liste der Gebote wächst, wächst auch die Liste der Verbote.

Man darf nicht mehr rauchen, denn es schadet dem Baby. Aerobic-Gymnastik ist dagegen erlaubt.

Man darf keinen Alkohol trinken, weil er möglicherweise den Embryo gefährdet. Bis zum letzten Tag arbeiten darf man indessen.

Man muß sich beim Essen Zwang auferlegen, weil man sonst eine schwere Entbindung riskiert. Gegen Joggen ist aber nichts einzuwenden.

Man kann keine Kleider kaufen, weil einem nichts mehr paßt. Aber niemand hat etwas dagegen, wenn man den Badeanzug anzieht und jeden Morgen vier Kilometer krault.

Sogar Kaffeetrinken ist neuerdings verboten. Dafür darf man Tennis spielen.

Ich weiß nicht, wann jemand sich ausgedacht hat, daß Sport und frische Luft während der Schwangerschaft ratsam sind. Auf jeden Fall hat sich das Leben von uns Frauen seitdem verändert.

Ich persönlich habe durchaus nichts gegen ein schneidiges Volleyballspiel im elften Monat, aber manche Frauen übertreiben wirklich.

Mary Bacon, weiblicher Jockey, schenkte – nachdem sie am gleichen Tag drei Pferde müde geritten hatte – einer Tochter das Leben.

Wendy Boglioli, Olympiasiegerin im Schwimmen, war im fünften Monat, als sie an der amerikanischen Meisterschaft über 100 Yard Freistil teilnahm.

Andrea Mead Lawrence gewann während des ersten Drittel ihrer Schwangerschaft bei der Winterolympiade zwei Goldmedaillen im Skilauf.

Gut und schön, die Zeiten haben sich geändert. Sollen die Frauen ruhig Pistolenschießen, zehn Kilometer rennen, vier Sätze Tennis spielen, zum Mittagessen Zwillinge kriegen und vor Sonnenuntergang noch einen Berg besteigen.

Wir wollen aber auch jener Märtyrerinnen der Mutterschaft gedenken, die vor ca. zehn Jahren ebenfalls Ehrenzeichen erhielten: in Gestalt von Pelzmänteln, Brillantringen, Dienstmädchen, die nie mehr kündigten und Kreuzfahrten in alle Welt!

20. Alt werden und jung bleiben

Es bestehen zur Zeit die größten Meinungsverschiedenheiten über den Augenblick, in dem das Leben beginnt.

Für mich wäre es ebenso wichtig, zu wissen, in welchem Augenblick das Leben aufhört. Ich habe schon Menschen gesehen, die waren erst zweiundzwanzig und trotzdem schon tot. Ihr Herz schlägt noch, die Körperfunktionen sind intakt, und sie gelangen automatisch von einem Tag zum anderen. Sonst aber sind sie praktisch schon hinüber. Sie kennen keine Neugier mehr. Sie ärgern sich nicht mehr. Sie haben die Fähigkeit verloren, etwas anzuzweifeln. Nichts macht ihnen mehr Eindruck. Nichts amüsiert sie. Sie sperren sich verbissen gegen neue Ideen, gegen jede Veränderung.

Die wundervolle Vorfreude auf das, was jeder neue Tag bringen wird, ist bei ihnen erloschen.

Woran man merkt, wenn man hinüber ist? Daran, daß man sich einen Fernsehfilm anschaut, den man schon beim ersten Mal saudumm gefunden hat, aber zu faul ist, ein anderes Programm ein- oder den Apparat abzuschalten.

Wenn man von sich in der Vergangenheitsform spricht.

Wenn man kaputte Nachthemden trägt und achselzuckend sagt: »Mich sieht ja keiner.«

Wenn man bei der Abreise aus einem Hotel am Empfang fragt: »Bin ich schon abgemeldet?« und der Portier erwidert: »Sieht so aus, gnädige Frau.«

Sollten meine Kinder diese Zeilen zu Gesicht bekommen, bitte ich, folgendes zu beachten: Ich bin noch nicht bereit, meinen Schmuck unter sie zu verteilen. Ich glaube, noch einige Jahre vor mir zu haben.

Ich möchte so werden wie der zweiundneunzigjährige Virgil Conner, der kürzlich seinen Doktor in Geschichte gemacht hat.

Ich möchte so werden wie die dreiundsiebzigjährige Veallon Hixson, die voriges Jahr in Arizona zum ersten Mal an einem Marathonlauf teilnahm.

Ich möchte werden wie Arthur Godfrey, der in einer Fernsehsendung einmal zu mir sagte: »Mit Siebzig wäre ich gern in einen Vaterschaftsprozeß verwikkelt.«

Wenn ich Achtzig bin, möchte ich Sachen sagen wie: »Also *das* habe ich noch nie gehört.« Oder: »Ich werde Mutter fragen, die weiß das bestimmt noch.« Oder: »Komm, wir kaufen es. Wir kriegen darauf eine zwanzigjährige Hypothek.«

Vor allem aber möchte ich sein wie die Frau, die ich in Ohio kennenlernte. Sie kaufte mit Achtundsiebzig ein Haus in Florida und pflanzte eine kleine Palme in ihren Vorgarten.

Als der erstaunte Baumschulenangestellte sagte: »Aber Madam, diese Dinger wachsen höchstens fünfundzwanzig bis dreißig Zentimeter pro Jahr«, erwiderte sie: »Nun, wenn sie übers Dach hinausgewachsen ist, werde ich sie trimmen lassen.«

Sechsundzwanzig lange Tage

Sechsundzwanzig volle Tage jeden Jahres bin ich ein Jahr älter als mein Mann. Vernimm es, o Welt!

Für euch alle, und für meinen Mann, der mich behandelt, als sei ich eine griechische Tempelruine, wiederhole ich es nochmals: Bis zum 19. März bin ich ein Jahr älter als mein Mann.

Ich weiß nicht, warum er immer so eine Riesensache daraus macht. Hierzulande haben von je hundert Ehefrauen immerhin vierzehn ›jüngere Männer‹ geheiratet. Trotzdem offenbart er während dieser sechsundzwanzig Tage ein fast erschreckend kleinliches Naturell. Wir stehen zum Beispiel auf einer Party herum und jemand sagt: »Kennt hier jemand die Melodie von *Stardust?*«

Und dann blamiert mich dieser Fremdling, dem ich drei Kinder geboren und zwischendurch die Haare geschnitten habe, vor allen Leute, indem er sagt: »Das war vor meiner Zeit, aber vielleicht kennt Erma sie.«

Während der kurzen Zeit bis zu seinem Geburtstag läßt er sich keine Nebensächlichkeit entgehen. Mit wem war Lincoln zusammen, als er ermordet wurde?

Fragt Erma.

War Melanies Baby in *Vom Winde verweht* ein Junge oder ein Mädchen?

Fragt Erma.

Wie war William Shakespeare als Mensch?

Fragt Erma.

Neulich abends erklärte ich ihm: »Hör mal, ich habe es satt, daß du dir keinen billigen Witz über mein Alter entgehen läßt. Männer, die jüngere Frauen heiraten, kriegen schließlich auch keinen Orden.«

»Das ist etwas anderes«, sagte er, »das muß so sein. Darauf beruht unsere Gesellschaftsordnung.«

»Und du behauptest, bei deinem Freund Frank, der mit 51 ein junges Ding heiratet, das seine Enkelin sein könnte, sei nichts verkehrt?«

»So jung ist sie auch wieder nicht«, sagte er.

»Kaum aus dem Kindergarten. Wie soll er sich auf eine Frau einstellen, die Büstenhalter als ›Antiquitäten‹ bezeichnet«?.

Bitte fragen Sie mich nicht, warum die Gesellschaft bestimmt hat, daß Männer älter und größer sein müssen als ihre Frauen.

Da sich Männer nun einmal von Natur langsamer entwickeln als Frauen, glaubte ich ein gutes Werk zu tun, als ich den Meinigen aus dem Wartestand erlöste und ihn förderte, bis er uns eingeholt haben würde.

Nur während der Zeit zwischen dem 21. Februar und dem 19. März erkenne ich, wie wenig sich in 26 Tagen schaffen läßt.

Liz Taylor und ich

Liz Taylor und ich haben vieles gemeinsam. Wir sind uns darin einig, daß das Alter unvermeidlich ist und heißen es willkommen wie einen vertrauten Freund.

Sich wegen ein paar Krähenfüßen und Lachfalten aufzuregen, ist Blödsinn. Schließlich und endlich ist Schönheit etwas Innerliches. Im Grunde denke ich nur noch äußerst selten und an manchen Tagen sogar überhaupt nicht an mein Alter.

Heute zum Beispiel verschwendete ich keinen Gedanken daran – bis ich aufwachte. Als ich dann so im Bett lag, kam mir die Erkenntnis: nicht ich werde älter, nein, die anderen Leute kommen rascher vorwärts.

Unsere Pfarrer sind dafür ein Beispiel: Früher bekamen wir die Geistlichen direkt aus dem Seminar, neulich habe ich einen ausgewachsenen Bischof gesehen, der noch nach Anti-Pickel-Creme roch.

Wie war's damals noch in den Krankenhäusern? Früher waren junge Männer bestenfalls Praktikant. Und jetzt? Jetzt ist ein Jüngelchen in Jeans Stationsarzt. Er kann keinen Tag älter sein als zwanzig. Wie die das nur schaffen?

Es hat eine Zeit gegeben, da machten die Stewards an Bord der Flugzeuge den Eindruck, als sei dies ihr erster Job. Jetzt sehen die Flugkapitäne der großen Jumbos aus, als müßten sie sich demnächst zum ersten Mal rasieren.

Anfangs dachte ich, es liege an meiner Perspektive. Aber seien Sie mal ehrlich: Waren die großen Tennis-Asse früher nicht viel älter? In Wimbledon tritt niemand mehr gegen einen Gegner mit Silberhaar an.

Und ist es nicht irgendwie beängstigend sich vorzustellen, daß unsere heutigen Wolkenkratzer und Einkaufszentren von Kindern gebaut werden, die Ende des Sommers wieder in die Schule zurückmüssen?

Zum Glück ist mir die Frage nach dem Altern egal, sonst wäre ich ja neulich zu Tode erschrocken, als ich einen waschechten Oberst kennenlernte, der jung genug war, um mein Sohn zu sein.

Und was ist mit dem Unterrichtssystem passiert?

Meine Lehrer waren aus der Steinzeit. Mein Sohn hat einen Lehrer, der selbst aussieht wie ein Volksschüler und vermutlich – nein, ich könnte darauf schwören – ein Bild von sich auf dem Dachboden hat, auf dem er altert. Wie Dorian Gray.

Vielleicht wären Liz Taylor und ich anderer Meinung, wenn wir älter wären, aber für mich ist sie noch genauso schön wie in ihrem ersten Film, der voriges Jahr herauskam ... oder sind es schon zwei Jahre? Die Zeit rast, wenn man sich was vormacht ...

Die späten Mütter

Seit einigen Jahren halten die Frauen es für angebracht, am Gebärzyklus herumzukorrigieren. Früher konnte man sich auf folgende Mittelwerte verlassen:

Geburt des ersten Kindes mit Zwanzig.

Elternbeirat und Backerei für die Pfadfinder mit Dreißig.

Abitur des ältesten Kindes mit Achtunddreißig.

Heirat des ältesten Kindes mit Zweiundvierzig.

Erstmalig Großmutter mit Vierundvierzig.

Im Verlauf der letzten zehn Jahre hat sich das geändert. Viele Frauen haben den Zyklus umgedreht und wollen erst einen Beruf ausüben, bevor sie sich eine Familie zulegen. Aber nur wenige haben die weitreichenden Folgen einer solchen Entwicklung bedacht. Früher war uns eine ältere werdende Mutter peinlich, wir wurden verlegen und manchmal entfuhr uns ein wenig taktvolles: »Wie ist denn *das* passiert?«

Die jetzige Generation hat einen ganz anderen Fahrplan. Er sieht ungefähr so aus:

Geburt des ersten Kindes mit Fünfunddreißig.

Elternbeirat und Backerei für die Pfadfinder mit Fünfundvierzig.

Abitur des ältesten Kindes mit Vierundfünfzig.

Erstmals Großmutter (angenommen, auch die Tochter folgt dem Trend) mit Dreiundsiebzig.

Setzt sich diese Tendenz durch, müssen wir mit folgendem rechnen:

a) Zusatzklauseln für schwangere Rentnerinnen. Für ein paar Dollar mehr genössen sie Versicherungsschutz für prenatale Vorsorge und postnatale Depressionen, die sonst sehr ins Geld gingen.

b) Stärkere Einbeziehung der Eltern in den Geschichtsunterricht. (»Nein, diese Schlacht war nicht im Mittelalter, meine Mami hat den Soldaten Schmalzkringel gebacken.«)

c) Kreatives Kochen für die bejahrte Mutter. Zum Beispiel: Plätzchen mit eingebackenen Beruhigungsmitteln, Tranquilizer-Toffee und die gleiche Sorte Frühstücksflocken für die ganze Familie.

d) Ein neues nationales Fitness-Training: Mittagsschlaf.

Offengestanden, ich glaube, es geht so ähnlich zu wie beim Mensch ärgere dich nicht und anderen Spielen: Wenn man Pech hat, sieht man mit Zwanzig aus wie eine Zweiundvierzigjährige, und mit Achtunddreißig wie sechzig. Und irgendeiner wird, ganz egal, wie alt man nun wirklich ist, immer die dämliche Frage stellen: »Sag mal, wie konnte denn *das* passieren?«

Altersgrenze

Viele Berufe haben ihre natürliche Altersgrenze. Tänzerinnen treten von der Bühne ab, wenn sie die nötige Kraft nicht mehr haben. Sportler ziehen sich aus dem Berufsleben zurück, wenn die Beine nachlassen. Sex-Idole verschwinden aus der Öffentlichkeit, wenn ihnen das Doppelkinn in die Suppe hängt.

Trotzdem will keiner gehen, wenn die Zeit da ist. Ich aber bin nach dreißig Jahren Hausfrauentätigkeit nur zu bereit. Ich weiß, ich hatte gemeint, noch zwanzig, dreißig gute Jahre vor mir zu haben, doch das war eine Illusion. Ich werfe jetzt das Handtuch.

Anbahnen tut sich das schon eine geraume Weile. Wie der Tänzerin, fehlt auch mir die Energie dort, wo ich sie brauche. Die Motivationen sind dahin. Es ist mir total egal, daß meine Geschirrtücher aussehen wie der Hosenboden eines Autoschlossers, und daß mein Plätzchenblech im gleichen Jahr das Licht der Welt erblickt hat wie Caroline von Monaco.

Ich tue keine Freudensprünge mehr, nur weil meine Wäsche frisch duftet, ich fahre nicht mehr begeistert mit der Hand über die Badewannenoberfläche, die *nicht* rauh ist. Auch tickt meine innere Uhr nicht mehr wie gewohnt: Es hat eine Zeit gegeben, da wußte ich genau, wann sich ein Kind im Bad einschließen würde, um nicht abspülen zu müssen. Das ist vorbei. Die Kinder entwischen mir.

Einst waren meine schöpferischen Einfälle für den Küchenzettel einfach toll und meine Punktzahl auf diesem Sektor umwerfend. Jetzt lebe ich schon seit fünf Jahren in der Flaute und erreichte neulich den Tiefstpunkt, als ich zum Abendessen nichts auf den Tisch stellte außer einer Schüssel Quark und Trokkenbrot.

Um die Wahrheit zu sagen: Meine Kondition ist futsch. Die Beine, die einst achtzehnmal täglich einer simplen Erkältung wegen die Treppe hinaufgaloppierten, haben jetzt so viele Falten wie Cordsamt. Die Gestalt, die einst morgens munter aufsprang und eine ganze Familie fütterte, vergräbt sich jetzt als wimmerndes Bündel unter der Bettdecke.

Vorige Woche sagte ich zu den Meinen: »Ich gehe jetzt endlich in Pension.«

Mein Mann sagte: »Das behauptest du seit unserer Hochzeit jede Woche einmal.«

»Diesmal ist es anders. Ich möchte mich entfernen und einer jüngeren Frau Platz machen. Ich möchte mich aus dem Leben zurückziehen, meinen Platz in der Geschichte einnehmen und das Haus nur noch verlassen, wenn es einen Preis oder eine Ehrung entgegenzunehmen gilt, und alte Amateurfilme als Beweise für meine einstigen Hausfrauentugenden vorgeführt werden. Der Veteran der Waschküche sagt euch ein letztes Lebewohl.«

Mein Mann sagte: »Ehe du gehst: Könntest du den Hund beim Tierarzt abgeben und meine Jacke zur Reinigung bringen?«

Eigentlich hatte ich gedacht, mein Abschied würde mehr Erschütterung auslösen.

Großmuttersehnsüchte

Als Mutter bin ich in eine Art Generationsstrudel – mit Gegenströmung – geraten.

Ich schwimme in den Wassern der Tradition: Mit Achtzehn heiratet man, mit Neunzehn bekommt man sein erstes Kind, mit Einundzwanzig halst man sich eine lebenslängliche, bedrückende Hypothek auf.

Doch auf meinem Weg zur nächsten Generation kam mir eine Strömung der Freiheit und Unabhängigkeit entgegen, die durchaus nicht zu verachten war. Derzeit werde ich von einer Woge weggeschwemmt, in der es heißt: Warum eigentlich nicht erst mit Dreißig oder noch später heiraten?

Ich weiß es selber, ich bin ein personifizierter Widerspruch. Wenn sich meine erwachsenen Kinder nicht gleichzeitig satt essen UND sich einen sieben Jahre alten Gebrauchtwagen leisten können, freue ich mich, daß sie nicht verheiratet sind.

Wenn sie einen halben Wochenlohn für eine Konzertkarte für die Rolling Stones verpulvern, freue ich mich, daß sie nur für sich selbst zu sorgen haben.

Wenn sie eine neue Stufe der Vollkommenheit erklommen haben und das vorher nicht von sich geglaubt haben, bin ich ebenso stolz wie sie.

Doch es gibt durchaus Tage, da brauchen sie nur zur Türe hereinzukommen, und ich weiß wieder, auf welchen Gewässern ich ursprünglich segelte.

»Hallo! Tach, Mami.«

»Es ist Monatsende. Warum schaust du dich nicht

nach einem Ehemann um, ehe alle guten Gelegenheiten ausverkauft sind?«

»Du hast doch immer gesagt, für mich sei keiner gut genug.«

»Da kannte ich dich noch nicht so genau. Wie wäre es denn mit dem netten Jungen, der zum Essen Wein bestellte?«

»Der? Der war oberflächlich, gefühlsroh, chauvinistisch, verheiratet und gab damit an, Brandstifter zu sein.«

»Nun ja, kein Mensch ist vollkommen.«

»Von dir hat er übrigens gesagt, du solltest zwanzig Pfund abnehmen.«

»Da hast du ja Glück gehabt, daß du diesem Unhold entgangen bist. Und was ist mit dem anderen netten Kerl, der Barry Manilow liebte?«

»Der meint, IRA ist die Abkürzung für Irische Räuber-Armee.«

»Sei doch nicht so entsetzlich kritisch. Du quälst deine Mutter, willst mir etwas heimzahlen. Liegt es daran, daß ich klein bin und du kleine Menschen nicht magst? Oder hast du mir übel genommen, daß ich morgens nie aufgestanden bin, um dir Frühstück zu machen? Oder warum bist du heute so?«

»Soll ich mal raten, was du heute getan hast, Mom? Du hast irgend jemandes Enkelkind gesehen. Stimmt's?«

Das Kind ist zu schlau zum Heiraten.